孙葆田年谱

苏运蕾 著

山西出版传媒集团

山西人民出版社

U0666133

图书在版编目（CIP）数据

孙葆田年谱 / 苏运蕾著. -- 太原：山西人民出版
社，2025.1. -- ISBN 978-7-203-13588-3

Ⅰ. K825.6

中国国家版本馆 CIP 数据核字第 2024DB0012 号

孙葆田年谱

著　　者：苏运蕾
责任编辑：侯雪怡
复　　审：魏美荣
终　　审：贺　权
装帧设计：刘昌凤

出 版 者：山西出版传媒集团·山西人民出版社
地　　址：太原市建设南路 21 号
邮　　编：030012
发行营销：0351-4922220　4955996　4956039　4922127（传真）
天猫官网：https://sxrmcbs.tmall.com　电话：0351-4922159
E-mail：sxskcb@163.com　发行部
　　　　　sxskcb@126.com　总编室
网　　址：www.sxskcb.com

经 销 者：山西出版传媒集团·山西人民出版社
承 印 厂：廊坊市印艺阁数字科技有限公司

开　　本：660mm×960mm　　1/16
印　　张：20.75
字　　数：300 千字
版　　次：2025 年 1 月　第 1 版
印　　次：2025 年 1 月　第 1 次印刷
书　　号：ISBN 978-7-203-13588-3
定　　价：98.00 元

如有印装质量问题请与本社联系调换

孙葆田像

（孙葆田曾侄孙孙广义先生提供）

像田葆孫

《潍县志稿》载孙葆田像

前言

孙葆田（1840—1911），字佩南，山东荣成人。同治九年（1870）举人，同治十三年（1874）考中进士，分到刑部学习。光绪九年（1883）得选宿松县令，光绪十二年（1886）调任合肥县令。任合肥令期间，孙葆田因秉公执法得罪权贵，辞官归里，以直声闻天下。此后，专心讲学著述，曾力主尚志书院、潍县书院、宛南书院、大梁书院、河南大学堂等讲席，教授经学、古文，并主纂宣统《山东通志》，学者奉为大师。时人赞其经术、吏治、文章、气节皆无愧古人。

其为官勤政爱民，史称循吏。孙葆田自言为官之道，遇事以敬信勤敏出之，百姓亦自能悦服。受事宿松后，孙葆田竭力整顿，吏治文教两手抓，听断明敏，案无留牍，严束吏役，禁革陋规，建问经精舍，礼遇县中名士王荩臣，聘朱鼎元作书院主讲。同时兴修水利，建有泾江口堤、泾江长堤、南堤等。民国《宿松县志》对知县孙葆田的学问、治行、延揽人才、文学等大为认可。调任合肥令后，孙葆田辅翼太守，刊定良规，整饬庐阳书院士习玩纵之风。李鸿章侄纵仆杀人，孙葆田不惧权贵，秉公执法。此案发生前，李鸿章甚重孙葆田，称其通经致用，合政事文学为一科；爱人学道，综循吏儒林而合传。其语甚为中肯。此案发生后，孙葆田执法不阿，李鸿章又谓其专务搏击强家，比作酷吏。有人为孙葆田抱不平，认为其不畏强御，守法不挠，宜为颂声所归，清议所崇。李鸿章以酷吏讥之，固难见谅于士论（语见《凌霄一士随笔·孙葆田治合肥李氏案》）。《清史稿》将其列入"循吏"，是正史对孙葆田勤政爱民、不畏豪强的肯定；

海内稍有识者，莫不以孙葆田能守其职、不畏强御争高之，是士林对孙葆田以直道行的认可。"爱民如子，嫉恶如仇"之颂，"包公虽清，还不如老孙"之谣，是合肥父老对孙葆田为穷民做官而非为巨绅做奴的赞扬。

其为学渊源有自，素有学守。在时代学术思潮的影响下，融通汉宋，讲求经世致用；师从张裕钊、单为鏓等大家，以文见道；同时吸收先儒韩梦周的思想，将"道本程朱而文法韩欧，有体有用"作为自己为学育人的标准。孙葆田作为晚清桐城派古文家和山东籍著名学者，交游范围主要根据其活动轨迹围绕山东、湖北、京师、安徽、河南、河北展开，其交游对象主要包括桐城派文士和山东籍学人。孙葆田与桐城派成员的交往以张裕钊、单为鏓为轴心，向两人的师友故旧、弟子门生和孙葆田的同乡、同事、同年辐射，呈现出放射型特点。孙葆田交往的桐城派文士既有南方桐城派学者，如吴汝纶、孙衣言、方宗诚、马其昶、姚永朴、姚永概等，亦有山左桐城派学者，如王兰升、何家琪、张昭潜等。孙葆田与山东籍学者的交往以东甫学派成员郑杲、宋书升、柯劭忞及金石学家王懿荣、乡贤王守训、海源阁主人杨保彝等人为主。孙葆田与以上诸人的交往不仅以地域、乡土为纽带，更重要的是他们都有着大致相同的学术好尚。其所交王懿荣、王守训、柯劭忞、法伟堂、宋书升等人都力守古学，毕生精力用于穷经研史。

孙葆田与诸人互相切磋学问，彼此提挈，形成了清末较大的朴学流派，推动了金石研究热潮，对山东学术乃至对当时全国学术都产生了较大影响：郑杲、孙葆田等人开创的东甫学派传承了王筠、郝懿行等人形成的朴学风气，治经朴实严谨，影响远至京师；王懿荣等人在金石方面取得的成就带动了全国金石研究热潮，甲骨文的发现更为古文字研究带来新局面。孙葆田等人主纂宣统《山东通志》时亦深受金石研究风气的影响，故于"艺文志"中专列"金石"一门，开创山东省志设"金石"之先，不仅著录详备，而且考证精审，为山东考古以及文物研究提供了十分珍贵的材料。

　　孙葆田一生著述颇多，著有《校经室文集》《重纂三迁志》《孟志编略》《岁馀偶录》（包括《国朝经学师承记》《汉人经解辑存序目》《汉儒传经记》各一卷）等；辑有《望溪文集补遗》一卷；删定有《删定马氏所辑汉儒经解》；编有《曾南丰年谱》《明文正气集》《山渊阁选读古文词序目》《历代策论略编》《策对名文约选》《宋人经义约抄》《论策合钞简编》等；修纂《山东通志》，参纂《南阳县志》《鹿邑县志》等。

　　通过研究其生平交游及学术著述，可大致了解孙葆田在经学、古文、方志、教育等方面取得的成就。

　　经学上，孙葆田被时人誉为山左大师，其治经具有以下特点：一、能够突破门户争端，兼采各家善说，并以古文义法解释经典的章句、内容，释义通畅明白，文字雅正简洁。二、治经讲求经世致用。孙葆田以宋明理学为根底，但不专主一途，而是以通经致用、利国济民为归依，探寻经典中的治国经世之道并努力将其付诸实践。

　　方志上，孙葆田一生参纂过三部方志，分别为光绪《鹿邑县志》、光绪《南阳县志》、宣统《山东通志》，以宣统《山东通志》成就最著。孙葆田在修纂方志的实践中，确立了将方志划归政书、重视舆图、事实与文采并重、志书须明出处、有按语、精考据等思想。在这种方志思想的影响下，其参纂的方志呈现出制图精美、内容严谨可信、言辞简洁优美、考据精良、引证确凿等特点。

　　古文上，孙葆田师从桐城派张裕钊，近绍方苞，远宗韩愈、曾巩、归有光，是清末重要学者、古文家。其《校经室文集》六卷附补遗收学术之作、书信、序跋、家传、墓表、墓志铭等，比较集中地体现了其文学思想：一、因文见道，不立宗派；二、道德文章并重；三、于"有所法"中求"有所变"；四、修辞立诚，不妄毁誉；五、推崇古淡自然的文风。孙葆田在创作实践中努力贯穿上述思想，使其文章呈现这样的艺术特色：文风朴实弇雅，富有理致；为文注重章法，结构谨严；行文简而能要，曲而有直；语言雅正平实，不失简洁。时人赞其深入南丰之室。

教育上,孙葆田主讲山东、河南各书院,培养人才甚众。在山东孙葆田主讲过尚志书院、潍县书院。光绪十五年(1889)孙葆田自安徽归,应山东巡抚张曜之邀,主讲尚志书院。光绪十九年(1893)冬,孙葆田向东抚福润面辞尚志堂主讲和山东通志总纂职。光绪二十年(1894)李秉衡抚东,仍欲令孙葆田任尚志堂主讲,孙葆田力辞,并荐宋书升任之。光绪二十六年(1900)主讲潍县书院,因庚子变兴畿辅,邑人忙办团练,孙葆田暂停讲习。孙葆田主讲尚志书院五六载,其贡献主要表现在:一、校订山东书局《十三经读本》之《诗》《书》《周易》。同治十一年(1872)山东书局刻《十三经读本附校刊记》是丁宝桢任山东巡抚时主持编订的,所刊经书读本纯杂不齐。孙葆田既承宫保张曜延司校订,与书局陆君、张君先取《诗》《书》二经,用宋本校正,又校订《周易本义》,附《吕氏音训》于后。二、所培养书院学子应举者众。孙葆田主讲尚志书院,日训诸生以敦本务实。光绪十七年(1891)秋乡举,书院应课生获隽者十余人,而内课四人与焉,咸以为孙葆田教泽所致。三、其弟子中多人传承其古文义法。文登张燕春尝从孙葆田诸先生学为古文,新学兴起,张燕春独守古义法,不为世俗所转移。历城萧树升,从孙葆田受古文法,光绪二十一年(1895)中进士,官户部主事。潍县高熙生亦师事孙葆田受古文法。四、刻印书籍,传承古学。孙葆田主讲尚志书院期间,节衣缩食,刊刻了不少书籍,如光绪十五年(1889)刻《孙明复小集》,光绪十六年(1890)刻《孟志编略》《之游唾余录》《试律偶存》《明文正气集》,光绪十八年(1892)刻《阎文介公手札》《春秋会义》,光绪十九年(1893)刻《泽雅堂文集》。孙葆田所刊刻书籍多精心校勘,且刻印精良,版本价值较高。

光绪二十六年(1900)秋,孙葆田至河南,客游至南阳,主讲宛南书院,并为新修《南阳县志》发凡起例,修改定稿。到光绪三十二年(1906),孙葆田还主讲过大梁书院、尊经讲席,担任过河南大学堂总教习一职。孙葆田不仅亲自从事教授工作,而且利用其主持教学事务的身份,通过更改课程设置、增加中学内容、编订策论教材、加强古文传授等举措提倡古学、捍卫古道，为河南培养了一批学有专长的古学人才。传承孙葆田经学衣钵的以许鼎臣最著；传承孙葆田古文义法的以刘必勃最有名；方志方面受孙葆田影响较大的有张嘉谋、韩嘉会、施景舜等人。孙葆田在编订策论教材时，注重传承桐城诸家选本。姚鼐、方苞等人在编古文读本时往往选取那些能承载其古文思想及义法的篇章，孙葆田继承发扬他们的文选，实际上起到了传播桐城派义法理论的作用，间接促进了桐城派在河南的流衍和发展。

除此，孙葆田还传承家学，喜爱藏书、读书。孙葆田之父孙福海嗜书如命，他在写给友人的信中提及平生只有此癖，虽然负债累累仍竭力购书，遇到古书或名人字画为不可多得之宝，无钱亦设法购之。生计尚难以维持，孙福海仍以读书论文为乐。孙福海去世后，贫不能殓，行箧唯书万余卷、画数册、端砚一方。孙福海藏书在其去世后散去不少，当时孙葆田兄弟奔丧至楚，不得已出售先人书以为归葬资。后来孙葆田又不断增加，收藏可观。在河南大学堂讲学时，其书籍多至塞屋；客居潍县时，建有藏书楼"经韵楼"，辟有"校经室"。《校经室文集》多处提及孙葆田所藏之书，如抄本《皇甫持正文集》、陆清献《四书讲义》、明刻《范文正公集》、初印《华野疏稿》，以及《山右金石记》《许玉峰集》等。孙葆田为人豪爽，不吝将藏书示人，也常将书借阅给他人，甚至赠书于人，以书会友。与当时的藏书家陆心源、杨绍和、杨保彝、徐坊等人均有交往。孙葆田去世后藏书散出，据《山东藏书家史略》，善本如明人奏议之类不少，尽售于北京书贾。

孙葆田少时即喜读书。自年十六七时，学为古文词，即笃嗜方苞文。读《朱子全书》与国朝汤、陆诸先儒遗集，颇有志于正学。湖北吴光耀华峰《庚戌文钞》记载孙葆田父买书度二万金，孙葆田皆读之，手加丹黄。孙葆田读书勤奋，天未曙即起，秉烛读《仪礼》、四子书以为常。其伏处乡里，更取六经与宋五子书，朝夕寻绎。孙葆田涉猎广泛，阅览之书如《班马异同》《史汉方驾》《经世文编》《平津馆丛书》《真西山读书记》《虞道园文集》等，有常见书，亦有稀见书。徐世昌所作《潍上四贤》组诗其一"孙京卿"称赞孙葆田读书万卷。孙葆田讲学鲁豫，学者奉为大师，为一乡之矜式，与其学养醇厚、学识渊博有莫大关系。

孙葆田值得后人研究的地方还有很多。如孙葆田论时事，条分缕析，切中时弊。时人称其政事文有过人之处，实与其见行有关。孙葆田认为循良实政，自在民心。凡举大事，必先取信于民，而后可期其必行。欲观事之废兴，当验民心之向背。对于民瘼毫不关心者痛斥之。对于当权者，建议凡有发款，皆明示百姓，毋令经手之人中饱。其所行所论皆将人民、百姓系于心。孙葆田自道虽为俗吏，其心则未尝不愿学古人，故其为政一方，吏治文教两手抓，人称为"儒吏"。这一点孙葆田深受其父孙福海的影响。欲知其为官之道、为民之政，察其家学之所由、素心之所守，便捷的途径之一便是阅览反映孙葆田一生行迹及为官、治学、为人梗概的年谱。

从孙葆田广泛的交游可窥见晚清社会千百年未有之变局下，士人为学、为官、游幕、讲学之常与变。作为桐城派重要一家，其《校经室文集》收录了大量墓志铭、墓表、墓碣、家传、祭文等，所叙人物既有名臣大吏、地方长官，亦有教书先生、寻常妇孺，百余位人物的生平事迹串联起来可察国家及地方社会历史的变迁，具有重要的史料价值。通过年谱的形式可以明晰孙葆田的交游及其与诸位人物的关联，亦可为相关人物的研究提供线索和素材。

目前，与孙葆田相关的年谱不多。《齐鲁文化研究》2012 年刊发李梅训、山秀坤《荣成孙葆田年谱》，较早以年谱的形式呈现孙葆田的生平事迹，明出处，有按语，重考证，惜其较为简短。李华《孙葆田年谱新编》为山东大学硕士论文，在谱主本人著述和传记材料等常见史料的基础上，又进一步挖掘了《清代朱卷集成》《王氏水源录》《凌霄一士随笔》《叶景葵文集》《濂亭文集》《桐城吴先生尺牍》《仪顾堂续跋》《蓼园诗钞》《艺风堂友朋书札》《灵峰先生集》《曾国荃全集》《李秉衡集》《翁同龢日记》等以往不为学界所关注的新史料，进一步充实了孙葆田的生平、交游、为官、学术等事迹。该年谱在李梅训、山秀坤《荣成孙葆田年谱》基础上，既有对前谱的吸收，也有补充与修订。尽管如此，仍有很多可进一步充实和商榷的地方。举例来说，以上两个年谱均将孙葆田返回济南从高密单为锶的时间定为同治六年（1867），依据材料为单为锶《四书述义续》中阎敬铭序。由序可知阎敬铭于同治丁卯年（1867）请单为锶来济南讲学，再结合毛承霖《孙佩南先生传略》所述，推测孙葆田于是年从单为锶游。但根据孙葆田《校经室文集》以及孙福海《古不夜城记》《之游唾余录》等文献记载，同治六年（1867）六月十九日，孙葆田自湖北起身拟就北闱，孙福海嘱咐孙葆田，如果山东省乡试停科，即进京应试。后来果然如孙福海所料，山东省乡试停科，孙葆田随即至京师参加顺天乡试。同治戊辰、己巳间（1868—1869），吴丙湘游湖北，孙福海命孙葆田兄弟见之。同治八年（1869）孙葆田遵从父命偕两弟一侄回山东应童试。次年至济南，与何家琪、张昭潜等人有交往，参加乡试并中举。同治十年（1871）孙葆田自历下将自刻其父所作《古不夜城记》寄给单为锶夫子。因此，孙葆田从单为锶游的时间很可能在同治九年（1870）或同治十年（1871）。此问题的最终解决还有待于新材料的发现。因此，有必要基于更为广泛的文献，对孙葆田的生平事迹作更为详实的编纂。

笔者自 2013 年撰写硕士论文，将孙葆田作为研究对象，探讨孙葆田的生平交游以及他在经学、古文、方志、教育等方面取得的成就。为了明晰其生平交游，一边撰写硕士论文，一边编纂《孙葆田年谱》。攻读博士及工作期间，不断寻找新的史料，利用国家图书馆、山东省图书馆、山东大学图书馆、山东理工大学图书馆、天津市图书馆、上海市图书馆、新乡图书馆、洛阳市图书馆等馆藏文献，以及丰富的网上古籍电子资源，不断充实完善年谱。比如通过翻阅国家图书馆藏孙葆田父亲孙福海所撰《之游唾余录》《古不夜城记》《孙补堂诗文录》等文献，补充了很多孙葆田早年的行迹。在年谱的编纂过程中，得到很多师长及朋友的帮助，在此一并致谢。笔者撰写年谱时，遇到一些较难处理的问题，如与孙葆田相交游人物的生卒年，不同的文献记载不同，因为缺乏深入研究，笔者依据其中一种说法，可能存在误判。由于笔者学力所限，很多文献尚未阅及，可能漏掉有关孙葆田的重要资料，只能有待来日发现和补充。本年谱尚有疏漏及不完善之处，敬请方家指正。

目　录

孙葆田年谱

苏运蕾○著

凡例

一、本年谱记事始于清道光二十年庚子（1840），讫于宣统三年辛亥（1911），涵盖谱主一生的主要事迹。编排谱主事迹时，尽可能随事附录谱主相关之亲友行谊大略及生平简介。

二、本年谱所参考材料主要出自史传、方志和谱主及同时代相关人物的诗文集、日记、随笔等，尽笔者目之所及加以钩稽甄别，尽可能全面详实地反映谱主一生行迹及治学梗概。

三、本年谱以农历系年纪事，首年号加干支，并括注公元纪年，次书谱主年岁。年下纪事，有月日可考者系以月日，明月份者列于月内，明季度者则系以季度。只明年份者参考相关文献按实际情况放置。年份不详之事，一般不列。

四、本年谱凡所征引，注明文献来源，与谱主有交游事迹的人物生平简介及须加考证或补充说明的内容，均出按语。每条下依次为年谱正文、征引文献、按语，按语中人物简介置前，考订文字置后。

五、本年谱附录孙葆田佚文十五篇，为《校经室文集》六卷《补遗》一卷未收之文，出自碑铭、县志、他人文集及私家收藏书信等，均注明出处，有的附有按语。

家世

孙氏世系

```
┌──────────────┐    ┌──────────┐    ┌──────────┐
│ 始迁荣成不夜祖 │───▶│ 二世祖不详 │───▶│ 三世祖不详 │
│    九旺公     │    └──────────┘    └──────────┘
└──────────────┘                          │
       │                                  │
       ▼                                  │
┌──────────────┐    ┌──────────┐◀─────────┘
│  高祖孙文盛   │───▶│ 曾祖孙如维 │
│   （王氏）    │    │  （曹氏） │
└──────────────┘    └──────────┘
       │                 │
       ▼                 │
┌──────────────┐◀────────┘
│  祖孙苑翔     │
│  （刘氏）    │
└──────────────┘
       │
       ▼
┌──────────────┐
│  父孙福海     │
└──────────────┘
```

祖孙苑翔（刘氏）

父孙福海

王氏 ── 孙葆源 ──▶ 孙绍宗

孙葆田（王氏）

孙昌燕 ── 郭氏 ──▶ 孙寿麟
次子，兼祧孙葆田 ── 王氏

于氏 ── 孙叔谦

孙季咸（柯氏）

孙诒燕（于氏） ──▶ 孙若曾
长子，过继孙季咸 ──▶ 孙式曾

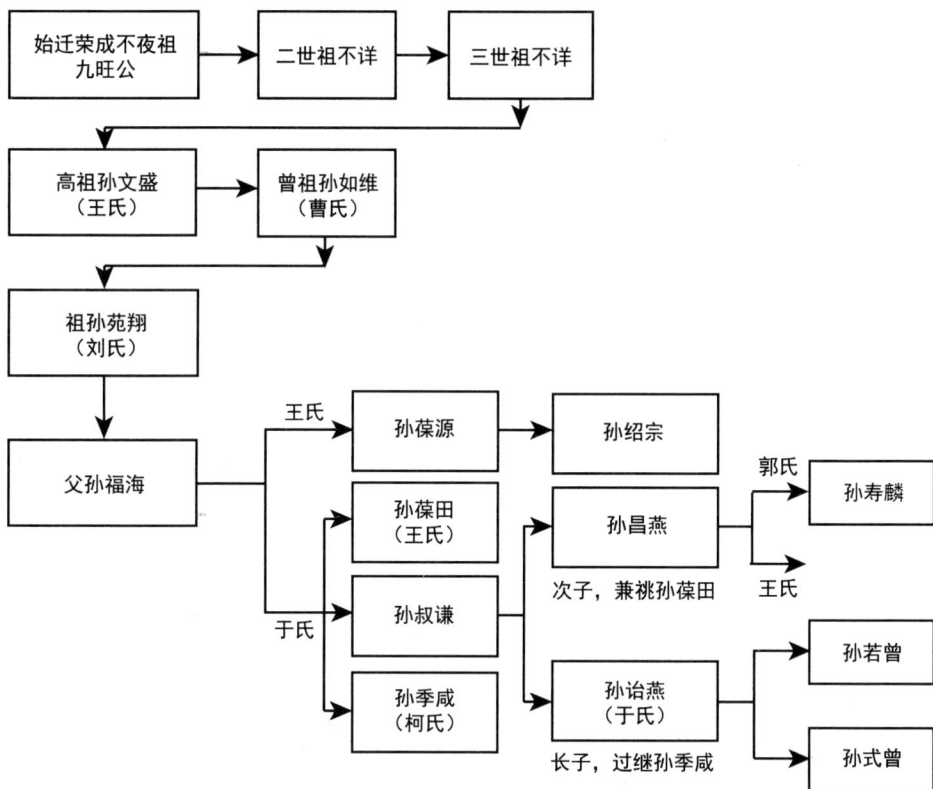

（据《校经室文集》《清代朱卷集成》等绘制）

孙葆田（1840—1911），字佩南，山东登州府荣成县西三十里古不夜城（今山东荣成市埠柳镇不夜村）人。妻王氏。

《清代朱卷集成》所收孙葆田同治甲戌科会试朱卷载："字仲恒，一字仲垣，号佩南，行二，道光庚子年十一月二十六日吉时，生山东登州府荣成县。""世居县西三十里古不夜城。""娶王氏，贡生候选布政司理问、貤封奉政大夫讳学海公第三女，前母王太恭人胞侄女。"

宣统《山东通志》所收毛承霖《孙佩南先生传略》云："孙先生葆田，字佩南，登州府荣成县人。"

《清史稿·循吏》"孙葆田"条目下云："孙葆田，字佩南，山东荣成人。"

《清儒学案·东甫学案》之《孙先生葆田》云："孙葆田，字佩南，荣成人。"

《清朝续文献通考》所收"《校经室文集》"条下云："《校经室文集》六卷《补遗》一卷，孙葆田撰。葆田，字佩南，山东荣成人。同治甲戌进士，安徽宿松县知县。特赏五品卿衔。"

按："佩南"开始当为孙葆田的号，后或以号为字。朱卷中所附民生贡籍多为考生本人填写，可信度高。《校经室文集》卷一《孝经郑注附音跋》中云："右《孝经郑注附音》一卷，予亡弟季咸所编次也。""弟名葆诚，以字行，又字宜卿。"而《清代朱卷集成》所收孙葆田同治甲戌科会试朱卷载"季咸，本名葆诚，以字行，一字宜卿，号怡城。"与孙葆田在《孝经郑注附音跋》中所云符合。这也证明了朱卷所录确实可以作为依据。又：王昌宜《〈清史稿·循吏传〉人名字号订误》亦有类似观点，其论述如下："《清史稿》卷四七九《孙葆田传》：'孙葆田，字佩南。'（页13089）按：字佩南，为号佩南之误。《清代硃卷集成》：'孙葆田，字仲恒，一字仲垣，号佩南。'《清代硃卷集成》所录为清代科举应试者的朱卷，'朱（硃）卷者，即举子的试卷弥封后交誊录生用朱笔重新誊写的卷子'。在清代，新中式的举人、进士多将自己的试卷刻印以分送亲友，这种刊刻的试卷也称硃卷。

可见，此卷为孙葆田亲自填写、由家人刊刻而成，赠送的对象为孙氏亲友，故虽为孤证，亦应予采信。孙葆田'号佩南'，《清史稿》记'字佩南'，误。"笔者按：《清史稿》所记非误，考孙葆田与当时人交游文献记载多称孙葆田"字佩南"，与孙葆田共事日久的毛承霖亦云"孙先生葆田，字佩南"。可能孙葆田参加科考时尚以仲恒（仲垣）为字，"佩南"（或写作"佩兰"）为号，后来改以号为字。李华在《孙葆田年谱新编》中也指出"孙葆田确实用过'仲恒（仲垣）'之字，但后来改用'佩南'为字"，除了朱卷所载，他还列了两条证据，一是王懿荣长子王崇燕、次子王崇烈在自己的朱卷师承中记载"师伯孙仲恒夫子，名葆田"，一条证据是陈祖壬编《桐城马先生年谱》光绪七年辛巳条载孙葆田为"孙佩兰（旁注：仲垣）"。除此之外，还有一条证据，国家图书馆藏《孟志编略》抄本卷末后载孙葆田识语末题"光绪十四年冬十月，孙葆田仲垣识"，可知孙葆田本人在光绪十四年刊印《孟志编略》时仍用"仲垣"为字。

关于孙葆田生年，据《清代朱卷集成》《清史稿》《山东通志·孙佩南先生传略》，均为1840年。周耀武、李继发、潘焕友三位学者分别提出三种不同看法：1839年、1840年8月、1842年。前两位学者未作说明，亦未注明来历。潘焕友仅据一条孤证认为"孙葆田应该生于清道光二十二年（壬寅，1842）"，其证据是秦国经主编的《清代官员履历档案全编》中一则有关孙葆田的奏折："光绪九年九月二十八日。臣，孙葆田，山东登州府荣城县人，年四十二岁。由进士引见，以部属用，笺分刑部期满，甄别改归进士知县原班铨选，今笺掣安徽安庆府宿松县知县缺，敬缮履历，恭呈御览，谨奏。"按：两处"笺"字，误，奏折原文为"签"。此处所载事件与《校经室文集》所载符合，惟光绪九年孙葆田年四十二岁与相关记载不合，四十二岁系官年，非实际年龄。据《校经室文集》所载，孙葆田父同治四年（1865）秋九月署钟祥，同治五年（1866）夏，孙葆田兄弟奉母命尽室抵钟祥，孙葆田在文集中云"二十六七，始侍先人钟祥官署"，按《清代朱卷集成》所记孙葆田生于道光庚子年（1840）十一二十六日推算,同治五年(1866)夏他二十六岁有余,尚不足二十七岁,正与文集所载"二十六七"相合,且宣统《山东通志》所收毛承霖《孙佩南先生传略》所记年份与之同,故孙葆田生于1840年当确凿无疑。张剑《年龄的迷宫——清人年龄研究中的几个问题》也推断孙葆田的生年应为1840年,可参考。

关于孙葆田卒年,学界亦有争论。《清史稿》云:"宣统元年卒,年七十。"《清儒学案》云:"宣统三年卒,年七十有三。"宣统《山东通志》所收毛承霖《孙佩南先生传略》云:"宣统二年岁暮,先生将归潍度岁。承霖适奉存古学堂监督之檄,先生亦膺教务长之聘,遂就与商定规则。乃别不十日,遽于辛亥正月朔日以疾卒于潍,年七十有二。"根据《校经室文集》所载,孙葆田在宣统二年尚作文数篇,并明确署明时间为"宣统庚戌"或"宣统二年庚戌",因此不可能宣统元年去世,故《清史稿》记载为误。《清儒学案》与毛承霖所记孙葆田卒年为同一年,一云"年七十有三",一云"年七十有二",只是记岁虚实上有差别,例从毛承霖记岁法。故孙葆田卒年当为宣统三年(1911),享年七十二岁。

孙葆田籍贯为山东荣成本无争议,刘声木《桐城文学渊源考》以及民国《山东通志》一百五卷"同治九年庚午科并补行丁卯科"条误将其后来寓居之地潍县当成籍贯,杨怀志在《桐城文派概论》中沿用其误。这一点学者潘焕友已有辨正,兹不赘述。

先世本籍隶福山。

《校经室文集》补遗《胡氏续修宗谱序》云:"余先世本籍隶福山。"

始迁荣成不夜祖为九旺公,与《明史·循吏列传》所载孙遇为同怀兄弟。

《校经室文集》卷六《先府君事略》云:"孙氏始居不夜者曰九旺公。"

《校经室文集》补遗《胡氏续修宗谱序》云:"迁居文荣始祖,与《明史·循良传》所载孙公遇官至江西布政使者,为同怀兄弟,而家谱失传。近乃因福山族人续修谱系,稍稍得其世次。"

《明史·列传·循吏》载:"徽州知府孙遇秩满当迁,民诣阙乞留,英宗令进秩视事。先后在官十八年,迁至河南布政使。"

按:孙葆田在《校经室文集》补遗《胡氏续修宗谱序》提及"《明史·循良传》所载孙公遇官至江西布政使者",当为误记,《明史·列传·循吏》载孙遇"迁至河南布政使",非江西布政使。

高祖文盛,字彦章,太学生,年八十六。高祖母王氏。

《校经室文集》卷六《先府君事略》云:"至四世国学生彦章府君讳文盛,当乾隆中叶,以开垦朔方致富,有资数万。喜施与朔方人,号曰孙善人。至今妇孺能知其名字,后卒归荣成。及见玄孙,五世同堂,事载《荣成县志》,是为府君曾祖。"

《校经室文集》卷六《草庙新阡记》云:"曾祖考文盛,太学生,乐善好施,五世同堂。"

《清代朱卷集成》所收孙葆田同治甲戌科会试朱卷载:"高祖文盛,字彦章,太学生。乐善好施,五世同堂,事载《荣成县志·瑞征》。高祖母氏王。"

《荣成县志》卷八"人物·瑞征"条目下云:"监生孙文盛,字彦章,不夜村人。年八十六。子如维,字端四,庠生。如绶,字佩若,增贡生。孙仞翔,廪贡生。兆翔、乔翔、苑翔、阿翔、翰翔、衢翔,俱庠生。"

曾祖如维,字端四,庠生,貤赠朝议大夫。曾祖母曹氏。

《校经室文集》卷六《先府君事略》云:"祖讳如维,考讳苑翔,皆县学生,后皆赠朝议大夫。"

《校经室文集》卷六《草庙新阡记》云:"祖考如维、考苑翔,皆县学生,皆赠朝议大夫。"

吴汝纶《桐城吴先生全书》所收《荣成孙封君神道碑铭》云:"祖如维、考苑翔,皆县学生,皆赠荣禄大夫。"

《清代朱卷集成》所收孙葆田同治甲戌科会试朱卷载:"曾祖如维,字端四,庠生,貤赠朝议大夫。曾祖母氏曹,貤赠恭人。"

《荣成县志》卷八"人物·瑞征"条目下云:"监生孙文盛,字彦章,不夜村人,年八十六。子如维,字端四,庠生。"

祖苑翔，字墨林，庠生，诰赠朝议大夫。祖母刘氏，生子五。

《校经室文集》卷六《先府君事略》云："祖讳如维，考讳苑翔，皆县学生，后皆赠朝议大夫。妣刘太恭人，生子五，府君其季也。"

《校经室文集》卷六《草庙新阡记》云："祖考如维、考苑翔，皆县学生，皆赠朝议大夫。妣刘太恭人。"

《清代朱卷集成》所收孙葆田同治甲戌科会试朱卷载："祖苑翔，字墨林，庠生，诰赠朝议大夫。祖母氏刘，文登太学生讳永祥公女，诰赠恭人。"

《荣成县志》卷八"人物·瑞征"条目下云："监生孙文盛，字彦章，不夜村人。年八十六。子如维，字端四，庠生。如绶，字佩若，增贡生。孙仞翔，廪贡生。兆翔、乔翔、苑翔、阿翔、翰翔、衢翔，俱庠生。"

父福海（1809—1875），本讳荣衮，字镜寰，一字补堂。道光癸卯科顺天举人，历署随州、谷城、汉川、天门、汉阳、钟祥、蕲州、兴国诸州县事。著有《之游唾余录》《古不夜城记》《亦爱楼记》《记梦》《钟祥县志》等。卒年六十有七。原配王氏，生子孙葆源，子二岁王氏去世。继配于氏（1812—1876），生子三，分别为孙葆田、孙叔谦、孙季咸。

《校经室文集》卷六《先府君事略》云："府君姓孙氏，讳福海，字镜寰，一字补堂。本讳荣衮，以寄籍宛平改今讳。嘉庆十四年九月初五日生于荣成县不夜村，村即古不夜城。府君尝为文记其山川形胜者也……妣刘太恭人生子五，府君其季也……改入顺天府宛平籍。道光二十三年癸卯科乡试，中式第一百二十六名举人……十二年春二月署兴国州事……十二月初四日[1]卒于省寓，年六十有七。元配王恭人，生子一：葆源，附贡生，同知衔指省江苏试用知县。继配于恭人，生子三：葆田，同治甲戌科进士，刑部主事。叔谦，癸酉科举人。季咸，癸酉科拔贡……府君幼时所为文，率皆散失。宦游后有《之游录》三卷，皆余伯兄所随录，原稿亦多散佚不全。公牍则存者尤少。自钟祥后，乃稍为详实，然皆在任日少，故所作

[1] 光绪元年十二月初四日。

亦遂无多。"

《校经室文集》卷六《草庙新阡记》云："府君讳福海,本讳荣衮,字补堂,荣成人。由寄籍宛平县学廪生,举道光二十三年顺天乡试。咸丰三年拣发湖北,以知县委用。历署随州、谷城、汉川、天门、汉阳、钟祥县、蕲州、兴国州事,政绩载各州县志。钦加运同衔,赏戴花翎,诰授朝议大夫,卒年六十有七……元配王恭人,继配于恭人,今皆赠淑人。子男四……"

吴汝纶《桐城吴先生全书》所收《荣成孙封君神道碑铭》云："府君少有文誉,为诸生,屡试不得意,即弃去,改用宛平籍入宛平学,举道光廿三年顺天乡试。又久不弟。咸丰三年以知县拣发湖北,始还籍荣成……历署随、谷城、汉川、天门、汉阳、钟祥、蕲、兴国诸州县事,所至有名绩……君凡再娶,前夫人王氏,早卒,事不大传。后夫人于氏,在家能配君之义,在官能成君之化。自葆田以下皆于夫人出。"

《清代朱卷集成》所收孙葆田同治甲戌科会试朱卷载："父福海,初讳荣衮,字镜寰,号补堂。道光癸卯科顺天举人,咸丰癸丑拣发湖北委用知县。钦加运同衔,赏戴花翎,升用同知知府。历署随州、谷城、汉川、天门、汉阳、钟祥、蕲州、兴国州事,诰授朝议大夫。前母氏王,太学生貤赠奉直大夫讳元鳌公女,诰封恭人。母氏于,原任浙江富阳县县丞、历署分水浦江平阳县知县、讳学泉公女,诰封恭人。"

《校经室文集》卷六《先妣于太恭人事略》云："太恭人,文登于氏。考讳学泉,仕为浙江富阳县丞。妣杨孺人。太恭人幼孤,在父母家,兄嫂无间言。年十九归先府君为继配,不及事舅姑。"

宣统《山东通志》所收毛承霖《孙佩南先生传略》云："父福海,道光癸卯举人,湖北知县。"

兄葆源(？—1877),字伯震,号筱瀛,附贡生,同知衔,指省江苏知县。

《校经室文集》卷六《先妣于太恭人事略》云："是年冬,长子葆源归荣成，又卒……子四人。长子葆源，实王太恭人出，二岁而孤，育于外王母，太恭人视其成立，娶妇抱孙。"

《校经室文集》卷六《草庙新阡记》云："子男四。葆源，附贡生，同知衔江苏试用知县。"

吴汝纶《桐城吴先生全书》所收《荣成孙封君神道碑铭》云："君子四人。长曰葆源，附贡生，江苏知县。"

《清代朱卷集成》所收孙葆田同治甲戌科会试朱卷载："葆源，字伯震，号筱瀛。附贡生，同知衔指省江苏知县。葆田受业。"

弟叔谦（1847—1901），本名葆廉，以字行，一字吉丞，号六皆，同治癸酉科举人。曾任虞城、阌乡、武陟、祥符、杞县知县及光州知州，政绩显著，《清史稿》《潍县志稿》《阌乡县志》有传。卒于光州任上。有《补刊守汴日志跋》《又跋》《新建石堤碑记》《重修铸鼎原黄帝庙奎星楼记》《渠下沁工合龙碑记》《重修冉子祠记碑》《杂稿》等作品传世。

《校经室文集》卷六《先妣于太恭人事略》云："道光丁未，叔弟谦生。"

《校经室文集》卷六《先府君事略》云："叔谦，癸酉科举人。"

《校经室文集》卷六《草庙新阡记》云："叔谦，同治十二年举人……当是时，叔谦官河南武陟知县，在任候补知府，钦加三品衔。"

吴汝纶《桐城吴先生全书》所收《荣成孙封君神道碑铭》云："君子四人。长曰葆源……次即葆田……次叔谦，举人，祥符知县。次季咸，选拔贡生。"

孙叔谦《杂稿·禀本道铁稿》云："卑职不才，幼随先人宦游湖北，长游四方，佐幕糊口。曾随前山东巡抚文式岩中丞、陈隽中丞游闽浙各省。近年，又随胞兄安徽各州县任所。于数省之风气，官场之积习，已颇有所知。而于吏治之良法，古训之成规，未尝不研求详稽，以备异时亲膺民社之资。"

《清代朱卷集成》所收孙葆田同治甲戌科会试朱卷载："叔谦，本名葆廉，以字行，一字吉丞，号六皆，癸酉科举人。"

《山东乡试朱卷》"孙叔谦"条目下云："同治癸酉科，中式第五十七名举人。"

《清史列传·循吏》"孙叔谦"条目下云："孙叔谦，山东荣成人，同治十二年举人。光绪十四年，选授河南虞城县知县，改补阌乡。既受事，创筑石坝，御濒河泛溢之患，民生祠之。调补武陟，武陟当沁水入河处，数溃决，坏民田庐。叔谦先事设防，水不为患。二十一年，举大计，卓异。调补祥符，旋署杞县。二十四年，升补光州。时涡阳饥民为乱，息县土寇谋掠光州，州既富实，而武备又虚，居民大扰。叔谦捐金治城，募勇敢士，剋日讨练，严举乡村保甲，清奸宄之源，屹然有备，贼竟不敢犯。则大购书弋阳书院以课士，置扶光阁，纵人入览焉。而城乡义塾之虚縻者，至是主以文行之士，学风浡然。贫者施棉衣、钱米，以裕卒岁之谋，民遂无冻馁忧。陈、许饥，乡人挈老幼来州就食，奸民多诱买其孥。叔谦严禁之，筹赈以济。晨起则听讼堂皇，人自谓不冤。二十六年，京师有联军之难，款议未集，而州境息县、商城边楚、皖，故多伏莽，欲乘间作乱。叔谦单骑赴二县，巡行村落，谕以利害。所至，民聚观之，皆曰：'吾父母来矣！'虽夙号桀骜者，亦感其诚。由是奸徒皆窜逸。二十七年，卒。"

《中国第一历史档案馆藏 清代官员履历档案全编》第6册"孙叔谦"条云："孙叔谦，现年四十八岁，系山东荣成县人。由附生中式，同治癸酉科本省乡试举人。光绪六年，拣选知县。八年，因浙江海运出力，奏保仍以知县不论双单月选用，奉旨允准。十二年，山东潘沟等处黄河合龙出力，奏保俟选知县，后以直隶州知州在任尽先补用，奉旨允准。十三年十一月，遵郑工例在部库报捐知县，不论双单月本班尽先选用。十四年五月，选授河南虞城县知县。六月初三日，经吏部带领引见，奉旨准其补授。十四年九月到省，因同府儿女姻亲回避，调补阌乡县知县。十五年九月到任。十六年，因办账出力，奏保俟补直隶州，后以知府用，奉旨允准。十七年十月，调补武陟县知县。十八年，因前在阌乡任内修筑石坝工程出力，奏保俟离任得知府，后加三品衔。十九年，直东赈捐案内请奖，奉旨赏戴花翎。二十一年，因修筑武陟县黄河石坝工程出力，奏保免补直隶州知州，以知府在任候补，仍令补缴三班银两，奉旨允准。九月遵例在部库补缴银两。二十一年，大计保荐卓异，今由河南巡抚臣给咨赴部，兹于本年三月初四日，以候补知府由吏部带领引见，奉旨照例用。"

《杞县志》载："光绪二十三年（1897）《杞县志》。据民国八年《杞县志采访册》载：光绪二十三年八月孙叔谦署知县，聘县人步金门为董事，建节孝采访局续修县志。次年印《杞县节孝录》，县志无传。主修孙叔谦，光绪二十三年八月任杞县代理知县，部署修志，次年七月调离。"

李光墍《守汴日志》载孙叔谦所作《补刊守汴日志跋》及《又跋》。

《山东通志艺文志订补》卷二十一收"【山东乡试朱卷：同治癸酉科】"条目："【山东乡试朱卷：同治癸酉科】孙叔谦撰。叔谦字六皆，荣成人，福海子，同治癸酉举人，选河南虞城知县，改补阌乡，调武陟、祥符，升光州直隶州知州。是编现存：清刻本（一册），国图藏。"

《山东通志艺文志订补》卷二十一收"【杂稿一卷】"条目："【杂稿一卷】孙叔谦撰。现存：清光绪间蓝丝栏抄本（一册），国图藏。"

《新修阌乡县志》收孙叔谦《新建石堤碑记》《重修铸鼎原黄帝庙奎星楼记》，《新建石堤碑记》署名为"知县孙叔谦，荣成人"。《新修阌乡县志》还记载孙叔谦为官事迹，如重修黄帝庙、大王庙等，阌乡县士民感念其修建石坝嘉惠百姓，为其建生祠。

弟季咸（1851—1877），本名葆诚，以字行，一字宜卿，号怡城，同治癸酉选拔贡生，著有《孝经郑注附音》一卷。

《校经室文集》卷六《先姊于太恭人事略》云："其明年秋，季子咸居倚庐中，以毁疾卒……咸丰辛亥，季弟咸生。"

《校经室文集》卷一《孝经郑注附音跋》云："右《孝经郑注附音》一卷，予亡弟季咸所编次也……弟名葆诚，以字行，又字宜卿，同治癸酉选拔贡生，殁时年仅二十七。"

吴汝纶《桐城吴先生全书》所收《荣成孙封君神道碑铭》云："君

子四人。长曰葆源……次即葆田……次叔谦,举人,祥符知县。次季咸,选拔贡生。"

《校经室文集》卷六《先府君事略》云:"季咸,癸酉科拔贡。"

《校经室文集》卷六《草庙新阡记》云:"季咸,同治十二年选拔贡生。"

《清代朱卷集成》所收孙葆田同治甲戌科会试朱卷:"季咸,本名葆诚,以字行,一字宜卿,号怡城,癸酉科拔贡。"

年谱正文

清道光二十年庚子（1840） 一岁

　　是年十一月二十六日吉时，孙葆田生于山东登州府荣成县西三十里古不夜城（今山东荣成市埠柳镇不夜村）。

　　《清代朱卷集成》所收孙葆田同治甲戌科会试朱卷载："道光庚子年十一月二十六日吉时，生山东登州府荣成县。""世居县西三十里古不夜城。"

　　是年，匡源（1815—1881）、孙衣言（1815—1894）二十六岁。阎敬铭（1817—1892）二十四岁。方宗诚（1818—1888）二十三岁。李鸿藻（1820—1897）二十一岁。柯蘅（1821—1889）二十岁。张裕钊（1823—1894）、李鸿章（1823—1901）十八岁。刘恭冕（1824—1883）、宋书升（1824—1915）十七岁。张兆楷（1825—1879）十六岁。李鹤年（1827—1890）十四岁。王兰升（1829—1880）、张昭潜（1829—1907）十二岁。张曜（1832—1891）、谭献（1832—1901）九岁。陆心源（1834—1894）七岁。朱逌然（1836—1882）五岁。施补华（1837—1890）、于霖逢（1837—1918）四岁。徐致祥（1838—1899）、于荫霖（1838—1904）、王咏霓（1838—1916）三岁。吴汝纶（1840—1903）一岁。

清道光二十一年辛丑（1841） 二岁

　　是年，高赓恩（1841—1917）生。

清道光二十二年壬寅（1842） 三岁

是年，王彦威（1842—1904）生。

清道光二十三年癸卯（1843） 四岁

是年，王珠裕（1843—1899）、何家琪（1843—1905）、法伟堂（1843—1907）生。

清道光二十四年甲辰（1844） 五岁

是年，缪荃孙（1844—1919）、冯煦（1844—1927）、赵尔巽（1844—1927）生。

清道光二十五年乙巳（1845） 六岁

是年，王守训（1845—1897）、王懿荣（1845—1900）、方守彝（1845—1924）生。

道光二十六年丙午（1846） 七岁

孙葆田就外塾。

《校经室文集》卷六《先妣于太恭人事略》云："犹记葆田七岁就外塾。每鸡鸣，太恭人辄呼使起。家唯一婢，太恭人尝手自取火然灯，促婢治盥具。俟葆田盥毕，为栉沐。黎明送至门外，视其入侧塾，乃返。葆田朝夕归餐，必问所读书成诵未。即成诵则喜。"

《校经室文集》补遗《周文忠公制义后序》云："葆田自始识为文字，即知有东阿周公，近代学阳明之学者也。"

是年，台柏绂（1846—1897）、恩铭（1846—1907）、曹鸿勋（1846—

1910）生。

按：孙葆田居家乡求学，不仅从其胞伯孙荣藻、胞兄孙葆源、堂兄孙玉振问业，其受业师还有族兄通三夫子显裕、张耦堂夫子树甲、陈博庵夫子厚祺、陈春浦夫子象灏。见《清代朱卷集成》所收孙葆田同治甲戌科会试朱卷。张树甲，字耦堂，山东文登人。进士，曾任户部主事。生平博览群书，以学问见重当路。嗜书，积至数万卷。著有《诗经论文》《颐志堂杂著》等。孙葆田为张树甲及门弟子（可参《民国笔记小说大观》第三辑所收《凌霄一士随笔》四所载《一七孙葆田治合肥李氏案》"盖葆田为先曾祖太仆公咸丰壬子分校山东乡试所得士张解元树甲之及门弟子"）。陈厚祺，字博庵，咸丰十一年（1861）拔贡，候选教谕。陈象灏，字春浦，同治元年（1862）恩科举人，十年（1871）大挑一等，分发湖北知县。

道光二十七年丁未（1847） 八岁

是年，孙叔谦生。

《校经室文集》卷六《先妣于太恭人事略》云："道光丁未，叔弟谦生。"

是年，袁树勋（1847—1915）生。

道光二十八年戊申（1848） 九岁

是年，孙诒让（1848—1908）、张仁黼（1848—1908）生。

道光二十九年己酉（1849） 十岁

道光三十年庚戌（1850） 十一岁

是年，吴丙湘（1850—1896）、盛昱（1850—1900）、柯劭忞（1850—

1933）生。

咸丰元年辛亥（1851） 十二岁

是年，孙葆田弟孙季咸生。

《校经室文集》卷六《先妣于太恭人事略》云："咸丰辛亥，季弟咸生。"

咸丰初，孙福海自济南传寄周天爵与其同宗二南先生书，孙葆田读而慕之。

《校经室文集》补遗《周文忠公制义后序》云："咸丰初，先人自济南传寄公与其同宗二南先生书，葆田读而慕之。"

按：周天爵（1772—1853），字敬修，东阿人。嘉庆十六年（1811）进士，先后任怀远、濮阳知县，宿州知州，庐州知府，江西、安徽按察使，陕西布政使，漕运总督，河南巡抚，闽浙总督，湖广总督，漕运总督，广西巡抚等职，镇压过太平军，死后追赠尚书衔，赐谥"文忠"。

周乐，字二南，山东历城人。晚年主讲济南景贤书院，著有《二南文集》《二南诗钞》《二南续诗钞》等。

咸丰二年壬子（1852） 十三岁

是年，傅培基（1852—1890）、郑杲（1852—1900）、高鸿裁（1852—1918）生。

咸丰三年癸丑（1853） 十四岁

孙葆田父孙福海拣发湖北，以知县委用。

《校经室文集》卷六《先府君事略》云："三年春引见，奉旨发往湖北，以知县用。"

《校经室文集》卷六《草庙新阡记》云："咸丰三年拣发湖北，

以知县委用。"

是年，锡良（1853—1917）生。

咸丰四年甲寅（1854） 十五岁

是年，丁立钧（1854—1902）、夏震武（1854—1930）生。

咸丰五年乙卯（1855） 十六岁

孙葆田学为古文词，笃嗜方苞文，读《朱子全书》与汤、陆诸先儒遗集，颇有志于正学。

《校经室文集》卷一《方望溪文集补遗序》云："葆田自年十六、七时，学为古文词，即笃嗜望溪文。"

《校经室文集》卷二《答夏伯定水部书（附来书）》云："葆田幼秉庭训，年十六七时，读《朱子全书》与国朝汤、陆诸先儒遗集，颇有志于正学。其后因泛观博览，遂渐染于近代汉学家之说。故论学不专主一途，又尝习为古文词，由南丰以上窥昌黎，稍识其门径。"

是年冬十月，孙葆田父孙福海署谷城县事，建浩瀚亭，重教化、兴文风。

《校经室文集》卷四《蒋琴舟先生家传》云："孙葆田曰：'咸丰中，先大夫尝知谷城县事。先生所为《谷城志》记先大夫修浩瀚亭及邑人歌咏颇具，距先大夫去任时十余年矣。'"

《校经室文集》卷六《先府君事略》云："冬十月，署谷城县事。"

同治《谷城县志》卷四"职官·知县"载："孙福海，山东登州府荣成县庚戌进士，咸丰五年署。"

同治《谷城县志》卷一"古迹"载："浩瀚亭，在城南门外，邑侯孙福海建。自建亭后，枭邑文风大振，又称为文风亭。"

同治《谷城县志》卷七"艺文"收孙福海《创建浩瀚亭记》："县城东南隅，地势高耸，俗名好汉坡，旧为县中刑人处也。咸丰乙卯，余下车过此，心窃骇之。今天下军兴数年矣，好汉之名，善则为貔虎，为熊罴；不善则为豺狼，为枭獍。是安可以诬吾民者。余谓其地当文明之方，实一邑人文所系，或者'浩瀚'二字音与相近，遂以讹传讹与。因构亭一宇，易其名曰浩瀚，而泐石以记之，并系之铭，其词曰：维让有水，维廉有泉。赍刀卖剑，丈光烛天。黄石之精，汇为文渊。浩浩瀚瀚，波澜万千。"

《之游唾余录》[1] 载《建修浩瀚亭记》，题目下署"李香雪代作"，李映棻，字香雪，宜宾人。

同治《谷城县志》卷八"诗"收宋凤章《九日登浩瀚亭（孙福海邑侯建）》："一亭建自孙大夫，道是文风要此扶。我时来应童子试，心疑其妄且听诸。果然此后逢秋举，辄有年少登贤书。先生已捧竟陵檄，看到题名尚欢呼。今值重九来亭上，绕砌菊花正雨余。此菊种自先生手，先生去矣菊仍初。挹取花露饮遗泽，转觉香醪味不如。寄语文人好护惜，当作甘棠树一株。"

湖北省谷城县地方志编纂委员会编《谷城县志》载："咸丰五年（1855），知县孙福海在城南建'浩瀚亭'，重教化、兴文风，后人称之谓'文风亭'。"

按：孙福海为官一方注重文治教化的举措深深影响了孙葆田、孙叔谦：孙葆田任宿松知县虽短，依旧做了一些利于文教之事，"又于关帝庙旁隙地捐廉建屋，榜其门曰问经精舍。门之左曰培松园，园内建楼三楹，曰映雪楼。欲纳学者肄业其中"；《清史列传·循吏》记载孙叔谦任光州知州，"则大购书弋阳书院以课士，置扶光阁，纵人入览焉。而城乡义塾之虚靡者，至是主以文行之士，学风浡然"。

是年，马其昶（1855—1930）、徐世昌（1855—1939）、汪望庚（1855—？）生。

咸丰六年丙辰（1856） 十七岁

---

[1] 根据《明清法制史料辑刊》第二十七册所影印《之游唾余录》清抄本，下同。

咸丰七年丁巳（1857） 十八岁

是年，徐继儒（1857—1917）、王埗（1857—1933）、陈夔龙（1857—1948）、何汝翰（1857—？）生。

咸丰八年戊午（1858） 十九岁

咸丰九年己未（1859） 二十岁

咸丰十年庚申（1860） 二十一岁

是年，杨士骧（1860—1909）生。

咸丰十一年辛酉（1861） 二十二岁

秋九月，捻军窜至登州，时孙葆源方治团练，亟与仲弟孙葆田议，如事急，即奉母携叔季两弱弟并子印年及全家入岛。贼至幸击退，以故岛议中止。

〔清〕孙福海著，邹积军点校《不夜行人夜草·古不夜城记》孙葆源云："咸丰十一年秋九月，捻逆忽窜登州，所至搜索遍山谷，惨不忍闻，已东入宁海州矣。由州城至不夜，仅一百八十里。时葆源方治团练，亟与仲弟葆田议，如事急，即奉吾母携叔季两弱弟并子印年及全家入岛。而自率乡勇，星夜同文登诸团逆贼于州东二十里之孟亮口，与州东人力扼要冲。贼至幸击退，以故岛议中止。"

按：这里孙葆源提及其子孙印年。同治八年（1869），孙印年与孙葆田、孙叔谦、孙季咸一起自湖北回山东应试，同治九年（1870）孙葆田提及的"兄子"、孙福海提及的孙葆田"侄"当为孙印年，详见本年谱相关年度条目。刻于光绪八年（1882）的孙葆田同治甲戌科会试朱卷载孙葆田胞侄有四人：惟寅、英年、富安、长安。其中英年殇。如果英年与印年不是同一人，孙印年便是孙惟寅。《校经室文集》卷六所收作于光绪二十一年（1895）的《草庙新阡记》云："孙男：绍宗，荣成县学廪生；诒燕，太学生，中书科中书衔；昌燕，太学生。"记载孙葆田的胞侄三人，分别是孙绍宗、孙诒燕、孙昌燕，这三人应该分别是孙葆田同治甲戌科会试朱卷中记载的惟寅、富安、长安。孙诒燕和孙昌燕为孙葆田弟弟孙叔谦之子，只有孙绍宗是孙葆源之子。《校经室文集》卷三《答夏涤庵水部书》云："盖先兄惟有一子，因乡试病殁旅邸。葆田为护丧至寄籍。"《校经室文集》卷三《上徐季和先生书》云："则葆田兄子名绍宗者，因乡试殁于济南……盖先兄止此一子，又无子息，其母与妻女俱在荣成。"这里孙葆田言其兄孙葆源只有一子，名绍宗。光绪二十三年（1897），孙绍宗因乡试殁于济南。故印年、惟寅很可能为孙绍宗的其他名字，印年或为小名，惟寅或为原名或为字。

按：国家图书馆藏同治年间刻《古不夜城记》，封面题签为篆书"不夜行人夜草"，包括序言、正文、附记以及孙葆源识语、孙葆田识语。《荣成时讯》2019.03.28 期载邹积军点校《不夜行人夜草·古不夜城记》，根据国立北平图书馆珍藏本复印件，国立北平图书馆珍藏本现即为国家图书馆藏同治年间刻《古不夜城记》。[1] 国家图书馆还藏有《明清法制史料辑刊》（第一编）第 27 册影印《之游唾余录》清抄本，抄本内收录有《古不夜城记》，只有孙福海所作序言、正文、附记，无孙葆源识语及孙葆田识语。国家图书馆藏《孙补堂诗文录》抄本，内亦有《古不夜城记》，有孙福海所作序言、正文、附记及孙葆源识语，而无孙葆田识语。《孙补堂诗文录》内夹有单册封面，题"之游唾余录"，署"不夜城中梦道人"，旁有江西新城陈鹏所作识语："光绪十年除夕，敬读一过，乃知佩南政事文有过人处，得力于庭训多矣。

[1]邹积军点校文字与国家图书馆藏同治年间刻《古不夜城记》有几处不同，如"余家世居不夜村"，国图本作"余家世居成山不夜村"；"而坎有横离为障"，国图本作"而坎有横岭为障"；"即《前记》柳眼圹"，国图本为双行小字；"舟乘费用浩穰"，国图本作"舟乘费用浩穰"。

江西新城后学陈鹏谨识。"

阎敬铭官湖北，遇孙福海最厚。孙福海尝示孙葆田兄弟以阎敬铭往还手书，语皆切挚。

《校经室文集》卷二《书阎文介公手札后》云："咸丰中，公官湖北，遇先大夫最厚。先大夫尝示葆田兄弟以公往还手书，语皆切挚。"

按：阎敬铭（1817—1892），字丹初，号芰航、荔门，陕西朝邑人。道光二十五年（1845）进士，任户部主事，郎中，四品京堂。咸丰十一年（1861）授湖北按察使。同治元年（1862）十月署、二年（1863）十一月授山东巡抚，六年（1867）二月病免。八年（1869）授工部侍郎。光绪八年（1882）授户部尚书。十年（1884）五月授协办大学士，十一年（1885）迁东阁大学士，军机大臣。十四年（1888）休致。光绪十八年（1892）二月初七日卒，享年七十六。赠太子少保，谥"文介"。

同治元年壬戌（1862） 二十三岁

阎敬铭署山东巡抚，尝求言于孙福海。

《校经室文集》卷二《上阎朝邑相国书》云："且方同治初元，受命抚山东时也，实尝求言于葆田之先人。其书曰：'某不才不德，膺此巨艰，必败无疑，无法退隐，天不佑我。'"

《之游唾余录》载孙福海《禀阎中丞丹初（天门）》书信一通云："知大人荣膺宠命，署理东抚……此正山左如天之福也。奉询东省情形，不遗刍荛，仰荷谦光下逮……"

同治二年癸亥（1863） 二十四岁

五月，孙福海署汉阳县事。

《校经室文集》卷六《先府君事略》云："五月，署汉阳县事。"

孙葆田始拜吕宪瑞于孙福海汉阳县署，时吕宪瑞摄黄陂事。

《校经室文集》卷四《前济宁州学正吕府君墓表》云："许州君

于葆田为父执。"

《校经室文集》卷四《许州直隶州知州吕君墓表》云："昔我先大夫尝摄汉阳令，即葆田前《志》所叙初与君相见时也。"

《校经室文集》卷五《许州直隶州知州吕君墓志铭》云："葆田始拜君于先人汉阳县署，时君摄黄陂事，其后不复见。越二十年，光绪癸未，君由河南滑县入为主事，乃相遇于都门。适葆田由刑部改选知县，实与君同时赴内阁验看。"

按：吕宪瑞（1833—1897），字辑堂，号芝岩，咸丰九年（1859）恩科举人，同治元年（1862）进士，历任湖北黄陂、汉阳，河南登封、滑县等州县，京察二等许州直隶州知州，钦加三品。所任之处，政声斐然。著有《菊花诗集》。

同治三年甲子（1864）　二十五岁

冬，黄肇颐之母卒。

《校经室文集》补遗《黄母杨孺人家传》云："孺人以同治甲子冬卒，寿六十有四。"

《校经室文集》卷四《黄鹿泉先生家传》云："余与先生之子伟山学博游，得问遗行甚详。"

按：黄肇颐，字伟山，号孟瞻，咸丰二年（1852）举人，濮州教谕。黄肇颐任濮州学正，遇覃恩其母得封太孺人。孙葆田与黄肇颐有往来，作有《黄母杨孺人家传》。孙葆田还为黄肇颐之父黄念晟作《黄鹿泉先生家传》。

同治四年乙丑（1865）　二十六岁

夏六月，孙福海卸汉阳县事，负累数千金，终其身未能清偿。

《校经室文集》卷四《许州直隶州知州吕君墓表》云："先大夫谢事后，亦负累数千金，终其身竟未能清偿。盖今世号为首邑，无不因应公致累，其所由来者久矣。"

《校经室文集》卷六《先府君事略》云："四年夏六月卸事，以筹堡功赏加运同衔。"

秋九月，孙福海任钟祥县令。

《校经室文集》卷六《先府君事略》云："秋九月，署钟祥县事。"

十二月十七日，阎敬铭奏请将曹州府教授李宗泰、栖霞县教谕单为镠均赏加五品衔。

《近代史所藏清代名人稿本抄本》第1辑第28册所收同治四年十二月二十七日《阎敬铭陈保奖曹州府教授李宗泰栖霞县教谕单为镠片》："……曹州府教授李宗泰……又栖霞县教谕单为镠，五十年前选为拔贡，司铎多年，不愿保举。著述渊深，性情恬淡，宿儒耆德，学粹品端。该二员既不求仕进，未便举用。可否请旨将曹州府教授李宗泰、栖霞县教谕单为镠均赏加五品衔，以示优异，出自逾格。"

按：单为镠，字伯平，号芙秋，山东高密人。嘉庆十八年（1813）拔贡，道光元年（1821）举孝廉方正，除县令，改栖霞教谕。工诗，善书法，治经综群议之美，其文辞醇理精，为世所重。《山东文献集成》第3辑收有单为镠所著《丧服古今通考》一卷、《奉萱草堂文钞》一卷、《奉萱草堂诗钞》一卷，第4辑收有《单征君全集》[1]（一名《单氏全书》）十三种十八卷附一种一卷。

同治五年丙寅（1866） 二十七岁

是年夏，孙葆田兄弟奉母命尽室抵钟祥。

《校经室文集》卷二《与吴挚甫先生书》云："葆田少时困于乡里。

[1]《单征君全集》子目：1.《大学述义》一卷；2.《中庸述义》一卷；3.《论语述义》一卷；4.《孟子述义》二卷；5.《论语述义续》一卷；6.《大学述义续》一卷；7.《中庸述义续》一卷；8.《孟子述义续》一卷；9.《四书乡音辨伪》一卷；10.《读经札记》四卷；11.《奉萱草堂文钞》一卷附刻《廉泉先生字学一得》一卷；12.《奉萱草堂文续集》一卷；13.《奉萱草堂诗钞》二卷。

年二十六七，始侍先人钟祥官署。其时，张先生适来修邑志，因获从之游。"

《校经室文集》卷六《先府君事略》云："五年夏，尽室抵钟祥。"

《校经室文集》卷六《先妣于太恭人事略》云："同治丙寅，府君摄篆钟祥。时季弟生且十有六岁矣。葆田兄弟念违侍吾父久，晨昏滋惧，乃奉太恭人命，尽室抵安陆。"

〔清〕孙福海著，邹积军点校《不夜行人夜草·古不夜城记》孙葆源云："迨同治五年，源等弟兄念违侍吾父已十余年，时郁郁且家事亦难。适吾父权钟祥，遂奉母命，于是年夏尽室南来抵钟祥。甫数月而捻贼大至，源等随同登陴。前后几半年，晨昏滋惧。"

其时，张裕钊适来修邑志，孙葆田因获从之游。

《校经室文集》卷一《新修南阳县志序》云："予昔从武昌张先生游，时先君方辑《钟祥志》，张先生言：'古昔志，必有图。'"

《校经室文集》卷二《与吴挚甫先生书》云："葆田少时囿于乡里。年二十六七，始侍先人钟祥官署。其时，张先生适来修邑志，因获从之游。"

《校经室文集》补遗《答李仲彭部郎书》云："葆田自幼习为经术，兼嗜古文词，年近三十，始从武昌张先生游，得其指授。"

张裕钊《濂亭文集》卷一《钟祥县志后序》云："荣成孙君某摄县，事钟祥，与邑人谋辑县志。而余适游于郢，孙君以旧志所次建置、沿革、山川、堤防、藩封颇疏讹，属为考定。已，余复为孙君言，志莫要于地理，今既颇有绪，当更为图辅之。因益为述晋裴秀氏所论制图分率准望之说，孙君召绘人，属余居旁指授，复为图若干幅。顾余以客游，苦孤陋无所是正。又中值寇警，苍黄卒遽，常用瞿然，虑未能尽副孙君相属之意也……"

同治《钟祥县志》孙福海《钟祥县志序》云："同治三年，沅陵许君来治钟祥，始议纂辑，甫开局而许君奉檄去。福海实承乏摄篆于此，乃与邑之士大夫诹咨舆论，钩稽案牍，考镜前闻，裁定义例……"

同治《钟祥县志》陈建侯《钟祥县志序》云："同治四年，钟祥令沅陵许君肇兴邑人谋修县志，旋以受代去，不果。荣成孙君补堂，实来摄县事，甫下车，嘘枯锄梗，群情帖服，暇日，爰复谋修之。"

同治《钟祥县志》卷二十邑人《重修邑志始末记》载："同治甲子，邑侯许公晓东莅任，辄以县志年久，又历经兵燹，亟思清厘，补其残缺。适方伯厉公有通饬修志之文来，县随延集多士，共策盛举，择期开局。若筹费，若采访，若分修经理，渐次就绪。而许以迁调去，接篆者为荣城孙公补堂。公因时方修志，以主笔者荐在坐，窃计邑志三缉，均为乡先达纂修，意有难色。公复殷殷开导，以志昭劝惩，不无弃取，必得外府一人主笔方可速成功而远嫌疑。由是拟订修金若干，薪水若干，往来川资又若干。遣丁赴武邑，聘请丙午孝廉张廉卿，张故积学士，其于是役也，度必持大体，明要领，将发潜阐幽，胥于是征之。及到郢馆，于别墅购求群书，如廿一史、顾林亭《读史方舆纪要》[1]。稽考数月，然后取邑人分辑者，参互证订，随发随刊。即至稿屡易，板频毁，亦所弗恤。自丙寅夏至丁卯岁暮，分为正补二编，匆匆告辞，勉筹谢金五百以归。其未及发刊者，雇觅多工，乃于戊辰七月蒇事。至其中有渗漏错讹，复经补正，总为二十二卷。首尾逾二载，费千金，始获拮据告竣。"

同治《钟祥县志》张铭焕《钟祥县志跋》载："同治七年七月朔日，铭焕奉檄来权钟祥，时邑志初成……今志之修始于许公光曙，成于孙公福海，而删润于武昌孝廉张君裕钊。"

《清代朱卷集成》所收孙葆田同治甲戌科会试朱卷"受业（知）师"载："张廉卿夫子裕钊，道光丙午科湖北举人，内阁中书。"

《清史稿·循吏》"孙葆田"条目下云："葆田故从武昌张裕钊受古文法，治经实事求是，不薄宋儒。"

宣统《山东通志》所收毛承霖《孙佩南先生传略》云："先生少嗜学，笃好《左》《国》，韩、柳、欧、苏之文。既随父之官，受古文义法于廉卿张先生，遂得进窥归、方堂奥。"

---

[1] "顾林亭"当为"顾亭林"之误。《读史方舆纪要》作者为顾祖禹，非顾炎武，作者误记。

吴汝纶《桐城吴先生全书》所收《荣成孙封君神道碑铭》云：
"葆田始闻吾子名自武昌张先生。张先生与先人为兄弟交，葆田获从游……先是，府君官湖北，十四年不将家。到官任钟祥，夫人始率子妇尽室以来。"

吴汝纶《桐城吴先生全书》所收《荣成孙封君神道碑铭》又载：孙葆田父官钟祥，迎张裕钊至官舍，"尊事之，为上客，遣子葆田从先生游，葆田以此有名于世"。

刘声木《桐城文学渊源撰述考》云："孙葆田，字佩南，潍县人，同治甲戌进士，官宿松县知县。师事张裕钊、单为鏓，受古文法。其为文修词立诚，朴实而有理致、曲而有直，体运事实于文字之中，尤墨守方苞学，《望溪文全集》每篇皆识其旨趣……【补遗】孙葆田，古文最得张裕钊之传，其文朴实弇雅，泽以经术，一以方苞为归，熟悉方苞文，随举一文，辄琅琅诵其旨趣。"

《河北第一博物院半月刊》1937 年第 137 期《孙佩南先生墨迹》所附孙葆田生平及手札介绍云："先生笃内行，学兼文章义理。少时受学于张廉卿先生，吴挚甫先生尝为先生先德墓碑，谓廉惠卿曰'此弄斧班门也'。"

按：张裕钊（1823—1894），字廉卿，号濂亭，湖北人。道光二十六年（1846）中举，考授内阁中书。后入曾国藩幕府，为"曾门四弟子"之一，被曾国藩推许为可期有成者。生平淡于仕宦，自言"于人世都无所嗜好，独自幼酷喜文事"，曾主讲江宁、湖北、直隶、陕西各书院，培养学生甚众，孙葆田、范当世、马其昶等都出其门下。

张裕钊示孙葆田以曾国藩幕府暨同时诸名流如孙衣言、方东树等人书册，提及吴汝纶、马其昶等其人其文，并以孙葆田名闻于桐城诸名流。

《校经室文集》卷二《题曾文正书方鹤栖先生训语后》云："葆田往从武昌张廉卿先生，得仪卫先生所著大意，尊闻与先生自为叙事文，读而慕之。"

《校经室文集》卷二《上李合肥相国书》云："既乃知为武昌张

先生所荐引。张先生，葆田本师也。昔先人需次湖北二十年，见知于当世贤士大夫甚盛，独与张先生为道义交。以葆田粗解经义，实命之从游，学为古文词。"

《校经室文集》卷二《与吴挚甫先生书》云："葆田自始闻先生之名于武昌张先生，今三十年矣。"

《校经室文集》卷三《赠马通伯序》云："予始从武昌张先生，见君所为文。"

《校经室文集》补遗《上孙琴西方伯书》云："葆田愚迂，不达时务，性独好问学。数年前从濂亭张先生游，蒙示曾文正公幕府暨同时诸名流书册，始见年丈所自为诗，心窃慕好之。先时张先生亦以葆田名闻于文正公，在金陵节署尝招之往游，属葆田奉亲命归山东，未果。"

按：孙衣言（1815—1894），字劭闻，号琴西，一作勤西，晚号逊学叟、逊学老人，浙江瑞安人。道光三十年（1850）进士，选翰林院庶吉士。咸丰初，授编修，入直上书房，擢侍讲。出知安庆府，署凤颍兵备道、凤阳关监督。同治四年（1865），主讲杭州紫阳书院。十一年（1872），授安徽按察使。十三年（1874），署布政使衔。光绪元年（1875），授湖北布政使。二年（1876），调补江宁布政使。五年（1879），内召为太仆寺卿。寻以疾返里，设诒善家塾，培育文士。著有《逊学斋文钞》《逊学斋文续钞》《逊学斋诗钞》《逊学斋诗续钞》等。

方东树（1772—1851），字植之，晚号仪卫老人，安徽桐城人。师从姚鼐，桐城派代表人物之一，先后主讲于韶阳书院、庐阳书院、泖湖书院、松滋书院。著有《汉学商兑》《昭昧詹言》《书林扬觯》《仪卫轩文集》等。

按：吴汝纶（1840—1903），字挚甫，安徽桐城人。同治三年（1864）举人，同治四年（1865）进士，授内阁中书。工古文，师事曾国藩。历官直隶深州、冀州知州。光绪时，充京师大学堂总教习，加五品卿衔。1902年5月，东渡日本考察教育制度。后称疾引归。著有《诗文集》《东游丛录》《深州风土记》《易说》《诗说》等。民国年间，刊行《桐城吴先生全书》共十八卷，分说经、诗文、尺牍三类。

同治六年丁卯（1867） 二十八岁

六月十九日，孙葆田自樊起身拟就北闱，孙福海嘱咐俏东省停科，即进京应试。

《之游唾余录》载孙福海致心翁书信一通云："捻匪窜扰东省，科场必停，令郎曾否拟就北闱？次小儿于六月十九日自樊起身，已嘱俏本省停科，即进京应试。现尚未接路信，念念。令郎已有回音否？"

孙福海致心翁书信一通，叙近况，提及孙葆田拟就北闱情况，并询问对方儿子乡闱进展。

《之游唾余录》载孙福海致心翁书信一通云："现尚未接路信，念念。令郎已有回音否？想老哥与弟均同此情也。"

孙葆田至京师参加顺天乡试，考官有宝瑛。

《校经室文集》补遗《宝玉峰先生六十寿序》云："同治丁卯，葆田应试京兆，实出先生门。"

《清代朱卷集成》所收孙葆田同治甲戌科会试朱卷"受业（知）师"载："宝玉峰夫子瑛，丁卯科顺天乡试同考官。"

《之游唾余录》载孙福海致匡源书信一通云："盖于秋闱既便，庶不至于如上届之奔走靡遑也。"

按：宝瑛，字光兴，号玉峰，满洲正蓝旗人。咸丰九年（1859）进士，由刑部擢右赞善。善书画，著有《竹石图》，收入《名人写竹册》。

八月既望，孙福海作《团蓬砦火灾记》。

同治《钟祥县志》卷十八"艺文志"收录孙福海《团蓬砦火灾记》一文，文末署"同治六年八月既望，荣成孙福海记"。

十月，《钟祥县志》修成，孙福海等人作序跋。

同治《钟祥县志》孙福海《钟祥县志序》末题："同治六年十月，运同衔即用同知补缺后知府用署钟祥县事孙福海撰。"

同治《钟祥县志》陈建侯《钟祥县志序》末题："同治六年冬十月，署安陆府事遇缺尽先即补知府、闽县陈建侯撰。"

同治《钟祥县志》艾浚美跋载："强圉单阏之岁辜月，余来守郢郡，适孙君补堂纂辑钟祥县志成，以视余……同治六年冬，监运使衔知安陆府事、济阳艾浚美跋。"

沙嘉孙《山东文献书目续编》载："（同治）钟祥县志二十卷，（清）孙福海等纂修，清同治六年刻本，清同治八年增补刻本（附补编〔诗文〕二卷），方志联目，省图，山大。"

岁暮，孙葆田师张裕钊离开钟祥。

同治《钟祥县志》卷二十《重修邑志始末记》载："自丙寅夏至丁卯岁暮，分为正补二编，匆匆告辞，勉筹谢金五百以归。"

同治七年戊辰（1868） 二十九岁

在湖北与吴丙湘有交往。

《校经室文集》卷四《河南候补道兼袭骑都尉又一云骑尉吴君墓表》云："同治戊辰、己巳间，君游湖北，先大夫方需次省垣，闻君至，喜，数共往还。因命予兄弟见焉。是时，君年未二十，词气儒雅，进退雍容。其后先大夫及予兄弟两次过扬州，皆尝访君，或遇或不遇。"

按：吴丙湘（1850—1896），初名泉生，字次潇，又字滇生，号进泉、蛰园，江苏仪征人。室名"传砚斋"。光绪十六年（1890）进士，官至河南候补道兼袭骑都尉。著有《萧碧词》，刊有《传砚斋丛书》。

同治八年己巳（1869） 三十岁

山东巡抚丁宝桢建尚志书院，堂号为"尚志堂"，榜其门曰"金泉精舍"，招士子肄业其中，讲明正学。并延匡源兼主讲席。

《校经室文集》卷二《答李鉴堂中丞书（附来书）》云："同治中，丁文诚公始于济南城外创建'金泉精舍'，榜其堂曰'尚志'，置生徒二十人，以讲学为名。"

民国《续修历城县志》卷一"总纪"同治八年条目载："己巳八年春旱（《续修县志初稿》）。修济南府学（同上）。建尚志堂于金线泉（同上）。"

民国《续修历城县志》卷十五"建置考三"载："尚志书院，在西关金线泉侧，明进士谷继宗别墅，后归陈副宪九畴。故有投辖井，井南有泉曰漱玉，为宋名媛李清照故居，年久废圯。国朝同治八年，巡抚丁宝桢因其旧址建为书院，手书堂额曰'尚志'，榜其门曰'金泉精舍'。招士子肄业其中，讲明正学。"

张昭潜《无为斋文集》卷十一《金泉精舍记》云："出济南省城西门，折而南，又迤而西，过马跑泉石桥，有书院，额曰'金泉精舍'，院内有堂，曰'尚志'，平远宫保丁公抚东时所建也。公虑士子习制举业，不务实学，特饬有司建是堂。檄下州县，征士之有学行者，肄业其中。"

孙葆田《皇清诰授光禄□□□部左侍郎军机大臣匡公墓志铭》云："宫保丁公建尚志书院于金线泉上，延公兼主讲席。"

按：丁宝桢（1820—1886），字稚璜，贵州平远人。咸丰三年（1853）中进士，改翰林院庶吉士，后任翰林院编修，历任岳州知府、长沙知府、山东巡抚、四川总督等职，去世后赠太子太保，谥"文诚"。著有《十五弗斋诗存》《十五弗斋文存》《丁文诚公奏稿》等。

匡源（1815—1881），字本如，号鹤泉，山东胶州郭家庄人。清道光进士，继任翰林院编修，曾先后任江西、山西乡试考官，会试同考官。咸丰四年（1854）出任兵部右侍郎。次年任吏部左侍郎，代理礼部尚书。咸丰八年（1858）任军机大臣上行走，赐紫禁城骑马。咸丰帝病危，为顾命八大臣之一。同治元年（1862）罢官，迁居济南，其后应聘为泺源书院山长，兼尚志书院山长，历时17年。其著作有《珠云仙馆诗人钞》《名山卧游录》《画学先贤》《制艺卮言》《奏议存稿》等。

又按：孙葆田同治庚午科并补行丁卯科乡试朱卷"有朋自远方来，不亦乐乎？人不知而不愠，不亦君子乎？"后有匡源批语："词纯义正，力厚思沈，是能寝馈大家，不徒于墨卷中讨生活者。必售无疑。八月十七日。"匡源去世后，孙葆田为其作墓志铭，《校经室文集》未收，墓碑在山东胶州出土，国家图书馆藏有碑文拓片，见附录。《校经室文集》卷二《题曾文正书方鹤栖先生训语后》云："昔先大夫亦尝以

'能做穷官即好官'与匡鹤泉先生教言'总要细心又虚心'为葆田书成联语命悬座右。"孙葆田可谓善承先人及老师之教导者。

孙福海致匡源书信一通，陈述近况，并提及拟使三儿（孙叔谦）、四儿（孙季咸）、小孙（孙印年）回登州参加院试。二小儿（孙葆田）回楚时，如能迂路晋谒，训诲亲聆，并呈《大衍》一函，以及二小儿（孙葆田）明岁春夏之交参加秋闱之事。

《之游唾余录》载孙福海致匡源书信一通："鹤泉先生大人：道履崇绥，潭祺凼豫。式治颂私，并蒙关注维殷，尤深惭感。惟舍侄不自小心，行至孝感，将家带信物被窃一空，可恨也。内有专寄丁心斋先生一信，亦失，未审信中有无紧要事件，应请补发，以明前由。晚自去秋交卸钟祥，亏累不下八竿。然实因守城防堵、办理兵差所用，曾随本府通禀有案。虽蒙上宪见谅，而不准报销，只允调济。今此缺又有名无实，将来不知如何下台。三、四小儿〇〇〇〇暨小孙〇〇才本庸钝，童试不免幸心，前以无资早回，致将县、府两试未之能及。今闻院考在八、九月间，遂命二小儿〇〇于到蕲后小住三日，即买舟由水路至清江，再由陆路赶至登州。能否补考？或捐俊生？但望无误场期，余事听诸造化而已。晚虽叨薄宦，惟日以儿孙读书为事。二小儿〇〇本列门墙，而立雪久疏，望云弥切。已嘱令回楚时，如能迂路晋谒，训诲亲聆，并呈《大衍》一函，稍伸瞻敬。倘有未便，晚定当另行设法，定于年内顺寄，或由汉镇行商拨兑，总以妥实为期。明岁春夏之交，仍令其负笈以从，大开茅塞。盖于秋闱既便，庶不至于如上届之奔走靡遑也。专此布臆，虔请钧安，惟祈台照。乡晚〇〇〇谨启。"

夏，自蕲春奉家大人命，孙葆田将叔弟谦、季弟咸及兄子印年旋里，应县、府、院试。此番所费不下千金。

国家图书馆藏清同治年间刻《古不夜城记》孙葆田识语："同治八年夏，自蕲春奉家大人命，将叔弟谦、季弟咸及兄子印年旋里，应县、府、院试。"

《之游唾余录》载孙福海致午桥书信一通云："二小儿随其弟侄

等回籍应试，舍四弟暨于、张舍亲同行，此番用费，又不下千金。"

孙福海致桐轩书信一封，提及今年秋登郡科考无期。四小儿亲事拟于腊月间回荣，从俗就亲。还言及三、四儿及小孙童试，尤其关心二小儿的课业及举业。从信中可知桐轩为孙福海聘请的先生，课儿孙学业。

《之游唾余录》载孙福海致桐轩书信一通云："桐轩仁兄先生大人史席：自送文旌，时萦梦毂。遥维禔躬萃吉，潭祉咸宜，定符臆祝。现得济南的信，今年秋登郡科考无期。四小儿亲事拟于腊月间回荣，从俗就亲。明正即行至登，照旧用功。弟一切心事，俱在洞鉴之中。无如儿孙辈资本庸愚，又不知攻苦。三、四儿甫应童试，但求侥幸一步，犹是小事。小孙更难奢望。而二小儿不趁此时专习举子业，转盼即届午科，凭何应试？即如每月六课，且不肯作文六篇，即作亦无一足取，弟实不解其居心何在。语云'一则以喜，一则以惧'，功名不务而他途是好，其何所喜乎？其竟不知惧乎？弟痛切言之，尚乞先生时作棒喝，或冀顽石点头，否则一纸家书且视为老生常谈，其如此听之藐藐，何哉？弟每思读书人之病，只有两条：一在不肯虚心，一在不肯实心。心虚，则无不可请教之人。非但胜于我者，请教良多；即有不如我者，其所已得独得，未必皆我之所得，我果虚心以得其独得，岂非一大快事！心实，则每读一书一文一诗，必不滑口读过，理研之而愈出，味咀之而弥深。旷一时，直如旷了一日；旷一日，直如旷了数日。时时不肯放松，件件必求实学，用功如此。吾知其心之所到，必有到人之所不能到者，而实学见矣。俗语云'不青也能蓝'，其斯之谓与？惜乎弟老矣，一行作吏，此事遂废，况又废将二十年乎？然结习未忘，阅历久而始见及此，欲以训子孙，而子孙皆愚而不之悟，徒令我千辛万苦，负巨累于身，而无计摆脱，犹复望彼不肖稍得成名，以慰我生平之愿，亦可笑已。我仁兄先生相见恨晚，犹幸白首订交，心心相印，故不觉信笔一倾，为知己告也。想元旋之后，必将家计料理停当，仍行返郡，为愚子孙耳提面命，仍坐春风。至明年何时回楚，尚难预定。仍恳俯如前约，勿作取瑟之歌，则弟所焚香默祷者也。再，吾乡如有古书出售，或名人字画等类，但属不可多得之宝，可与二小儿商酌买回，无钱亦即设法购之。弟生平只有此癖，故债累重而胆犹大，哈哈。余详家信内不叙，手肃敬请文安，统惟雅照不宣。"

七月二十二日，张裕钊代孙福海作《吐玉书房跋》。

《之游唾余录》所收《吐玉山房跋》题目下书"张廉卿代作"，末题"同治八年七月二十二日也"。

秋冬之交，孙葆田以季弟孙季咸且娶妇，复与偕至楚。

国家图书馆藏清同治年间刻《古不夜城记》孙葆田识语："及秋冬之交，以季弟且娶妇，复与偕来楚。"

己巳、庚午间，孙葆田始与于宝之相见。

《校经室文集》卷一《今雨楼诗集后序》云："余始与君相见，在同治己巳、庚午间，时君家旧雨轩已毁于兵，所谓今雨楼者，尚未落成也。"

按：于宝之（1830—?），字绍香，山东文登人。著有《今雨楼诗存》二卷、《今雨楼续存》二卷、《晚晴草堂诗集》一卷。

同治九年庚午（1870） 三十一岁

正月，孙葆田偕弟归齐。两弟皆补学官弟子，遂复由登州同赴济南乡试。

国家图书馆藏清同治年间刻《古不夜城记》孙葆田识语："然试事固未毕也，乃复以九年正月偕归齐。而两弟幸皆补学官弟子，遂复由登州同赴济南乡试。两载之间，往还跋涉且万余里，舟乘賮[1]、用浩穰，私独惧益增。吾父累，而葆田且不堪自问矣。"

孙葆田自楚中载数车书，携二弟应试千里。与何家琪相识，志相得。

《天根文钞》卷一《送孙佩南叙》云："初予识佩南，时自楚中

---

[1]〔清〕孙福海著，邹积军点校《不夜行人夜草·古不夜城记》中"賮"作"费"。

载数车书，携二弟应试千里。"

《封丘县续志》"文征"所收何家琪《怀孙佩南荣成》："抱书远自楚天归，万卷翻余马正飞。苦志竟成诸弟学，笺经真抉古人微，洞庭湖上白云渺，不夜城边黄叶稀。宫锦方披亲不见，好将衮职补春晖。"

《校经室文集》卷一《无为斋遗集序》云："葆田得交先生三十余年矣。始予偕两弟读书济南，先生一日不介而造予，讲学论文，志相得。方是时，两人气甚盛，不知世有忧患事也……光绪癸卯秋八月。"

《天根文钞》所收孙葆田《序》云："封丘何先生刻所著文曰《天根文钞》于汝宁府学署，凡若干卷。天根子者，先生自号也，葆田得交先生三十余年矣。始予偕两弟读书济南，先生一日不介而造予，讲学论文，志相得。方是时，两人气甚盛，不知世有忧患事也。"

《天根文钞》中王埏《汝宁府教授何先生传》云："近日大江以北能心知古文义法，而不拘守桐城宗派者，惟先生与吾乡荣成孙先生。然孙先生每自谓不及先生，先生亦谓孙先生文吾不及也。其虚怀好善如此……先生殆畸行之士与？孙先生尤称其狷不可及。"

杨钟羲《雪桥诗话》三集卷十二云："封丘何吟秋……与孙佩南、赵菁衫最善……《遇佩南洛阳》云：'投帻江流首不回，天教归老著书才。'近时北方学者，此其佼佼。"

按：何家琪（1843—1905），字吟秋，号天根，河南封丘人。同治元年（1862）中顺天副榜，光绪元年（1875）举于乡。复应礼部试不第，援例选授河南洛阳教谕，河南学者多从之游。俸满，推升为河南汝宁教授。学宗程朱，文从唐之韩愈。著有《天根文钞》《天根文钞续集》《文钞补遗》《天根诗钞》等。

何家琪著述中有多篇与孙葆田相关，如《天根文钞》中《送孙佩南叙》；《天根文钞续集》中有《与孙佩南书》两封、《再与孙佩南书》一封；《天根诗钞》中《长歌寄孙京卿并示潍县陈孝廉》《冬雪闻孙佩南访弟祥符有传其将膺荐起官者余不信也作诗白之》《寄孙佩南京卿》《遇前合肥令孙佩南洛阳》《闻孙佩南蒙荐京卿衔寄赠》;《天根诗录》中《长歌寄孙京卿并示潍县陈孝廉》《遇前合肥令孙佩南洛阳》《闻孙佩南蒙荐京卿衔寄赠》与《天根诗钞》所收这三首诗重。

《长歌寄孙京卿并示潍县陈孝廉（京卿名葆田，字佩南，荣成人。孝廉名世昌，字凤梧）》:"鱼龙昼夜吞大荒，江海汹涌风涛狂。雷霆下瞰不敢击，坐滔两曜无光芒。粤自草昧立人极，君臣父子为纪纲。三代渐微迄战国，千喙簧鼓争蝈蟾。天生鲁邹两野叟，著书力救斯道亡。祖龙一炬典籍烬，诸儒搜拾何皇皇。晋唐以降佛焰炽，圣脉不绝如饩羊。退之建统启濂洛，经纬日月中天昌。门户忽分戈操室，汉宋相角犹朱王。《大学》在道不在艺，吁嗟古本谁其详。格致虽同判利义，漫以口实滋紫阳。千秋祸本祖《周礼》，以奸假圣真披猖。荆国新义踵歆莽，章耶蔡耶余波扬。况今中外合一辙，后生干进遵朝章。海内岂无数耆旧，一朝尽化禹与光。乱丝不斩绪莫理，稗种杂植年胡康。吾友孙子今明复，遗经抱读泰岱旁。一宰合肥抗奇节，皋比坐拥成老苍。大梁客游阿弟死，扶筇独立怀故乡。东望先垄隔潍水，高躅傥接韩理堂。更闻其地多英俊，薪火一线相维匡。杜鹃叫彻春光晚，程符山前草正芳。"

《冬雪闻孙佩南访弟祥符有传其将膺荐起官者余不信也作诗白之》:"海云远荡大河黄，雪带荒沙蚀日光。泥淖当途遑辱脚，风波如此敢褰裳。危时正赖中流立，直节难逃一字狂。自有吾徒千古在，世人未许料行藏。"

《寄孙佩南京卿》:"太白星精昼吐锋，北望遥想涕沾胸。危时方识疾风草，晚节要为寒岁松。琨玉秋霜真烈士，泰山高密古儒宗。吾乡就近苏门住，不慕公和慕夏峰。"

《遇前合肥令孙佩南洛阳》:"投帻江流首不回，天教归老著书才。洛阳两过无人识，独拜董公祠下来（祠祀汉洛阳令董宣）。"

《闻孙佩南蒙荐京卿衔寄赠》:"清风江上昨来归，海内争传孙合肥。官职声名尽何用，约君同采故山薇。"

《天根诗钞》中《重遇潍县刘子秀孝廉汝宁，获读其诗集，夫诗虽小道，亦有守先待后之责焉，追述师友感赋长歌（孝廉名抢升）》有两句"荣城（孙佩南京卿）不死亦云幸，天以硕果鏖冰霜"写的是孙葆田。

四月端午前二日，孙福海收到孙葆田自登州送考来信，为孙葆源由省寓送到。得知孙叔谦、孙季咸同时补学官弟子。孙季咸参加县试，以招覆得冠军，且先以诗古文获隽。孙福海阅之，顿触乡思，觉故国风景宛然在目。乃于行馆灯前草成《古不夜城记》。

《之游唾余录》所收《古不夜城记》云："余家世居成山不夜村，即不夜城故址也。年远碑志失传，余久欲为文记之不果。自咸丰癸丑拣发楚北，忽忽又十有八年，宦海浮沉，都归梦想。同治庚午四月，于役汉川。端午前二日，长儿由省寓送到次儿自登州送考来信，知叔季两儿于今春同时补学官弟子。季儿以招覆得冠军，且先以诗古获隽，题为《东渐于海赋》。其末四句云：'即海外无雷之国，方将共仰夫锡恩。况海隅出日之乡，孰不勉修夫铜行。'阅之，顿触乡思，觉故国风景宛然在目。乃于行馆灯前草成斯记。而因以叙其缘起如此。"[1]

孙福海为孙叔谦、孙季咸印卷共一百七十六金，非现银不可，几至未能覆试。

《之游唾余录》载孙福海致黼臣、竹可书信一通云："三、四小儿侥幸入泮，均列前茅，所可慰者。四小儿虽读赋数篇，尚未遑学作，且自上年夏以至今春，往返万余里，甫歌琴瑟，遽而断弦。乃于舟车不忘读书，到登州后仅止一月工夫，而古取之赋，尚属可观，或亦苦心人天不负耶。兹并赋文倩于省轩，草草照抄呈阅。亦道义之交，取其相质耳。此外，又有胞侄一人，亦一同如泮，名列第八，竟未将其文寄来，兄殊恨恨。然为两小儿印卷，共一百七十六金，非现银不可，几至未能覆试，则真所谓内外交迫矣。现虽勉强赴省，究不知何以为计，亦只可听之而已。"

夏，与张昭潜始交游，遇于济南尚志堂，时张昭潜讲学于其中。

---

[1]〔清〕孙福海著，邹积军点校《不夜行人夜草·古不夜城记》文字有出入。

孙葆田始闻张昭潜之名于友张丕钦。又从友人于霖逢处，读张昭潜所为太孺人征寿言书。

《校经室文集》卷一《无为斋遗集序》云："始君与余相识在同治庚午、辛未间。余时从武昌张先生游，得所论古文义法。与君言，往往相合……每有所作，必就余商榷。"

《校经室文集》补遗《张异日孺人七十寿序》[1] 云："予始闻张君次陶之名于吾友张丕钦。及今岁庚午，乃遇君济南尚志堂中，粹然笃行，君子也。既复从友人于泽春处，读君所为太孺人征寿言书，则益乡慕其为人。"

张昭潜《无为斋文集》卷四《送孙佩南北上序》云："昭潜与佩南订交在同治庚午夏，时聚首历下，相与论古文，谈经世之务，甚相得也。"

张昭潜《无为斋文集》卷十《次陶自为墓志铭》云："同治庚午，山东巡抚丁文诚公特开尚志堂，延经明行修之士，与之讲学于其中，君与焉。"

按：张昭潜（1829—1907），字次陶，山东潍县人。宗程朱理学，为文一以韩欧为依归。著有《山东地理沿革表》《潍县地理沿革表》《北海耆旧传》《通鉴纲目地理续考》《潍志纠谬》《无为斋诗文集》等，刻有《石徂徕集》《李织斋文钞》等。

又按：孙葆田与张昭潜论文甚相得，据张昭潜《无为斋文集》所记孙葆田评语可见，具体有多处：1. 卷一《叔孙通不能致二生论》文末载："有识有笔，义法兼精，非老手不办。孙佩南"；2. 卷四《送孙佩南北上序》文末载："婉而多风，有渊、路二子相为赠处之义。孙佩南"；3. 卷四《丁宫保六十寿序》文末载："格律谨严，无一毫头巾气。归太仆集中极用意之作，如是如是。孙佩南"；4. 卷五《读苏子由臣事策一书后》文末载："就一事而引申之，驳辨之作法最合。文亦雅洁可诵。孙佩南"；5. 卷五《与友人论文书》文末载："皆甘

[1]《校经室文集》补遗目录该文题目为《张母某太孺人七十寿序》，正文题目为《张异日孺人七十寿序》。

苦自得之言。孙佩南";6. 卷九《陈廉溪墓志铭》文末载田筠坡评语："中段虚叙处乃见交情恳到之至。百年以后必有读斯文而知感者。田筠坡",其评语后载:"前评足尽此文之妙。孙佩南";7. 卷十一《重修泰山神庙碑记》文末载:"文大致是学昌黎诸庙碑记,命意造词则作者本色。孙佩南";8. 卷十二《书〈书张贞女死事〉后》文末载:"叙事处精神毕现,我读之亦为感泣,可与震州《书张贞女死事》并传不朽。孙佩南"。

张丕钦,山东蓬莱人。光绪十五年(1889)优贡,以知县用。编有《张氏新谱》。

于霖逢(1837—1918),字泽春,山东文登人。早年就馆于利津、潍县、垦利、济南等地,光绪十四年(1888)乡试中第一名解元,回文登设馆于文山书院。至光绪二十年(1894),纂成《文登县志》,又著《文山草堂诗集》。

七月,奉家君及伯兄书,并《前记》诸稿,孙葆田敬偕两弟及兄子盥诵之。缘试事迫,未及付剞劂。

〔清〕孙福海著,邹积军点校《不夜行人夜草·古不夜城记》孙葆田识语:"七月奉家君及伯兄书,并《前记》诸稿,敬偕两弟及兄子盥诵之,益愧恧。缘试事迫,未及付剞劂。"

秋,举乡试,乡试中式第一百四十三名。考官有陈代卿、徐致祥、朱迪然。其乡试试卷有匡源夫子批阅。

《清代朱卷集成》所收孙葆田同治庚午科并补行丁卯科乡试朱卷载:"中式第一百四十三名,举人孙葆田系登州府荣成县副贡生民籍。"其中"同考试官,同知衔、准补济阳县署、莘县知县陈"指陈云笙,"大主考,詹事府右春坊右中允、翰林院撰文、国史馆总纂、文渊阁校理、奏办院事、功臣馆提调徐"指徐季和,其又批"局度安详,风骨遒迈"。"大主考,翰林院编修、国史馆协修朱"指朱肯夫,其又批"酝酿深厚,气体清华"。聚奎堂原批"词旨整饬,二三场尚认真,录之以为好学者劝",本房原荐批"首艺意精词卓,次典重高华,三议论警辟诗谐",第二场"笔酣墨饱,古味益然",第三场"征引宏富,考据详明"。

《清代朱卷集成》所收同治庚午科并补行丁卯科乡试朱卷"有朋自远方来，不亦乐乎？人不知而不愠，不亦君子乎？"孙葆田文后本房加批："气清笔锐，章法浑成。通篇跟定'时'字，尤为相题有识。"匡鹤泉夫子批："词纯义正，力厚思沉。是能寝馈大家，不徒于墨卷中讨生活者，必售无疑。（八月十七日）"

《清代朱卷集成》所收同治庚午科并补行丁卯科乡试朱卷"吾说夏礼，杞不足征也。吾学殷礼，有宋存焉"孙葆田文后本房加批："有洋洋洒洒之致，不恃涂泽为工，切定章旨，自与《论语》'吾能言之'四句题文有别。"

《清代朱卷集成》所收孙葆田同治甲戌科会试朱卷载："匡鹤泉夫子源，前主讲泺源书院。郑小山夫子敦谨，前任山东提督学政。宝玉峰夫子瑛，丁卯科顺天乡试同考官。陈云笙夫子代卿，庚午科并补行丁卯科山东乡试同考官。徐季和夫子致祥，庚午科并补行丁卯科山东乡试副考官。朱肯夫夫子逌然，庚午科并补行丁卯科山东乡试正考官。"

《清代朱卷集成》所收孙葆田同治甲戌科会试朱卷载："乡试中式第一百四十三名。"

《校经室文集》卷一《陈先生文集后序》云："葆田以同治庚午乡试出先生房，其时同荐者为今陕西巡抚曹君。"

《校经室文集》卷二《答夏伯定水部书（附来书）》云："乡举时，谬为故宫詹朱肯夫先生与季和先生所知。"

《校经室文集》卷四《兵部右侍郎徐公神道碑铭》云："公讳致祥，字季和……九年秋，偕余姚朱公典山东乡试。"

《校经室文集》卷六《先妣于太恭人事略》云："及葆田庚午登乡荐，太恭人闻捷音喜甚。"

《校经室文集》卷六《草庙新阡记》云："葆田同治九年举人，十三年进士。"

《校经室文集》卷六《祭座主徐季和夫子文》云："葆田自忝列先生门下于今，盖三十年。其始偕先生同典乡试者朱先生。"

张昭潜《无为斋文集》卷四《送孙佩南北上序》云："是秋，佩南举于乡，寻成进士，官部曹。昭潜闻之喜，非以为利禄也。盖士君子苟有志于时，非藉科名，不足以自达。济时者之有资于科名，犹济川者之有资于舟楫也。"

光绪《增修登州府志》卷三十九"荣成"同治条云："孙葆田，福海子。庚午并补行丁卯举人，甲戌刑部主事。"

民国《山东通志》一百五卷"同治九年庚午科并补行丁卯科"条载："孙葆田，潍县人。"

宣统《山东通志》所收毛承霖《孙佩南先生传略》云："同治庚午举于乡。"

按：陈代卿，字云笙，四川宜宾人。咸丰十一年（1861）举人。同治初年于山东胶州、莘县任知县（州），同治十三年（1874）任章丘知县。著有《慎节斋文存》二卷、《山东武义丁学始末记》一卷。

徐致祥（1838—1899），字季和，江苏嘉定（今属上海市）人。咸丰十年（1860）进士。选庶吉士，授编修。后累升内阁学士，督顺天学政。曾主持福建、广东乡试。后为太常寺少卿，左副都御史，改大理寺卿，擢兵部右侍郎。曾视学浙江。卒于安徽学政任内。著有《徐公奏议》二卷，与长白宝廷疏稿合编《嘉定长白二先生奏议》。

朱逌然（1836—1882），字肯夫，亦字肯甫，号味莲，浙江余姚人。同治元年（1862）进士。授翰林编修，同治六年（1867）顺天乡试同考官，同治九年（1870）山东乡试正考官，光绪二年（1876）担任湖南学政，光绪七年（1881）夏担任四川学政，所致有声。光绪八年（1882）官至詹事，留任四川学政，卒于四川任。有《朱肯夫先生日记摘录》。朱逌然督学四川时，柯劭忞和杨积芳同属其幕下。

同治九年庚午科并补行丁卯科乡试，王兰升为举首。同举者百四十六人。时孙葆田偕诸同年至王兰升塾中，陈冕时偕其兄揖座客，年犹未及舞勺耳。

《校经室文集》卷四《翰林院编修王君墓表》云："葆田与君为乡、会同举……同治九年，山东举行庚午并补行丁卯乡试，君为首选。"

《校经室文集》卷五《翰林院修撰陈君墓志铭》云："同治九年，山东开庚午科并补行丁卯科乡试，芷庭为举首。予偕诸同年至君塾中。君时偕其兄揖座客，年犹未及舞勺耳。"

《校经室文集》补遗《诰授奉政大夫郭湘帆先生暨德配陈宜人七十双寿序》云："迨同治九年庚午，先生与余辈同举于乡。领解者为莱阳王芷庭编修。故事，同年生榜后，皆会聚省门，陈设醵宴。是岁，号为并科，同举者百四十六人。会宴时，衣命服者，仅有三四人。"

按：王兰升（1829—1880），字芷庭、芷廷，号秋湘，山东莱阳人。同治十三年（1874）进士，散馆授编修。为王垿、王塾之父，时称"父子三翰林"。工于书法。文章诗法师事单为镪。著有《王文孝公遗稿》不分卷，山东大学图书馆藏。

陈冕（1859—1893），字冠生，先世本浙江山阴人，祖父时始寄籍顺天府宛平，父陈恩寿。师从王兰升。光绪九年（1883）状元，官至修撰。

与王守训为同年，两人交谊深厚。

《校经室文集》卷五《翰林院检讨王君墓志铭》云："始君与予同举同治九年并补行六年乡试，君顾中副榜，乃遵父命，援例为中书舍人。"

《王氏水源录》附录所收王守训《自著年谱》"庚午二十六岁"载："课师仍韩先生。夏赴省闱，与伯兄季弟丁云阶茂才偕行。卷在陈云笙先生代卿房，荐之座主朱肯夫先生遄然，已中式，乃以文中'涤荡'见斥。陈先生争之不得，遂列副榜，与同岁生孙佩南大令互易焉。榜后，复入省，至莘县谒云笙，冬归里。"

《王氏水源录》附录所收王常师《附述》："又荣成孙佩南京卿葆田。庚午与先君同房，彼此倾重，遂订深交。先生令安徽，先君谆勉独至。后果以执法不阿为海内称仰。先君身后，先生为墓志铭，一无浮誉，而悼痛之切见于言外。"

按：王守训（1845—1897），字仲彝，号松溪，山东黄县人。光绪十一年（1885）举人，翌年中进士，选为翰林院庶吉士，继授国史馆协修、武英殿协修、纂修等职。王守训博学多才，勤于著述。著有《登州杂事》《登州诗话》《汉碑异文录》《春秋地理补考》《韵字折衷》《诗毛传补证》《适斋经说》《读礼笔记》《文学天性斋诗文集》《适斋随笔》《王氏水源录》等。

《文学天性斋诗钞》卷四《怀人四首》分别怀念王渐鸿、孙葆田、柯劭忞、王懿荣。其二"孙佩南比部葆田"："兴公侗傥本无俦，南北东西溯旧游。对策名曾知辇毂，买书性惯典衣裘。文章师法（君古文师武昌张君裕钊）三湘重，经史群编一例收。未识与君分袂后，葩经笺注（君拟注诗）有成不？"

与柯劭忞为同年。孙葆田自言素不工诗，少时尝效为之。及见柯劭忞所作，遂辍不复为。

《校经室文集》卷一《青桐轩诗集序》云："先是君之仲兄靖侯，以诗学倡其里人，刻有《沧江》等集。余间从同年友柯凤孙得其诗，叹为近世作者……余素不工诗，少时尝效为之。及见吾友柯凤孙作，遂辍不复为。"

《校经室文集》卷五《李吉侯墓志铭》云："劭忞，余同年友也。"

按：柯劭忞（1850—1933），字凤荪，一作凤孙，号蓼园，山东胶州人。同治九年（1870）举人，光绪十二年（1886）进士，历官翰林院编修、侍讲、日讲起居注官、湖南学政、贵州提学使、学部丞参、资政院议员、典礼院学士等。辛亥革命后，任清史馆总纂。主撰《天文志》及部分列传，指导《时宪志》撰写，整理本纪、儒林、文苑等传。馆长赵尔巽死后，兼代馆长，总其成。于蒙古史、元史用力尤深，据魏源、洪钧所撰元史著述及新史料，撰成《新元史》二五七卷，为二十五史之一。日本东京帝国大学授予其名誉文学博士。著有《蓼园诗钞》五卷，《续钞》二卷。另有《文选补注》《春秋谷梁传注》《文献通考注》《尔雅补注》《译史补》等。

柯劭忞《蓼园诗钞》一书中有四首诗是为孙葆田作的。《寄孙佩南》两首，一首为："忆昔受学来金泉，卜居近住清溪边。骊龙水底濯文锦，濡为细缕何宛延。方流圆折各有象，云萦美藻相新鲜。自嗟顽钝众所异，推迹兆应知无缘。担书蹑屩走万里，巢痕一扫非当年。先生宰县治异等，哀悯鳏寡摧豪奸。相公睒睗御史劾，独有吾党称君贤。竭来书院授都讲，荣光一线浮沦涟。关西夫子应诏出，区区动色占三鳣。岂如没齿诵周孔，欲攀伏郑论后先。商量旧学他日事，新诗径付乡人传。"另一首为："暮天霜紧雁来迟，万里秋风入鬓丝。时事纷纷遽如许，故人流落竟何之。芙蓉晚菊色常好，络纬寒螿心苦悲。回首西园已陈迹，只应旧学不磷缁。"

其余两首如下：一首为《遂平城外送孙佩南》："客路衣裘薄，朔风吹不禁。寒云带芃野，雪意满中林。沙鸟清淮晚，山程郧阨深。知君拔盖望，俯仰独沾衿。君有季弟之丧"；另一首为《还潍县检孙佩南遗书得其未寄函题以诗》："箧里遗书见故人，文章驳难苦龂龂。伤心嗣祖宁非福，抵死黔娄未是贫。寂历松楸高冢晚，凄凉薇蕨故园春。可怜草草还乡梦，酌醴燔鱼问比邻。"

柯劭忞《蓼园诗钞》还有一首写给孙叔谦的诗《送孙六皆》："十年流宕孙公子，往事伤心那可论。门前车马风尘色，枕上诗书涕泪痕。青苔雨漏三间屋，白草霜栖半亩园。负耒躬耕他日约，题书早问陆平原。"

与郭杭之为同年生。

《校经室文集》卷一《午窗随笔序》云："湘帆与予与张君为同治九年庚午科同年，张君中副榜……及庚午科徐先生来主山东乡试，张君与予等同为所举。"

《校经室文集》卷一《青桐轩诗集序》云："葆田与君为乡举同年生，君试卷出赵菁衫先生房……是岁为同治九年庚午科并补行丁卯科，当是时，君年方壮，气锐甚。"

《校经室文集》卷六《议叙同知乡谥敏端郭君墓志铭》云："同治九年举于乡，是岁并补行丁卯乡试。"

《校经室文集》补遗《诰授奉政大夫郭湘帆先生暨德配陈宜人七十双寿序》云："余同年友郭湘帆先生……迨同治九年庚午，先生与余辈同举于乡。"

按：郭杭之（1838—1908），郭梦龄之子，原名郭舟之，因生于湖北鲇鱼套舟中得名，字湘帆，一字子方。同治九年（1870）举人。著有《青桐轩诗集》，孙葆田为之作序。

与崔赞襄为同年生。

《校经室文集》卷五《范县学训导崔予思先生墓碑》："同治九年庚午举于乡，与予为同年生。"

按：崔赞襄（1835—1902），字予思，山东寿光人。同治九年（1870）举人。历署荣成教谕，城武、日照县学训导，濮州学正，范县学训导。

与王珠裕为同年生。

《校经室文集》卷五《同知衔汤阴县知县王君墓志铭》云："同治九年庚午举优贡，寻领乡荐。是岁并补行六年丁卯乡试，王氏一姓得举者二十有八人，君其一也……予与君为乡举同年。"

按：王珠裕（1843—1899），字还浦，山东章丘人。同治九年（1870）举人。五上春官不第，由国史馆议叙以知县选用，主讲张家口抡才书院，任河南汤阴知县，政声卓著。

与王练为同年生。

《校经室文集》卷四《内阁中书衔前即墨县学训导王先生墓表》："同治九年庚午举于乡，年五十余矣。是岁并补行同治六年乡试，号为并科，王氏一姓得举者二十有八人，而先生与兄子者实与焉，故同举诸君皆以年丈事先生。"

按：王练（1819—1892），字澄江，一字达夫，山东莒州人。同治九年（1870）举人。任即墨县学训导，又主劳山书院。著有《寿菊斋诗文集》。

与王希贤为同年生。

《校经室文集》卷四《直隶曲周县知县王君墓表》云："君讳希贤，字伯举，淄川县人。以同治九年庚午并补行丁卯科举于乡，是科领解者为莱阳王君，尝与君辈同肄业济南，同为丁文诚公所奖。于时王氏一姓得举者二十有八人，君其一也。"

按：王希贤（？—1903），字伯举，山东淄川县人。同治九年（1870）

举人，光绪六年（1880）大挑一等以知县分发直隶候补，洊保同知衔并补缺，后以直隶州用。历署隆平、柏乡、鸡泽、曲周县事。

与孙友莲为同年生。

《校经室文集》卷四《乡贤孙先生传》云："友莲，字幼青，同治九年举人，光绪元年举孝廉方正……孙葆田曰：'户部君与余同岁举于乡。'"

按：孙友莲（1844—1924），字幼青。同治九年（1870）举人，光绪二十年（1894）进士，分户部学习。

与王友农为乡举同年生。

《校经室文集》卷五《范县学训导崔予思先生墓碑》云："介予同年长兄王友农，属予为外碑之文。"

《校经室文集》卷五《王节母桑孺人墓碣》云："孺人之夫之族弟友农与葆田为乡举同年。"

按：王友农，同治九年（1870）举人，山东寿光人。王友农请孙葆田为文，以传族兄王建三之妻桑孺人，孙葆田作有《王节母桑孺人墓碣》。

与汉阳宋修平同岁举于乡。

《校经室文集》卷六《山西候补知府陈公继室宋夫人墓志铭》云："夫人之弟宋修平与葆田同岁举于乡。"

按：宋修平，汉阳宋用中之子。同治九年（1870）举人。

与卢昌诒为乡举同年。同游济南时，又不时相过从。

《校经室文集》卷六《山东候补道卢君墓志铭》云："葆田与君乡举同年。昔随侍先大夫游鄂，习闻君名。及同游济南，又不时相过从。"

按：卢昌诒（1838—1903），字栗甫，初名英俦，湖北黄冈人。同治九年（1870）举于乡，明年成进士，以主事分吏部。张曜巡抚山东招其入幕。官直隶州知州、泰安府知府、济南府知府。著有《济南存稿》《养拙斋诗文》。

与闻鹿樵为乡举同年。闻鹿樵将续刻其诗文集，而以序言见嘱孙葆田。

《校经室文集》补遗《怡养斋续集序》云："闻君鹿樵将续刻其诗文集，而以序言见属。余与君为乡举同年……因属老友刘子秀为君选定，得诗八十余首，并附刻散体文若干篇，其文有与余书，会余先已归里，当时实未之见也，今乃得而读之。"

揭晓中举，孙葆田乃亟取其父《前记》授诸梓。《前记》梓成，孙葆田作有识语。时孙葆田将由济南取近入都门，苦无北上资。欲令其弟侄等趁此冬余，赴楚省起居，亦属万难。求助父亲，孙福海亦托钵无门。

〔清〕孙福海著，邹积军点校《不夜行人夜草·古不夜城记》孙葆田识语："秋闱既竣，又以去留未可定，资用又绌，为之怅然。揭晓葆田幸获隽，乃亟取《前记》授诸梓。时葆田将由济南取近入都门。两弟及兄子，当且赴楚省起居，明年岁试又当复来此。南北奔驰，耗费未已。而吾父以负官累未得偿，常忽忽不乐。闻鄂城官廨中，刍米薪炭殆无所取资，私心深叹惋。梓成，辄谨附赘数语其后，益使葆田詹望彷徨而不能已也。男葆田谨注。"

《之游唾余录》载孙福海致竹可书信一通云："且二小儿来信，既苦北上无资，而欲令其弟侄等趁此冬余，暂行来楚一省，亦属万难。"

十月十四日，孙葆田接父亲所择是月十七日令其两弟一侄暂行回楚之信。孙福海百计张罗，三分出息，始得回楚之资。腊月初三日，孙福海接孙葆田之信，其尚困在济南，并一饮一食且艰，公车更无以为计。孙葆田朱卷亦无力以刻。

《之游唾余录》载孙福海致竹可书信一通云："昨于初三日接二小儿信，知急欲北上，而路资毫无，尚困在济南，虽望父而不知其父之托钵无门，仅求双弓米而亦不得……来书为三、四小儿计者甚长，兄亦虑之久矣。乃孔方兄屡唤不应，又将奈之何哉！"

《之游唾余录》载孙福海致庆堂书信一通云："二小儿于十月十四日，接弟所择是月十七日令其两弟一侄暂行回楚之信。百计张罗，三分出息，始得回楚之资，伊尚北上无法。嗣三、四小儿及小孙迟至十月初八日动身，于二十八日到鄂，所坐小车日行七八十里，须步行五六十里，乃得将就回楚。是日弟又搬至旧寓巡道岭原居，以彼处势在高山，四方风动，天气又寒，且无书屋可以苦读为乐也。直至腊月初三日，接二小儿之信，尚困在济南，并一饮一食且艰，公车更无以为计。弟亦徒唤奈何，遥遥数千里，只得付之不问。而弟乃日与三、四小儿及小孙讲以用功之法。其日用七事，则与大小儿昼夜苦谋……外附《山左闱墨》一本，二小儿朱卷无力以刻，亦可叹也。"

岁暮，张昭潜将归里为母庆寿，孙葆田作《张异日孺人七十寿序》[1]为贺。

《校经室文集》补遗《张异日孺人七十寿序》云："君一日不介而造于余，曰：'往岁乙丑，实为吾母七十寿辰，同人欲称觞以祝，昭潜以母意敬辞。独二三同志锡之诗文，昭潜谨什袭藏之，不敢忘。今愿得子一言以为序。'……会岁暮，君将归里，奉觞为太孺人庆。以葆田与君相知之深，故不敢为世俗之文。于其行，敬述此义，为次陶赠，且以为太孺人颂。"

冬，与武震连骑入都。

《校经室文集》补遗《诰授荣禄大夫二品衔前湖北汉黄德道武公墓表》云："始予因今总宪张公与公相识。庚午冬，尝连骑入都，迄今忽忽四十余年矣。"

同治十年辛未（1871） 三十二岁

是年应礼部试，始与毕茂昭相识。

《校经室文集》卷四《大挑知县加三级毕君墓表》云："葆田于辛未应礼部试，始与君相识。"

按：毕茂昭（1814—1890），原名淳昭。字存朴，一字敬山，山东文登人。同治元年（1862）举人。官大挑知县，选分福建，未赴任。

[1]《校经室文集》补遗目录部分该篇文章题目为《张母某太孺人七十寿序》。

精研经史，著有《麟经绀珠》《麟经撷腴》《鲁论集解增补》《校正乡党图》《社仓杂议》《浑天图说》等。

孙葆田自历下将自刻其父所作《古不夜城记》寄给单为镘夫子。

《山东通志艺文志订补》卷七收"【古不夜城记一卷】"条目："【古不夜城记一卷】孙福海撰。福海有《之游唾余录》，见集部别集类。是书现存：清同治间孙葆田刻本，山东党校、山东博藏，见《党校图录》。党校本书衣有高密单为镘手跋云：'此记乃门人孙生葆田之父作。葆田庚午孝廉，辛未自历下寄来。记中言古迹甚确，大似桃源，恨道远不能往游。将此文寄故山诸弟存之。同治壬申夏至前为镘识。'"

宣统《山东通志》所收毛承霖《孙佩南先生传略》云："时单伯平学博讲学于济南。先生归，复从之游。因文见道，蔚为儒者焉。"

《清代朱卷集成》所收孙葆田同治甲戌科会试朱卷"受业（知）师"载："单伯平夫子为镘，嘉庆癸酉科拔贡，道光辛巳制科孝廉方正，钦加五品衔，原任栖霞县教谕。"

孙葆田《单子敬墓碑》云："高密单氏为齐鲁文献望族，道德文章接武济美。葆田早岁得师伯平征君，持身幸免陨越。"

按：关于孙葆田从单为镘游的时间，李梅训、山秀坤《荣成孙葆田年谱》以及李华《孙葆田年谱新编》认为在同治六年（1867），依据材料为单为镘《四书述义续》中阎敬铭序，由序可知阎敬铭于同治丁卯年（1867）请单为镘来济南讲学，以及毛承霖《孙佩南先生传略》，据此推测孙葆田于是年从单为镘游。但结合孙葆田《校经室文集》以及孙福海《古不夜城记》《之游唾余录》等文献记载，同治六年（1867）六月十九日，孙葆田自湖北起身拟就北闱，孙福海嘱咐倘东省停科，即进京应试。孙葆田随即至京师参加顺天乡试。同治戊辰、己巳间（1868—1869），吴丙湘游湖北，孙福海命孙葆田兄弟兄弟见之。同治八年（1869）孙葆田遵从父命偕两弟一侄回山东应童试。次年（1870）至济南，与何家琪、张昭潜等人有交往，参加乡试并中举。同治十年（1871）孙葆田自历下将自刻其父所作《古不夜城记》寄给单为镘夫子。因此，孙葆田从单为镘游的时间很可能在同治九年（1870）或同治十年（1871）。

辛未、壬申年间，与李元绲一再相见。

《校经室文集》卷四《乡贤李先生传》云："余于同治辛未、壬申间，尝一再见先生。"

按：李元绲（1813—1887），字叶初，一字青函，山东章丘人。道光二十九年（1849）举人，任巨野县训导、尚志堂监院。著有《五子近思录注释》十四卷、《居业录注释》四卷。

同治十一年壬申（1872） 三十三岁

是年夏至前，单为锶为门人孙葆田之父所撰《古不夜城记》作手跋。

《山东通志艺文志订补》卷七收"【古不夜城记一卷】"条目："【古不夜城记一卷】孙福海撰。福海有《之游唾余录》，见集部别集类。是书现存：清同治间孙葆田刻本，山东党校、山东博藏，见《党校图录》。党校本书衣有高密单为锶手跋云：'此记乃门人孙生葆田之父作。葆田庚午孝廉，辛未自历下寄来。记中言古迹甚确，大似桃源，恨道远不能往游。将此文寄故山诸弟存之。同治壬申夏至前为锶识。'"

同治十二年癸酉（1873） 三十四岁

是年，孙季咸选拔贡生。

《校经室文集》卷一《孝经郑注附音跋》云："弟名葆诚，以字行，又字宜卿。同治癸酉选拔贡生。"

吴汝纶《桐城吴先生全书》所收《荣成孙封君神道碑铭》云："君子四人。长曰葆源……次即葆田……次叔谦，举人，祥符知县。次季咸，选拔贡生。"

《校经室文集》卷六《先府君事略》云："季咸，癸酉科拔贡。"

《校经室文集》卷六《草庙新阡记》云："季咸，同治十二年选拔贡生。"

《清代朱卷集成》所收孙葆田同治甲戌科会试朱卷:"季咸,本名葆诚,以字行,一字宜卿,号怡城。癸酉科拔贡。"

孙福海接家报,知孙季咸幸得选拔,时孙季咸设法由登州至济南,专候孙福海寄路费,并一切开销,方能回鄂。

《之游唾余录》载孙福海致竹可书信一通云:"惟昨初五日接家报,知四小儿幸得选拔,苦心人天不负,其谓是欤?犹记得我弟台于庚午夏为三、四小儿一同入泮,曾奉来书,有啬于彼而啬于此之语,季儿小名丰云,此吉祥佳兆,君子之吐嘱,感激奚如。刻下伊等设法由登州至济,专候我寄路费,并一切开销,方能回鄂,而乃父点金乏术,徒唤奈何。"

春,与柯蘅初见于鹿邑。

《校经室文集》卷五《柯封翁墓志铭》云:"葆田始以同治癸酉春见翁于河南鹿邑署,其主人则瑞君徵,故瓯宁君弟子也。"

按:柯蘅(1821—1889),字佩韦,山东胶州人,柯劭忞生父。诸生。工诗,师事陈寿祺,专攻汉学,并传父培元《说文》之学,著有《说文次第考》《汉书七表校补》《春雨草堂诗集》等。

春二月,父孙福海署兴国州事。

《校经室文集》卷六《先府君事略》云:"十二年春二月,署兴国州事。"

春,孙福海有致严树森的信,提及孙葆田庚午已领乡荐。

《之游唾余录》载孙福海《禀广西臬宪严》书信一通云:"所幸职子辈尚肯读书,次子〇〇幸领庚午科乡荐,四子〇〇亦于上年冬幸得选拔,书香不致废坠。"

按:严树森(1814—1876),字渭春,四川新繁人。道光二十年(1840)举人,以进士试受知胡林翼,荐擢湖北藩司,历湖北、河南巡抚。同治十一年(1872)予四品顶戴,署广西按察使。光绪元年(1875)迁布政使,就擢巡抚。光绪二年(1876)卒。

夏,柯蘅送女至湖北兴国州,经常与时任兴国州牧的老友、孙

葆田之父孙福海饮酒怀旧，孙葆田兄弟侍奉在侧，旁听到许多柯蘅的家世情况。

《校经室文集》卷五《柯封翁墓志铭》云："是年夏，翁送女至湖北兴国州。时先人署兴国州牧。公事暇，辄与翁饮酒论诗。又追叙少年时事，及故乡风土景物，及济南明湖水木明瑟之状，辄为怅然者久之。葆田兄弟日侍侧，窃闻其绪言，故知翁家世为独详。"

壬申、癸酉间，孙葆田伯兄尝手录其父所作《杂文》二卷、《公牍》四卷，藏于家。季弟孙季咸又尝手钞塾课诗文数十首，请姻丈柯佩韦先生鉴定。

《校经室文集》卷二《书阎文介公手札后》云："然葆田兄弟随侍先大夫之日浅。先大夫宦后，文稿率多散佚，不及收录。同治壬申、癸酉间，伯兄尝手录《杂文》二卷、《公牍》四卷，藏于家。季弟咸又尝手钞塾课诗文数十首，请姻丈柯佩韦先生鉴定。"

在其父兴国州署，尝一拜万斛泉先生。

民国《黟县四志》所收孙葆田《继述堂后记》云："忆同治癸酉，余随侍先人兴国州署，尝一拜万先生，见其道貌伟然，今忽忽已近四十年。"（参考本年谱"附录"部分）

按：万斛泉（1808—1904），字齐玉，号清轩，湖北兴国人。理学名家，人称"纯儒"，贞介绝俗，内行谨严。终身授业不倦，慕名求学者络绎不绝。

是年，孙叔谦中举。

《校经室文集》卷六《先府君事略》云："叔谦，癸酉科举人。"

《校经室文集》卷六《草庙新阡记》云："叔谦，同治十二年举人。"

《清代朱卷集成》所收孙葆田同治甲戌科会试朱卷载："叔谦，本名葆廉，以字行，一字吉丞，号六皆，癸酉科举人。"

《山东乡试朱卷》"孙叔谦"条目下云："同治癸酉科，中式第五十七名举人。"

《清史列传·循吏》"孙叔谦"条目下云："孙叔谦，山东荣成人。同治十二年举人。"

《中国第一历史档案馆藏 清代官员履历档案全编》第6册"孙叔谦"条云:"孙叔谦,现年四十八岁,系山东荣成县人。由附生中式,同治癸酉科本省乡试举人。"

孙福海得济南来信,知孙叔谦今科中榜。

《之游唾余录》载孙福海《禀安陆府陈》书信一通云:"兹因济南来信,知职三子○○于今科又幸登榜……而此刻职子三人一同北上,又加私累甚巨。"

《之游唾余录》载孙福海致鲁笙书信一通云:"本科三小儿与寄籍朝阳之三舍侄幸登正榜……小儿等本应今冬北上,惟措资不易,是以令其暂候,俟张罗就绪,准于明正起程。进京后尚祈切实教之为祷。"

《之游唾余录》载孙福海致笑春书信一通云:"幸三小儿得邀正榜,四小儿叨列萃科。"

冬十有一月,孙葆田作《汉人经解辑存序目 删定马氏辑佚书序》(即《校经室文集》卷一所收《删定马氏所辑汉儒经解序》)。是年,自刻《岁馀偶录》。

《岁馀偶录》中《汉人经解辑存序目》一卷有孙葆田自序,末题:"同治十二年冬十有一月,孙葆田叙于济南寓舍之涉经堂。"

按:王绍曾《山东文献书目》提到孙葆田撰《岁馀偶录二卷》清同治自刻本,馆藏地为山东省博物馆。沙嘉孙《山东文献书目续编》提及孙葆田撰《岁馀偶录二种二卷》的两个版本,一为清同治十二年荣成孙氏自刻袖珍本,一为清光绪间木活字印本。杨海清《中国丛书综录补正》提及《岁馀偶录》清同治十二年(1873)自刊袖珍本。沙嘉孙、杨海清均未言明馆藏地。徐泳《山东通志艺文志订补》收有【汉儒传经记一卷】条目"【汉儒传经记一卷】孙葆田撰。现存:清同治光绪中木活字排印《岁馀偶录》本,国图、上图、山东博藏,《丛综》《续提要》著录"、【国朝经学师承记不分卷】条目"【国朝经学师承记不分卷】荣成孙葆田撰。《续提要》著录同治光绪间排印《岁馀偶录》本(未刻稿)"、【汉人经解辑存序目一卷】条目"【汉人经解辑存序目一卷】孙葆田撰。现存：清同治光绪间木活字排印《岁馀偶录》本，国图、上图、山东博藏，《丛综》《馆藏山左著述》《续提要》著录"。经查阅，国家图书馆藏有《岁馀偶录三种》，所收文章分别为《汉人经解辑存序目一卷》《汉儒传经记一卷》《国朝经学师承记 未刻》，《汉人经解辑存序目》在卷上名为《汉人经解辑存序目 删定马氏辑佚书》，书名后为孙葆田自序，与《校经室文集》卷一所收《删定马氏所辑汉儒经解序》文字基本相同，后多一行"同治十二年冬十有一月，孙葆田叙于济南寓舍之涉经堂"。

同治十三年甲戌（1874） 三十五岁

春，师单为镠去世。

《校经室文集》卷一《方望溪文集补遗序》云："征君，吾师伯平先生也……而伯平先生已于甲戌春去世。"

《校经室文集》卷二《题曾文正书方鹤栖先生训语后》云："盖先生少承家学，老而弥笃，如吾师伯平先生，所谓不愧宗伯、族人及植之先生弟子，殆非溢美。"

春，与李丰纶相遇京邸。

《校经室文集》卷五《李吉侯墓志铭》云："甲戌春，乃相遇京邸。"

按：李丰纶，字吉侯，世为山东莱州掖县人，侨居潍县。同治十二年（1873）举人。李丰纶为柯劭憼、柯劭忞母舅，赴河南禹州投亲路上死于山洪。柯劭忞以状抵京师，嘱孙葆田为铭，孙葆田作有《李吉侯墓志铭》。

参加甲戌科会试。万青藜为正考官，崇实、李鸿藻、魁龄为副考官，钟骏声等人为同考官。孙葆田称出自李鸿藻门下，源于此。是科会试题目："子曰：君子坦荡荡；自诚明谓之性；孟子曰：君仁莫不仁，君义莫不义；赋得无逸图（得勤字五言八韵）"。

同治十三年三月六日邸钞："命礼部尚书万青藜为甲戌科会试正考官，刑部尚书崇实、工部尚书李鸿藻、吏部左侍郎魁龄为副考官。

右庶子昆岗、侍讲黄毓恩、修撰钟骏声、编修陈振瀛、胡聘之、李汝霖、张鸿远、王先谦、钮玉庚、梁仲衡、叶大焯、陈启泰、户科掌印给事中夏献馨、礼科给事中郝从矩、御史刘瑞祺、吏部员外郎沈源深、户部员外郎吴廷芬、刑部主事陆光祖为同考官。"

《清代朱卷集成》所收孙葆田同治甲戌科会试朱卷载:"同考试官,翰林院修撰、文渊阁校理、武英殿纂修、国史馆协修、本衙门撰文、教习、庶吉士,加七级,钟,阅,荐。大总裁,头品顶戴、吏部左侍郎、正白旗满洲副都统、总管内务府大臣,加三级,魁,取,批:脉理清真。大总裁,经筵讲官、太子少保、弘德殿行走、武英殿总裁、工部尚书、教习、庶吉士、军机大臣,加三级,李,取,批:局势整饬。大总裁,经筵讲官、刑部尚书、镶白旗蒙古都统、稽察坛庙大臣,加三级,崇,取,批:气味渊雅。大总裁,经筵讲官、礼部尚书、兼管顺天府府尹,加三级,万,中,批:风度端凝。本房原荐批:第一场:首艺抉出题理之所以然,气息深厚,言之有物;次斟酌饱满,力扫肤浮剽滑之习,而于题分仍一丝不溢;三按切时势,立言意真语挚,诗典重称题。第二场:书艺取径生别,独标精义,馀亦理明词达,竟体无疵。第三场:条对详博,笔亦明净。"

《清代朱卷集成》所收孙葆田同治甲戌科会试朱卷"子曰:君子坦荡荡"孙葆田文后本房加批:"精蕴内含,神采外炳,谢灵运所谓'意惬理无遗'者,于斯文见之。"

《清代朱卷集成》所收孙葆田同治甲戌科会试朱卷"自诚明谓之性"孙葆田文后本房加批:"理境透彻,故右有左宜,无不如志。题中'自'字尤能独得真解。"

《清代朱卷集成》所收孙葆田同治甲戌科会试朱卷"孟子曰:君仁莫不仁,君义莫不义"孙葆田文后本房加批:"思力雄厚,议论警湛。煌煌大言,不作铮铮细响。想见满腹精神,到底不懈。"

《清代朱卷集成》所收孙葆田同治甲戌科会试朱卷"赋得无逸图(得勤字五言八韵)"孙葆田诗后本房加批:"庄雅不肤。"

《贡举志五种》载同治朝十三年甲戌会试:"[试官]侍郎魁龄,

满洲。尚书李鸿藻，高阳。尚书崇实，满洲。尚书万青藜，德化。[试题]君子坦荡荡。孟子曰君（二句）。自诚明谓之性。"

《校经室文集》卷二《上座主李高阳尚书书》云："葆田无似，曩岁以科举之文受知于左右，是时同进者三百七十人，而葆田独以庸下滥附其间，尝因旅见时得以亲炙。"

《校经室文集》卷二《答夏伯定水部书（附来书）》云："乡举时，谬为故宫詹朱肯夫先生与季和先生所知。及甲戌举南宫，其房考则钱塘钟雨辰学士。三先生皆好奖借人才，葆田以是得粗知读经书，名于京师。"

《校经室文集》卷二《上座主李高阳相国书》云："葆田不敏，自忝列门下以来，于今二十有三年。"

《校经室文集》卷六《祭李文正公文》云："念小子自忝列门墙，由今追昔，二十有四年。"

按：万青藜（1821—1883），字文甫，号照斋，亦号藕舲，江西德化人。道光十九年（1839）举人，二十年（1840）进士。官翰林院编修、侍讲侍读学士、国子监祭酒、内阁学士、吏部尚书、户部尚书、刑部尚书等。

崇实（1820—1876），完颜氏，满洲镶黄旗人。道光三十年（1850）进士，选翰林院庶吉士，散馆授编修，升侍讲。历官左赞善、侍讲学士、成都将军、镶白旗蒙古都统、盛京将军、刑部尚书。卒于刑部尚书任，谥文勤。工书法，著有《见亭行述》。

李鸿藻（1820—1897），字季云、研斋，号石孙、兰孙，直隶高阳人。咸丰二年（1852）进士，任翰林院编修，督河南学政，后被提拔为侍讲。同治三年（1864）授内阁学士，迁礼部侍郎，改户部侍郎，同治四年（1865），命直军机。十年（1871）迁都察院左都御史。十一年（1872）改工部尚书，九月加太子少保。光绪七年（1881）正月改兵部尚书，六月授协办大学士（接沈桂芬）。八年（1882）正月改吏部尚书。十年（1884）降内阁学士。十三年（1887）迁礼部尚书。二十二年（1896）十月复授协办大学士，改吏部尚书。光绪二十三年（1897）

六月二十五日卒，年七十八。赠太子太傅，入祀贤良祠，谥"文正"。

魁龄，瓜尔佳氏，满洲正红旗人。咸丰年间进士。官镶黄旗蒙古副都统、左侍郎、内务府大臣、管理沟渠河道大臣、都察院左都御史、镶红旗汉军都统、工部尚书、吏部尚书、稽察内七仓大臣。卒，谥端恪。

钟骏声，字雨辰，仁和（今浙江杭州）人，咸丰十年（1860）恩科状元。历任翰林院修撰、乡试及会试典考官、四川学政、翰林院侍读学士，著有《养自然斋诗钞》。

与王兰升为乡试、会试同举，又皆受知于李鸿藻。

《校经室文集》卷四《翰林院编修王君墓表》云："葆田与君为乡、会同举，又皆受知于高阳李文正公。"

于是年中进士。得以通籍吏部，任钦点主事，签分刑部学习。

《清代朱卷集成》所收孙葆田同治甲戌科会试朱卷载："会试中式第五十八名。殿试第二甲第七十三名。朝考第二等第八十七名。钦点主事，签分刑部。"

《校经室文集》卷二《戊戌拟上封事》云："臣于同治十三年通籍吏部。当穆宗毅皇帝亲裁大政之后，临轩策士，臣得随多士以进。仰蒙圣恩钦点主事，签分刑部学习。"

宣统《山东通志》所收毛承霖《孙佩南先生传略》云："同治庚午举于乡。甲戌成进士，观政刑曹。"

《校经室文集》卷六《草庙新阡记》云："葆田同治九年举人，十三年进士。"

《清史稿·循吏》"孙葆田"条目下云："同治十三年进士，授刑部主事。"

民国《山东通志》卷九十七"同治十三年甲戌科陆润庠榜"载："孙葆田，荣成人，二甲七十三名。"

傅培基与孙葆田同年中进士，后又同官刑部。其子傅善庆，将刻祖父傅士珍《雪樵诗存》，而以序嘱孙葆田。孙葆田作有《雪樵诗存后序》。

《校经室文集》补遗《雪樵诗存后序》云："傅君子余，将刻其先大夫《雪樵诗存》，而以序见属……同治甲戌，适与公之子念堂同举进士，既又同官刑部……念堂，讳培基。"

方树梅《笔记二种》之《北游搜访滇南文献日记》卷四"五月十二日 四月初十 星期日"载："上午十一时，到法租界昭明里三号访昆明傅子馀（善庆），吴子和先生姻戚也，现充财政部印花烟酒税局稽核课长，其祖士珍字雪樵，由校官官山东冠县，殉寇难。有《傅冠县殉难诗文录》，子余藏一册，嘱撮要抄寄滇。子馀云：其祖有《雪樵诗存》二卷，其父念堂（培基）有《念堂诗草》一卷，其姑培真守贞不字，民国五年八月殁，年七十四，有《笃翠轩诗稿》……"

按：傅培基（1852—1890），字笃初，一字念堂，号小樵，云南昆明人。同治九年（1870）举人。十三年（1874）进士，授刑部主事。光绪十年（1884）改授知县，分发直隶，补南皮县令。兴利除弊，颇有政声。后调大名，以善治水闻。其后历任高阳、沙河、邢台县令。年三十九卒于官。工诗文，擅词曲。著有《知白斋吟草》二十卷、《笃初文稿》三十六卷、《白雪阳春集》四卷、《芙蓉剑传奇》一卷、《小樵日记》三卷、《在官法宪录》八卷。

傅善庆，字子余，傅培基子，傅士珍孙。

傅士珍，号雪樵，云南昆明人。道光五年（1825）举人。二十年（1840）迸授罗平州学正。二十九年（1849）选授山东城武县知县。咸丰二年（1852）兼署夏津县知县，十二月，以捐助军饷，加同知衔。三年（1853）调署冠县知县，四年（1854）城陷殉难。

于蘅霖与孙葆田为同年进士。

《校经室文集》卷六《河南巡抚吉林于公墓志铭》云："葆田与公弟蘅霖为同年进士。"

按：于蘅霖，字子坚，于荫霖弟。同治十二年（1873）举人，十三年（1874）进士。任直隶束鹿、涞水知县，及四川万县知县。工书法。

与鲍临为同年进士。

《校经室文集》卷四《王伯庚传》云："余同年友鲍敦甫编修为题其行卷，曰《小竹林试草》。"

按：鲍临，字敦夫，一作敦甫，浙江山阴人。同治十三年（1874）进士，官至福建学政。鲍临与孙葆田为同年友，曾为王继香之子王祖杰题行卷。王祖杰，字伯刚，更字伯庚，早卒，其仲弟王祖荣叙述事略，敬求铭传于当世。孙葆田与王继香为文字交，为作《王伯庚传》。

李念兹为同治甲戌科贡士，与孙葆田为同岁生。

《校经室文集》卷四《李母闫孺人家传》云："念兹，同治甲戌科贡士，与葆田为同岁生。"

《校经室文集》卷五《浙江湖州府知府李君墓表》："君与余会试同年。"

按：李念兹（1837—1909），字铁帆，号慕皋，直隶盐山人。同治六年（1867）举人，同治十三年（1874）贡士，光绪二年（1876）进士，以主事用签分刑部云南司行走。光绪十一年（1885）兼秋审处行走。光绪十四年（1888）任奉天司主稿、四川司主事。光绪十六年（1890）任刑部贵州司员外郎。光绪十七年（1891）任督捕司郎中。光绪二十年（1894）任浙江道监察御史。光绪二十二年（1896）任掌浙江道监察御史。光绪二十四年（1898）改四川雅州府知府，后改任浙江湖州府知府。

孙葆田应李念兹之请为其曾祖母闫孺人作家传。

夏四月，孙福海卸兴国州事回省，适接孙葆田喜报。

《校经室文集》卷六《先府君事略》云："十三年夏四月卸事。"

《之游唾余录》载孙福海《禀荆州府倪》书信一通云："本年四月卸事回省，适接职次子会报，一等幸邀，刑曹忝列。"

五月辛亥，皇帝引见新科进士，孙葆田得旨。

《〈清实录〉科举史料汇编》载同治十三年（1874）五月辛亥"引见新科进士"，得旨名单中有孙葆田。

是年，与宝瑛有往来。时宝瑛馆和硕恭亲王奕䜣邸，授王子澄甫贝勒读。孙葆田代载澄作有《恭跋月令七十二候诗画册》。

《校经室文集》补遗《宝玉峰先生六十寿序》云："同治丁卯，葆田应试京兆，实出先生门。越八年，甲戌，始执贽进谒。是时，先生馆和硕恭亲王邸，授王子澄甫贝勒读。"

《校经室文集》补遗《恭跋月令七十二候诗画册》题目右下角题"代澄甫贝勒作"。

按：爱新觉罗·奕䜣（1833—1898），号乐道堂主人，道光帝第六子，咸丰帝异母弟。任军机大臣、钦差大臣、议政王、总理衙门大臣，谥号"忠"，著有《萃锦吟》《乐道堂诗钞》等。

爱新觉罗·载澄（1858—1885），恭亲王奕䜣长子。受封为郡王衔贝勒，曾任内大臣和正红旗蒙古都统。

是年，拜马步元之父于京邸。两家有三世之交。

《校经室文集》卷五《安丘马府君墓志铭》云："盖编修与吾家论交三世矣。咸丰中，先人宦游湖北时，编修祖父通奉公实官湖北布政使，先人盖尝为其属僚。及予季弟与编修为选拔同年。同治甲戌，予尝因编修拜封翁于京邸。"

按：马步元，字梅生，光绪十一年（1885）举人，光绪十五年（1889）进士，翰林院庶吉士、编修。参纂宣统《山东通志》《安丘新志》《续安丘新志》。

是年，叶景葵（1874—1949）生。

光绪元年乙亥（1875） 三十六岁

备官京师，与周恒祺、王兰升等人交往。

《校经室文集》卷二《上周福阶中丞书》云："曩岁备官京师，适执事承诏入都，因敢以后生之礼进谒。伏蒙询及先人数年中仕宦息耗而命之词以问焉。曰吾兄故交也。葆田于时闻言以为大荣。不幸先人以是冬弃养。"

《校经室文集》卷四《翰林院编修王君墓表》云："葆田与君为乡会同举，又皆受知于高阳李文正公。当今上改元之初，同官京师，时相过从。"

《校经室文集》卷六《先府君事略》云："光绪元年，葆田官刑部主事。"

按：周恒祺，字子维，号福陔、莐阶，湖北黄陂人。咸丰二年（1852）进士。任编修，山东粮道。光绪元年（1875）授山东按察使迁福建布政使，改直隶布政使。五年（1879）闰三月迁山东巡抚，七年（1881）五月授漕运总督。八年（1882）正月以病免职。

与陈传奎同官刑曹。

《校经室文集》卷四《工部郎中陈君家传》云："君名传奎，字星五……服阕，入都供职，时光绪元年也。余尝与君同曹司，见君遇事详慎，稽经诹律，每日札记数则。尝手辑秋审，实缓比较，成书数卷。"

按：陈传奎，字星五，一字棣生，山东潍县人。咸丰二年（1852）举人，咸丰六年（1856）进士，官工部都水司郎中。陈传奎去世后，孙葆田应其门人郎峣山、于子和等请为作家传，见《校经室文集》卷四《工部郎中陈君家传》。

邹德义与孙葆田先后同官西曹。

《校经室文集》卷四《邹府君家传》云："府君讳湘皋，字衡台，茌平邹氏……子德义，咸丰辛酉拔贡生，官刑部员外郎……孙葆田曰：'刑部君与予先后同官西曹……今刑部君殁已数年，有二子……次兆敏，字慎言，以字行，光绪己丑恩科顺天举人，内阁中书，并有祖风，与予善，以崔君肖庭所为府君事略，属为家传。予为撮其大要如右。'"

按：邹德义，咸丰十一年（1861）拔贡生，官刑部员外郎。与孙葆田先后同官西曹。孙葆田与其子邹兆敏善，应邹兆敏之嘱为祖父邹湘皋作传，孙葆田作有《邹府君家传》。

值刑部重修律例，考究服制，陈文田嘱孙葆田以汪琬所撰《五服异同》详为考证。孙葆田旋因丁忧去职，亦尝于士大夫丧祭礼仪私有所编辑，大要本古礼而参以国朝定制，如衣服及明器之类，皆不能不变而从时。

《校经室文集》卷一《读礼摘要序》："值刑部重修律例，考究服制，扬州陈研香先生尝属予以汪尧峰所撰《五服异同》详为考证。予旋因丁忧去职，亦尝于士大夫丧祭礼仪私有所编辑，大要本古礼而参以国朝定制，如衣服及明器之类，皆不能不变而从时。"

按：陈文田，字砚乡，亦作砚香，江苏泰州人。道光十八年（1838）拔贡，咸丰十年（1860）进士。任刑部主事。著有《晚晴轩俪体文存》二卷、《诗存》五卷。

泰州袁锦参加恩科乡试，不中。

《校经室文集》卷四《袁弢父先生传》："袁先生锦，字子文，一字梦苕，晚号弢父，泰州人……年十八，入扬州府学，尝肄业梅花书院……光绪元年，恩科乡试，同考官以元卷荐，触典试者忌，不入式……孙葆田曰：余夙闻泰州有袁子文先生，江北一学者也。及是，与先生季弟镰游，得读所为家传，谓'抚我则兄'，知其幼孤，赖伯兄教养，以至于成立。"

按：袁锦，字子文，一字梦苕，晚号弢父，泰州人。肆力于古文、易学。卒年六十有八，门人私谥"文介"。孙葆田与其季弟袁镰游。袁镰，字季枚，善诗书古文，博学多闻。

冬，与王守训同住，与王懿荣交游甚密，三人一起谈经论史，各举所得以为乐。

《校经室文集》卷五《翰林院检讨王君墓志铭》云："今上光绪初，君犹困乡试。时官内阁，予与廉生与君几无一日不相见，见则稽经诹史，各举所得以为乐。"

《王氏水源录》附录所收王守训《自著年谱》"光绪元年乙亥三十一岁"载："居京师……冬，孙佩南来同居。日与廉生、佩南谈古籍，究经史，颇有获。"

按：王懿荣（1845—1900），字正儒，号廉生（一作莲生），山东福山人。光绪六年（1880）进士，由翰林官至国子监祭酒。光绪二十六年（1900）八国联军入侵北京时，任京师团练大臣，北京陷落，投井自杀，谥"文敏"。精于鉴赏，富收藏，尤笃嗜金石文字。著有《古泉选》《汉石存目》《福山金石志》《王文敏公遗集》，辑有《天壤阁丛书》。

据王守训《自著年谱》载：光绪甲戌年（1874）冬，王守训赁室宣武门内松树胡同居住,与王懿荣等人时相往来。次年(1875)冬,孙葆田与王守训同住。三人一起谈经论史,颇有收获。孙葆田父亡于1875年十二月,孙葆田于1876年二月奔丧至楚。三人"无一日不相见,见则稽经诹史,各举所得以为乐"当发生在1875年冬至1876年二月期间。

是年十二月初四,父孙福海卒于湖北省寓,年六十有七。

《校经室文集》卷二《上周福阶中丞书》云:"不幸先人以是冬弃养。"

《校经室文集》卷二《答夏伯定水部书(附来书)》云:"不幸先人以乙亥冬弃养。"

《校经室文集》卷六《先府君事略》云:"光绪元年春,赴崇阳办茶厘,事竣回省垣。季秋之初,遽患痰喘。入冬后,疾渐亟。犹日夜阅书史,与友人论文,神志弗昏弗乱。竟以十二月初四日卒于省寓,年六十有七……卒时惟长子葆源侍,余皆旅游京师。"

《校经室文集》卷六《先妣于太恭人事略》云:"呜呼!惟我显考府君,以光绪元年冬十有二月丙寅,卒于鄂城之馆舍。"

光绪二年丙子(1876) 三十七岁

二月,与两弟自京师奔丧至武昌,以家贫,故不得已将先世藏书出售或赠人。其友人王守训致赙厚,孙葆田举家藏者数车尽以为赠。

《校经室文集》卷二《上周福阶中丞书》云:"自京师奔丧而南,茕茕孤苦,无所告诉……葆田家本清贫,先人服官廿余年,未尝一日为子孙田宅计。旧时廉俸所入,尽以应亲故之求,不少吝惜。晚岁因负官累,所遇殊多困厄。至其殁也,一身几无以为敛。"

《校经室文集》卷二《答夏伯定水部书(附来书)》云:"自京师奔丧湖北,茕茕在疚。"

《校经室文集》卷六《先府君事略》云:"及卒,贫不能成敛。行箧惟书万余卷,画数册,端砚一方……于卒之明年二月,始奔丧至楚，既以贫，故不能归，乃悉出先世图书，分别出售，以为归葬资。"

《校经室文集》卷六《先妣于太恭人事略》云："明年正月，讣至京师。不孝子葆田及其叔季两弟星夜奔丧武昌。以贫，故不克举葬事。"

《王氏水源录》附录所收王常师《附述》："先君自少年即喜收书，且精于目录之学，惟意在四部遍罗，专为裨于实用，故只求善本，不尚宋元，每谓宋元古本耳，不能概目为善本。每得书，辄重付装整，插架森列。其难见之书，厂肆所不易逢者，每倩孙佩南、柯凤荪诸公代为物色于远方，所得有怡府明善堂、高邮王氏、益都李氏、崇雨舲中丞诸家旧藏不少。佩南丈遭丧出京，以先君致赙厚，举家藏者数车尽以为赠。"

闰五月某日，杨际三卒。其子杨堼请何家琪作墓志铭，后来又请孙葆田表其墓，孙葆田作《杨府君墓表》。

《校经室文集》卷四《杨府君墓表》云："吾友杨子方述其先人懿行，请予为表墓之文。其言曰：先君子……年未五十以诸生终。堼无似，不能躬励实修，以为先人光……先君子弃养已三十年矣，铭幽之文，实吟秋先生代张君作。凤知夫子与吟秋先生为文恒持戒，不轻以许人，今愿窃有请焉。"

按：杨际三（？—1876），字晋斋，又字镜湖，河南渑池人。廪膳生，教徒里门。杨堼为其长子，字子方。光绪间举人，祥符教谕。孙葆田友。

是年秋，至金陵，请张裕钊为其父作志墓之文。张裕钊、朱遁然将孙葆田举荐给孙衣言。

《校经室文集》卷二《与吴挚甫先生书》："先人之殁也，葆田匍匐至金陵，乞张先生为志幽之文。先生诺而未即以为，其后尝贻书葆田，询先人遗事数则，且曰：'吾与当世神交无几，必善为文，以报子之先人耳。'"

《校经室文集》卷六《祭朱肯夫先生文》云："昔在先人之丧，予小子匍匐无依。先生为求孙琴西太仆，曰：'是吾庚午所得士百四十人中，独能粗解文词。'葆田以此受知太仆。"

《校经室文集》补遗《上孙琴西方伯书》云:"不幸去冬先人弃养。葆田今春奔丧来鄂,孤独穷苦,百务俱废。前日因赴金陵,求张先生为志墓之文。先生乃曰:'方伯,今之文正也。子不可失此而不一遇。'既乃赐之书而命之自通于左右。"

"中华古籍资源库"所收《清名人书札》有孙葆田写给张裕钊夫子的信:"受业弟子孙葆田谨奉启夫子大人函丈,葆田自丙子秋叩违左右,忽忽遂已七年,中间仅两递书启,一奉教言,诚自知其罪愆。"

孙葆田欲见孙衣言,但因丧服在身,"素服不入公门"而有所顾忌,因作《上孙琴西方伯书》一封,以明心志。

《校经室文集》补遗《上孙琴西方伯书》云:"今春奔丧来鄂……前日因赴金陵求张先生为志墓之文,先生乃曰:'方伯,今之文正也。子不可失此而不一遇。'既而乃赐之书,而命之自通于左右。寻承枉顾,又以义不可造次。旬日之间,闻执事以休假为请,而葆田又方处忧困之中。茕茕在疚,无攀援之亲于当路。凡丧事之所急,百无一赖。是以徘徊路隅,不敢复进,恐人之见之者,将以为有私于执事……伏惟年丈有爱才好士之盛心,使葆田于此必执素服不入公门之义以自阻,是终不获见遇于大贤。而一就正所学所守之是非……是故将欲进见而辄敢为书请命,冀左右少垂亮。"

按:孙衣言此时为湖北布政使,孙葆田因父丧在湖北。

秋,孙葆田因孙衣言一通姓名于丁宝桢。

《校经室文集》卷二《寄朱肯夫先生书》云:"稚璜宫保抚东十余年,葆田未尝有所干谒。惟于丙子秋,尝因琴西太仆一通其姓名。其后虽欲往见,而卒不果。"

孙葆田作有《致湖北军需局书》,关涉其父生前署钟祥县任内垫发勇粮欠银问题。

国家图书馆藏《孙补堂诗文录》所收《致湖北军需局书》,可参考本书附录。

因先人丧事之需百无一赖,孙葆田向李观察求助并谢其高谊,因作《上李□□观察书》。

《校经室文集》补遗《上李□□观察书》云："凡先人丧事之需，百无一赖……曩岁葆田两弟及兄子欲就试而无资，阁下用先人一言之求，慨然赐借白金二百，是不惟救先人一时之急，而又有大德于其子孙。葆田何时而敢忘报，顾于今诚力有所未能耳。是以前日不揣冒昧，辄复有私于执事。既承盛谊，又辱指示，所以教道之者甚厚。"

秋，扶父丧至扬州，吴丙湘至舟中吊唁。

《校经室文集》卷四《河南候补道兼袭骑都尉又一云骑尉吴君墓表》云："至光绪二年秋，予奉先大夫之丧过扬，君至舟中吊唁，意气恳恳殷殷。"

秋八月，扶父丧至潍。九月，老母染疾去世。是年年底，奉先枢权厝于潍县城北卧龙桥之原。

《校经室文集》卷二《上周福阶中丞书》云："先父窀穸未安，而先母继之。"

《校经室文集》卷二《寄张廉卿先生书》云："葆田去秋扶丧至清江，闻运河水浅，遂舍舟登陆。以八月二十日行抵潍县，去其家千里。而近此时资斧已云不给，因思暂寓于此，以营旦夕菽水之须。不意老母遽撄危疾，不孝子侍奉无状，竟于九月十一日重罹大故。"

《校经室文集》卷二《答夏伯定水部书（附来书）》云："未一年而先母又遽殁于中途。"

《校经室文集》卷六《先妣于太恭人事略》云："其年夏六月，吾母于太恭人率诸孤扶丧而归。秋八月行抵潍县，遽遭危疾。诸孤苍黄祈叫，乃相谋移养入城。九月戊辰，太恭人卒于旅邸……乃以其年十二月奉先枢权厝于潍县城北卧龙桥之原。"

扶丧过清江时，孙葆田拜陈介璋于清江旅次。

《校经室文集》卷六《盐运使衔前安徽池州府知府陈君墓志铭》云："葆田以光绪二年拜君清江旅次。"

按：陈介璋（1826—1878），字宜卿，又字峨卿，潍县人。咸丰元年（1851）恩科举人，叙劳记名知府，以道员用，赏戴花翎，加盐运使衔，任池州知府，至清江佐漕帅。以疾卒。

孙葆田连丁大故，王兰升忧其不克振厉，遗书劝慰。

《校经室文集》卷四《翰林院编修王君墓表》云："及葆田连丁大故，君独忧其不克振厉，遗书劝慰。"

光绪三年丁丑（1877） 三十八岁

仲春，有事入都，见孙诒让等人。拟取道河南，由楚入蜀，往谒丁宝桢。

《校经室文集》卷二《寄张廉卿先生书》云："今岁仲春，偶缘他事入都，将取道河南，由楚入蜀，惟刍米仆赁之资是求。宫保丁公与先君同年，亦以琴西方伯去岁有书为之先容，故欲往谒。比见邸报，孙方伯已调任江宁，因不复作楚游之思……顷复与孙仲容晤于京邸，亦间为一书以往，道此意甚悉。方伯抵任后，当时相见。"

按：孙诒让（1848—1908），字仲容，号籀庼，浙江瑞安人。同治间举人，任刑部主事。前后五次应礼部试不第，后引疾，弃官归里，潜心研究经学和古文字学，著书立说。著有《周礼正义》《尚书骈枝》《大戴礼记斠补》《墨子间诂》《古籀拾遗》《古籀余论》《籀庼述林》《契文举例》《名原》等。

代孙衣言作《浙江崇义祠记》。

《校经室文集》卷二《寄张廉卿先生书》云："葆田顷为孙方伯代作《崇义祠记》。"

《校经室文集》卷三《浙江崇义祠记》题目右下小字标注："代孙琴西方伯作。"

有《寄张廉卿先生书》一封，询问张裕钊所撰先人墓志铭情况，请其并为书丹，并请张裕钊夫子为其亡母写文以显于世。

《校经室文集》卷二《寄张廉卿先生书》："先府君志铭，如蒙撰就，敬祈并为书丹，其稿本暂存几席，俟葆田亲至劬领。葆田往见所为吴母马宜人墓志，尤爱其词。今以先母忧伤以终，其孝敬慈和，勤俭有法，宜传后嗣，亦思得一文以显于世。而忧患之余，每一执笔，则悲感中来，心哀而止。他日若勉成事略，仍望不惜表章。此亦为人子之苦心也，愿赐亮察幸甚。"

《校经室文集》卷二《寄张廉卿先生书》云："葆田曩于丁丑岁尝一至都中，其时因欲由洛入蜀，故辄以书自陈，且终道其愿归江南之意。"

是年夏，孙葆田游大梁，馆河督李鹤年所，李鹤年外甥樊生跟从孙葆田学习。孙葆田闻赵鸿宾为李鹤年所重。

《校经室文集》卷二《上李子和河督书》云："去夏始游此地，荷蒙执事不以众人相遇，而纳之宾席。葆田虽自顾其中无所有，然未尝不思效其一，得以应同学之求……更值有樊生之戚。夫樊生固尝受命于执事，而与葆田有一日之谊者也。乃其疾又适与亡弟同。"

《校经室文集》卷四《赵芦洲先生家传》云："先是，丁丑、戊寅间，予游大梁，馆河督李公所，闻先生为李公所重。"

《校经室文集》卷六《祭樊生文》云："驱车南来，其岁丁丑。谁与是因，生之元舅。当今韩范，尚书李公。悯我孤客，纳我幕中。曰予甥樊，教学相从。生始受学，有晬其容。"

按：李鹤年（1827—1890），字子和，号云樵，奉天义州人。道光二十五年（1845）进士。历任河南按察使、直隶按察使、湖北巡抚、河南巡抚、闽浙总督、东河总督、河南巡抚等。根据李鹤年履历，光绪元年（1875），李鹤年调河东河道总督兼署河南巡抚，光绪七年（1881）授河南巡抚仍兼河督。可知光绪三年（1877）夏孙葆田从之客游，李鹤年时为东河总督。

赵鸿宾（？—1878），字知时，又号芦洲，河南涉县（今属河北）人。廪膳生，因功以知县保奏，归部选用，并加同知衔，以侍亲引归。

秋、冬，先后赴季弟、长兄之丧。

《校经室文集》卷一《孝经郑注附音跋》云："弟名葆诚，以字行，又字宜卿。同治癸酉选拔贡生，殁时年仅二十七。"

《校经室文集》卷二《戊戌拟上封事》云："昔年迭遭大故，又连丧一弟一兄。"

《校经室文集》卷二《上李子和河督书》云："不意遭家多难，

以致中道辞去。及至初冬行期已卜，又复赴先兄之丧而东。"

《校经室文集》卷二《上周福阶中丞书》云："又一岁之中连丧一弟一兄。"

《校经室文集》卷二《答夏伯定水部书（附来书）》云："是后又连丧一弟一兄。"

《校经室文集》卷六《祭樊生文》云："月惟孟秋……予季已诀，有棺在堂……伯兄在里，孟冬遽亡。"

《校经室文集》卷六《先姊于太恭人事略》云："乃以其年十二月奉先枢权厝于潍县城北卧龙桥之原。其明年秋，季子咸居倚庐中，以毁疾卒。是年冬，长子葆源归荣成，又卒。"

吴汝纶《桐城吴先生全书》所收《荣成孙封君神道碑铭》云："君子四人。长曰葆源……次即葆田……次叔谦，举人，祥符知县。次季咸，选拔贡生。葆源、季咸皆早卒。"

同年王练闻知孙季咸卒，为之心伤，尝遇孙葆田莱州城中，执手唏嘘，宽慰千言，并致赙焉。

《校经室文集》卷四《内阁中书衔前即墨县学训导王先生墓表》："葆田与先生为乡举同年。而先生长子者贵，又与予季弟同为癸酉拔贡生。及予连遭大故，季弟以哀毁卒，先生闻知独心伤。尝遇予莱州城中，执手唏嘘，宽慰千言，并致赙焉。予愧谢不敢当，先生则情谊愈笃。乌虖！其与葆田如此，则其平日仁心为质可知矣。"

赴先兄之丧而东，遇钮玉庚学使于中途。

《校经室文集》卷二《上李子和河督书》云："又复赴先兄之丧而东。幸遇钮学使中途，因属其代致私忱。"

按：钮玉庚，字润生，顺天大兴人。同治四年（1865）进士，散馆授编修。同治十三年（1874）大考翰、詹，擢一等，光绪元年（1875）五月庚子以庶子升用，七月壬寅为山西乡试正考官。光绪二年（1876）至光绪四年（1878），为山东学政。

光绪四年戊寅（1878）　三十九岁

三月三日，宋世范卒。其孙宋恪臣，与孙葆田有交游。

《校经室文集》卷五《宋君墓碣》云："君讳世范，字子防，又字星垣，世居汜水段家坊。父处士君讳茂源，著有《愚狂秘集》若干卷……今有文孙恪臣，举于乡，以知县候选……先是，恪臣尝以其曾祖《愚狂秘集》属为序。余以愚狂乃孔子所谓斯民之疾，而处士君乃独不以自讳其秘密，实非外人所能窥及。是又请余志其祖墓，会余亦将归里，乃据恪臣所述，撮其大要，俾揭诸墓道。"

按：宋世范（1824—1878），字子防，又字星垣，世居汜水段家坊。其父宋茂源，著有《愚狂秘集》。宋恪臣，举人，以知县候选。

三月十一日，柳堂父亲柳相林卒，春秋六十有四。柳堂与孙葆田有交游。

《校经室文集》卷五《柳府君墓表》云："堂尝奉父母遗命，捐资助振，奉旨给予'乐善好施'字，准予里门建坊，可谓善成府君之志者矣。及是，述其先考妣事略，属葆田为表墓之文。且曰：'扶沟在前明有杜善人，见《归震川集》中。《先府君行实》，未知视杜善人何如？今殁已三十余年，而邑人犹称道不衰。愿得宏文如归氏者，以传诸不朽。'……余据太守所述府君嘉言懿行与其内教可法者，撮其大要，俾异时治国闻之士，知府君之所以得传者，固自有在。传曰：'天道无亲，常与善人。'柳君其益知所勉哉！"

按：柳堂（1843—1929），字纯斋，号勖庵，河南扶沟人。同治十二年（1873）拔贡，光绪十六年（1890）进士。历任惠民、德平、乐陵知县。

柳堂与孙葆田有往来。柳堂述其先考妣事略，嘱孙葆田作表墓之文，孙葆田作有《柳府君墓表》。据李关勇《文人·官员·社会变革——一个晚清地方官的生命史研究》，柳堂《古稀书札记事》所收《与高仲碱同年书》载柳堂向孙葆田问古文法："前向佩南同年问古文法，则以长于八比拒之，一似长于八比，即不能学古文者，近复从佩南高足许石衡学，乃知长于八比者，真不能学古文也。盖八比可以枵腹，为古文非通经史不可也。其要指曰：不苟作，作则不苟是非。又曰：不因循，克自树立。"柳堂《笔谏堂家书》所收《致豫斋三弟书》第二封云："兄已无不办之事，惟我父墓碑未立，昨求孙佩南作文，已脱稿，求徐友梅书，即在此刻成，由河路载至兰封口，便可趁粮车运至家，此事兄甚得意，以孙佩南品学兼优，为必传之人，其古文直接桐城，亦必传之文，徐字亦冠绝一时，而石工则常刻字帖者，将来仿之古人三绝碑，无多让焉。"柳堂对请孙葆田作《柳府君墓表》甚是得意，认为其人必传，其文亦必传。

三月十四日，陈介璋卒。孙葆田客游大梁，闻其卒。陈介璋孙陈榘曾以孙葆田与君有旧，乞为铭。孙葆田作有《盐运使衔前安徽池州府知府陈君墓志铭》。

《校经室文集》卷六《盐运使衔前安徽池州府知府陈君墓志铭》云："以葆田与君有旧，乞为铭。"

按：陈榘曾，山东潍县人，候选县丞。

春、夏，客河督李鹤年所。

《校经室文集》卷二《上李子和河督书》云："今春投刺，甫入遽纳之而使就其故地。"

《校经室文集》卷二《上周福阶中丞书》云："去年夏，客河督李尚书所，闻执事开藩畿辅，将谋投谒。"

秋，李鹤年再驻节济宁，博士某请其为重修仲子祠堂作记，孙葆田代其作《重修仲子祠堂记》。

《校经室文集》补遗《重修仲子祠堂记》题目右下角题"代李子和河帅作"。正文云："以四年夏受代。其秋，再驻节济宁，博士乃谒予而请为记。"

作有《上李子和河督书》，向李鹤年辞行。

《校经室文集》卷二《上李子和河督书》云："葆田窃闻，古之君子，其进退也必以道，其辞受也必以义……去夏始游此地，荷蒙执事不以众人相遇而纳之宾席……不意遭家多难，以致中道辞去。及至初冬行期已卜，又复赴先兄之丧……执事不以其迂鄙无似，今春投刺甫入，遽纳之而使就其故地……自入幕府以来，无一毫之事有裨于左右……而自去秋至今奔走五千里，所业益已就废。每独居私念，以为不祥莫大于是，复何心假授经之名以久为执事累乎……葆田今将以六月中往游江南……"

至秋返济南，山东巡抚文格延孙葆田入山东书局。

《校经室文集》卷二《上周福阶中丞书》云："至秋暂返济南，前中丞文公以葆田年家子也，独见收怜，又闻其粗能识字通古义，因嘱所司延入书局。"

按：文格，字式岩，号铁梅。满洲镶红旗（一作正黄旗）人，伊尔根觉罗氏。道光二十四年（1844）进士。任工部主事，湖南衡永郴桂道。咸丰四年（1854）授广西按察使改湖南按察使，迁湖南布政使。同治元年（1862）改广东布政使，次年召京。十一年（1872）八月授广西布政使，改四川布政使。光绪二年（1876）三月迁云南巡抚，九月改山东巡抚。后由山东巡抚降任金州副都统，被荐举为吉林将军，赴京受任时卒于逆旅。

至书局不二日，发现张昭潜等人所辑《纲目地理注》有问题。

张昭潜《无为斋文集》卷四《送孙佩南北上序》云："适承宫保丁公命辑《纲目地理今释》，阅五六寒暑，假二三同人之力，注始告成。临付梓，会有妄加点窜以示旗鼓者，昭潜不之知也。方是时，佩南读礼家居，中丞文公延之来省司书局校雠事。佩南莅事不二日，阅《纲目注》之不类也。骇焉，乃委婉语诸当事，俾昭潜重加订正，其已经剞劂者，剗则剗，毁则毁，至六七百版不止。"

十二月二十九日，安平县知县山阴娄诗汉卒于任所。孙葆田应其子娄辑书之请表其墓。

《校经室文集》卷四《安平县知县循良娄君墓表》云："光绪四年夏，畿辅大水，滹沱河溢。入秋，濒河州县被灾尤重。于时署安平县知县山阴娄君受事……竟以积劳致疾，到官未四月，于是年冬十二月二十九日卒于任所……缉书候选中书科中书，与余善，以其伯兄所为《府君行述》示葆田，曰：先君治行，虽经张靖达、俞曲园诸公赐撰志铭、家传，而墓表阙然……余因表君之墓，还顾身世，盖亦不能无感云。"

按：娄诗汉（1820—1878），字卓堂，历任襄城县巡检、涿州州判、景州运河州判，代理永年、成安县事。

娄辑书，候选中书科中书，与孙葆田善。

是年，李炳涛奉调办皖南善后保甲事宜，以劳致疾，卒于旅次。其事迹宣付国史馆立传。李炳涛兄子莱州太守与孙葆田旧习，因以碑铭之文嘱孙葆田。孙葆田作有《庐州府知府循良李公碑铭》。

《校经室文集》卷五《庐州府知府循良李公碑铭》云："公讳某，字秋槎，河南怀庆府河内人也。以诸生从戎积绩，官至庐州府知府，钦加盐运使衔。光绪四年，奉调办皖南善后保甲事宜，以劳致疾，卒于旅次。于是，两江总督据实入奏，谕曰……着将事迹宣付史馆立传……公兄子，今莱州太守，与葆田旧习，因以碑铭之文见属。葆田尝权知合肥，为庐州附郭邑，距公卒时十年矣。"

按：李炳涛，字秋槎，河南怀庆府河内人。以诸生从戎积绩官至庐州府知府，钦加盐运使衔。

是年，张宗瑛（1878—1910）生。

光绪五年己卯（1879） 四十岁

是年四月二十八日，为丁宝桢六十寿辰，孙葆田代文格作《丁稚璜宫保六十寿序》。

《校经室文集》补遗《丁稚璜宫保六十寿序》题目右下小字标注："代文式甫中丞作。"

周恒祺任山东巡抚，孙葆田拜见未遂，因作《上周福阶中丞书》。

《校经室文集》卷二《上周福阶中丞书》云："适幸执事有巡抚是邦之命，东省士大夫与执事有一日之旧者，莫不引领仰望，以庶几得所依归。葆田亦窃不自料其卑贱，是用斋戒沐浴，择日而进。

及至投刺,再入,足再及门,而司事之人辞焉。退而疑也,不敢复进……因辄布其区区,并献旧所为文及与人书凡十首。"

金乡阎淑立举于乡。阎淑立与孙葆田都肄业于泺源书院,称同志。

《校经室文集》卷五《阎君墓表》云:"其在京也,从匡鹤泉先生游,学益以进。及先生主讲山东泺源书院,招君司书记,为诸生矜式……又十二年辛卯,卒于单县鸣琴书院……余与君同肄业泺源书院,称同志。君之卒也,邑人李奉石志其墓。今年,余寓济南,君长子滋乞为表墓之文。"

按:阎淑立,字笔存,一字晴川,山东金乡人。光绪五年(1879)举人。从匡源游,匡源主讲泺源书院,招阎淑立司书记。卒于单县鸣琴书院。阎淑立去世后,邑人李奉石志其墓。孙葆田寓济南,阎淑立长子阎滋乞为表墓之文,孙葆田因作《阎君墓表》。

道光末孟广均有重纂三迁志之议,草创甫就,旋遭寇乱,稿藏其家。陈锦以大府檄修孟庙,获睹志稿。己卯年,陈锦校刊是志,并引孙葆田为同志,而举柯劭忞、彭克端共襄厥事。孙葆田乃搜辑旧闻,修严体例,各述编纂之指于卷末,以发明之。冬十月,所修《重纂三迁志》稿成,孙葆田作序叙其成书经过。

《校经室文集》卷一《孟志编略序》云:"……书成,辄叙其大略如此。时光绪五年冬十月。"

《重纂三迁志》孙葆田《重纂三迁志序》云:"道光末,故承袭博士孟广均,实始有重纂三迁志之议,草创甫就,旋遭寇乱,稿藏其家。先是陈昼卿观察锦,以大府檄修孟庙,获睹博士志稿,以体例仍袭旧志,考证间存疑文,尚非定本,因就原书,发凡起例,重加删定,并属葆田以校订之役。葆田乃搜辑旧闻,修严体例,各述编纂之指于卷末,以发明之。书成,辄叙其大略如此。光绪五年冬十月,荣成孙葆田谨序。"

《重纂三迁志》陈锦《重纂三迁志序》云:"同治壬申、癸酉间,锦奉檄承修孔孟庙林,屡过曲、邹两邑,主今博士昭铨家,语及庙志,因出其先人手订一编,求为校正,受而读之……又八年己卯,抚使黄陂周公、学使大兴钮公孳孳求治，修明文教，百废具兴。锦因得乘间，以校刊是志为请，并引荣成孙比部葆田为同志，而举柯孝廉劭忞、彭茂才克端共襄厥事。竭经年力，合旧志原纂，条梳而缕栉之，编录数过。明年夏，得定本，为十卷。"

《重纂三迁志》张曜《重纂三迁志序》云："赖有孟雨山翰博创修于前，又得陈观察、孙比部重纂于后。"

按：该书当时未刊刻。孙葆田于光绪七年（1881）秋拟刊刻时，只取前五卷与末一卷，改名为《孟志编略》，未重新作序，仅在原序上加识语，参见《山东文献集成》所收《孟志编略》序言部分。光绪十三年（1887）山东书局将《重纂三迁志》全本刊印。

十二月，尹式芳八十二岁寿辰，孙葆田代匡源作《尹菊田太守八十有二寿序》。

《校经室文集》补遗《尹菊田太守八十有二寿序》题目右下小字标注："代匡鹤泉侍郎作。"

按：尹式芳，字菊田，道光三十年（1850）进士。官直隶、庆云、盐山、清丰知县，主讲景贤书院。

光绪六年庚辰（1880）　四十一岁

春，孙叔谦应试至京。

《校经室文集》卷二《寄张廉卿先生书》云："今年春，缘舍弟应试来京，遂复到部供职如旧。"

春，孙葆田服阕，入都供职如旧。李鸿藻以思勤厥职勉励孙葆田。孙葆田与刘宝楠次子刘恭冕以及宝瑛有往来。

张昭潜《无为斋文集》卷四《送孙佩南北上序》云："光绪庚辰孟陬之吉，会以服阕将入都，同人饯焉。昭潜谓佩南之入都，佩南之济大川也。"

《校经室文集》卷二《寄张廉卿先生书》云："今年春，缘舍弟应试来京，遂复到部供职如旧。一日遇刘叔俛于京邸。"

《校经室文集》卷二《上座主李高阳尚书书》云："及庚辰春，复来京师，独蒙谆谆诲谕，以思勤厥职为言。然自是亦未尝数见。"

《校经室文集》卷二《答夏伯定水部书（附来书）》云："故于服阕后循分入都，未尝敢与人谈道艺。"

《校经室文集》卷四《翰林院编修王君墓表》云："庚辰春，葆田服阕，入都供职。文正公一见，即问曰：'子同年王芷庭有经济才，其学识逾人百倍，子亦与相知乎？'葆田因历叙'生同郡，学同志，与平昔往来甚习'以对，文正公喜甚。"

《校经室文集》补遗《宝玉峰先生六十寿序》云："庚辰夏，复来京师，则先生既丧其原配太夫人已，不幸向所见姆抱之幼子，亦于前二年病殇矣。师与弟相对欷歔。"

按：刘恭冕（1824—1883），字叔俛，号勉斋，刘宝楠之子，江苏宝应人。光绪举人。守家学，通经训，初习《毛诗》，晚年钻研《公羊春秋》。校李贻德《春秋贾服注辑述》，主讲湖北经心书院。著有《论语正义补》《何休论语注训述》《广经室文钞》。

孙叔谦东归，孙葆田本拟与叔谦偕行，不期张裕钊适来东，错失与老师相见。

《校经室文集》卷二《寄张廉卿先生书》云："及舍弟东归，葆田本拟与之偕行，不期驺从适来我东，葆田失此瞻拜。"

五月，馆盛昱意园中。盛昱命其幼子偕两姊从孙葆田问字。

《校经室文集》卷二《寄张廉卿先生书》云："葆田五月间，就一教读馆，在崇文门内表褙胡同，居停系宗室盛编修，其人亦好学有志概，与葆田为庚午同年。学徒三人皆初学识字。"

《校经室文集》卷六《喜塔腊室宗室氏墓志铭》云："庚辰、辛巳间，予尝馆伯羲意园中。伯羲命其幼子偕两姊从予问字……乃未逾年而幼子殇，予遂辞去。"

按：盛昱（1850—1900），字伯熙，或作伯希、伯兮、伯羲，号韵莳，清宗室，满洲镶白旗人。光绪三年（1877）进士，官至国子监祭酒。深居简出，崇尚风雅，喜藏图书钟彝，精鉴赏，家有"意园"。其考订经史及中外舆地，皆精核过人，熟谙清代掌故，著有《意园文略》《郁华阁遗集》《雪屐寻碑录》等。

谭宗浚四川学政任满归京，与孙葆田在京邸相见时，论及阳湖派。

《校经室文集》卷一《路访岩观察文集序》云："昔余同年友谭叔裕由督学四川归，相见京邸，问余：'武进张皋文文别为阳湖派，信乎？'余举茗柯文自序得古文法于桐城王悔生，悔生本师曰刘才甫，即姚姬传所从受文法者。初未闻皋文先生自称阳湖派也。谭君以余为知言，乃知分别宗派，某达官实有是论，亦不知其所本。"

按：谭宗浚（1846—1888），原名懋安，字叔裕，广东南海县人。咸丰十一年（1861）举人，同治十三年（1874）进士，光绪二年（1876）任四川学政，五年（1879）任满，次年返京。八年（1882）任江南乡试副考官，十一年（1885）离京外任云南粮储道，十四年（1888）回乡途中去世。著有《荔村草堂诗钞》《荔村草堂诗续钞》《希古堂诗文集》等。

夏，《重纂三迁志》得定本，为十卷。

《重纂三迁志》陈锦《重纂三迁志序》云："明年夏，得定本，为十卷。"

约六月二十八日，孙叔谦至京师，送到张裕钊所给孙葆田书信并新刻《史记》及《毛诗古音考》《屈宋古音义》各一部。

《校经室文集》卷二《寄张廉卿先生书》云："前月二十八日，舍弟叔谦至，恭承赐书并新刻《史记》及《毛诗古音考》《屈宋古音义》各一部。"

孙叔谦从潍寓接眷属至京，家累十数口，日用所须益形支绌。

《校经室文集》卷二《寄张廉卿先生书》云："舍弟近从潍寓接眷属至京，家累十数口，日用所须益形支绌。"

《校经室文集》卷六《先妣于太恭人事略》云："于时葆田既释服，会叔弟迎家属至京师，追惟前事，中夜与其家人泣。"

七月十五，作《先妣于太恭人事略》。

《校经室文集》卷二《寄张廉卿先生书》云："谨撰述事实一篇，

乃仓猝所成，恐不能称扬先美，伏望鉴察为幸。"

《校经室文集》卷六《先妣于太恭人事略》云："光绪六年七月望，后男葆田述。"

孙葆田作回信《寄张廉卿先生书》一封，再次提及请老师为先人墓志铭撰文并书丹、同时为先母作文之事。并提到方宝彝近移寓绳匠胡同，孙葆田两次拜访未遇。以及《史记》代售事宜。

《校经室文集》卷二《寄张廉卿先生书》云："先府君志铭，幸蒙存记，他日傥能撰就，更乞一为书丹，幸甚。先母于太恭人事例宜附书……故愿更得一文以传于世……方鞠常郎中近移寓绳匠胡同，葆田两次拜访未遇。所收《史记》俱已交厂肆代售。近亦有一二知交，属葆田转购此书者，但未知定价若干，须见时面筹，谨以附闻。"

王兰升卧疾数月，孙葆田数往问视。

《校经室文集》卷四《翰林院编修王君墓表》云："既而君卧疾数月，葆田数往问视。一日，君见余至，自床兴，慷慨语曰：'子近见吾师高阳公乎？今时局艰危如此，为大臣者，宜亟求干济之才。吾尝有所荐于公，而迄未见公以上闻。吾病愈，会当往促之。'因嘘唏泣下。葆田固已心忧其不起，乃未逾旬而君遂卒。"

冬十月，蒋琴舟先生卒。其子蒋楷与孙葆田善，述其行实嘱孙葆田为家传。孙葆田作有《蒋琴舟先生家传》。

《校经室文集》卷四《蒋琴舟先生家传》云："先生讳□□，字琴舟，湖北荆门州蒋氏，其先江西人也……光绪六年冬十月，先生卒，年七十……楷，乙酉拔贡生，今官山东候补知州，有学而能文，与葆田善，述先生行实，属为家传。"

按：蒋海澄（1811—1880），字琴舟，湖北荆门人。国子监学正衔，谷城县训导，建白阳书院，修同治《谷城县志》。

蒋楷，字则先，湖北荆门人。光绪十一年（1885）拔贡生，有学而能文。官山东候补知州、平原县知县。著有《平原拳匪纪事》。

冬十一月，友王兰升以疾卒于京师。

《校经室文集》卷四《翰林院编修王君墓表》云："故翰林院编

修王君，讳兰升，字芷庭，登州莱阳人也。光绪六年冬十一月戊子，以疾卒于京师，春秋五十有二。"

光绪七年辛巳（1881） 四十二岁

春，何璟意欲见招，孙葆田已拟往游，因家累而止。

"中华古籍资源库"所收《清名人书札》有孙葆田写给张裕钊夫子的信："去年春，舍弟在闽，述何小宋制军意欲见招。葆田已拟往游，其后竟因家累而止。"

按：何璟（1816—1888），字伯玉，号小宋，香山县（今中山）人。官至江苏巡抚、闽浙总督，著有《事余轩诗》等。

夏，朱逌然出任四川学政，孙葆田未随行。

《校经室文集》卷二《寄朱肯夫先生书》云："乃葆田不以去夏随行，犹复蒙恩，怜其愚诚，言之当路，欲待以任使。"

秋，欲出都叩谒张裕钊夫子，适孙叔谦有书，将随陈中丞自闽赴浙，孙葆田遂不果行。

"中华古籍资源库"所收《清名人书札》有孙葆田写给张裕钊夫子的信："秋间再思出都，本欲为叩谒请教之计。尝因寄书家平山兄，以道其意，想左右亦闻而悉之矣。其时适得舍弟书，将随陈中丞自闽赴浙，葆田亦遂不果行。"

孙叔谦远游闽浙，奔走衣食，以此欲具牒吏部，求为选人，意终不果。

《校经室文集》卷二《寄朱肯夫先生书》云："又一弟方远游闽浙，奔走衣食，以此欲具牒吏部，求为选人，意终不果。"

秋，将之前所编《重纂三迁志》稿略加删定，取前五卷与末一卷，改名《孟志编略》，拟在京师刻印，未果。

《孟志编略》所收孙葆田序后又识："予既以志稿授陈公，会学士所请，格于部议，不果行。明年春，予入都供职，观察陈公亦以忧去官，是编遂未付梓。今岁检理存稿，略加删定，改名《孟志》，取前五卷与末一卷刻之京师，以质当世知言君子。辛巳秋日，葆田又识。"

国家图书馆藏《孟志编略》抄本卷末后载孙葆田识语："右《孟志编略》六卷，辛巳岁携稿至京师，拟付梓人，未果。"

按：《校经室文集》卷一所收《孟志编略序》无光绪十六年（1890）秋刻《孟志编略》所收孙葆田序后又识这一段话。

遇马其昶于京师。两人居无数日不相见，见必考其所学之得失，两人以益友相勉。马其昶因孙葆田、郑杲获识柯劭忞。同交游者还有谭宗浚。

《校经室文集》卷三《赠马通伯序》云："及光绪辛巳，始遇之于京师……居无数日不相见，见必考其所学之得失。盖两人者，亦隐然以益友相勖焉。"

"中华古籍资源库"所收《清名人书札》有孙葆田写给张裕钊夫子的信："冬闻马通白到京，承知动履甚详，通白不时过从，乃颇饶文字之乐。"

柯劭忞《蓼园诗钞》所收马其昶《蓼园诗钞序》云："光绪初，予游京师，因孙君佩南、郑君东父获识先生，知其精小学而已。后十余年再见于京师，先生方与东父共治《春秋》，见予文《论丧服》诸篇而善之。别去，予归里，先生出督贵州、湖南学政。又十余年而宣统改元，予官学部，孙、郑二君皆前卒，先生独巍然幸存。"

《碑传集补》卷十九所收马其昶作《又云南粮储道谭君墓表》云："光绪初，予年二十余，游京师，论交当世，得可以为师友者三人焉，曰孙君佩南、郑君东父、柯君凤生，最后又得谭君叔裕。此四人者，趣向不必同，然皆博涉载籍，笃行恺恺，君子人也。"

《桐城马先生年谱》光绪"七年辛巳先生二十七岁"载："始游京师，痛世风之偷靡，由于在上者之不能化民成俗，作《风俗论》以箴之。与郑东父、孙佩兰（仲垣）、谭叔裕、吴季白定交。郑名杲，直隶迁安人，光绪庚辰进士，刑部主事。孙名葆田，山东荣成人，进士，刑部主事。谭名宗浚，广东南海人。吴名传绮，怀宁人。"

按：马其昶（1855—1930），字通伯，晚号抱润翁，出身翰墨世家。光绪宣统年间，历任庐江潜川书院主讲、桐城中学堂堂长、学部主事、京师大学堂教习。辛亥革命后，曾主安徽高等学堂。民国五年（1916），应聘为清史馆总纂，撰有《清史稿》光宣列传，修订文苑传。散文淡简，著作等身。有《桐城耆旧传》《抱润轩文集》《毛诗学》《存养诗钞》等行世。

马其昶《抱润轩文集》卷一《李泌传　丙子》文后有孙葆田评语："孙佩南曰：'深明事体，文气与苏氏为近。'"卷一《风俗论　辛巳》文后有孙葆田评语："佩南曰：'立论皆确有见地。不独词气与周泰人为近。当与《曾文正集》中《原才篇》井[1]传。吾卿郭君卿刑部尤受此作。谓所言有闻于世道。曾属佣书人录副以去，亦通伯一真知己也。'"

卷九《答刘仲鲁书》云："记尝与孙佩公语境遇困人，贤者不免，佩公深感动其言，盖非独贫约为困也，脱蓬藜而之显，其困乃弥甚。"

又按：郑杲（1852—1900），字东父，一作东甫，祖籍直隶迁安（今属河北）。父鸣岗，以举人为山东即墨令，到官数月卒。贫不能归，因家于即墨。光绪五年（1879），以即墨籍举山东乡试第一。明年中进士，授刑部主事。后以母忧归，主讲山东泺源书院。服阙，迁员外。二十六年（1900），以疾卒于京师，年四十九。郑杲读书无所不涉，于诸经尤殚其力，而独深于《春秋》，其为说能兼综三《传》。著有《春秋说》《论书序大传》《书张尚书之洞〈劝学篇〉后》《笔记》《杂著》《杜诗钞》《东甫遗稿》等。《东甫遗稿》收有《致孙佩南书》《与孙佩南论词学书》。郑杲与孙葆田、柯劭忞、宋书升等人研经摩史，形成清末山东重要的朴学流派——东甫学派。

冬，陈中丞有书见招，孙葆田亦不即往。

《校经室文集》卷二《寄朱肯夫先生书》云："去年冬，陈中丞有书见招，亦不即往。夫葆田于此，岂真乐为外吏哉？盖亦有不得已，而思乘一障以聊试所学耳。"

---

[1] 此处"井"字不通，可能为"并"字之误。

十一月，奕䜣五十大寿，孙葆田代宝瑛作寿序以贺。

《校经室文集》卷三《代宝玉峰先生祝恭亲王五十寿序》云："皇帝嗣服之七年冬十有一月，为和硕恭亲王五十初度之辰。"

《校经室文集》补遗《宝玉峰先生六十寿序》云："光绪七年冬十有二月又三日，玉峰先生六十初度之辰，门下士孙葆田等谋所以寿先生者……同治丁卯，葆田应试京兆，实出先生门。越八年甲戌，始执贽进谒，是时先生馆和硕恭亲王邸……今岁十一月，恭邸五十寿辰，葆田代先生为文以祝。"

冬十二月，孙葆田等人为宝瑛庆祝六十大寿，作有《宝玉峰先生六十寿序》。

《校经室文集》补遗《宝玉峰先生六十寿序》云："光绪七年冬十有二月又三日，玉峰先生六十初度之辰，门下士孙葆田等谋所以寿先生者。"

光绪八年壬午（1882） 四十三岁

是年，孙葆田同治甲戌科会试朱卷续刻。

《清代朱卷集成》所收孙葆田同治甲戌科会试朱卷版心载"光绪壬午年续刻"。

是年，孙葆田于某月十九日收到朱逌然先生书信，从孙葆田回信可推知，时任四川学政的朱逌然向四川总督丁宝桢推荐孙葆田，请求待以任使，丁宝桢委以会计之任，孙葆田因作《寄朱肯夫先生书》答谢其盛谊并陈布所怀，叙述己况并提到伯鼎世兄与叔企世兄近况。

《校经室文集》卷二《寄朱肯夫先生书》："犹复蒙恩，怜其愚诚，言之当路，欲待以任使……今宫保不察葆田之所能，遽欲委以会计之任，是所谓知之不尽而犹以众人遇之也。葆田岂敢昧其所素守，而轻以贻羞于门下哉？且方今京曹无外调之例，如使纳资而进，则非有富人千金之产，固不足以集事。葆田窃见今世以利进者，又未有不以贪败者也。使宫保深知喻此义，则其无取于葆田之躁进，亦已审矣……伯鼎世兄疾已大愈，秋后当可随侍来蜀。叔企世兄见已回浙。葆田患目疾旬余，近稍愈。此书谨求人代缮，迟稽之罪，伏冀鉴察，幸甚。"

《校经室文集》卷六《祭朱肯夫先生文》云："往岁先生视学入蜀，恨不能负笈以随，中间尝两奉手谕。"

于宝之观察季子芳基应顺天试，以其父所著《今雨楼诗集》贻孙葆田，并嘱孙葆田为之序。孙葆田诺之。

《校经室文集》卷一《今雨楼诗集后序》云："绍香观察刻所著诗若干首，曰《今雨楼集》。光绪壬午秋，君季子芳基应顺天试，以其集贻余，而属为之序，余诺之而未暇以为。"

与何家琪再遇于京师。既而，孙葆田改官之皖，何家琪亦为河南教官，别去不相见者数年。

《校经室文集》卷一《无为斋遗集序》云："其后再遇于京师，则予以孤露之余志意少衰，而先生学愈进，其气乃益下。既而，予改官之皖，先生亦为河南教官，别去不相见者数年。"

《天根文钞》所收孙葆田《天根文钞序》云："其后再遇于京师，则予以孤露之余，志意少衰。而先生学愈进，其气乃益下。既而，予改官之皖，先生亦为河南教官，别去不相见者数年。"

秋，因刑部学习期满，请改知县。李念兹与孙葆田会试同年，向者同官刑部，每相见必各言所志。孙葆田由部曹改外职，实李念兹教之。八月，签掣安徽安庆府宿松县知县缺。

《校经室文集》卷二《答夏伯定水部书（附来书）》云："葆田既再入刑曹，心知其致君无术，又以家累十数口无所于归，不得已于学习期满时，自求外除，思托抱关以自试。及谒选，得宿松。"

《校经室文集》卷五《浙江湖州府知府李君墓表》："君与余会试同年，向者同官刑部，每相见必各言所志。余由部曹改外职，实君教之。"

《校经室文集》卷六《甲申正月告先墓文》云："前年秋，因刑部学习期满，请改知县。"

《校经室文集》卷六《辞赴安徽呈子》云："由刑部学习主事，改归进士本班，选授安徽宿松县知县。"

"中华古籍资源库"所收《清名人书札》有孙葆田写给张裕钊夫子的信："因于今秋具牒本部，求归知县候铨。盖读律既非葆田所娴，又自是尚须十数年，方可实授一缺，非寒儒所能艺累也。今之就此，诚为下计，特亦有不得已而思乘一障以聊试所学耳。"

宣统《山东通志》所收毛承霖《孙佩南先生传略》云："光绪初元以忧归，家贫积累，乃以改外请。八年，选授安徽宿松县知县。"

《中国第一历史档案馆藏 清代官员履历档案全编》第 27 册页 571 下云："□□中缺孙葆田，山东登州府荣成县人，年四十二岁。由进士引见，以部属用。签分刑部，期满甄别，改归进士，知县原班铨选。光绪八年八月二十日，据奏奉旨依议。钦此。今签掣安徽安庆府宿松县知县缺。"

孙葆田备官京曹时，适李鸿章奉觐入都，尝以年家子之谊修谒。其后有传李鸿章意欲孙葆田主问津书院讲席，后乃知为武昌张裕钊先生所荐引。孙葆田因已改官谒选，不获承命。

《校经室文集》卷二《上李合肥相国书》云："曩者备官京曹，适执事奉觐入都，亦尝以年家子之谊修谒，其后有传执事之意欲俾主问津书院讲席者，虽其时已改官谒选，不获承命，而亦私审其致此之无因，既乃知为武昌张先生所荐引。"

九月二十三日，张琳卒。其子张恩钊于孙葆田友孔宪曾昆季善，孔宪曾以行状嘱孙葆田为铭。孙葆田作有《张君墓志铭》。

《校经室文集》卷五《张君墓志铭》云："子一，即恩钊，工部都水司候补员外郎，以君卒之次年八月朔日从君志，葬君与佘夫人于济宁城北新阡。恩钊好古能文，与吾友孔编修以鲁昆季善，编修手君行状，属为铭。"

按：张琳（1808—1882），字笠生，常州人，寓居济宁。先后佐张兰洲、卢晓亭、忠亲王僧格林沁幕。

张恩钊，工部都水司，候补员外郎。好古而能文。

孔宪曾，字以鲁，号筱云，山东曲阜人。光绪三年（1877）进士，选庶吉士，散馆任翰林院编修。工于书法。

十月朔日，给张裕钊夫子写信详述近况。

《校经室文集》及《补遗》未收，"中华古籍资源库"所收《清名人书札》收，详见本书"附录"部分。

山东历城郭翙通过孙葆田求录马其昶文稿。

《桐城马先生年谱》光绪"八年壬午先生二十八岁"载："山东解元郭君卿翙介孙佩兰求录先生文稿。"

按：郭翙，原名郭诩廷，字莐卿，号大风，山东历城人。光绪六年（1880）进士，官刑部主事。工书善画，著有《大风楼诗汇》。

光绪九年癸未（1883） 四十四岁

春二月，孙叔谦应礼部试至都，逢陈士杰六十大寿，因孙葆田请淄川毕道远为陈士杰写寿序。

《校经室文集》补遗《陈隽丞中丞七十寿序》云："光绪癸未，葆田备官京曹，叔谦应礼部试至都。值公生日，偕其同门二三子，因葆田乞淄川毕公为之序，至于今十年矣。"

按：陈士杰（1825—1893），字隽丞，桂阳州（今湖南桂阳）人。道光二十九年（1849）由拔贡选取户部七品京官。咸丰三年（1853）投湘军，次年，进策曾国藩以全力赴援湘潭，巩固根本，曾以重兵败太平军西征军，再占湘潭。寻佐理粮台，倡驻重兵于九江对岸小池口，以巩固水师根据地，未蒙采用。后返桂阳办团练，配合王鑫镇压郴州李石保等起义，升员外郎。调主南路防务，改囤为营，称广武军。咸丰九年（1859）阻扼石达开部过桂阳，重创石军，升知府，晋道员。辞江苏按察使。后调山东按察使，迁福建布政使，光绪七年（1881）升浙江巡抚，转山东。在浙江增修镇海、定海、乍浦等地炮台；在山东整治境内河患，修筑登州、烟台海防工事。光绪十二年（1886）夏因病辞官返里。

陈士杰与孙叔谦有往来。陈士杰《蕉云山馆诗文集》载《送孙六皆孝廉归潍县二首》，其一："人生有聚散，后会讵可知。与子行将别，执手意迟迟。子归渤海北，我去湘江湄。去去行愈远，舟车各异驰。古有千里交，道远志不违。行矣须努力，扬滞会有期。"其二："穷通自有命，守正不可移。山林与廊庙，斯道一贯之。鸟飞当在天，鱼跃岂潜池。昔贤志远大，枳棘非鸾栖。诸葛种桑日，希文啜粥时。今古无异辙，珍重择所师。"

按：毕道远（1810—1889），字仲任，号东河，山东淄川人。道光十九年（1839）举人，道光二十一年（1841）进士。改庶吉士，授检讨。历迁司经局洗马、翰林院侍读、侍讲学士、国子监祭酒、内阁学士、兵部右侍郎。同治元年（1862），调仓场侍郎；三年（1864），调兵部左侍郎；七年（1868），再授仓场侍郎。廉以持己，严以御下，革除陋规，廓清宿弊。光绪八年（1882），迁左都御史，兼管顺天府府尹，充顺天乡试副考官，赐紫禁城骑马。九年（1883），兼署兵部尚书，充署经筵讲官。十年（1884）授礼部尚书，充武英殿总裁，充管理三库大臣，兼署都察院左都御史，又兼署兵部尚书。十三年（1887），以病乞休。卒赐祭葬。国史有传。毕道远还是清代八大书法名家之一，孙葆田与之有交往。

三月二十八日，作《祭朱肯夫先生文》，祭奠其房师朱逌然之灵。

《校经室文集》卷六《祭朱肯夫先生文》云："维光绪九年三月二十八日，门下士孙葆田谨以清酌庶馐之奠，遥祭于座主清故詹事府詹事朱先生之灵。"

《校经室文集》卷六《祭座主徐季和夫子文》云："其始偕先生同典乡试者朱先生，则亦以试事蚤殁于四川。葆田虽尝为文以祭，每深愧未能亲奠几筵。"

夏，于宝之观察至京师，与孙葆田相聚甚乐。每相见必以序言。

《校经室文集》卷一《今雨楼诗集后序》云："明年夏，君至京师。与余相聚甚乐也。每相见必以序言。余谓古人文不两序，今君是集得□□二君之词，于义为已备矣。君益以余为知言，其欲得余文甚坚。

既别去，复自天津贻余书，曰："吾他日欲重编是作，分五言、古近体为《正集》，而他体则于《外集》附焉，子倪能为我序其意乎？'"

光绪癸未，吕宪瑞由河南滑县入为主事，孙葆田与之相遇于都门。适孙葆田由刑部改选知县，实与吕君同时赴内阁验看。

《校经室文集》卷五《许州直隶州知州吕君墓志铭》云："光绪癸未，君由河南滑县入为主事，乃相遇于都门。适葆田由刑部改选知县，实与君同时赴内阁验看。"

秋九月，孙葆田敬缮履历，恭呈御览。

《中国第一历史档案馆藏 清代官员履历档案全编》第 27 册页573—574 下云："臣孙葆田，山东登州府荣城县人，年四十二岁[1]。由进士引见，以部属用，签分刑部，期满甄别，改归进士，知县原班铨选，今签掣安徽安庆府宿松县知县缺，敬缮履历，恭呈御览，谨奏。光绪九年九月二十八日。"

由刑部改选知县时，尝进见李鸿藻。

《校经室文集》卷二《上座主李高阳尚书书》云："故前年不得已而思改职，以谬托于抱关之义。于去秋得选时，尝一进见。又因执事方忧劳，未敢数数请谒。"

于霖逢嘱孙葆田访文登徐士林中丞文。

《校经室文集》卷二《书徐雨峰中丞田烈妇碑记刻本后》云："光绪九年，葆田由刑部改选宿松知县，于君霖逢嘱予访其文。"

按：徐士林（1684—1741），字式孺，号雨峰，山东文登人。康熙五十年（1711）举人，五十二年（1713）进士。授中书，迁礼部主事，升员外郎。雍正五年（1727）授安徽知府，十一年（1733）擢江苏按察使。乾隆元年（1736）迁河南布政使。以母病恳辞。四年（1739），授苏州布政使，护理江苏巡抚。六年（1741）六月，以病体日重，母年八十三，得御旨给假省亲。九月，行至淮安卒，赐祭葬入祀京师贤良祠。著有《蝉余集》。

又按：徐士林尚有《徐雨峰中丞勘语》原稿五册，于霖逢从张

---

[1] 此处年龄是"官年"，不是实际年龄。

藕塘孙子处借得，曾疑其不全。光绪二十三年（1897），李祖年授文登令，于霖逢便以《徐雨峰中丞勘语》呈示，李祖年抄录并加以校订，定为四卷。

冬十一月壬午，陈恩寿以疾卒于济南馆舍。公之殁也，陈冕以翰林院修撰假归，省侍不及一月，遂于苫次述公行谊政绩，泣求孙葆田为志墓之文。孙葆田为作《宛平陈公墓志铭》。

《校经室文集》卷五《宛平陈公墓志铭》："光绪九年……其年冬十一月壬午，公遽以疾卒于济南馆舍……公之殁也，冕以翰林院修撰假归，省侍不及一月，遂于苫次述公行谊政绩，泣求葆田为志墓之文。葆田尝游公父子间，盖知公为最审云。"

《校经室文集》卷五《翰林院修撰陈君墓志铭》："君考中宪公，讳恩寿，历官山东长清、莱阳、恩县，皆有政绩。予尝志其墓，所谓宛平陈公也。"

按：陈恩寿（1837—1883），字伯平。先世为浙江山阴人，后随父入顺天府宛平籍，迁居济南。历任山东长清、莱阳、恩县知县，皆有政绩。光绪九年（1883），黄河在山东决口，陈恩寿出资辅佐官府赈济灾民。是年冬，以疾卒于家。

孙葆田因王兰升与陈恩寿相识，其后数以文字交。及孙葆田改官知县，方欲就陈恩寿考问设施之略，而其亡矣。

是年，马其昶作有《赠刘摭园序 癸未》，提及与孙葆田、郑杲等人的交游，并荐刘若曾与二人交游。

马其昶《抱润轩文集》卷五《赠刘摭园序 癸未》云："既而来京师，得其可以为师友者数人焉。孙君佩南、郑君东父尤厚于予，皆贤而能从事于礼者也……佩南又尝称摭园之孝行……予昔者将归里，摭园重惜予去，乞言以处之。予谓摭园之得于天者厚矣，厚于天而求其所以成于人者，舍礼之学而奚学哉？虽然，有歧焉而莫与析，有过焉而莫与匡，吾未见学之能成也。吾友孙佩南、郑东父，此两人者，可就而问焉，是必有以益子矣。"

按：刘若曾，字摭园，直隶盐山人，至孝。

孙葆田因先人故，得进见阎敬铭。及其叩别而南，阎敬铭亲至馆舍，教之以为宰之道："耐烦耐苦，为百姓省事省钱，又以勤下乡为亲民急务。"

《校经室文集》卷二《上阎朝邑相国书》云："葆田无似，曩以先人之故，得进见于左右，伏蒙训谕，抚存如亲子姓。及其叩别而南也，执事亲屈车骑，临于馆舍，且教之以为宰之道，曰：'耐烦耐苦，为百姓省事省钱，又以勤下乡为亲民急务。'"

腊月，郑杲有致马其昶书信一封，提及孙葆田将赴宿松任的行程：孙葆田腊月初八由京师起行，迂道保定小住二三日，过济小住四五日，至潍县勾当事毕南行，抵安庆期在明年正月之末。信中，郑杲提及"治地方者拘以三尺之法，恒苦与其地贤人君子不相习，即民俗政教之利病举无由确知，常恐被欺"，殷殷嘱咐好友马其昶尽力代为孙葆田谋之，以及如何把握尺度，并请马其昶为孙葆田物色司刑名钱谷之人。

郑杲《郑东父遗书》"杂著"卷《与通伯书七首》云："佩南兄腊月初八由此间起行，迂道保定小住二三日，过济小住四五日，至潍县勾当事毕南行，抵安庆期在明年正月之末。渠言今不复书通伯，俟明春抵任，乃图与通伯为永聚也。自东汉之末，治地方者拘以三尺之法，恒苦与其地贤人君子不相习，即民俗政教之利病举无由确知，常恐被欺。今佩南得通伯居近百里，可以得所咨询，无虞耳目之或有壅蔽矣。通伯之笃于友故，勇于为仁，必能尽力代为谋之，无所顾惜也。然吾为通伯计，不能常留宿松。为佩南计，亦不必通伯久居其署内。久则众指目之，而通伯之耳目亦有所不得悉矣。似不如遥为瞭望刺听，时一来止，而勿久留之为愈也。州县本有用人之柄，四方之贤士、境内之搢绅，皆得择别而礼致之。唯司刑名钱谷者，必取之乎一方之人。专门之术师弟子一盘踞乎通省，有必不可破之藩篱，然而操术近益陋劣。乾隆时汪龙庄先生著《佐治药言》一书，吾尝称之可为若辈之经，今其徒乃无复知有是书。通伯能于其中为物色一可用者否？此人颇关紧要，余事皆可自为政徐图之也。"

光绪十年甲申（1884） 四十五岁

正月，已选授为安徽宿松知县，将以是月十日辞坟墓，前往赴任，临行前作《甲申正月告先墓文》。

《校经室文集》卷六《甲申正月告先墓文》云："今已选授安徽宿松，将以是月十日辞坟墓，前往赴任。"

正月，孙葆田因改官，将之任宿松。道出袁江，于宝之留饮，为其《今雨楼诗集》作序。

《校经室文集》卷一《今雨楼诗集后序》云："及是余因改官，将之任宿松。道出袁江，君留余饮。今雨楼中追理前言，遂书此以为序。光绪十年甲申正月。"

春，赴宿松任，过怀宁，拜见方宗诚。方宗诚悉出所已刻著述数十种见贻，并以《庚辰南归记》嘱题其后，后未及为。方宗诚还命其季子从孙葆田游。

《校经室文集》卷二《题曾文正书方鹤栖先生训语后》云："甲申春，改官宿松。将之任，时先生适居怀宁，闻葆田至，乃不介而以礼先焉。葆田因得拜先生于里邸。先生悉出所已刻著述数十种见贻，并以《庚辰南归记》属题其后。会官事卒卒，久未得暇。"

《校经室文集》卷五《桐城方先生墓志铭》云："葆田以甲申春始见先生于怀宁，先生命季子献彝从予游。"

刘声木《桐城文学渊源撰述考》云："方献彝，字常季，桐城人，宗诚子，诸生，师事孙葆田，受古文法，亦工诗，文有声同，编《方柏堂事实考略》五卷。"

按：方宗诚（1818—1888），字存之，号柏堂。诸生。师从许鼎、方东树。学宗程朱，文尚唐宋。同治十年（1871），任枣强知县。设乡塾，创敬义书院，编刻乡先贤遗书，建义仓，清狱讼。光绪六年（1880），荐举赴部引见，推辞不就，归乡，以教读著述终生。著有《柏堂集》《俟命录》《志学录》《读书笔记》等。

方献彝，字常季，安徽桐城人，宗诚子，诸生，师事孙葆田，受古文法，亦工诗，文有声同，与陈澹然、方守彝等合编《方柏堂事实考略》五卷。

三月初二日，到宿松县令任。

民国《宿松县志》卷十三"职官表·地方官表"载光绪甲申年："孙葆田，山东荣城同治甲戌进士，三月初二日到。"

三月，始与冯煦交于谭献怀宁廨中。

《校经室文集》所收冯煦《校经室文集序》云："甲申三月，始交佩南于谭复堂怀宁廨中，时佩南知宿松。其先德补堂先生为先大夫癸卯同岁生，两家子弟以世次相得也。复堂在俗吏中负雅材，尝倾东诸侯，佩南与之颉颃。然复堂善滑稽，如汉东方曼倩者流。而佩南严峻有不可犯之色，独亲予。"

冯煦《蒿盦类稿》卷七《怀宁柬谭仲修》："盛年辞赋悔雕虫，节义终为下士雄。显志东京媿冯衍，通经北海识孙崧。谓佩南。"

谭献《复堂日记》"甲申"载："荣成孙葆田佩南同年，经生也，部选宿松令。文稿一卷，清深有条理，可与道古。私心喜过望矣，风尘中忽得此共学之友。佩南有改定《三迁记》为《孟祠志》，删正《玉函山房汉人经说》，重定《汉学师承记》稿本。"

谭献《复堂日记》"甲申"载："《玉函山房辑佚书》湖南新刻巾箱本，纸板不精。孙佩南删定目录；索之，未见寄。"

按：冯煦（1844—1927），字梦华，号蒿盦，晚号蒿叟，辛亥后称蒿隐公，江苏金坛人。光绪八年（1882）举人，十二年（1886）进士，授翰林院编修。十四年（1888）典试湖南。二十一年（1895）以京察一等外简安徽凤阳府知府。并两摄凤颖六泗道。三十一年（1905）迁安徽布政使。三十二年（1906）兼署提学使。三十三年（1907）补授安徽巡抚，甫一载而罢。民国后，以清室遗老居沪上。著述甚丰，有《蒿盦类稿》《蒿盦随笔》《蒙香室词》《蒿盦奏稿》《蒿盦论词》等。

谭献（1832—1901），初名廷献，字仲修，号复堂，浙江仁和人。同治六年（1867）举人，署秀水教谕，历官歙县、全椒、合肥、宿松等地知县。晚主湖北经心书院。著有《复堂类集》二十二卷，包括文、诗、词、日记等,《复堂文续》五卷,编有《箧中词》六卷。

夏,得徐士林中丞《田烈妇碑记》碑于宿松枫香驿道右,碑已断为二,孙葆田亟令工人累砖立其石。孙葆田既以拓本寄于霖逢,思广其传,乃以此文付诸梓。

《校经室文集》卷二《书徐雨峰中丞田烈妇碑记刻本后》云:"明年夏,始得此记于枫香驿道右,碑已断为二,予亟令工人累砖立其石。复详视碑文,与县志所书不尽合……予既以拓本寄于君,思广其传,乃以此文付诸梓。"

因曾国荃札询地方事宜,孙葆田作有答书。

《校经室文集》卷二《上阎朝邑相国书》云:"葆田近因曾宫保札询地方事宜,尝条晰登对,今辄录稿上呈,冀有以察其所设施者何如。至稿中所言'土瘠赋重',实倡自邑人朱字绿。"

按:曾国荃(1824—1890),字沅甫,号叔纯,湖南湘乡人。湘军主要将领之一。光绪元年(1875)后历任山西巡抚、湖北巡抚、陕西巡抚等职,署理两广总督。光绪十年(1884),署礼部尚书,旋即调任两江总督兼通商事务大臣。光绪十五年(1889),加太子太保。次年曾国荃逝于两江任上,谥号"忠襄",著有《曾忠襄公奏议》《曾国荃全集》等。

朱书(1654—1707),一名世文,字字绿,号恬斋,别号杜溪,安徽宿松人。康熙十三年(1674)起授徒乡里。二十五年(1686),以岁贡入京。四十一年(1702)中举,旋中进士,选庶吉士,授编修。与万斯同、梅文鼎、阎若璩、何焯等齐名。与戴名世、方苞时相过从,结为文字交。著有《朱杜溪先生集》《杜溪文钞》《杜溪诗集》《仙田诗在》《朱子录古钞》《古南岳考》《游历记》《评点东莱博议》《恬斋纪闻》《恬斋漫记》《恬斋日记》。

阎敬铭擢为协办大学士,孙葆田作《上阎朝邑相国书》以贺,并陈时事。

《校经室文集》卷二《上阎朝邑相国书》云:"朝廷赫然为张皇六师之计,既更政府,又进天下所愿得以为相者,爰立左右。远方小吏，逊德抃庆。每思介西北之使，邮一词以称贺……此葆田所重为执事惜而尤欲继贺以为规者。"

《校经室文集》卷二《上座主李高阳尚书书》云："葆田近有一书上阁相国，乃颇涉及时事。"

孙葆田受事宿松知县职后，竭力整顿，吏治文教两手抓，听断明敏，案无留牍，严束吏役，禁革陋规，建问经精舍，礼遇县中名士王苓臣，聘朱鼎元作书院主讲。民国《宿松县志》在评价宿松县令时，常拿孙葆田作比较，如论者评价县令谭献之学媲美葆田，而治行或不逮。评价知县孙玉铭时称其"延揽人才、励精图治，颇类孙葆田"，评价知县张树建时称"其文学不逮葆田、廷献，而治行无愧焉"，可见志书编纂者对宿松知县孙葆田的学问、治行、延揽人才、文学等大为认可。

民国《宿松县志》卷三五"政略"载："孙葆田，字佩南，山东荣城县人。进士，由主事改官知县。光绪十年莅松。日坐堂皇，受理词讼。有诉讼者，立传人证质讯。听断明敏，案无留牍。严束吏役，禁革陋规。礼罗县中名士王苓臣读书署中，月给膏火资，不劳以吏事。痛明令屠叔芳加赋病民，欲测量亩田，详请厘正，命苓臣主其事。先绘刊宿松城图，继推之四乡。又于关帝庙旁隙地捐廉建屋，榜其门曰问经精舍。门之左曰培松园，园内建楼三楹，曰映雪楼。欲纳学者肄业其中。寻移知合肥，受代去，未尽其志。葆田文学优长，著作甚富。在松任刊有《岁馀偶录》三种：一《汉人经解辑存》，一《汉儒传经记》，一《国朝经学师承记》。又刊有《孟志编略》，存其书于问经精舍。移合肥时挈苓臣以行。县人熊佐虞时馆合肥李氏。苓臣强邀谒葆田，葆田一见大喜曰：'吾官宿松，渴求人才。除王君外，竟无所得。不图君乃在此。'佐虞曰：'宿松人才虽少，然如某者，尚车载斗量，但不肯见公耳。'葆田大笑，其雅量如此。但在任时，对于命盗重犯，用刑颇酷，论者少之。"

《蕲春历代诗萃》载："朱鼎元（1837—1895），字勉修，号玉臣，蕲春人。清光绪三年（1877）岁贡，一生苦于举业，七试不举。光绪八年（1882）纂修《蕲州志》，后应宿松知县孙葆田聘，主讲松滋书院。有《余三斋诗草》《十杉亭诗文稿》《浮生略记》。"

民国《宿松县志》卷三五"政略"载："谭廷献，字仲修，浙江仁和人。进士，合肥知县。光绪十一年与宿松知县孙葆田对调。学问优长，所为文章卓然汉魏六朝大家。诏诸生治古学，月课文艺，为之点窜如塾师。县人高骏烈、周永济，皆其弟子。为治务崇大体，不徇情面。论者谓，廷献之学媲美葆田，而治行或不逮，盖读书讲学之时多治簿书，听词讼之时少挟策，亡羊所不免焉。然前无古人后无来者，则孙、谭在今日虽谓之龚、黄可也。"

民国《宿松县志》卷三五"政略"载："孙玉铭，字莘田，山东人。举人，光绪十八年任宿松知县，延揽人才、励精图治，颇类孙葆田。惟莅任数月即受代去。松民赠以'日浅恩深'匾额。"

民国《宿松县志》卷三五"政略"叙述知县张树建时云："其文学不逮葆田、廷献，而治行无愧焉。"

民国《宿松县志》卷二"地理志　山川"，"清官潭"条下载："清光绪甲申，邑令荣城孙葆田履任有善政，潭清累日。"

宣统《山东通志》所收毛承霖《孙佩南先生传略》云："以经术为治，行翕然称循良。"

《校经室文集》卷二《答赵次珊廉访书（附来书）》赵尔巽来书云："侧闻宿松粮浮于地亩，公屡欲为民请命。"

按：王芑臣，字鉴渠，号严山，安徽宿松人。光绪十四年（1888）举人，会试屡罢，南归。筑寄东轩以居。生平博极群书，于"京氏易"最精，著述颇富（参蒋元卿《皖人书录》）。

据《清苑县志》卷四"人物上・仕绩"载，孙玉铭，字瑞田，号竹南，邑人。同治三年（1864）举人，主讲完县燕平书院，光绪间大挑知县，分省安徽，历署宿松、五河、南陵等县，补授望江县，莅任未久，调署合肥县，光绪二十三年（1897）三月病故任所。

张树建，字玉甫，江苏高邮州人。以军功保知县，治行有方。光绪十一年（1885）署定远知县，光绪二十一年（1895）署宿松知县。

到宿松任后，孙葆田给谭献写信叙述任上情况。

《复堂师友手札菁华》所收《孙葆田　四通》第一通："仲修仁兄同年先生左右，别来遂已两月，相距不过三百里，而无由一奉教言，岂胜怅也。曩见阎大司农谓作官为天下极俗之事，弟今而深知其味矣。承示尹君节前且不接篆，我兄得免，益增赔累否？弟公私粗适，惟拙于催科，上忙征银，至今不及百分之四五。地方民情虽刁，亦颇知感恩守法，不如诸公所言之甚也。弟遇事以敬信勤敏出之，百姓亦自能悦服。近日中外事，续有确闻否？二三材俊为时出，议论纷纷，天下事亦大可虑也。我辈吏隐下僚，正自不能不切杞人之忧耳。考费等事，当照章奉行，但有官书往来，无不如命。薇珊现已进省，晤时自必详叙。弟懒于作字，启候阔疏，幸乞鉴原，一切肃此，敬请著安。弟孙葆田顿首。"

任宿松令，逢马其昶丁母忧，孙葆田遣使慰问。

《校经室文集》卷三《赠马通伯序》云："又逾年，予谒选得宿松，距君家仅二百里。是时，君适居母夫人忧，予遣使奉慰，因以望溪宗伯《丧礼或问》，勉君续述成书，君甚感予言。然自是遂无由会合，尝以为私憾。"

八月四日，谭献给孙葆田书札一封。

《复堂师友手札菁华》所收《孙葆田　四通》第三通："仲修仁兄先生同年座右，累月有疏启候，近想兴居佳胜。曩得八月四日书，知到合州后，毅然以官须自为，可谓卓立不群，甚盛甚盛。"

孙葆田得冯煦书信及其所作《成先生墓志铭》。

《复堂师友手札菁华》所收《孙葆田　四通》第三通："近得冯梦华书并所撰成先生志铭，乃颇见此君为学宗旨，惜聚晤时不及畅叙也，梦华甚以我兄为念。"

按："成先生"指成儒，考冯煦《蒿盦类稿》卷二十六所收《清故宝应县学生成先生墓志铭》，成儒卒于光绪九年（1883）十二月初九日，光绪十年（1884）九月二日葬，冯煦为之作墓志铭。冯煦写成墓志铭后随书信分别寄给孙葆田、谭献，见是年十月三十一日孙葆田给谭献书札所言"近得冯梦华书并所撰成先生志铭",及是年十一月十六日冯煦给谭献的书札所言"成先生墓志一通就正,弟于文事甚疏,知兄之不笑之也"(参王凤丽《冯煦年谱长编》所引《谭献友朋尺牍·冯煦第八函》)。

孙葆田作有《上座主李高阳尚书书》,叙述任上情况。

《校经室文集》卷二《上座主李高阳尚书书》云:"自叩辞至今逾一期矣……葆田今春受事后,竭力整顿,近日地方乃渐知悦服……欲执事知葆田夙昔所志。今虽为俗吏,其心则未尝不愿学古人也。"

十月三十一日,孙葆田给谭献书札一封,交流任上情况及论文心得,谈及冯煦,录寄《删存玉函山房辑佚书目》给谭献,并请谭献帮忙手书一封给杨儒,向其推荐堂兄孙葆均。

《复堂师友手札菁华》所收《孙葆田 四通》第三通:"仲修仁兄先生同年座右,累月有疏启候,近想兴居佳胜。曩得八月四日书,知到合州后,毅然以官须自为,可谓卓立不群,甚盛甚盛。弟碌碌如恒,地方年谷虽丰收,而催科政拙,惧不免考膺下下,奈何?承论李、姚二家文录,具征卓见。竹柏山房撰著勤而无师法,所见与鄙意正同。近得冯梦华书并所撰成先生志铭,乃颇见此君为学宗旨,惜聚晤时不及畅叙也,梦华甚以我兄为念。前所需《删存玉函山房辑佚书目》今录寄,此曩时偶然校定,覆阅,尚多不合,望即指正为幸。湘南近刻有袖珍本,颇便舟车携带,见否?张奉常果又改外,不出先生所料。兹敬恳者,弟有一同堂兄,名葆均,系江苏候补,从九,能俗隶,兼工绘事。曾在大通盐局当差三年,为刘观察所倚信,最善缉私。近因补缺无期,意欲谋一长差,为仰事俯畜之资。见来宿松,言及此次舟过大通,叩谒当途诸公,有旧日同事王太守颇思援引。弟深知我兄与子通观察交好,用敢冒昧渎陈,可否赐一荐函,寄至弟处,由家兄持往面求提调,则此事可期有成。弟等感荷盛德,亦靡有涯量。手此敬颂政祉,惟照不宣。年小弟孙葆田顿首。十月三十一日。"

按:杨儒(1840—1902),字子通,奉天铁岭人。隶汉军正红旗,晚清著名外交家。光绪十四年（1888）任江苏常镇通海道。孙葆田堂兄孙葆均系江苏候补，谭献与杨儒交好，因此孙葆田恳请其为介帮孙葆均向杨儒谋事。《清代朱卷集成》所收孙葆田同治甲戌科会试朱卷"堂兄弟"名录里有葆均，"江苏候补巡检"，至孙葆田为官宿松，孙葆均仍为江苏候补，信中"补缺无期"由此可见。

冬，孙葆田时为宿松县令，嘱邑人王荩臣绘县治图。王荩臣作有《志》，孙葆田作有《题识》，并收在民国《宿松县志》卷三"地理志·城池"部分。孙葆田所作《题识》，《校经室文集》未收。

民国《宿松县志》卷三"地理志·城池"。参考本书"附录"部分。

光绪十一年乙酉（1885）　四十六岁

孙葆田在宿松任，兴修水利，建有泾江口堤、泾江长堤、南堤等。

民国《安徽通志稿·水工志稿》载："光绪十一年，宿松知县孙葆田筑塞县南泾江港口，以御江水内灌。又筑护口长堤，上接初公堤，下至马家港，计长二十余里……"

民国《宿松县志》卷二十"水利志·堤围陂堰塘"载："泾江口堤，在县南八十里泾江庄，该处原有水港由江达湖，为明初邑人石良所开。清顺治五年，兵备道石曾经筑塞。康熙初，邑令王民皥因湖不通，江鱼不能入，详请复开。经历二百余年，至光绪十一年，邑令孙葆田因江水由该口直灌，不可无以御之。遂督同庄绅吴省铭、徐大鋆、王少经、方丙炎等，禀请拨给官款，砌土筑堤，堵塞港口，计口阔三十丈。堤成后，随召居民在堤上建造店屋，按丈尺缴租，以作培补岁修之用。　县卷　采访册"

民国《宿松县志》卷二十"水利志·堤围陂堰塘"载："泾江长堤，又名护口长堤，盖保护泾江口堤之谓也。光绪十一年，邑令孙葆田督庄绅吴省铭等，禀由泾江口塞港成堤，随即议修泾江长堤，上接九江县（原名从化）之初公堤，下至本邑小姑庄之马家港，计长二十余里，四千九百余丈。原议筑口由官修，堤由民按近堤受益地亩分为十股承修，续以民力有限，承地业户派费维艰。修建之初，已由本邑孙令、黄梅钟令及梅绅刘尧栋等各捐资补助。钟令并禀请鄂省长官拨款协济，方勉强告成……"

民国《宿松县志》卷二十"水利志·堤围陂堰塘"载："南堤，一名邹公堤，在县南七十五里泾江庄。清光绪十一年，邑令孙葆田修筑泾江口堤。因会绅补建南横堤一道，该堤上与初公堤紧相衔接，下抵泾江长堤，即为长堤首段……"

二月十六日，孙葆田有给谭献的手札一封，提到为地方筑堤及经费之事。

《复堂师友手札菁华》所收《孙葆田 四通》第二通："仲修老哥同年大人阁下，阔别日久，岂胜思念。去腊复书有过江代兄之谑，不图今日遂成谶语。执事善政在民，上游倚重，而以弟谬承其后，惧不免陨越贻羞耳。宿松人望君甚于望岁。弟为地方筑口事，经费不敷，晋省面禀，幸邀允准，补发银两。回署后便可交卸。筑口委员乃吴司马道灼。弟此行又为老哥省许多笔墨。闻合肥县试在三月初旬，然否？弟到彼当在中旬。一切公务仍望斟酌得宜为幸。以我辈道义相许，交替之际，万不至学世俗仕宦情态也。芝宪亦弟癸卯科世叔，觐旋后必须叩见。计都中当有书问也。手肃敬叩近喜，恭请大安。年小弟孙葆田顿首。二月十六日。"

六月终，孙葆田离宿松任（离任期间代理县事的是黄传焘），奉调入闱，分校乡试。闱中得人有李鸿章二儿子李经述。

民国《宿松县志》卷十三"职官表·地方官表"载光绪乙酉年："六月终调。黄传焘，见前表初任，七月初一再复任代理。"

宣统《山东通志》所收毛承霖《孙佩南先生传略》云："十一年乙酉科，分校江南乡试。"

《校经室文集》卷二《上李合肥相国书》云："去年秋奉调入闱，分校乡试。闱中得一卷文，喜其训词深厚，有古文气息，与畴昔所好同。既而榜发，始知为贤公子。"

汪康年《汪穰卿笔记》"附录"所收湖北吴光耀华峰《庚戌文钞》

中文《纪合肥孙知县》云："葆田选安徽宿松知县，乡试分房，荐得大学士李鸿章子中式，赵夫人所产也。"

《民国笔记小说大观》第三辑所收《凌霄一士随笔》四所载《一七孙葆田治合肥李氏案》云："荣城孙葆田以名进士由刑部主事改官县令，选安徽宿松县知县。光绪乙酉乡试，充任江南同考官。李鸿章之子经述，出其门下。鸿章甚重其人，通候启中有'通经致用，合政事文学为一科；爱人学道，综循吏儒林而合传'云云，可见一斑。"

《河北第一博物院半月刊》1937年第137期《孙佩南先生墨迹》所附孙葆田生平及手札介绍云："先生于李文忠公为年家子。光绪十一年江南乡试，先生为同考官，文忠公子仲彭部郎，是年中式，出先生门下。"

按：李鸿章（1823—1901），字少荃，道光进士，安徽合肥人。咸丰三年（1853）在籍办团练抵抗太平军。八年（1858）入曾国藩幕。十一年（1861）奉曾国藩命编练淮军。同治元年（1862）率淮军调赴上海，在英、法、美支持下与太平军作战，升任江苏巡抚。四年（1865）署两江总督。六年（1867）授湖广总督。九年（1870）任直隶总督兼北洋通商事务大臣。先后开办一批近代军事工业和民用工业，扩充淮军势力，建立北洋海军。代表清廷与外国侵略者签订了一系列丧权辱国条约。

李经述（1864—1902），字仲彭，号澹园，合肥人。李鸿章次子。光绪十一年（1885）举人，袭一等肃毅侯，官四品京堂。有《李袭侯遗集》《澹园日记》。

秋，在金陵书肆见有《五礼通考》旧本，为孙葆田向时家藏者。此书后为李经述所购。

《校经室文集》补遗《答李仲彭部郎书》云："家故有藏书数千卷，皆尝手批目览。数年前所遭不幸，书籍举以转售于人。去秋，在金陵书肆见有《五礼通考》旧本，亦吾家向时所有者。曾一问其直若干，后知为足下所购，私心喜甚。非喜其他，喜足下之能读书，所好乃与鄙人同也。"

十月十三日，校乡试毕，回宿松任。

民国《宿松县志》卷十三"职官表·地方官表"载光绪乙酉年："孙葆田，见前初任，十月十三日回任。"

《校经室文集》补遗《答李仲彭部郎书》云："葆田自金陵差旋，以十月中旬回本任。"

腊月初三日，谭献给孙葆田书札一封。孙葆田收到谭献书札后回信一封，提及江南乡试得士、当地风气及时人时事。

《复堂师友手札菁华》所收《孙葆田 四通》第四通："仲修老哥同年有道座右，弟以疏懒，久未启候。得腊初三日书，遽承廑注，岂胜报也。过江之行，以弟代兄，虽得士较多，而私累益增，如何如何！此间风气顽弊，殆难为治。迂儒罔识时务，辄思以经术饰吏事，倡明古学，仅托空言，非能如贵治文教烝烝日隆也。不审近日有何撰述？广州樵公衔命远征，折冲樽俎，宁不使书生愧死！昔日怀宁县斋同饮诸君，周素人、胡稚枫相继徂丧，可为悼惜。弟近来都无暇读书，旧业渐荒，归田无计，求如先生仕学兼优，岂易得哉！天寒，伏祈为道保重。手此布臆，敬颂箸绥，余惟鉴照不宣。年小弟孙葆田顿首。"

腊月十二日，孙葆田得李经述书信，使者转述李鸿章待孙葆田甚厚之意。

《校经室文集》卷二《上李合肥相国书》云："迫除夕前，有前甘肃观察使舒公者自京师旋，述执事相待之意甚优。又得公子仲彭书，亦以为言。"

《校经室文集》补遗《答李仲彭部郎书》云："去腊十有二日，得惠书并试卷十本。"

是岁，凌颙德以疾卒。其子凌甲烺与孙葆田善。孙葆田作有《凌怡堂家传》。

《校经室文集》卷四《凌怡堂家传》云："未三年，遽以疾卒，光绪十一年某月日也……有子三……次甲烺，丁酉拔贡生，与葆田善……其细行，则湖南黄曙轩先生所叙君传备矣，葆田为掇其大略如右。"

按：凌顗德（？—1885），字怡堂，陈州西华人。任灵寿、卢龙、雄县、河间、武邑县令。次子凌甲烺，光绪二十三年（1897）拔贡生，修有《西华县续志》。

光绪十二年丙戌（1886） 四十七岁

是年，张裕钊门弟子多人参加会试。张裕钊在四月十四日致吴汝纶信中提到门弟子此届会试情况，又谈及孙葆田弟孙叔谦。

张裕钊《论学手札》光绪十二年（1886）四月十四日致吴汝纶信中云："昨函未发，今晨阅会试榜，知王晋卿暨贺松坡兄弟同时获隽，敬以奉告。弟门下若张季直、朱曼君、查异甫均报罢。榜后，十九当来弟处。又弟门人孙佩南之弟叔谦有讯，榜发即来，此亦佳士也。此数人数日内计均可到，万恳足下趣肯堂必宜遄至，盼切，盼切！十四日，裕钊再顿首白。"

按：参《论学手札》所收上一封信日期"四月十三日"，结合这封信中"昨函未发"，所谈诸人会试情况，根据王树柟、贺涛等人中进士时间为光绪十二年（1886），及此信日期"十四日"，可知这封张裕钊写给吴汝纶的信作于光绪十二年（1886）四月十四日。

是年冯煦殿试一甲第三名，授编修。孙葆田仍在宿松任，以事入京，客居盛昱处，王守训亦依盛昱。间为文酒之会，冯煦亦在列，其评孙葆田"清言娓娓，必衷于理道"，评王守训"不为崖岸斩绝之行，亦不翕翕热"。

《中国第一历史档案馆藏 清代官员履历档案全编》"冯煦"条云："殿试一甲第三名进士，授职翰林院编修。"

《校经室文集》所收冯煦《校经室文集序》云："既予供职辇下，佩南数以事北征，客伯熙祭酒盛昱许。黄县王松溪同年守训亦依祭酒……间为文酒之会，予与祭酒论议风发，讥呵侯卿，不豪发假。而佩南清言娓娓，必衷于理道。松溪不为崖岸斩绝之行，亦不翕翕热。

盖数人者，亦相得也。"

《王氏水源录》附录所收王常师《附述》："冯梦华年丈序孙佩南年丈文集，其评先君云'不为崖岸堑绝之行，亦不翕翕热'两语，括尽生平，足征相知之深，非他人所能道……蒿盦年丈又论先君及孙佩南、谭复堂两先生，云凡百执事得如此人，国事安得败坏，亦深知之言。"

按："辇下"，亦称"辇毂下"，犹言在皇帝车舆之下，代指京城。"供职辇下"指在京城任职，这里指冯煦中进士后授予翰林院编修，在京任职。根据《校经室文集》所收冯煦《校经室文集序》"未及佩南知合肥"可知，孙葆田以事北上与盛昱、冯煦、王守训等人相聚，时在宿松任上。

作《上李合肥相国书》。还作有《答李仲彭部郎书》，冀其能学古道，以承家学。

《校经室文集》卷二《上李合肥相国书》云："曩者备官京曹，执事奉觐入都，亦尝以年家子之谊修谒……自前岁冬选受此职，今居此两年矣。"

《校经室文集》补遗《答李仲彭部郎书》云："故于韦燮臣见辞时，曾以《孙文定公集》奉诒。足下年少才俊，处家门鼎盛之际，不患不掇巍科，跻显仕。所难必者，立志坚，学术正，交友得人耳……葆田所独期者，因前见足下乡试文有古文气息，窃冀其能学古道，以承家学。"

孙葆田离宿松任后，接任者为吴以敬、谭献。吴以敬到任没几日便离任。

民国《宿松县志》卷十三"职官表·地方官表"载光绪丙戌年："吴以敬，江苏武进监生，二月二十七日到任。谭廷献，浙江仁和同治丁卯举人，下月初日到。"

春，调知合肥。再过怀宁，谒方宗诚先生。先生出曾文正公所书先德训语，嘱为后记。孙葆田因作《题曾文正书方鹤栖先生训语后》。

《校经室文集》卷二《题曾文正书方鹤栖先生训语后》云："今

春调知合肥。再过怀宁，谒先生……因出曾文正公所书先德训语，属为后记。葆田见卷内叙题皆当世巨公名卿与二三宿儒，因未敢仓促应命。既别去，先生复以书相促。"

《校经室文集》卷二《答夏伯定水部书（附来书）》云："逾岁，调署合肥。凡所设施，类皆迂阔，独其心存爱民，必思于物有济，尚不悖乎贤圣遗迹。"

汪康年《汪穰卿笔记》"附录"所收湖北吴光耀华峰《庚戌文钞》中文《纪合肥孙知县》云："是时合肥知县屡被百姓舆送行省，要求撤换，督抚患之。曾国荃总督两江，以葆田有李氏师生谊，调补合肥。"

孙葆田移合肥时，挈王荩臣以行。宿松人熊佐虞时馆合肥李氏，王荩臣强邀谒葆田。

民国《宿松县志》卷三五"政略"载："孙葆田，字佩南……移合肥时挈荩臣以行。县人熊佐虞时馆合肥李氏，荩臣强邀谒葆田，葆田一见大喜曰：'吾官宿松，渴求人才。除王君外，竟无所得。不图君乃在此。'佐虞曰：'宿松人才虽少，然如某者，尚车载斗量，但不肯见公耳。'葆田大笑，其雅量如此。"

按：熊佐虞，字仲山，安徽宿松人。同治六年（1867）副贡生。著述颇富，尤长于史，晚岁杜门课孙为乐。讲舍曰新园，学者称新园先生。年七十七卒（参蒋元卿《皖人书录》）。

孙葆田新调合肥，过桐城，姚永概往见之。

《慎宜轩日记》"丙戌年三月二十日"："孙佩南大令新调合肥，过此，与通伯有故，往候之。或谓予往见之乎，伊有文学之美也。予曰：论亲贤之义，见之可也。但彼此时新调大邑，求之者多，前通白为二兄通书，求之觅馆，后方存翁又致书，言吾父学行之高，皆不答，其意必以为求之者也。今又往见，适为人所鄙耳。况渠苟好贤，以吾父之德，当先下交矣，曷为予先往见，蹈自轻之弊哉。"

因饷银被劫案被安徽布政使阿克达春具承上奏。

《清实录·德宗景皇帝实录》卷二百三十三载光绪十二年丙辰十月："丙子，谕军机大臣等德馨奏，江西解饷委员在安徽定远县张桥驿地方被劫，请旨惩办一折。此案前经阿克达春具奏，请将定远县知县张树建革职留任勒缉，并将委员舒云彩革职。兹据德馨奏称，此项饷银，合肥县知县孙葆田签差六名护送，仅到一名，梁园汛只有一兵护送，马队哨官张景堂并未派兵守护等情。该员等于饷银过境时，并不多派兵役，小心防护，以致疏虞，实属玩泄。即着阿克达春确切查明。"

任合肥令期间，与马其昶往来密切。

《校经室文集》卷三《赠马通伯序》云："越二年，予移权合肥，便道过君，则君适他出。其年冬，予以事上谒大府，往来桐城，君方侍亲家居，予乃造所谓'趣者园'而请见焉，并约期以来。及是，君遂访予于所治，且奉其尊君慎甫先生手书楹语见遗。居月余，相与寻绎旧闻，往往穷日夜不懈。予所语，君未尝不称善。间又出所著《耆旧传》，相质若深，以予为知言，而忘己之所自得者，君其大造于古人乎！"

马其昶至合肥视孙葆田，因得见王尚辰。

马其昶《抱润轩文集》卷三《王谦斋先生诗集序　癸卯》云："其后友人孙佩兰宰合肥，余来视之，因得见王谦斋先生。"

按：王尚辰（1826—1902），字伯垣，一字北垣，号谦斋，别号五峰、木鸡老人、遗园老人，安徽合肥人。同治年间贡生，官至翰林院典籍。工诗，著有《谦斋诗集》《遗园诗余》等。

庐州为周天爵旧治，其故老犹能言公政绩与治军旅遗事，孙葆田欲为文以纪其实，惜未有暇。

《校经室文集》补遗《周文忠公制义后序》云："迨光绪丙戌、丁亥间，葆田承乏合肥。庐州，公旧治也，其故老犹能言公政绩与治军旅遗事，惜予未暇为文以纪其实。"

光绪十三年丁亥（1887）　四十八岁

春，李元绅卒。其卒后二十年左右，孙葆田为其作《乡贤李先

生传》。其门人孟宪璋为孙葆田同年友。

《校经室文集》卷四《乡贤李先生传》云："十三年春，卒于书院，春秋七十有五……孙葆田曰：'先生门人孟宪璋，余同年友也……'"

令合肥，延马其昶襄校试卷。

《桐城马先生年谱》光绪"十三年丁亥先生三十三岁"载："孙佩兰令合肥，延先生襄校试卷。"

是年，马其昶在答郑杲的书信中，称赞孙葆田勤于为政，彬彬乎有儒吏之风。

马其昶《抱润轩文集》卷四《答郑东父书　丁亥》云："佩兰先生勤于为政，彬彬乎有儒吏之风。读《赠言》一篇，陈义甚当。忆往年约共致此意于佩公足下，今乃能既其言。其昶居其署中月余，竟无所赞益也。"

六月初三日，李鸿章有给孙葆田的回信《复合肥县正堂孙》，提到孙叔谦到天津，捎到孙葆田呈李鸿章的信。就来信所言扬州因利局意法广为纺绵、义塾两事及庐阳书院之事，李鸿章一一作了答复，在回信中还建议孙叔谦仍留津差委，静候下届会试为妥。

《李鸿章全集》所收《信函》有光绪十三年六月初三日《复合肥县正堂孙》云："佩兰尊兄老夫子老父台阁下：令弟六皆孝廉来津，接奉惠书，备聆种切。即审政祺益懋，履祉增绥为颂。台从勘狱太湖，自冬涉春，往返千里，固受能者多劳之累，亦见上游倚重之深。中丞恺悌慈祥，粹然儒者，宜于执事独有臭味之合。从来良吏半出书生，而每以不获上官，难竟其用。执事以循健之兼才，为宪司所推重，乘时之驾，欣颂如何。吾邑何幸，久借神君，真士民之福也。承示就扬州因利局意法广为纺绵、义塾两事钞来公牍，一一诵悉。推《周官》恤孤之典，溥诗人滞穗之思，覆被穷檐，不遗孱子。中丞所谓通达治本，洞悉物情，读书从政之襃，可云无愧，并已慨捐廉俸，创设规条，凡在梓桑，自应合力以成善举。现与同乡在津各文武，筹集湘平银二千两，饬扬局王道专船送交，以助仁政。庐阳书院士习玩纵，积习已久，经执事辅翼太守，刊定良规，渐加整饬，幸勿避嫌。孝叔中翰木系年家,夙谂文誉,延主讲席,庶称得师。开来书单,四部略备,间有采购未到者,已尽局存各书别开一单呈阅,即饬装箱,由轮船寄芜湖招商局舍侄经榘处交便船递郡察收,或由尊处派差催取。当日津局办书,系就各省官刻酌量重要应用者采买,来单又就津局各种裁择,精严此中已兼。鄂局之书,蜀刻本不多,《汉书》以下各史,又诸局所已有矣。当今海内,《九通》已全,江西所刻《三通》以非官局。浙局《续三通》今秋告成,故原单内仅列《皇朝三通》。然津局向采之广刻《三典》,书精价廉,将来当与已购未到之书一并买寄。令弟品学优长,留心时务,加捐恐难就绪,似仍留津差委,静候下届会试为妥。专泐布复,顺贺午禧。惟照不宣。通家治愚弟鸿章顿首。"

十月,山东书局刊成《重纂三迁志》。山东巡抚张曜作有《重纂三迁志序》。张曜序后,有陈锦光绪十三年(1887)三月所作序,孙葆田光绪五年(1879)冬十月所作序,以及孟广均道光乙未(1835)孟秋所作序。

《重纂三迁志》张曜《重纂三迁志序》云:"予巡抚是邦之明年,陈昼卿观察出其《重纂三迁志》一编见示……赖有孟雨山翰博创修于前,又得陈观察、孙比部重纂于后,上下相距四十年间,共成一书,遍质通人,博咨群雅,藏以待梓,于今又十年矣……光绪十三年岁在丁亥十月,抚东使者钱塘张曜。"

《重纂三迁志》陈锦《重纂三迁志序》云:"又越八年,钱塘张公巡抚是邦,始出是编,付省垣书局,锓行于世,并仍原纂之旧,曰《重纂三迁志》,以别于吕志云。光绪十三年岁次丁亥三月,山阴陈锦谨序。"

《重纂三迁志》孙葆田《重纂三迁志序》末题:"光绪五年冬十月,荣成孙葆田谨序。"

《重纂三迁志》孟广均《原纂三迁志序》末题:"道光乙未孟秋,七十代孙广均谨序。"

按:山东书局所刊《重纂三迁志》有牌记"光绪十三年岁次丁亥孟冬山东书局刊成",题张曜、梁耀枢督纂,孟广均原纂,陈锦、孙葆田重纂，柯劭忞、彭克端、钱枡分纂。天津图书馆有藏。

李鸿章侄儿、李鹤章长子李天钺（原名李经楞，字雨岩，号孟仙），嗾其仆殴杀佃户高开元。孙葆田不惧权贵，秉公执法，验得致命状，据实上报。安徽巡抚陈彝支持孙葆田的判决，并写信给李鸿章，委婉劝其勿袒护包庇。

董玉书《芜城怀旧录》卷一载："仪征陈仲云方伯嘉树，旧居糙米巷（即古时曹李巷）。道光壬午传胪，官至江西布政使。公子文恪公名彝，字六舟，同治壬戌，殿试二甲第一名及第。父子传胪，传为佳话。文恪由翰林出守，官至安徽巡抚……抚皖日，李文忠侄名天钺者，殴杀人。被杀者，高开元也。合肥孙葆田大令，号佩南，山东掖县人，理学名儒。时据实以闻。文恪遗书文忠，劝以勿事袒庇，词极恭婉，而文忠覆书大怒（其书为于晦若手笔。近年坊间印行于为李管书记时诸手稿，此书在焉）。于是孙罢官，文恪亦内召。孙后以名儒赐五品卿衔云。"

《校经室文集》所收冯煦《校经室文集序》云："未几，佩南知合肥。巨室某嗾其仆丛击一人死之。佩南持狱急，为某地者书沓至，佩南不为动。会陈六舟丈彝抚安徽，不直巨室而左佩南，狱几几得白矣。巨室卒以他事中佩南，佩南投劾去，丈亦不安其位，此光绪己丑事也[1]。海内稍有识者，莫不以佩南能守其职、不畏强御，争高佩南。"

《清史稿·循吏》载："大学士李鸿章弟子之傔人，横于乡，以逼债殴人死。葆田检验尸伤，观者数万人，恐县令为豪强迫挟，验不实。葆田命仵作曰：'敢欺罔者，论如律。'得致命状。人皆欢噪，谓'包龙图复出'。谳遂定。有御史劾葆田误入人死罪。诏巡抚陈彝按之，卒直原谳。葆田遂自免归。名闻天下。"

宣统《山东通志》所收毛承霖《孙佩南先生传略》云："调署合肥县知县，合肥多勋臣，子弟率倚势为不谨，以挠有司之法，号难治。先生一以公明处之，皆不敢干以私。会有县民某逋巨室租，巨室嗾豪奴威索，殴县民致毙。先生闻其事，立往验治。当是时，巨室方

---

[1] 孙葆田于光绪己丑年（1889）二月离皖归鲁，告别官场，开启讲学生涯。

以利啖死者家，希罢讼，而又狃于有司之莫敢谁何也，殊不以屑意。民亦习知令之畏巨室也，道路藉藉，虑死者不获直。及先生至，依法验得殴伤状，民则大喜过望。奴前致辨，先生复痛予笞，众益踊跃欢呼，无不额手颂神君者。于是先生具其狱迳白大府。同列者多为先生危，而皖抚陈公独韪之。未几，巨室将撼他事中先生，遂引疾归。"

汪康年《汪穰卿笔记》"附录"所收湖北吴光耀华峰《庚戌文钞》中文《纪合肥孙知县》云："孙知县名葆田，字佩南，山东荣城主事。其弟举人叔谦，字六阶，巡抚陈士杰在按察任内，课书院所拔士也，聘以佐幕。葆田选安徽宿松知县。乡试分房，荐得大学士李鸿章子中式，赵夫人所产也。是时合肥知县屡被百姓舆送行省，要求撤换，督抚患之。曾国荃总督两江，以葆田有李氏师生谊，调补合肥。到任，保正点卯，独李氏近宅保正不到。书差咸曰，恃有李氏，从来县官点卯，未一应点。葆田以为不能治一保正，何知县为。谒中堂管家少爷要保正，交出保正，遂锁而归。百姓见知县从中堂李家锁保正，雷动一城。合肥城中占李氏屋且尽。中堂旧部有都司负中堂屋租数千钱，索租人蹑都司死，其妻报命案，唤不得凶手。葆田以为即不办案，何并不到案。中堂奴打死人，知县不敢办案，恶用知县。谒中堂管家少爷要凶手。管家少爷曰：'知县再来，结果知县。'请打死知县也。李氏一老奴沮之曰：'此灭门事，哪可为？谚言"知县案前有宰相，宰相案前无知县"。老奴事主人数十年，老主人在刑部积德，得发子孙。今打死知县，是老主人在刑部丧德矣！老奴不忍见李氏灭门之祸，请先抢头死。'以头抢地，血流被面。管家少爷不得已，交出凶手，复锁以归。合肥隶庐州，为负郭县，学政方按临庐州，士民白纸满城颂之曰'包、海复生'。学政与葆田同年，曰：'君不办此案，何以对庐州士民？'葆田惧府道不转详，且惧原告妇人见多金反供，知县且失人反坐。呼原告丁宁之曰：'而想钱耶？果信冤耶？'曰：'想钱则李氏钱多矣，何苦告状！'知县复使其妻问之无异词，然惧居外有人诱和，留县衙同其妻寝食。禀中堂请示办法，批曰'照例办'。是时知县弟叔谦在中堂幕，中堂使以情说，至则鸣炮开中门，冠服迎迓。叔谦曰：'兄何乃尔？'曰：'候兄来耶？为中堂来耶？曩固吾弟，今为中堂客。知县接中堂客，恶敢不加礼。且弟来候兄，是乃人情，当宿留县廨。中堂客来传谕知县，县廨恶敢辱中堂客，谨别治行馆，供张如奉中堂。中堂客远来劳甚，幸休息行馆。'于是送诣行馆，其弟竟不得一言而去。中堂大兄瀚章方家居，再谒知县，不得见。使奴传言，有案请避嫌。瀚章恚，谓人曰：'卸任总督敢不得在任知县。'于是谋复出，得督两广。兵部尚书彭玉麟阅水师过安徽，巡抚陈彝曰：'宫保何不奏闻。'彭曰：'不在其位，不谋其政。巡抚地方官，何不奏闻？'李氏使人上控巡抚，诬知县受原告贿。巡抚曰："'此案我亦言当办。'此言出，五日得旨调顺天府尹。葆田以为李氏权势能以一言去巡抚，何有知县。知县久相抗，祸且不测，无救死冤，徒激长李氏之横暴，益吓嚇后来官民。莫敢是非，宁弃官避之。携印谒总督告病，得罢官。亏公帑二万金，合肥士民为之借补。先是，巡抚山东解官，中堂求叔谦佐幕，曰：'他日出山，便当相还。'巡抚曰：'中堂幕府，人材之盛，何少如叔谦辈？'曰：'吾侪相好兵间数十年，独漫相欺耶？吾昆弟幕中，从何有好人材，大都求保举开复来耳。'"

《复堂师友手札菁华》中《孙葆田小传》云："孙葆田，字佩南，山东荣成人。同治十三年甲戌进士，授刑部主事，改知县，分发安徽，授合肥。合肥李瀚章、鸿章兄弟起兵间，以再造清室为功臣。鸿章以宰相总督直隶兼北洋大臣，而瀚章则以湖广总督告归居家。有仆怙势踶某都司死，捕不得，则李氏匿之也。葆田躬自率役守李氏门，曰：'不得凶不归矣。'李氏乃縶其仆以付葆田。既而瀚章造请，不见，愤曰：'告老总督乃不及一现任知县耶？'葆田有弟，鸿章客也，鸿章资之南下，谒葆田居间，至则葆田率吏民郊迎，曰：'相公客，不敢以私见。'备馆供张而不以入署。居三日，终不得开口，逡巡自引去。李氏怒，诉于巡抚，遂罢葆田官。士民泣送境外，数十里不绝，曰：'从前知县，不过为李氏作奴耳，惟爷为穷民作官。'为之谣曰：

'包龙图清，还不如老孙！'包氏，合肥人，故以为况也。葆田在官，署一联于大堂柱曰：'合则留，不合则去；肥吾民，勿肥吾身。'及官罢，寓省城，署大门联曰：'斯是陋室，臣本布衣。'工诗、古文，遂以教授终其身。"

《碑传集补》所收姚永朴《孙佩南大令》云："荣成孙佩南葆田为合肥令，尔昌案：佩南，同治十三年甲戌进士，授刑部主事，改知县。秉直而行，于豪家无所屈。及去，民泣送境外，有'爱民如子，疾恶如仇'之颂。光绪乙未，予客凤阳，过合肥。询父老：'若县有好官乎？'佥曰：'孙公其人也。'予曰：'彼为政如何？'曰：'他令来者，皆为巨绅作奴耳。惟孙公为吾穷民作官。君不闻民谣乎？包公虽清，还不如老孙。'孝肃，合肥人，故以为况。尔昌案：李鸿章家索租人碾某都司死。佩南锁凶手归。李氏诬佩南受原告贿，遂告病，得罢官。亏公帑二万金，合肥士民为之借补。见《汪穰卿笔记》。佩南善为古文，无仕宦习。旧制：知县秩七品，而皆加衔，用五品仪。独君仍金顶蓝伞。尝至皖，吾弟叔节遇诸途。君方着公服，急下舆，携手步行，谈笑至寓。市人为之惊异，而君洒然也。佩南在合肥撰楹联云：'合则留，不合则去；肥吾民，勿肥吾身。'及官罢寓皖，撰联榜于门曰：'斯是陋室，臣本布衣。'"

冯煦《蒿叟随笔》卷一载："翁松禅师与谭云觐前辈书云：'六翁，高僧也。苦行崭绝，其性辽缓，措置毒龙猛虎，一二事或失之滞，然其视王侯舆台皆平等不可及也。'案：所云'六翁'者，殆陈六舟丈也。此书在郑口将塞时，丈方抚皖，有李合肥之侄某欧毙佃户一案，孙佩南宰合肥，持之坚，合肥屡风人缓颊，丈不为动，而亦濡忍，不竟其狱。会李勤恪自粤督入觐，奏对时于丈多微辞，遂有府尹之调。师所云当指此事也。"[1]

孙叔谦《杂稿》所收张华奎致倪文蔚书信云："其仲兄佩南大令〇〇系甲戌甲科，官合肥两年，卓著政绩，父老叹为数十年所仅见。去岁李季荃观察之长公子孟仙出人命一案，佩南未能屈法相府，深

[1] 冯煦所引书信为翁同龢致谭钟麟函，"六翁""六舟丈"指陈彝。

为李氏所衔，多方排诋，必欲去官，以泄其愤。佩南因自行求退，交卸后妇孺皆为讴思不置。"

《河北第一博物院半月刊》1937年第137期《孙佩南先生墨迹》所附孙葆田生平及手札介绍云："同治光绪间，淮军声势煊赫，将帅多合肥人，合肥号称难治。先生于李文忠公为年家子。光绪十一年江南乡试，先生为同考官，文忠公子仲彭部郎，是年中式，出先生门下。大吏以先生习于李氏，移署合肥。先生直道而行，举措无所回避，县民以比宋包孝肃。曰：'他令勋贵家厮养耳，孙公真合肥知县也。'文忠公家奴杀人，先生执法惩之。时李勤恪公以总督家居，三造县请，先生谢弗见。或以重金唉先生仆，使问先生，终无所得。十四年，先生乃请告归。当是时，先生直声震天下。既去官，公卿交章论荐，弗应。"

十月，曾国荃在给陈彝的回信中谈及高开元之死。

《曾国荃集》所收《书札》有光绪十三年《复陈六帅 十月》云："另笺承示高开元命案各情，借悉种切，而读至'曰理曰情曰法，缺一不可'数语，则益叹苦口婆心，执事之盛德为不可及矣。窃谓高开元之死，无论如何，而其家人之哀痛迫切则一，若有以大慰孤寡之心，似亦足瞑长逝之目，公所谓收场之道者。未知此说足备一格否？率臆妄言，伏乞涵鉴为望。"

十一月初十日，李鸿章有给陈彝的回信《复皖抚陈》，将孙葆田比作酷吏。

《李鸿章全集》所收《信函》有光绪十三年十一月初十日《复皖抚陈》云："六舟仁兄大公祖年大人阁下……再，同日接奉惠书，备劳被饰，载诵别纸，旨远词文，而关切挚爱之情，馀音流于简牍，回环展绎，铭感何穷。承示五端，陈义甚高，曷胜钦服。鄙人勋阀，敢望汾阳，犹子制行，敢云曾子，然而遭际运会，忝窃非分，盈满之戒，不敢不儆。每叹霍子孟、陶士行之忠勤，而门业隳于后生，故于往哲懿训，高密、武乡、京陵、河东，所以教敕其子弟者，盖无时不以为座铭书绅，不独文渊数语也。鄙人在外，家兄在田，群从子弟，虽智愚不齐，不能不禀成于长者之约束，又非但伏波万里还书也。张释之称廷尉，天下之平，此言千载不易。然汉人之论廷尉，固云张释之为廷尉，天下无冤民；于定国为廷尉，民自以不冤。惟其无冤，所以能平，此释之不可及也。若定国之为廷尉，则赵、杨诸狱，皆成其手，民自以不冤，而士大夫乃至含冤，后世且以为廷尉惜矣。其平恶在合肥令之意，专主搏击强家，一卷《汉书·酷吏传》，谁非以击强为威名者，一念之偏，遂堕惨刻，极其所为，惧为风气之忧，亦无以仰。承执事先礼后刑之化，令长之不平赖有牧守，牧守之不平赖有院司。廷尉天下之平，院司一省之平也。为释之不为定国，是所望于台端矣。夫事无大小，惟论是非，若果罪当情真，亦何敢以苏章故人二天之意过望大贤。今明明灼知其被诬，而以至亲且不能别白，则亲亲仁民，义有等差，愚兄弟更何以受寄方面，振理幽滞。至尊论解铃之喻，良为洞微。乡曲细民，无知轻生，愚亦可悯，使彼穷而返本，以悔自呈，则孰非乡邻谊当赒恤，且推原致此之故，良亦有由。此于官法为过失，于佛法为冤愆，补过解冤，孔、释同理。哀其死而厚恤其家，固无可说，然必须是非明白之后，庶不使诬人者挟为奇货，而被诬者蒙此恶声，乃得事理之平。奉读所刊告示，明切周详，足感妇孺，于鄙乡乱后恶习尤为切中。仁人之言，其利溥哉。固知鉴空衡平，物无遁匿，用不偏畸，持此以行，断无枉纵矣。前函详达，并无徇饰，想大君子自有权衡。辱承关爱之殷，用复缕陈，不避琐渎，尚希鉴察。再颂勋祉。不尽。弟再拜。"

《民国笔记小说大观》第三辑所收《凌霄一士随笔》四所载《一一七孙葆田治合肥李氏案》云："关于合肥知县孙葆田治李氏之狱事，慈铭戊子七月朔《日记》云：'得娄秉衡书，以陈六舟皖抚致合肥书及合肥答书见示，为去年合肥从子（名天钺<？>故□□道鸿章[1]子，拔贡，捐纳郎中）里中杀人事也。同年孙葆田为合肥令，力持之，而卢州守黄云，本无赖小人，必欲消弭其事，以为挟命讹诈，六舟亦游移，臬使张君岳年不肯同，故谳久不决。孙君山东人，由户部

[1] 误，当为"鹤章"。

主事改官，素有学守。既持此狱，合肥人以包孝肃目之，而合肥相国书，谓其专务搏击强家，比之《汉书》酷吏矣！'李鸿章颇重葆田，而于此亦不免悻悻之态（参看本报本卷第七期所载拙稿）。李氏子弟，挟鸿章之势，所为多纵恣，为乡里所怨。葆田不畏强御，守法不挠，宜为颂声所归，清议所崇。鸿章以酷吏讥之，固难见谅于士论也。"

沈云龙《近代中国史料丛刊续编 679 近世人物志》载："李记：（光，一四，七，朔。）同年孙葆田，山东人，由户部主事改官知县，为合肥令。去年李合肥从子杀人，力持之；而庐州守黄云本无赖小人，必欲消弭其事，以为挟命讹诈；皖抚陈六舟亦游移；臬使张君岳年不肯同，故谳久不决。孙君素有学守，既持此狱，合肥人以包孝肃目之。而李合肥与陈六舟书，谓其专务搏击强家，比之汉书酷吏矣。"

十一月十三日，李鸿章给曾国荃的回信《复两江制台曾》，提及案情。

《李鸿章全集》所收《信函》有光绪十三年十一月十三日《复两江制台曾》云："沅翁宫保大公祖姻世叔大人爵前……顷奉初二日赐函，知前月十八日泐复一缄已达记室……寒舍事渥蒙关注，铭泐何穷。六舟中丞书昨已接到，当即据情缕复，承以鼎言之重，定能直道而行，枉纵之偏，或可无虑，知念并闻。前得阳电，长夫一疏，已奉俞旨，部中搜求及此，本是穷极无聊之思，大疏如此详明，谅难再驳矣。专泐奉复，敬颂勋祺，祗璧为称。不备。附抄件。治姻世愚侄鸿章顿首。"

按：两人因此案得罪李氏，为李氏所衔恨。李氏多方排斥诋毁孙葆田，必欲孙葆田去官。然而公道自在人心。《清史稿》将孙葆田列入"循吏"，是正史对孙葆田勤政爱民、不畏豪强的肯定。海内稍有识者，莫不以孙葆田能守其职、不畏强御争高之，是士林对孙葆田以直道行的认可。"爱民如子，嫉恶如仇"之颂，"包公虽清，还不如老孙"之谣，是合肥父老对孙葆田为穷民做官而非为巨绅做奴的赞扬。

是年，孙葆田再见吴丙湘于其从兄宁国府署。

《校经室文集》卷四《河南候补道兼袭骑都尉又一云骑尉吴君墓表》云："后十余年，尝再见于君从兄宁国府署。"

光绪十四年戊子（1888）　四十九岁

二月癸卯，方宗诚以疾卒于怀宁寓邸。

《校经室文集》卷五《桐城方先生墓志铭》云："光绪十三年冬，安徽学使侍郎贵恒公以先生正学纯行奏于朝，得旨赏给五品卿衔。时先生已被疾，闻命感激涕零。明年春二月癸卯，遽以疾卒于怀宁寓邸，春秋七十有一。"

合肥鞫某案，会值试期，生童、人民从观者万数，是非曲直众著。孙葆田自道不敢少徇人世情。是时，庐州知府唯巨室是瞻，某巨室者又通贿衙署内外，殆无处无人非其耳目。微论坐堂皇与百姓相见，即在私室，亦不敢轻一洟唾言笑。盖夜和衣而寝，鸡鸣起始于此。

许鼎臣《龙觜山馆文集》卷二《致刘翰怡先生》（夏历二月十八日）云："间问宰宿松、合肥以来事，师曰：'子无误听外间传闻语。傥在合肥鞫某案，会值试期，生童、人民从观者万数，是非曲直众著。仆虽欲少徇人世情，敢乎？然自是吾得圣贤冰渊战兢之心思焉。是时，庐州知府某为某巨室者私人，某巨室者又通贿衙署内外，殆无处无人非其耳目。微论坐堂皇与百姓相见，即在私室，亦不敢轻一洟唾言笑。盖夜和衣而寝，鸡鸣起始于此，今将近二十年矣。'"

四月，孙葆田被参浮收丁赋、折扣夫马、刑虐无辜、轻蔑节烈、讳匿命盗、徇纵胥吏。经巡抚陈彝确切查明，浮收折扣及私设非刑、轻蔑节烈各节，均无其事。其家丁勒索、讼棍包揽、书役愚弄各节，亦无确据。

《清实录·德宗景皇帝实录》"光绪十四年四月"："丙戌谕，军机大臣等有人奏知县贪污酷虐、劣迹昭彰，请饬查参一折。据称前署安徽合肥县知县孙葆田，浮收丁赋、折扣夫马、刑虐无辜、轻蔑节烈、讳匿命盗、徇纵胥吏等语。所奏如果属实，亟应从严承办。

着陈彝确切查明，据实具奏，毋稍徇隐，原折着钞给阅看。将此谕令知之。寻陈彝奏查明知县孙葆田被参浮收折扣及私设非刑、轻蔑节烈各节，均无其事。其家丁勒索、讼棍包揽、书役愚弄各节，亦无确据。"

六月三日，张裕钊复吴汝纶的信中，对孙葆田与李宅事，认同吴汝纶好名之说。

张裕钊《论学手札》光绪十四年六月三日致吴汝纶信中云："所谓合肥县官与李宅为难者，即敝门人孙生。此亦好名之过，诚有如来书所云耳。"

六月，合肥西乡有匪患，时孙葆田仍为合肥县令。

《曾国荃集》所收光绪十四年六月二十四日《扑灭土匪疏》云："奏为官军剿办土匪，立即扑灭情形，恭折仰祈圣鉴事。窃臣等接据庐州府知府黄云、署合肥县知县孙葆田、署庐州营都司李泰会禀称，合肥西乡匪首刘文弼，借家务为名，聚众械斗。"

七月，孙葆田提验贩私盐案犯凤庭。经过勘验缉究，获叶幅到案，供认不讳。未及讯详卸事。

《刑案汇编》所收《同伙五人兴贩私盐并在途凑遇私贩并未合伙一经巡勇捕拿即行弃盐逃逸并未帮同拒捕》刑案载"光绪十四年七月初五日，卑前署县孙葆田任内……七月初二日，探闻有私枭多名在寿州新集地方贩私南来……据经孙葆田提验，凤庭左右腿各有跌伤一处，皮破血出，填单饬医，一面带领刑仵驰诣相验……张复兴等追捕无获，当将凤庭由局移经该前署县孙葆田勘验缉究，续获叶幅到案，供认不讳。孙葆田与署县王万甡暨兼理县府蒋斯彤均未讯详卸事，该署县袁学昌到任准交，提犯讯详，奉批缉审。"

孙葆田任合肥令期间，断案如神，治狱精察，不畏权贵。其事迹不仅被百姓称道，还被写入野史笔记。吴趼人《我佛山人笔记》记载孙葆田断案故事两则，一为《三夫一妻》，一为《邻邑伸冤》。

吴趼人《我佛山人笔记》所载《三夫一妻》云："孙大令，传者佚其名，强项令也。令合肥时不避权贵，李文忠严惮之。时有三夫共争一妻者来控，大令断之，一邑称神君焉……"

吴趼人《我佛山人笔记》所载《邻邑伸冤》云："孙大令宰合肥时有庐江某甲者，故家中落，沦至为人佣，有姊，适同邑某素封家……姊遂不得直，号哭而归。或语之曰：'县君愦愦，不足与决疑难。合肥令孙公，神明父母也，盍往诉之，当得直。'姊曰：'邻邑可控耶？'曰：'是固不可，第往哀之，孙公慈祥，必不负汝！'姊乃诉于孙大令……"

孙葆田任合肥令期间，留下一些广为流传的楹联。

白启寰编著《安徽名胜楹联辑注大全》载合肥县衙楹联三副："合则留、不合则去；肥吾民、勿肥吾身""为百姓、省事省钱，须尽过、父母恩情，方可保民为赤子；愿一心，赖烦赖苦，才学得、循良政绩，休教名士误苍生""欠房债八元，靴尖何利，马棒何凶，睹人命若鸿毛，李孟仙、倚官压势；出大签三次，差役亦威，吏胥亦壮，视道台如狗蛋，孙县令、除暴安良"，其中前两副为孙葆田撰，后一副为当时合肥民众撰赠知县孙葆田。《安徽名胜楹联辑注大全》还另载有三副楹联："斯是陋室，臣本布衣""浮生常为虚名累，垂老方知寡过难""世事何常，天理有常，绝大经纶争把握；连困不惜，粒米必惜，此中轻重要权衡"，分别为内室和客厅的楹联。

按：谭献、姚永朴所记与白启寰编著《安徽名胜楹联辑注大全》有出入。《复堂师友手札菁华》中《孙葆田小传》云："葆田在官，署一联于大堂柱曰：'合则留，不合则去；肥吾民，勿肥吾身。'及官罢，寓省城，署大门联曰：'斯是陋室，臣本布衣。'"《碑传集补》所收姚永朴《孙佩南大令》云："佩南在合肥撰楹联云：'合则留，不合则去；肥吾民，勿肥吾身。'及官罢寓皖，撰联榜于门曰：'斯是陋室，臣本布衣。'晚岁主讲河南，闻又撰联云：'浮生止为虚名累，垂老方知寡过难。'前两联风裁严峻，后联客气全消，几于道矣。"谭献、姚永朴与孙葆田相往来，其记载更为可信。

九月，因得罪李鸿章，孙葆田暂居安庆，住破屋数间，门首一联"斯是陋室，臣本布衣"。与姚永概时相往来。

《慎宜轩日记》"戊子年九月二十日"："出拜孙佩南先生，久谈，气象言论真有古人之风。以合肥令不阿于宰相回省，住败屋数间，门首一联云：'斯是陋室，臣本布衣。'"

《慎宜轩日记》"戊子年九月二十二日"："早往伦叔处候榜信，至下午始闻桐城姚永某中元，是字音未的，知为吾兄弟矣。孙佩翁来谈，晚又来贺。"

《慎宜轩日记》"戊子年九月二十九日"："回拜各客。"有孙佩翁。

《慎宜轩日记》"戊子年十月十三日"："舟中阅《识斋文集》，乐安李焕章著，国初遗老也。文笔甚畅，议论有近于偏激处，是其境使然，但颇以名自喜，则不及王船山矣。此书孙佩翁所赠者，山东李氏家本也。"

九月，孙叔谦调补阌乡知县。

《清史列传·循吏》"孙叔谦"条目下云："光绪十四年，选授河南虞城县知县，改补阌乡。既受事，创筑石坝，御瀍河泛溢之患，民生祠之。"

孙叔谦《杂稿》所收《彭子寿师》云："屡踬公车，家计寒薄，糊口为难。又因家兄弃官归隐，不得已亲朋告贷，捐一本班先花样。十四年选月，选得虞城县缺。九月到省，因回避同府儿女姻亲，调补今缺。"

《中国第一历史档案馆藏 清代官员履历档案全编》第6册"孙叔谦"条云："十四年五月，选授河南虞城县知县。六月初三日，经吏部带领引见，奉旨准其补授。十四年九月到省，因同府儿女姻亲回避，调补阌乡县知县。"

秋，山东巡抚张曜因盛昱典试来东，察知孙葆田以拙宦不能谐俗，将投劾而归，乃荐聘孙葆田主讲尚志讲席。

《校经室文集》卷二《答李鉴堂中丞书》云："而已故宫保张公于戊子秋，因伯希祭酒典试来东，察知葆田以拙宦不能谐俗，将投劾而归，乃荐聘主讲此席。"

按：张曜（1832—1891），字朗斋，号亮臣，祖籍浙江上虞。任过知县、知府、道员。咸丰十一年（1861）授河南布政使，同治元年（1862）改任总兵，七年（1868）以战功予骑都尉世职，九年（1870）二月授广东陆路提督，十年（1871）加云骑尉世职，十三年（1874）差新疆帮办军务，光绪十年（1884）召回，十一年（1885）五月以头品授广西巡抚，十二年（1886）五月调山东巡抚加尚书衔。十四年（1888）襄办海军，十五年（1889）加太子少保。光绪十七年（1891）七月卒。赠太子太保，入祀贤良祠。谥"勤果"。后以世职并为二等男爵。

秋，潍县大水，城南门外通利桥圮。刘嘉颖拟集润笔资为修桥费，孙葆田闻而叹美之，言桥成为书桥记。方议兴工，以阴阳家言于时地不宜乃止。

《潍县志稿》卷十"营缮·桥梁"收孙葆田撰《重修通利桥记》载："潍县南门外，有桥曰通利，创筑于前明嘉靖乙丑，重修于道光九年乙丑。光绪戊子秋大水，桥圮，行者弗利。邑人刘实甫嘉颖精绘事，尝拟集润笔资，为修桥费。葆田闻而叹美之，戏语刘君：'桥成，吾当为书桥记。'方议兴工，以阴阳家言于时地不宜乃止。未几而刘君物故，此桥遂无过问者。"

按：刘嘉颖（1861—1902），字实夫，又作石芙、实甫，山东潍县人。酷爱绘画，善花卉、山水，花卉学恽寿平，山水宗四王。

秋，孙葆田寓居皖垣，二三同志函索所著，门人李墨卿知有《孟志编略》，以为有益初学，请用坊间聚珍小字排印成书，孙葆田亦以价廉工省，勉从所请。

国家图书馆藏《孟志编略》抄本卷末后载孙葆田识语："右《孟志编略》六卷，辛巳岁携稿至京师，拟付梓人，未果。今年秋，寓居皖垣，二三同志函索所著，门人李墨卿知有是编，以为有益初学，请用坊间聚珍小字排印成书，予亦以价廉工省，勉从所请，非敢有意问世也。光绪十四年冬十月，孙葆田仲垣识。"

按：国家图书馆藏《孟志编略》抄本，半叶10行，每行20字。卷末后孙葆田识语页，尾署"受业门人李书翰校字"，并钤有"国立

北平图书馆珍藏"朱文长方印。紧接下一页为"正误",共七条,如下:
"年表四页共公下多一线,年表六页康公下多一线,年表九页慎靓王下多一线,祀典三页上半页首五行误低一格,艺文十一页《孟子集疏》《孟子解》前后误移,杂志五页按下翟氏灏曰之下各讲论孟之说误多'语''子'二字,从祀先贤传一页第一行配享之享原作馈。"

孟冬,《孟志编略》用聚珍版排印。

光绪十四年(1888)《孟志编略》活字本前有牌记:"光绪戊子孟冬用聚珍板(版)排印。"

按:天津图书馆藏光绪十四年(1888)《孟志编略》活字本半叶9行,每行24字,左右双边,上下阔黑口,单黑鱼尾,版心标卷数、页数,钤印有"绍兴金立斋先生赠崇化学会宝藏""国家古籍保护中心制""天津图书馆藏书之章"。天津图书馆藏光绪十四年《孟志编略》活字本卷末后亦有孙葆田识语,与国家图书馆藏《孟志编略》抄本同,尾署"受业门人李书翰校字",无"正误"部分。但查检光绪十四年《孟志编略》活字本,抄本"正误"七条所涉部分,除第四条"祀典三页上半页首五行误低一格",按语实际应该低一格,故未改,第七条《从祀先贤传》一页第一行配享未改,其余五条均按"正误"加以订正。可见,光绪十四年《孟志编略》活字本据国家图书馆藏《孟志编略》抄本校订后加以刻印。《孟志编略》光绪十六年刻本这几处修改与光绪十四年活字本同。

冬十月,孙葆田作有《孟志编略》后识。

国家图书馆藏《孟志编略》抄本卷末后载孙葆田识语末题:"光绪十四年冬十月,孙葆田仲垣识。"

十月乙未,召沈秉成安徽巡抚。沈秉成惧得罪大吏,因孙葆田治李鸿章侄罪,假事劾罢之。

《清史稿·疆臣年表》"安徽巡抚"栏载光绪十四年戊子:"陈彝,十月乙未召沈秉成安徽巡抚。"

《中国近世名人小史》"沈秉成"条载:"秉成字仲复,归安人……及移安徽,常惧得罪于大吏。遇庐江、合肥各令晋谒,必谆谆以和巽为训。孙葆田不能从，尝曾惩治楸轩罪。秉成闻之，骇甚，竟假事劾罢之，盖楸轩鸿章侄也。"

冬，孙葆田请假修墓，开缺回籍。

《校经室文集》卷二《上福少农中丞辞尚志书院主讲书》云："且葆田之由皖乞归也，以修墓为词。"

《校经室文集》卷六《辞赴安徽呈子》云："光绪十四年冬，请假修墓，开缺回籍。"

《校经室文集》所收缪荃孙《校经室文集序》云："戊子己丑，荃孙在江南，传闻有合肥孙大令者，治狱精察，不避权贵，亢直声闻天下。问其人，则佩南先生也。时先生早以修墓回籍矣。不特爱之，而且敬之。"

是年，何太恭人卒于其子于寿之下河通判厅内。于寿之将葬其母于济宁，而疑其礼，乃以所为太恭人事略，嘱孙葆田为志幽之文。孙葆田作有《节孝于母何太恭人墓志铭》。

《校经室文集》卷六《节孝于母何太恭人墓志铭》云："于君寿之，将葬其妣何太恭人于济宁，而疑其礼，乃以所为太恭人事略，属葆田为志幽之文……光绪初年……遂迎养太恭人署中……十四年，太恭人卒于下河通判厅内……遗命权厝济宁城外。比年倭寇内犯，故乡在文登、荣成间，不时有惊惧，终不克返葬。"

按：于寿之，山东荣成人。以寄籍大兴应试不得志，乃遵例纳粟，以通判分东河候补。光绪初年补东昌下河水利通判。

光绪十五年己丑（1889）　五十岁

元月，孙葆田仍在安庆，与姚永概相往来。孙葆田准备于二月份回山东，就山东尚志堂讲席。方守彝、孙孟平等为孙葆田饯行，邀请姚永概作陪。

《慎宜轩日记》"己丑年元月十九日"："伦叔、东甫、宗丈公饯孙佩翁，邀余作陪。"《慎宜轩日记》"己丑年元月二十日"："拜孙佩翁，小谈。"

《慎宜轩日记》"己丑年元月二十一日"："孙佩翁、苏凝端、孙东甫、方慕唐来，回拜。"

《慎宜轩日记》"己丑年元月二十二日"："孙佩翁来送行，渠亦辞官，就山东尚志堂讲席，二月成行矣。后会何日，思之怆然。"

宣统《山东通志》所收毛承霖《孙佩南先生传略》云："后乃应山东巡抚张勤果公之招，主尚志堂讲席，日训诸生以敦本务实。"

张怀恭、张铭著《清勤果公张曜年谱》载："奉寄朗翁尚书大公祖大人，敬希察正：千里书来及早春，云山回首望松筠。蹉跎未获酬知己，邂逅兼应愧故人。（谓对佩南同年）却忆还乡浑似梦，欲思无米已无亲。他时弛担趋铃阁，幸作耕氓北海滨。"

《民国笔记小说大观》第三辑所收《凌霄一士随笔》四所载《一七孙葆田治合肥李氏案》云："李鸿章之子[1]某误伤人致死，葆田执法不阿，以是去官。归田后，主讲济南尚志书院。"

按：方守彝（1845—1924），字伦叔，安徽桐城人。方宗诚之子、东树之侄，传家学，师事郑福照，工诗、古文。诸生，官太常寺博士。著有《网旧闻斋调刁集》二十卷，与陈澹然、方献彝等合编《方柏堂事实考略》五卷。

孙孟平（？—1895），东甫为其字或号，安徽桐城人。孙云锦长子，整理编辑其父遗作，辑有《流离杂记》二卷、《桐城孙先生遗书附年谱》，编有《开封府君年谱》二卷。

正月二十一日，郑作相卒。丁麟年嘱孙葆田为文表其墓，孙葆田作《郑一泉先生墓表》。郑作相仲子郑淑焕从孙葆田游。

《校经室文集》卷四《郑一泉先生墓表》云："先生讳作相，字仲岩，一字野夫……未就而卒，年六十二。以道光八年十一月五日生，卒于光绪十五年正月二十一日，乡谥'文悫先生'。其门人丁郎中麟年属予为文表其墓，予深知先生学宗笃实，顾生平未尝相识。惟见其邑中后进每言及先生，无不以为文献所宗也。既而仲子淑焕来从予游，

---

[1]"李鸿章之子"误，当为"李鸿章之侄"。

因益知其家世。"

按：郑作相（1828—1889），字仲岩，一字野夫，自号一泉。学宗六经，《尚书》《毛诗》皆有手订本，尤嗜《周易》，著有《易说挨方》十二卷。

丁麟年，又名蒂序，字绂臣，一作绂宸，号幼石，山东日照人。丁守存之子。光绪十四年（1888）举人，光绪十八年（1892）进士，授户部郎中，后任陕西省兴安府知府。民国时期出任山东省图书馆馆长。

方宗诚去世满一年后，方守彝请孙葆田为其父作墓志铭，孙葆田作《桐城方先生墓志铭》。

《校经室文集》卷五《桐城方先生墓志铭》云："其孤守彝等守遗命，不为行述。既逾小祥，乃偕先生门人陈澹然为《事略》四卷，刊行于世。又属葆田为志铭之文。"

孙葆田自皖归山东，山东巡抚张曜延其主讲尚志书院。萧树升从孙葆田游。

《校经室文集》卷二《上福少农中丞辞尚志书院主讲书》云："今葆田承乏此席五年矣。固非有道德文章之懿足以为乡人矜式，特以拙宦牾时，洁身求退，谬为故宫保张公所知，延处此地。"

《校经室文集》卷四《萧丽璇先生传》云："萧先生衡，字丽璇，一字荔轩，历城人……子树升，光绪乙未进士，户部主事……孙葆田曰：'余昔主讲尚志书院时，先生已前卒，不及接其言论丰采……先生之子树升从余游……'"

《校经室文集》卷五《柯封翁墓志铭》云："光绪十五年，葆田自皖归。"

《校经室文集》卷六《辞赴安徽呈子》云："嗣因前抚院张公与今安徽抚院福公在山东任时，先后延聘主讲尚志书院。"

《校经室文集》卷六末黄曾源跋云："光绪己丑，御史屠仁守以言事罢官，合肥县知县孙葆田以执法不挠引疾去。一时士大夫之所称道，不曰梅君，则曰佩南。"

《校经室文集》补遗《陈隽丞中丞七十寿序》云："葆田自己丑归来，公已乞假还其乡里。"

《续修历城县志》所收张曜《悠然亭记》云："余既延荣成孙佩南先生主讲尚志书院。"

按：萧树升，原名懋林，山东历城人。光绪二十一年（1895）进士，官户部主事。以母迈不能赴京，到署后即请假归里，主讲济南书院，成就者众。孙葆田为其父萧衡作《萧丽璇先生传》。宣统《山东通志》"乙卯年校印山东通志姓氏"中有"分校萧树升，山东历城人，进士"。

孙葆田主讲尚志书院，始与周彤桂相识。后游大梁，复又与君遇。

《校经室文集》卷六《长清周君墓志铭》云："君讳彤桂，字复清，长清人……年二十八，始入县学，为博士弟子，从高密单伯平先生游，得闻正学。既乃游学济南，与张次陶昭潜、尹竹年彭寿诸人讲业会文……余昔主讲尚志书院，始与君相识，后游大梁，又一再与君遇。今有闻，不能拒也。"

按：周彤桂（1846—1908），字复卿，山东长清人。从单为锪游，与张昭潜、尹彭寿诸人讲业会文，光绪十七年（1891）举于乡。

孙葆田与李恩祥相遇于张曜幕中。

《校经室文集》卷四《知府衔河内李府君墓表》云："葆田始与莱州君相遇于张勤果公幕中，知为庐州太守公兄子，心重之。"

按：李恩祥，字吉珊，河内人。光绪二年（1876）举人，济宁直隶州知州、莱州府知府。撰有《自怡山房诗草》《宜庐诗草》。

孙葆田以迂拙不合于时，返初服，李念兹每称其知进退之义。两人有交往。

《校经室文集》卷五《浙江湖州府知府李君墓表》："及余以迂拙不合于时，返初服，君每称其知进退之义，故于济南相见时，又以余粗解文字，尝自叙守雅州事，属予为文以纪其实，尤缱绻焉。"

遇周天爵曾孙某于济南，访公译著与公历任封疆奏议，皆未刊行。文稿独藏其家，且言公有遗命，不欲以文字显于世，故身后未尝乞人为志铭云。

《校经室文集》补遗《周文忠公制义后序》云："及予解组归里，遇公曾孙某于济南，访公译著与公历任封疆奏议，皆未刊行。文稿独藏其家，且言公有遗命，不欲以文字显于世，故身后未尝乞人为志铭云。"

夏，孙葆田暇日因校阅《石集》，爰取徐刻《孙明复小集》，重为校订，付诸梓人，俾与《徂徕集》并行于世。聂、徐两本与宋刻《圣宋文选》《宋文鉴》文字间有异同，今以嘱及门丁汝彪别为《考异》一篇附于卷末。

《校经室文集》补遗《孙明复小集跋》云："今年夏，予归自皖中，暇日因校阅《石集》，爰取徐刻《孙明复小集》，重为校订，付诸梓人，俾与《徂徕集》并行于世。聂、徐两本与宋刻《圣宋文选》《宋文鉴》文字间有异同，今以属及门丁汝彪别为《考异》一篇附于卷末，以质当世知言君子。"

按：丁汝彪，山东日照人，孙葆田门人。孙葆田光绪十六年（1890）刻《孟志编略》六卷，丁汝彪参与校字。

与施补华为乡举同年，初未相识。于是年乃相遇于济南。孙葆田有《合钞查初白方望溪评点韩文》，施补华曾携去手录。

《校经室文集》卷一《泽雅堂文集序》云："予与均甫乡举同年，初未相识。光绪己丑，乃相遇于济南，相知恨少晚。君每喜就予论文。予有《合钞查初白方望溪评点韩文》，君辄携去手录。"

按：施补华（1837—1890），字均甫，浙江乌程人。同治九年（1870）举人。官至山东候补道员。著有《泽雅堂文集》《泽雅堂诗集》《岘佣说诗》等。

与吴兆铼、台柏绂始相见于济南。

《校经室文集》补遗《吴君仲霖暨德配鲁恭人六旬晋一双寿序》云："余同年友丹徒吴仲霖太守，以同治九年庚午举顺天乡试。是时，年甫二十有三。其后屡上春官不第。至今天子光绪十五年，始用，大挑一等，以知县分发山东。葆田亦以是年应宫保钱塘张公之聘，主讲尚志书院，始与君相见于济南。"

《校经室文集》卷五《河南候补同知台君墓志铭》云："葆田始
与君相遇在己丑、庚寅间，时值黄河漫溢，君由豫转饷至山东，祁
寒暑雨，飞挽如期，张勤果公屡称其贤劳。"

按：吴兆铼，字仲霖，江苏丹徒人。同治九年（1870）举人。
光绪十五年（1889）以知县分发山东，曾任潍县知县。工画竹。

台柏绶（1846—1897），字绣麟，一字绶卿，山东诸城人。乡试
不中，援例入郎署，丧服除后改同知，分发河南。光绪己丑、庚寅间，
由河南转饷山东。光绪十九年（1893）近畿大水，因救灾有功加知
府衔。遇覃恩由本官加五级。光绪二十三年（1897）春权汝宁通判，
汝宁谢事后又充丁酉河南乡试文闱总巡，是冬以疾卒。

武震赋闲在家，与孙葆田每相见，必论诗、古文词及在官时事。

《校经室文集》补遗《诰授荣禄大夫二品衔前湖北汉黄德道武公
墓表》云："予由部曹改外官，后公几十有五年。及予解组归，主讲
尚志书院，公方致事家居，每相见，必论诗、古文词及在官时事。"

**陈士杰已乞假还其乡里，孙葆田每见陈士杰与孙叔谦书，犹以
山东河患为念。**

《校经室文集》补遗《陈隽丞中丞七十寿序》云："葆田自己丑归来，
公已乞假还其乡里，每见公与吾弟叔谦书，犹以山东河患为念。"

**八月乙酉，李庆翱以疾卒于里第，春秋七十有九。其孤李福涞
以状乞孙葆田作铭。孙葆田作有《前河南巡抚李公墓志铭》。**

《校经室文集》卷五《前河南巡抚李公墓志铭》云："光绪十五
年八月乙酉，前河南巡抚历城李公以疾卒于里第……其孤福涞以状
来乞铭。"

按：李庆翱（1811—1889），字公度，一字小湘，原名李继，山
东历城人。咸丰二年（1852）进士，选庶吉士，散馆授编修。历任
山西大同、蒲州知府，河东道、按察使、布政使，河南巡抚等职，
后辞官归里。著有《来青馆诗钞》。

李福涞，二品荫生，济南府学廪生。

八月庚申，陈彝卸安徽巡抚，沈秉成任。

《清史稿·疆臣年表》"安徽巡抚"栏载光绪十五年乙丑："陈彝八月庚申卸，沈秉成任。"

秋九月，孙叔谦到任阌乡县令，治水患，修水堤。

孙叔谦《杂稿》所收《禀本道铁稿》云："卑职初二日接篆到境，收红词五纸，前任移交案数起。又陆续收词十余起，皆立予讯问，分别批示。……本月初间大雨，西路屡有坍塌之处，不时派丁督催修理。昨亲往察看，已一律平坦。惟时届冬令，阌邑西界山陕两省，客民太多，宵小易藏。卑职现拟定章程，兴办保甲，惟此事往往奉为虚文，不能实奉行。卑职拟邀集城乡首士，酌议办理。必期与地方有益，不徒奉为故事，方属名实相副。除俟日后办理情形，随时禀报外，所有卑职钦感下忱，与到任后一切情形，谨肃丹具陈，叩请钧安，伏乞垂鉴，卑职谨禀。"

孙叔谦《杂稿》所收《彭子寿师》云："己丑春，奉委勘估，开挖贾鲁河。中秋后，始得奉饬赴任。缺本瘠苦，又处边陲，差事往来应接不暇。县城濒黄河，衙署街市半圮于水。上宪以粗识河务，谕令估工办理。去春禀请发款，建筑石坝。仰蒙前抚宪倪中丞奏请发帑兴修，自冬徂春，刻无暇晷。此工专用桩石作成，夏间山水陡发南山，冲出巨石无数，似有神功。现在工程大致完竣，黄河大溜已挑开五六里。腊月初二晋省谒见新抚宪，面禀地方事宜。除夕前始行回署，公私一切俱称平顺，尚堪告慰慈注。"

《中国第一历史档案馆藏 清代官员履历档案全编》第6册"孙叔谦"条云："十五年九月到任。"

《新修阌乡县志》"宦绩传"载："孙叔谦，字吉丞，号六皆，山东荣城人……光绪十五年秋莅阌……"

《新修阌乡县志》"舆地"载："大湖峪有过山径，与灵宝接境。昔知事孙六皆尝欲开修，以便商旅，为阌兴利源。因山路崎岖，夏水陡发，不易以人力争，故屡勘验而止。"

吴汝纶到济南，在山东待到次年春，此行见到方孝朗，并与孙葆田有往来。

《桐城吴先生年谱》光绪十五年己丑载："公自是年始，每入冬季，即将书院课卷先期检阅，单车赴山东，省弟诒甫于官所，举公私事悉为料理。春后乃还保定，岁以为常。"

江小角《吴汝纶致方伦叔信函述略》所载第三函（作于光绪十五年十月初八）云："孝朗以家贫欲谋馆，弟以名师难得，劝勿别图。佩兰（南）仍拟岁给八十金，再不足，尊处谅可周之。"第二函（作于光绪十六年七月十八日）云："孝朗久无书问，传闻佩兰（南）已为荐之张中丞矣，亦未知信否？"又云："佩兰别后亦无书，未识志局究竟何如？"

冬，柯蘅命孙葆田偕行送其季弟媳、柯蘅之女至京师。

《校经室文集》卷五《柯封翁墓志铭》云："其年冬，翁命予偕行，送节妇至京师。"

至京途中，过济南时，柯蘅犹假孙葆田所藏钱竹汀《廿二史考异》手自抄录。

《校经室文集》卷五《柯封翁墓志铭》云："方己丑北上时，暂驻济南，犹假予所藏钱竹汀《廿二史考异》，手自抄录。"

冬，至京师视盛昱病。

《校经室文集》卷六《喜塔腊室宗室氏墓志铭》云："及己丑冬，予来京师视伯羲病。"

冬，至都中，始晤王彦威于京邸。两人本为乡举同年，曩岁同官京师，但未相见。彦威母卢氏殁，彦威奉太恭人遗诗泣涕不止，赵㧑叔感其意，为作《秋灯课诗图》，名士硕儒相竞题咏，此图后失，于光绪十五年复得，王彦威悲喜交集。曾嘱其乡人张子远索题于孙葆田。两人在京师相见时，孙葆田匆迫无以应命。既别后，彦威复以书责诺者再。

《校经室文集》卷二《题王母卢太恭人〈秋灯课诗图〉》云："弢甫奉太恭人遗诗，辄泣涕不止，会稽赵㧑叔感其意，为作《秋灯课诗图》也。一时大江南北，通人硕士题咏殆遍。图旋失于京师，越十有三年，至光绪己丑复得之……间嘱其乡人张子远索题于葆田。葆田与弢甫为乡举同年,向者同官京师,乃未一相见。又匆迫无以应命。去年冬,以事至都中,始晤弢甫京邸,温温然君子人也。既别去,复以书责诺者再。"

按:王彦威(1842—1904),字弢甫(弢夫),号黎盦、渠城,浙江黄岩人。同治九年(1870)举人。历任工部衡司主事、营缮司员外郎、军机章京、江南道监察御史、太常少卿等职,光绪十二年(1886)任军机处汉官领班章京。于公务之暇纂有道光、咸丰、同治三朝《筹办洋务始末记》,后由其子增纂为《清季外交史料》。

冬,作《孙明复小集跋》于问经精舍。

《校经室文集》补遗《孙明复小集跋》:"钱序作于乾隆三十七年壬辰……道光间徐清惠公守泰安,刻《鲁两先生合集》……吾友张次陶……为鸠资重雕,板存尚志书院……今年夏,予归自皖中,暇日因校阅《石集》,爰取徐刻《孙明复小集》,重为校阅,付梓人……今以属及门丁汝彪别为《考异》一篇,附于卷末。"

按:山东省图书馆藏有光绪十五年孙葆田问经精舍刻本。封面有"日照丁汝彪集汉碑字署嵩",扉页有牌记"光绪十五年冬问经精舍校刊"。卷前有钱大昕序,钱序后有孙葆田识语,相比《校经室文集》补遗所收《书钱大昕重刻孙明复小集序后》,末尾有署款"后学孙葆田谨识"几个字。卷末有孙葆田跋,相比《校经室文集》补遗所收《孙明复小集跋》,末尾有署款"光绪己丑冬,荣成孙葆田识于问经精舍"。

十二月二十一日,柯薾卒。

《校经室文集》卷五《柯封翁墓志铭》云:"比葆田归济南甫六日,而遽闻封翁之讣。翁以十二月二十一日卒矣。"

是年,张丕钦以优行贡入成均,廷试,得知县职。张丕钦编有《张氏新谱》,请孙葆田为之序。

《校经室文集》补遗《张氏新谱后序》云:"张君丕钦,以其所为先代谱牒示余,而属为之序……丕钦以优行贡入成均,廷试,得知县职。"

《山东通志艺文志订补》"史部•传记"收"【张氏新谱】"条目:

"【张氏新谱】蓬莱张丕钦编。丕钦，光绪十五年优贡，以知县用。是编有光绪刻本，见《续提要》。"

光绪十六年庚寅（1890） 五十一岁

春，柯蘅丧过济南，孙葆田迎吊。柯劭忞以铭幽之文嘱孙葆田。

《校经室文集》卷五《柯封翁墓志铭》云："明年春丧，过济南，葆田迎吊。编修以铭幽之文属葆田。"

春，孙叔谦遭病数月。

《新修阌乡县志》"宦绩传"中"孙叔谦"条目载："光绪十五年秋莅阌……次年春，公遭病数月……"

四月，作《明文正气集序》。

《明文正气集》孙葆田序末题："庚寅四月，荣成孙葆田序。"

按：山东省图书馆藏有光绪十六年济南尚志堂刻本，有孙葆田序，序文可参考本书附录。

四月，得抄本《皇甫持正文集》，孙葆田在济南将此书赠予徐坊。孙葆田还请徐坊校勘《徂徕石先生文集》。

《山东藏书家史略》载："旧抄本《皇甫持正文集》书衣上有题记二则，一则云：'孙佩南大令得此本于趵突泉上，途适过济，佩南即以见贻，时庚寅四月，士言。'另一则云：'庚寅四月，孙佩南得此书于趵突泉上，途适过历下，因此见贻，良友佳贶，书以识之。惜行箧无汲古本，不获一校异同也。上章摄提皋月朔旦。临清徐坊书于济南西郊旅舍。'"

《宋人别集叙录》引徐坊《重雕徂徕石先生文集校记》："《徂徕集》二十卷，近济南尚志书院据潍张氏所藏明人景钞完帙重雕者也。其行款悉依原钞本，空格亦同。当时校刻者不暇详审，故卷内夺伪亦皆未及刊正。庚寅闰月，荣成孙君佩南过潍，以先人与其先德有同年之谊，不弃蒙陋，忘年下交。时君方校刊《孙明复小集》，欲以此本合印以行，而病其夺伪太甚，遂以校雠之役相属。"

《山东藏书家史略》载："近见中华书局点校《徂徕石先生文集》，以光绪十年济南尚志书院刻潍县张次陶（昭潜）藏明影宋抄《新雕徂徕石先生全集》为底本，附录中有徐坊《重雕徂徕石先生文集校记》，以尚志书院重雕本'校刻者不暇详审，故卷内夺讹亦皆未及刊正'。时孙葆田方校刊《孙明复小集》欲以此本合印以行，而疡其夺讹太甚，遂以校雠之役属徐坊。"

按：徐坊（1864—1916），字士言，又字矩庵，号梧生，又号蒿庵，山东临清直隶州（今临清市）人。自幼颖悟，无书不读。有《徐忠勤公遗集》。徐坊曾打算整理刊刻孙葆田文集，据贺葆真《收愚斋日记》民国三年（1914）一月十三日载："至龙云斋询以刻墓志事，因曰：曾刊鹿文端墓志，荣文忠墓志，现正镌刻其文，则孙葆田佩南所为也。徐梧生先生现为孙佩南编辑文稿，将付印。余曰：此吾亡友张献群未竟之志也。献群当师孙先生，因思编辑其师之文，未及而没，何幸徐先生能任此事，徐笃于故旧如此，不亦贤乎。"一月二十二日载："徐梧生先生来。余求其书墓志篆，盖许诺。谈及夏壮武公，徐辄称叹其治军有纪律，并言其在楚军而得记名提督之不易……又曰：孙佩南文集，吾终当醵金为刊行之。孙、宋、法三君，文学皆可称，而皆无子。宋进之之经学深于孙君。"

五月十五日，毕茂昭卒。其长孙毕赞序述其行实，嘱孙葆田为表墓之文。

《校经室文集》卷四《大挑知县加三级毕君墓表》云："竟以十六年五月十五日卒，享寿七十有七……长孙赞序述君行实，属为表墓之文。"

孙葆田因地制宜，在金线泉东南筑建一亭，裕德学使将其命名为悠然亭。

《续修历城县志》所收张曜《悠然亭记》云："余既延荣成孙佩南先生主讲尚志书院，越明年，先生相地所宜，构亭于金线泉之东南。学使裕寿田侍郎一日登临其上，遥望城南千佛诸山，若张屏，若缭垣，神游意得，爰取渊明诗语，命曰悠然亭。先生以名进士由刑曹改官县令，历宰宿松、合肥，所至著声绩。一旦乞假归里，论道讲艺，为邦人士矜式。其志节之高，固有无往不自得者。"

按：裕德（？—1905），字寿田，喜塔腊氏，满洲正白旗人，湖北巡抚崇纶子。光绪二年（1876）进士，光绪八年（1882）充咸安宫总裁。又至内阁学士，督山东学政。光绪十六年（1890），擢工部侍郎，调刑部。光绪二十年（1894）授都察院左都御史。光绪二十四年（1898）迁理藩院尚书，调兵部。二十九年（1903）任协办大学士，授体仁阁大学士。三十年（1904），充会试总裁。三十一年（1905）改东阁大学士，是年去世，谥"文慎"，入祀贤良祠。

山东巡抚张曜奏开通志局，纂修《山东通志》。修志之议，倡自施补华，而力赞其必行者为王懿荣，张曜因二人之荐，以奏稿嘱孙葆田，孙葆田因作《代张宫保拟重修山东通志折稿》。

宣统《山东通志》所收《奏折》云："臣于从政之余，尝偕一、二方闻缀学之士，酌定体例。窃以为著书贵裨实用，而通志为地理之书，所重首在舆图……"

《校经室文集》卷二《上福少农中丞辞通志总纂书》云："修志之议，倡自故候补道施君，而力赞其必行者，今记名御史王廉生编修也。故宫保张公以二君于葆田皆有过誉之词，因以奏稿见属。"

《校经室文集》卷三《上袁海观中丞论通志书》云："盖修志之议，倡自前抚帅张勤果公，其时因属葆田代拟奏稿。"

夏秋间，张曜奏请续修《山东通志》获准，延孙葆田为总纂。

《校经室文集》卷二《上福少农中丞辞通志总纂书》云："既奉俞旨，遂有总纂之命。葆田辞至再三，张公不允。且曰：'吾意已坚，子见司道与提调。'……既而葆田见赵观察。观察谓：'宫保特以修志为名耳，开局尚不知何时，子盍姑受总纂之号乎？'葆田因与约虚应其名则可，然受聘后必不受一钱。观察既允，为转告张公。此庚寅夏秋间事也。"

《校经室文集》卷三《上袁海观中丞论通志书》云："既奉旨俞允，遂以总纂见属，葆田辞至再三，既乃约虚应其名而无受馆金。"

宣统《山东通志》所收毛承霖《山东通志序》云："逮光绪庚寅之岁，山东巡抚张勤果公抚东之四年，深惧东邦文献永慨无征，遂以修志之举奏请于朝，奉旨俞允。乃聘荣成孙佩南京卿为总纂，开局编辑。"

宣统《山东通志》所收吕海寰《山东通志序》云："德宗景皇帝御极之十二年，诏开会典馆于京师，我朝之典章制度，大经大法，灿然毕备。复求各省文献，以备史馆之采择。越五年，钱塘张勤果公巡抚山东，遂有续修通志之请，朝廷许之。筹款开局，规模称极盛焉。"

宣统《山东通志》所收王锡蕃《山东通志序》云："迨光绪庚寅，张勤果公来抚东土，始有开局重修之举。"

宣统《山东通志》所收张英麟《山东通志序》云："迨光绪十七年，张勤果公大中丞延请孙佩南京卿重加编校。"

宣统《山东通志》所收毛承霖《孙佩南先生传略》云："十六年，勤果公奏请续修《山东通志》，延先生为总纂。"

张怀恭、张铭著《清勤果公张曜年谱》载光绪十六年（1890）："七月，公于莅任鲁抚后之数年中，时时切感自咸丰初年以来，东省即沧海横流，干戈扰攘，蹂躏几及东省之半，继则铜瓦一决，黄河改道，直注本省，濒河之区，迭遭淹没。于是筹兵筹饷之络绎，议随之不变矣。然其间，忠臣烈士、循吏良将、与夫孝子顺孙，贞媛节妇，迹其行事，洵足以励末俗而挽颓风，不及时大书特书以著于编，则代远年湮，潜德幽光，末由阐发，岂不可惜。亦深惧东邦文献永慨无征，遂以续修鲁省省志之举，奏请于朝。旋即奉旨俞允。乃聘学使孙葆田为总纂，开局编辑。并与葆田相议在编纂中专列《金石志》，此为前志所未曾有者。公于政务、河工之稍暇，即伏案与葆田共商纂事，以尽早撰成而未敢少辍。该《通志》后经葆田历尽数年艰辛，全面编竣，其在《续四库全书提要》中被称誉谓：'瞻博精审，以视前志之疏远，相差殊不可以道里计。'"

秋八月，应诺为王彦威作《题王母卢太恭人秋灯课诗图》。

《校经室文集》卷一《题王母卢太恭人秋灯课诗图》末题："光

绪庚寅秋八月。"

秋，学使裕德、巡抚张曜邀孙葆田等同游小沧浪亭，修翁方纲明湖雅集故事，座中宾主七人，还有梁廷栋、赵国华、多陪、积庆，即席联句成七律一首：明湖雅集欲寻诗（梁廷栋），烟水沧茫夕照时。万柄池荷香绕座（裕德），千株堤柳色迎后。名臣祠宇丹青古（张曜），佳日宾筵刻漏迟。更待平泉花木好（赵国华），喜陪嘉宴和新词（孙葆田）。[1]

孙葆田[2]跋云："庚寅秋，学使裕公、宫保张公，邀予同游小沧浪亭，修翁覃溪阁学明湖雅集故事。座中宾主七人，梁彤云工部廷栋、赵菁衫观察国华、外为书农员外多陪、子馀观察积庆。酒酣，即席联句成七律一首。明年学使将归朝，乃以前诗嘱予转府尹明经彭寿为隶书，刻置铁公祠壁，以志一时宴游之盛云。光绪辛卯秋，荣城孙葆田佩南记。"[3]

秋，门人陈世昌等人将孙葆田所编《孟志编略》重校付梓。同时付梓的还有孙葆田父所著《之游唾余录》《试律偶存》等。

《校经室文集》卷二《书阎文介公手札后》云："然葆田兄弟随侍先大夫之日浅。先大夫宦后，文稿率多散佚，不及收录。同治壬申、癸酉间，伯兄尝手录《杂文》二卷、《公牍》四卷，藏于家。季弟咸又尝手钞塾课诗文数十首，请姻丈柯佩韦先生鉴定。今所刻《唾余录》《试律偶存》是也。自先大夫卒后，未一年伯兄季弟相继去世。诸文稿皆收藏书筜，不忍披读。庚寅秋，门人陈世昌辈，取葆田所辑《孟志》重校付梓。葆田因急检先兄亡弟所录先集，敬付手民。"

《校经室文集》卷四《江苏候补道前署广东韶州府知府兼权南韶

[1] 参考张怀恭、张铭著：《清勤果公张曜年谱》，杭州：浙江古籍出版社，2009年版，第131页。

[2] 孙葆田在《校经室文集》卷三《致恩新甫中丞书（附来书）》中提到在济南明湖雅集往事："每念昔年明湖雅集，与竹铭诸君朝夕过从。"

[3] 张怀恭、张铭著：《清勤果公张曜年谱》，杭州：浙江古籍出版社，2009年版，第132页。

连道陈府君家传》:"孙六。世昌,光绪三十年进士,今官吏部主事……世昌兄弟并从予游。"

民国《山东通志》卷一百三十二载:"《孟志编略》六卷,孙葆田撰。葆田,字佩南,荣成人。同治甲戌进士,历官合肥知县,赏加五品卿衔。是书刊于光绪庚寅。原稿十卷,所刊者,原稿之前五卷与末一卷。卷一年表,卷二事实,卷三祀典,卷四从祀贤儒传,卷五历代注解传述,卷六杂志……"

《清人别集总目》"孙福海"条目载:"之游唾馀录二卷附不夜书屋试律偶存一卷,光绪十六年其子葆田刻本(鲁图、豫图、山东师大)。按:鲁图书目作之游存馀录。"

《山东通志艺文志订补》"集部·别集"收"【之游唾余录二卷】据本书"条目:"【之游唾余录二卷】据本书,孙福海撰。福海本名荣衮,字补堂,荣成人,道光癸卯举人,历官兴国知州。是编光绪庚寅刊,上卷诗二十一首,下卷文六首,而以《试律偶存》一卷附焉。〔订补〕福海又字镜寰。是书现存:①清光绪十六年刻本(附录一卷作《不夜书屋试律偶存》),上图、山东图、吉大藏,《续提要》《贩记》《东北目》《清集提要》著录。②清钞本(《之游唾余录》不分卷),国图藏。"

《山东通志艺文志订补》"集部·别集"收"【杂文二卷公牍四卷】"条目:"【杂文二卷公牍四卷】孙福海撰。《校经室文集·书阁文介公手札后》云……〔订补〕现存:清光绪十六年门人陈世昌刻本(作《之游唾余杂文》二卷《书牍》四卷),《续提要》《清集提要》著录。"

按:山东省博物馆藏光绪十六年刻《孟志编略》六卷,卷前有"光绪庚寅秋刊,黄岩张睿署检"牌记。卷尾有"受业门人陈世昌、丁汝彪校字"字样。

据《山东通志艺文志订补》"集部·别集"收"【孙补堂诗文录一卷】"条目:"【孙补堂诗文录一卷】,孙福海撰。现存:清钞本,国图藏,见《清集提要》。"国图还藏有《孙补堂诗文录一卷》清钞本。

陈世昌,山东潍县人,陈应聘孙,郭梦星外孙,光绪三十年(1904)进士,官吏部主事。陈世昌兄弟并从孙葆田游。孙葆田为其祖父陈应聘写家传，见《校经室文集》卷四《江苏候补道前署广东韶州府知府兼权南韶连道陈府君家传》。并为其外祖父郭梦星所著《尚书小札》《午窗随笔》作序。

孙葆田刻其父遗集成，以初印本寄孙叔谦阌乡县署，专价乞致仕大学士阎敬铭为序。阎敬铭有回信。

《校经室文集》卷二《书阎文介公手札后》云："葆田刻先大夫遗集成，以初印本寄叔弟谦阌乡县署，专价乞致仕大学士阎公为序。公复书如此。"

秋，《明文正气集》二编由济南尚志堂刊刻。

《山东文献书目》载："明文正气集二编，（清）孙葆田辑，清光绪十六年济南尚志堂刻本。省图。"

按：山东省图书馆藏有该书，扉页有牌记"光绪庚寅秋刊于济南尚志堂"。《明文正气集》前编卷首题"《明文正气集》前编　问经精舍读本"，天头钤有印章"山东省立图书馆珍藏之印"。

秋，于沧澜任鹿邑县令，有修志之举，曾聘孙葆田为总纂，孙葆田认为"修志莫要于地理"，因聘潍县王寿仁负责测绘，有《鹿邑县全图》。因孙葆田有事不至，后改请蒋师辙为总纂。

光绪《鹿邑县志》于沧澜所作叙云："光绪庚寅秋，沧澜奉檄赴鹿邑任。道杞县，晤邑人傅伯贞孝廉，问地方利病。傅君曰：'邑志失修百数十年矣，文献缺如，亦有司之责也。使君其有意乎？'沧澜谢不敏。居久之，王君南村、梁君晋齐、王君璧六，咸以为请。乃集邑人而谋之，分乡采访，计伍集资。阅年余事各有绪，遂申明大府，开局纂修。始议延余姻戚孙佩南京卿为总纂，而以杞县步晓五孝廉主编纂事。孙君谓'修志莫要于地理'，因聘潍县王茂才寿仁司测绘，凡经画数月，体例粗定。会以事丛稍辍，而步孝廉又应当路聘，入大梁。孙君亦迟久不至。逾岁始介伯贞复延蒋君绍由为纂修，王君所绘全图又经其本师宋晋之庶常鉴定。"

按：于沧澜（1845—1920），初名志淹，字海帆，山东平度州人。光绪元年（1875）恩科举人，光绪三年（1877）进士。历任河南上蔡、滑县、固始、兰阳、鹿邑知县，卫辉知府，官至南汝光淅兵备道。修有《鹿邑县志》。孙葆田母于太恭人与于沧澜为同宗，孙葆田与于沧澜之兄子同岁举于乡，孙叔谦与于沧澜为姻亲。

于沧澜母七十大寿，孙叔谦时宰阌乡，驰书山东，嘱孙葆田为祝福之词，孙葆田作有《诰封太恭人于姻伯母刘太恭人七十寿序》。

《校经室文集》补遗《诰封太恭人于姻伯母刘太恭人七十寿序》云："今岁庚寅，太恭人寿跻七十。于君将率其昆季子姓，称觞于官舍。余弟叔谦时宰阌乡，与鹿邑君为姻戚，驰书山东，属葆田为祝嘏之词……而葆田兄弟忝婚姻之末，独相去千里，不获登堂奉觞为太恭人祝。又念吾母于太恭人系出文登，于鹿邑君为同宗。鹿邑君之兄子又与葆田同岁举于乡。"

冬，有河南之游。濒行，乃上书张曜，荐博学之士共成修志之举。张公采用其言。

《校经室文集》卷二《上福少农中丞辞通志总纂书》云："是年冬，张公阅兵曹州，葆田有河南之游。濒行，乃上书张公，谓：'通志断非目前诸人所能办，宜博求宇内方闻缀学之士，以共成此事。'因就葆田所知荐同志二三人，张公采用其言。"

《校经室文集》卷三《上袁海观中丞论通志书》云："且拟博求方闻缀学之士，以共成此举。当时葆田所荐者，即今宋太史与已故法征君。"

冬，赴叔弟阌乡官所，道洛阳，与何家琪聚。将归，何家琪作《送孙佩南叙》，以赠其行。

《校经室文集》卷一《天根文钞序》云："光绪庚寅冬，予赴叔弟阌乡官所，道洛阳，再与先生聚。将归，先生为文以赠其行。今见于集中者是也。"

《天根文钞》卷一《送孙佩南叙》云："吾友荣成孙佩南，以令合肥去官。一日，访其弟六皆于阌乡官所，道洛阳，将归。曰：'子何以送我？'予以谓佩南之风节天下共知，奚予言为？初予识佩南，时自楚中载数车书，携二弟应试千里。已而通籍，成二弟名。尽鬻所藏书偿父官债，遂以郎官出为令。乌虖，令虽微，其法天子之法，天下之公也。前古之令如董宣、周纡、虞延辈，皆敢于牾贵戚。杨沛未到邺，曹洪、刘勋驰骑告子弟使自检束，又何畏于令。如是，岂不以其法哉？今之世与古异，勋贵家非他大姓豪强比。以一令执法于其间，措置稍过，遂干罪戾。佩南亦何辞，夫行其法而昧其祸，不可谓智。若有所惮与徇逆计祸，挠其法，持两端，已诡避而嫁于人。或者借势家以盗名恣行，其无忌之胸臆，夫人容有为之者矣。予固知决不出此，何也？信之于其素也。虽然，儒术衰，而世始尚奇节，媆婴澠涩之徒众，反以戆直孤介者为不合于时。然则佩南于此又何必以是重，不更思所以自处，为一世之学校风俗正其本而树之的与？山东古齐鲁地伏辕，而后世多儒者。佩南尚朴学，治经、古文辞有声，今巡抚张公礼延为济南尚志堂师首，编《孟志》，槃《孙明复集》，且为予言，少学好驰猎，齿衰精荼，将反之于身心。异日泰山徂徕之间，必有望而知为先生之弟子者矣。"

孙叔谦与河南灵宝县知县舒树基官同州，孙葆田尝一至陕州，过灵宝，始与舒树基相见，而未获登堂以拜见太夫人。

《校经室文集》卷六《候补知府舒君再继配周夫人墓志铭》云："前灵宝县知县舒君树基，述其先妣周太夫人之懿行，而副以《李二曲集》及他物，乞铭于葆田。曰：'树基少失祜……不幸先妣今春见背……'……予叔弟补官阌乡，与舒君为同州，有兄弟之好，予尝一至陕州，过灵宝，始与舒君相见，而未获登堂以拜见太夫人。其后，再与舒君相遇，则予弟调任祥符，而君方自孟县谢事，复还灵宝任。及是予来叔弟光州署中，则闻太夫人殁已数月矣。"

吴丙湘以道员发河南，孙葆田适从孙叔谦任所还至汴，又再见。

《校经室文集》卷四《河南候补道兼袭骑都尉又一云骑尉吴君墓表》云："又三年，而君以道员发河南，予适从予弟任所还至汴，又再见焉。每见则君学益进，养益纯。尤好谘访当世忠孝节义事，尝以宝应孔烈妇殉夫事略询予，思为广求诗文以表章之。"

庚寅、辛卯间，与曹鸿勋同授经历下，值陈代卿先生六十有五生辰，孙葆田恭为寿言，曹鸿勋书诸册。

《校经室文集》卷一《陈先生文集后序》云："葆田以同治庚午乡试出先生房，其时同荐者为今陕西巡抚曹君。方庚寅、辛卯间，曹君与葆田同授经历下，值先生六十有五生辰，葆田恭为寿言，曹君书诸册，先生喜甚。今忽忽十有六年矣。"

按：曹鸿勋（1846—1910），字竹铭，号兰生，山东潍县人。光绪元年（1875）举人，光绪二年（1876）状元。任修撰、詹事府赞善、云南永昌知府、云南府知府等。光绪二十七年（1901）授贵州按察使迁贵州布政使，改湖南布政使。三十一年（1905）正月授陕西巡抚，三十三年（1907）八月解职。后协理开办资政院事务。

是年，与刘抡升多有往来。时刘抡升自山西归，馆曹鸿勋所，课其二子，暇辄就孙葆田论诗文。及曹鸿勋复入上书房，乃荐刘抡升为书院都讲。

《校经室文集》卷二《题刘子秀论诗图》云："其后，予应张勤果公聘，主讲尚志书院。君适自山西归，馆今陕西巡抚曹公所，课其二子，暇辄就予论诗文。及曹公复入上书房，乃荐君为书院都讲。君以予有一日之长，执礼甚恭，予愧不敢当。"

按：刘抡升，字子秀，山东潍县人。少学诗于胶州柯蘅、李长霞夫妇，光绪十九年（1893）举于乡，北游京师与宗室盛昱、王懿荣相唱和，应友人邀襄阅山西、河南试卷，所至多吟咏。潍县十笏园主人丁善宝常召友人雅集唱和并结诗社，刘抡升与焉。山东通志局成立，孙葆田聘其为编纂。著有《潍上易》二卷，《潍上诗》三卷，《潍上词》一卷。

光绪十七年辛卯（1891） 五十二岁

寄赠姚永概一部《孙明复小集》。

《慎宜轩日记》"辛卯年元月十八日"："孙佩翁寄赠《孙明复小集》，因读一略过，见先生任道之梗概。惜《睢阳子集》十卷今已不传矣。"

张曜通过王懿荣来信知缪荃孙读礼闲居，因思泺源书院今岁尚未延师，拟请缪荃孙为主讲，嘱裕德修函劝驾。裕德修书一封致缪荃孙。缪荃孙应张曜之聘，来山东济南主讲泺源书院及主修省志。于二月二十九日初到济南。

《艺风堂友朋书札》载裕德致缪荃孙书札二通之二："筱珊仁兄同年大人阁下：自暌雅教，恒切驰思。只以试事倥偬，致疏笺候，良用歉然。辰惟道履绥和，潭祺迪吉，式如所颂。顷晤张朗帅宫保，道及王莲生太史来函，知阁下读礼闲居。因思泺源书院今岁尚未延师，拟请主讲斯席，庶冀文教聿兴。且吾兄品粹学优，朗翁素所钦慕，特属修函劝驾。如蒙惠然肯来，东邦人士何幸如之。朗翁平时极为培植人材，今年又逢大比，务祈文旆早临，俾多士得奉楷模，不胜翘盼。专此，敬请礼安，诸惟融照，不备。年愚弟裕德顿首。"

见《艺风老人日记》辛卯年二月二十九日记载。

春，张曜聘法伟堂、缪荃孙、宋书升等人与孙葆田同事修纂《山东通志》。法伟堂分任《艺文》，缪荃孙分任《人物》，宋书升任《方舆表图》。

《校经室文集》卷二《上福少农中丞辞通志总纂书》云："明年春，先聘法教授伟堂至省城，与葆田商拟，一志目约为十二门。思仿近人修《顺天府志》例，分任编纂，又分类包修。先为长编，凡有传叙，必注明所出，以待监修者之核定。其时张公又面订泺源书院院长缪筱珊编修同事修纂。因拟以《人物》一门专属缪君。而法教授所欲分任者，曰《艺文》……葆田又尝荐今潍县宋庶常书升总任首卷《方舆表图》，其所拟志目当时曾录送提调鉴存。后闻提调又奉张公命，已具书币聘缪君。缪君故从葆田转录志目以去。此辛卯岁事也。"

《校经室文集》卷三《上袁海观中丞论通志书》云："今修志略例，乃法君与葆田所共拟，原分十二门，思仿《史》《汉》'八书''十志'与《通典》《通考》诸书，可合行，亦可单行。张公又约缪筱珊编修同任总纂。"

按：法伟堂（1843—1907），字容叔，号小山、筱山，山东胶州人。

光绪五年（1879）被选为贡生。光绪十三年（1887）应聘赴青州主纂《益都县图志》。光绪十五年（1889）中进士。光绪二十九年（1903），法伟堂应聘到济南师范教习所任所长。光绪三十三年（1907），山东巡抚杨士骧聘他参与《山东通志》总纂。是年冬，法伟堂病逝于济南。法伟堂精于音韵金石之书，著有《所训馆韵书》《山左访碑目》《校勘说文解字》《校勘经典释义》《校勘列子》等。

缪荃孙（1844—1919），字炎之，又字筱珊，晚号艺风老人，江苏江阴人。中国近代藏书家、校勘家、教育家、目录学家、史学家、方志学家、金石家，被誉为中国近代图书馆的鼻祖。缪荃孙幼承家学，丽正书院肄业，习文字学、训诂学和音韵学。二十一岁举家迁居成都，习文史，考订文字。二十四岁应四川乡试中举。光绪二年（1876）会试中进士，授翰林院编修。此后事编撰校勘十余年。著有《艺风堂文集》《艺风堂藏书记》《艺风堂友朋书札》《清学部图书馆善本目录》《清学部图书馆方志目》《艺风堂金石文字目》《南北朝名臣年表》《近代文学大纲》等。

宋书升（1824—1915），字晋之，又字贞阶，号旭斋，山东潍县人。光绪五年（1879）举人，光绪八年（1882）进士，钦点翰林院庶吉士。曾参与修订宣统《山东通志》，任山东书院院长。由杨士骧推荐，加五品卿衔。后病逝于山东潍县。一生著作颇丰，但大多书稿被自己焚毁，现存有《周易要义》《夏小正释义》《古韵微》《旭斋文钞》等。

缪荃孙时主讲泺源书院，孙葆田主讲尚志，两人得以朝夕相聚，谈古文、谈修志。

缪荃孙《校经室文集序》云："迨辛卯，东抚张勤果公延荃孙主讲济南泺源，时先生主讲尚志，始得朝夕相聚，握手谈艺，并为筹画旅况，无微不至。则知先生以文人兼循吏，而勤撰著，重友朋，固性情中人也……月夜尝过先生，煮茗清谈……先生曰：'世之诮桐城以为空腔，此学声调之弊。只须运事实于文字之中，可免此诮。'……又议同修通志，先生主章鲁派，荃孙主洪孙派。先生曰：'汝师法乡人耳。'荃孙答曰：'志以事实为主，以文行之，略避记帐之诮。如实斋之志，首增征实一门，仍不离乎事实。通甫则前志源流、古迹、艺文一概扫除，文字虽高于武功、朝邑，已蹈刘知几改史为文之讥矣。'先生亦首肯。"

二月三十日，缪荃孙出拜孙葆田等人。

《艺风老人日记》辛卯年二月三十日载："出拜福少农方伯润、赵菁山廉访国华……李念滋翼清、孙佩南葆田……在佩南座知陆存斋观察在□。"

三月朔日，孙葆田拜访缪荃孙。

《艺风老人日记》辛卯年三月朔日载："孙葆田、赵菁山、姚彦鸿、史矞生恩佰来。"

三月三日，孙葆田拜访缪荃孙。

《艺风老人日记》辛卯年三月三日载："福方伯、彭少华登焯、钱禾生懋熙、孙佩南、夏尚樵、永琴昆仲来。"

三月九日，孙葆田招饮，缪荃孙、陆心源、陆葆霖、毛庆澄、毛承霖同席。

《艺风老人日记》辛卯年三月九日载："孙佩南招饮，陆存斋、陆肖岩葆霖、毛湘舲庆澄、毛子霖（云）承霖同席。"

按：陆心源（1834—1894），字刚父，号存斋，晚称潜园老人。浙江归安人。通九经，尤精郑许之学。咸丰九年（1859）举人，历充道员。因钦佩顾炎武为人，名其书斋曰"仪顾"。学识渊博，尤好唐宋古文史事，撰《唐文拾遗》《唐文续拾》《宋诗纪事补遗》《宋史翼》《元祐党人传》。擅长校勘，作有《群书校补》。又藏宋、元刻本和其他书籍甚富，藏书室名"皕宋楼""十万卷楼""守先阁"，编有《皕宋楼藏书志》。所藏金石文字及书画亦多，编有《穰梨馆过眼录》。著述合称《潜园总集》。

陆心源与孙葆田在济南有交往。《仪顾堂续跋》云："访孙佩南明府于尚志书院，观其藏书。"孙葆田在《新刻春秋会义序》（《校经室文集》卷一）中也提到与陆心源的交往："宋乡贡进士江阳杜谔，字献可，所著《春秋会义》，为书二十六卷……其全书不知亡于何时……此本乃邹孝廉道沂家存故籍，予闻诸蒋性甫太史，因亟从借钞。会归安陆存斋至济南，于予斋中见此书，诧为未有，并属传钞一部。"两人均热衷藏书，以书会友。

陆葆霖，字肖岩，浙江会稽人。曾任国子监学正、候补通判，在平县知县。重编《敕封大王将军传》，还参与编纂《重纂三迁志》。

毛庆澄，字湘舲、苌林，山东历城人，清两广总督毛鸿宾长子，毛承霖之兄。受保荐至候选道，官至二品。

毛承霖（?—1925），字稚云，历城县人。清两广总督毛鸿宾之子。光绪十四年（1888）举人，在籍候选道。光绪末年和宣统年间参与编纂《山东通志》《续修历城县志》，任通志局提调和县志监修。宣统三年（1911）通志脱稿，未及付印，辛亥革命爆发，遂束之高阁。1915 年，与耆宿张英麟、王锡蕃商定办法重行开局，邀聚人员就原稿详加勘订，补阙正伪，日臻完善。毛承霖亲任总校，并筹措印制款项。自民国七年（1918）始，《山东通志》陆续排印出版。此后，与同邑张英麟等人继续编修本县县志，张任监修，毛承霖则常驻县志局中，担任县志总修，主持款项募集、志稿审校等日常事务。民国十三年（1924）秋，《续修历城县志》纂成，因时局动荡，至民国十五年（1926）夏始印刷成册。

三月十三日，缪荃孙拜孙葆田、柯劭憼、刘曾骙等人。

《艺风老人日记》辛卯年三月十三日载："拜孙佩南、柯敬舆劭憼、刘湘臣曾骙……"

按：柯劭憼，字敬儒，山东胶州人。柯劭忞之兄。光绪进士，官安徽知县。历贵池、太湖诸县至直隶州知州。革贵池征赋积弊，改由吏包纳为花户自封投柜。断案明决，善做古今体诗，当时与孙葆田并称儒吏。

刘曾骙，字湘臣、骧臣，号新里，晚号梦园，河南开封府祥符县人。同治三年（1864）举人，光绪二年（1876）进士。历任山东郓城、郯城、菏泽、茌平等县知县。著有《梦园全集》，包括《文集》《骈体文》《诗余》《公牍》《尺牍》等。

又按：刘曾骥《梦园尺牍》卷首有光绪二十六年（1900）孙葆田序，详见本书"附录"。《梦园尺牍》中有《致孙佩南大令书》《与孙佩南京卿论墓志体制书》等，可考察刘曾骥与孙葆田的交游。

其《致孙佩南大令书》云："不见者一年余矣，渴想至不可思议。前闻大驾近驻武陟，拟通信而未果。昨阅电抄，得悉荣登荐牍，大有甘霖重沛之望。黄丞相耶？郭细侯耶？诸父老盼眼穿矣。某自去夏因差旋里，美疢缠绵，迄今未能痊愈。然借口养疴，优游林下，亦殊不恶。所患离省者尚能以旧官檄召耶，未离乎听之可耳。介弟六皆明府何日履新？吾侪之盼，犹徽民也。附呈《远志》一节，其咀嚼之。"考孙叔谦光绪十七年（1891）十月到任武陟县令，光绪二十三年（1897）八月改调杞县知县，此信应作于孙叔谦任武陟县令期间，孙葆田曾数次到其叔弟武陟任所。

《与孙佩南京卿论墓志体制书》中刘曾骥向孙葆田请教墓志石体制，刘曾骥考察先贤的做法后，准备"揭之以铁而不束铁，仍照旧制合向砖覆而浅埋之，乃取其易见而又不易损坏焉。至追刊之例本诸周"，刘曾骥在信的最后请教孙葆田："执事晚年私淑考亭之学，此则不尽用考亭法，而亦不甚与考亭相左，是否可行，请高明为我酌之。又填丹似即今之俗，所名黄丹者，未识何所取义，各家亦均未议及，执事有所考证否？"

刘曾骥还常和孙葆田互相论文，如其《致何吟秋广文书》中提到"佩南目下游梁，属伊挥洒以成两美合璧之鸿编，勿却为幸。门人许蔼秋大令前乞为其先德立传，亦五六年许，昨始脱稿，较诸大作与孙文，虽未免东施效颦之诮，然亦不蹈窠臼，别树一帜。佩南大为赞叹。"

孙葆田因刘曾骥得识路朝霖，两人同为崇绮门下士。孙葆田在《校经室文集》卷一《路访岩观察文集序》中提到此段过往："余之得识路君访严也，因祥符刘君骧臣，二君皆崇文节公门下士。刘君为吾乡循吏，治公事外，尤喜作诗、古文词，尝编刻所著曰《梦园文集》，襄然成帙。路君由翰林改官，初选陵县令，既又改授四川安县。忆曩岁余官京曹，吾友王莲生自蜀归，为予言蜀有儒吏数人，路君其一也。"

三月十六日，在张曙室缪荃孙并晤孙葆田。

《艺风老人日记》辛卯年三月十六日载："在朗帅室并晤佩南同年。"

三月十九日，孙葆田拜访缪荃孙。

《艺风老人日记》辛卯年三月十九日载："孙佩南、孙艺甫颖……来。"

三月二十日，缪荃孙访孙葆田、姚岳度，长谈。

《艺风老人日记》辛卯年三月二十日载："饭后访孙佩南、姚彦鸿，长谈。"

按：姚岳度，字彦鸿，江苏阳湖县人。由监生于同治元年报捐县丞衔，因屡立功，先后以知县、知州、知府、道员补用。

三月二十七日，缪荃孙拜法伟堂、孙葆田等人，借孙葆田《山右金石记》六本。

《艺风老人日记》辛卯年三月二十七日载："拜法小山、孙佩南……假佩兰《山右金石记》六本。"

四月八日，刘曾骙招饮金梦园，缪荃孙、蒋庆弟、孙葆田、柯劭憼、田济苍、罗鉴侠、法伟堂同席。

《艺风老人日记》辛卯年四月八日载："刘湘丞招饮金梦园，蒋箸生庆弟、孙佩南、柯敬舆、田济苍、罗鉴侠、法小山同席。"

按：蒋庆弟即蒋庆第。蒋庆第（1823—1906），字秀莹，又字箸生，号杏坡，直隶玉田人。道光二十三年（1843）举人，咸丰二年（1852）进士，历武城、潍县、汶上、博平、峄县、章丘知县，同治十年（1871）之后改任内阁中书。著有《友竹草堂文集》。

四月十三日，毛承霖招饮，缪荃孙、法伟堂、孙葆田、李秋圃同席。

《艺风老人日记》辛卯年四月十三日载："毛承舲子云招饮，法小山、孙佩南、李秋圃同席。"

按：李葆实，字秋圃，山东历城人。光绪五年（1879）举人，光绪九年（1883）会试中贡士，殿试中二甲第九名进士，朝考中庶吉士，届满授翰林院编修。光绪十五年（1889）充河南乡试主考官以御史记名，不久即病故。

四月十四日，缪荃孙出拜孙葆田等人。

《艺风老人日记》辛卯年四月十四日载："出拜蒋箸生……孙佩南、法小山、柯敬舆。"

四月十八日，孙葆田拜访缪荃孙。

《艺风老人日记》辛卯年四月十八日载："孙佩南来。"

四月十九日，孙葆田替缪荃孙购得初印本《绎史》《江南通志》。

《艺风老人日记》辛卯年四月十九日载："佩南代购初印本《绎史》《江南通志》，价三十金。"

四月三十日，蒋庆第招饮玉华楼，缪荃孙、孙葆田同席。孙葆田、缪荃孙同游骨董铺。

《艺风老人日记》辛卯年四月三十日载："蒋箸生又招饮玉华楼，楼临水，甚凉爽，佩南同席。佩南同游骨董铺，得旧拓《多宝塔碑》、赵秋谷条幅。"

五月二日，缪荃孙诣孙葆田谈，同游趵突泉，尹琳基适至，同赴小馆早饭，游五龙潭、唐翼国公故宅、谭西精舍等处。

《艺风老人日记》辛卯年五月二日载："诣孙佩南谈，同游趵突泉，尹朗若琳基前辈适至，同赴小馆早饭，游五龙潭、唐翼国公故宅，今建龙神庙，光诸衤石年。今上御书额，因祷雨得雨也。迤东即谭西精舍，桂未舍所居，惟颓废已甚，惟流泉活活，仍如旧耳。又过电局，与姚七兄少谈，天欲雨，急入城，至讲舍，而雨已至，惜不数点而止。"

按：尹琳基（1838—1899），字琅若、朗若，又字竹轩，山东日照人。同治二年（1863）中进士，任翰林院庶吉士、编修，继任国史馆纂修、功臣馆总纂、文渊阁校理等职。因与权贵不合，被参而罢官。回到故里后，盖屋数间，藏书万卷，作画度日。其著述主要有《焚余笔记》《楚南乘轺笔记》《秦轺日记》《日下见闻录》等。

五月四日，孙葆田拜访缪荃孙。

《艺风老人日记》辛卯年五月二日载："孙佩翁来。"

五月十二日，缪荃孙出拜孙葆田等人。孙葆田借了缪荃孙的《国史五传》。

《艺风老人日记》辛卯年五月十二日载："出拜鲁芝友前辈……孙佩南。佩南假《国史五传》去。"

五月十七日，李秋圃约小酌，缪荃孙、孙葆田、法伟堂、任兰村、毛庆澄同座。

《艺风老人日记》辛卯年五月十七日载："李秋圃约小酌，孙佩兰、法小山、任兰村、毛湘舲同座。"

五月二十三日，孙葆田访缪荃孙。

《艺风老人日记》辛卯年五月二十三日载："孙佩南来谈。"

五月二十七日，缪荃孙诣姚岳度、孙葆田，谈。孙葆田又晤缪荃孙。

《艺风老人日记》辛卯年五月二十七日载："诣彦鸿、孙佩南谈。佩南未晤。"

五月二十九，孙葆田访缪荃孙。

《艺风老人日记》辛卯年五月二十九日载："孙佩南来。"

夏六月，孙葆田作《新校周易本义跋》。据跋云，山东书局所刊经书读本纯杂不齐，颇为通人所诟病。孙葆田既承宫保张曜延司校订，与书局陆君、张君先取《诗》《书》二经，用宋本校正。又校订《周易本义》，附《吕氏音训》于后。

《校经室文集》卷一《新校周易本义跋》云："山东书局所刊经书读本纯杂不齐，颇为通人所诟病。予既承宫保张公延司校订，与书局陆君、张君先取《诗》《书》二经，用宋本校正。于《诗集传》后补《小序辨说》二卷，而朱子本书二十卷之旧，犹未能遽复也。《书》则补刻《小序》一卷、《问答》一卷，以符元本。今更以《周易本义》付梓，谨遵内府仿宋本与《御纂周易折中》校定，参考传注，择善而从，兼附《吕氏音训》于后。《本义》既从通行本，悉加句读，与江南本同。其间点画错讹，仍恐不免。《音训》旧分二卷，今误刻一卷，视江南本各附十二卷之后，亦为小异云。光绪十七年夏六月。"

按：同治十一年（1872）山东书局刻《十三经读本附校刊记》，即孙葆田《新校周易本义跋》中提到的"山东书局所刊经书读本"。

六月五日，缪荃孙诣孙葆田谈，并晤柯劭憼。

《艺风老人日记》辛卯年六月五日载："诣佩南谈，并晤柯敬舆。"

六月十二日，孙葆田访缪荃孙。

《艺风老人日记》辛卯年六月十二日载："孙佩南来。"

六月十三日，缪荃孙诣姚岳度、孙葆田、夏子焜谈。

《艺风老人日记》辛卯年六月十三日载："诣姚彦鸿、孙佩南、夏尚樵谈。"

六月十八日，陆葆霖招饮，缪荃孙、孙葆田、秦宪文、孙建策、何汝翰、周梦非等人同席。

《艺风老人日记》辛卯年六月十八日载："陆肖岩招饮景乐园，孙佩南、秦仲子、孙子方、何松生汝翰、周梦非同席。"

按：孙建策，字子方、子芳、梓芳，山东平阴人。光绪元年（1875）举孝廉方正。历任乐安训导、滋阳训导兼理邹县教谕，后以知县用，曾为洙源书院监院。光绪三十三年（1907）卒于滋阳任所。著有《客路行吟草》《春日思亲诗》《上元竹枝词》《滨州堤工即事诗》等。

何汝翰（1857—？），字菘生、松生、怂僧，号耐菴，浙江山阴人。光绪五年（1879）举人，光绪六年（1880）进士。分刑部学习，任奉天司行走。

六月二十二日，缪荃孙诣孙葆田谈，未见，见王崇燕。还孙葆田《山右金石记》六册。

《艺风老人日记》辛卯年六月二十二日载："诣孙佩南谈，未见，见王翼北。还佩翁《山右金石记》六册。"

六月二十四日，张曜招饮，缪荃孙、裕德、孙葆田等人同席。

《艺风老人日记》辛卯年六月二十四日载："朗帅招饮珍珠泉亭，寿田学使、佩南同席……又观名人字画，以钱功甫题名人画山水册、苦瓜和尚册为最。"

六月二十八日，缪荃孙拜孙葆田等人。

《艺风老人日记》辛卯年六月二十八日载："拜孙佩南、姚彦鸿、张虞箴。"

六月二十九日，缪荃孙约孙葆田等人小饮。

《艺风老人日记》辛卯年六月二十九日载："约孙佩南、王翼北、胡荫南、秦仲子、孙子芳小饮。"

七月三日，孙葆田招饮尚志堂，缪荃孙、王咏霓、刘曾骙、王崇燕等人同席。

《艺风老人日记》辛卯年七月三日载："赴尚志堂孙佩南之招，王子裳、刘湘丞、王翼北同席。"

按：王咏霓（1838—1916），又名蜺，字子裳，号六潭，浙江黄岩人。光绪六年（1880）进士，官安徽太平知府、安徽大学堂总教习。性喜藏书，家有函雅堂，藏书数万卷。著有《函雅堂集》《黄岩县志》等。

七月七日，姚彦鸿、张兰九、尹彭寿、孙葆田等人为缪荃孙送行。孙葆田还《国史五传》。

《艺风老人日记》辛卯年七月七日载："姚彦鸿、张兰九、尹竹年、孙佩南来送行……孙佩翁还《国史五传》来。"

按：尹彭寿，字祝年，又作竹年，山东诸城人。光绪十一年（1885）拔贡，十四年（1888）副榜，官兰山教谕。工篆隶，能书画，好搜访碑刻。

裕德将回朝，以去年明湖雅集所为七律诗嘱孙葆田转尹彭寿为隶书，刻于铁公祠壁。孙葆田作有跋语记叙此事。

孙葆田跋云："明年学使将归朝，乃以前诗嘱予转府尹明经彭寿为隶书，刻置铁公祠壁，以志一时宴游之盛云。光绪辛卯秋，荣城孙葆田佩南记。"[1]

张曜卒，《山东通志》修撰几同废置。

《校经室文集》卷三《上袁海观中丞论通志书》云："及张公卒，而其事遂寝。"

---

[1] 张怀恭、张铭著：《清勤果公张曜年谱》，杭州：浙江古籍出版社，2009 年版，第 132 页。

宣统《山东通志》所收毛承霖《山东通志序》云:"未几,公薨于位,佩南京卿旋之大梁,此事几同庋置,或作或辍者又二十年。"

宣统《山东通志》所收吕海寰《山东通志序》云:"逮勤果公殁,而书局竟同虚设。"

宣统《山东通志》所收毛承霖《孙佩南先生传略》云:"十六年,勤果公奏请续修《山东通志》,延先生为总纂,未逾年而勤果公薨于位。"

光绪二十七年(1901)潍县郭恩孚果园刻《山东省沿革表》郭恩孚后序云:"光绪己丑秋,东抚张勤果公议修《山东通志》,首以《郡县沿革表》属之先生。既成而公遽殁,修志之议遂寝。"

是岁,孙葆田尝欲辞尚志讲席而去,适会福润初任山东巡抚,百务更新,加之是年秋乡举,书院应课生获隽者十余人,而内课四人与焉。人谓书院自此且益兴,孙葆田因未辞讲席。从孙葆田学古文的学生有张燕春。

《校经室文集》卷二《上福少农中丞辞尚志书院主讲书》云:"曩岁辛卯,尝欲辞避而去,适会执事初膺开府,百务更新,而尤孜孜焉以教育人才为急。是秋乡举,书院应课生获隽者十余人,而内课四人与焉。人谓书院自此且益兴,葆田遂亦不免有贪天之心。思以一身为诸生率,辄复濡滞于此。"

宣统《山东通志》所收毛承霖《孙佩南先生传略》云:"辛卯乡试得举多人,咸以为教泽所致也。"

《安东县志》卷八"人物""张燕春"条载:"张燕春,字来堂,山东文登县举人。尝从同邑于泽春、孙佩南诸先生学为古文。值新学潮流澎湃之时,举世风靡,有斯文扫地之虞,先生独守古义法训迪后进,不为世俗所转移。"后附《张来堂先生教泽碑》云:"张来堂先生即燕春,山东文登籍。幼补登州府学廪膳生。前清光绪辛卯,领乡荐。"

按:福润,蒙古正红旗,乌齐格里氏,文华殿大学士倭仁侄。任山东盐政。光绪十二年(1886)授湖北按察使改山东按察使,迁山东布政使。十七年（1891）七月授山东巡抚，二十年（1894）七月改安徽巡抚。光绪二十二年（1896）七月以病免职。

张燕春，字来堂，山东文登人。从同邑于泽春、孙佩南诸先生学为古文，光绪十七年（1891）中举。民国三年（1914）秋应安东中学校聘，主国文讲席。民国十四年（1925）辞归乡里。

李法中之子李敬熙举于乡。

《校经室文集》卷四《李心传先生家传》云："敬熙……辛卯举于乡。"

按：李法中，字心传，德平人。济南府学生，性至孝。孙葆田作有《李心传先生家传》。其子李敬熙，字文止，又字少传，幼随父兄避乱历下，肄业泺源书院，光绪十七年（1891）举人，主本邑书院讲席，又历主巨野、日照各书院，著有《临邑县志》。

秋，时任阌乡县令的孙叔谦作《新建石堤碑记》，记治理阌乡县城水患、修建石堤之事。

《新修阌乡县志》所收孙叔谦《新建石堤碑记》末题："时在光绪十七年秋。"

秋，孙叔谦为《神运石文》作题识。

《新修阌乡县志》"金石"所收《神运石文》有丁艮善和孙叔谦题识，丁艮善题识云："此阌乡县神运石文也。石初出，文甚显，孙大令手摹之。光绪辛卯九月，属艮善释……"孙叔谦题识云："阌乡城北频大河，自有明苦水患。近十余年，城垣倾圮殆半。光绪己丑，孙叔谦受邑篆，奉大府命治之，始议建石堤，工创而石不足用。庚寅夏六月朔大雨，城西四十里阌底镇南山涧夜半水发，声若雷霆，有工石随水下，取用不尽……光绪十七年秋，荣成孙叔谦识。"

按：孙叔谦《杂稿》收有《跋神运石》，与《新修阌乡县志》所收《神运石文》中孙叔谦题识文字略有出入，末题"光绪十有七年秋，荣成孙叔谦识并书"。

十月，孙叔谦调任武陟县令。

《清史列传·循吏》"孙叔谦"条目下云："调补武陟，武陟当沁水入河处，数溃决，坏民田庐。叔谦先事设防，水不为患。"

《中国第一历史档案馆藏　清代官员履历档案全编》第 6 册 "孙叔谦" 条云："十七年十月，调补武陟县知县。"

李河滨《武陟文史资料》第一辑载："孙叔谦：光绪十七年十月任　山东荣城。"

冬，始识于文中先生，尝延先生至叔谦武陟县署，课孙葆田从子读。

《校经室文集》卷四《于子和先生家传》云："于先生文中，字景通，又字子和。先世自文登迁潍。父讳祉，有学行，以处士终其身，吾乡所称澹园老人也……余于辛卯冬始识先生，尝延先生至叔弟武陟县署，课余从子读。"

按：于文中（1838—1903），字景通，又字子和，山东潍县人。于祉子，廪膳生，光绪十五年（1889）举人。尝主讲平度书院。

是年，陈传奎以疾卒于京邸。其后，孙葆田应其门人郎峨山、于子和之请，为其作传。

《校经室文集》卷四《工部郎中陈君家传》云："君门人郎君峨山、于君子和等，请余为传，余为次其事如右。"

光绪十八年壬辰（1892）　五十三岁

壬辰、癸巳间，数游直隶。闻王希贤治邑事颇详。

《校经室文集》卷四《直隶曲周县知县王君墓表》云："壬辰、癸巳间，予数游直隶。窃闻君治邑事颇详。"

晤王启纶于河北致用精舍。

《校经室文集》卷四《四品衔刑部候补员外郎王君墓表》云："余于壬辰岁晤王君河北致用精舍。"

按：王启纶，河南祥符人。同治八年（1869）己巳河南补试，王启纶为解元。同治十年（1871）进士。

王扬芳于是年始至山东，孙葆田始与其相识。王扬芳与孙葆田叔季两弟为乡贡同年，孙葆田得闻其家世颇详。

《校经室文集》卷六《山东候补知府王君墓志铭》云："君讳扬芳，字信余，浏阳王氏……十八年壬辰始至山东，余是始与君相识。君与余叔季两弟为乡贡同年，余得闻君家世颇详。"

按：王扬芳（1850—1910），字信余，湖南浏阳人。同治十二年（1873）举人，曾主讲万全书院，以知县分发山东。著有《文莫精舍文》《文莫精舍诗》。

阎敬铭薨于里第。秋，孙葆田刻《阎文介公手札》并作《书阎文介公手札后》。

《校经室文集》卷二《书阎文介公手札后》云："今公又以疾薨于里第，谨梓是书，用冠卷首，非特以志名公手迹，亦以见小子学疏才薄，乃弗克负荷先业，辱公以文字相勖，益不胜赧颜滋愧云。光绪壬辰秋日。"

秋九月，孙葆田作《新刻春秋会义序》。孙葆田喜得是书，就其所见，略为编订，并附《校刊略例》于后。

《校经室文集》卷一《新刻春秋会义序》："予既喜得是书本末，思广其传，乃捐资付梓，以公诸同人。盖数百年之秘笈，于是复显矣……予深愧弇陋，辄就目前所见，略为编订，并附《校刊略例》于后……光绪十有八年秋九月。"

冬十月，孙葆田为毕茂昭作表墓之文《大挑知县加三级毕君墓表》。

《校经室文集》卷四《大挑知县加三级毕君墓表》末题："光绪十八年冬十月表。"

十二月，孙葆田等人联名向当局上呈山东匪患情况。

《光绪朝朱批奏折》第二八辑光绪十八年十二月山东巡抚福润奏折云："……三品封职、前安徽宿松县知县孙葆田等联名呈，称山东咸丰初年军兴以来，客贼之患……"

是年，孙叔谦因前在阌乡任内修筑石坝工程出力，奏保俟离任得知府，后加三品衔。其父孙福海得封通奉大夫。

《中国第一历史档案馆藏 清代官员履历档案全编》第6册"孙叔谦"条云："十八年，因前在阆乡任内修筑石坝工程出力，奏保俟离任得知府，后加三品衔。"

吴汝纶《桐城吴先生全书》所收《荣成孙封君神道碑铭》："以叔谦加三品衔，封通奉大夫。"

光绪十九年癸巳（1893） 五十四岁

春二月，陈士杰七十大寿，孙葆田作《陈隽丞中丞七十寿序》以贺。

《校经室文集》补遗《陈隽丞中丞七十寿序》云："光绪癸未，葆田备官京曹，叔谦应礼部试至都。值公生日，偕其同门二三子，因葆田乞淄川毕公为之序，至于今十年矣。"

仲春，在济南刊刻故友施补华所著《泽雅堂文集》。孙葆田捐资付梓，助其校订者为陆葆霖、汪望庚。

《泽雅堂文集》光绪十九年（1893）孙葆田刻本牌记："光绪癸巳仲春刊于济南。"[1]

《校经室文集》卷一《泽雅堂文集序》云："均甫既殁，张公拟尽刻其诗文，以传于世。初君尝自刻《泽雅堂诗集》六卷，又手定二集，诗若干卷。文则葆田尝与商订，并无定本。张公因属葆田重为审定。乃编次甫竣，而张公又薨于位。葆田乃为捐资付梓，其助予校订者，陆肖岩刺史葆霖、汪又青明府望庚，二君皆均甫乡人，汪又其受业弟子也。"

《清诗话》所收施补华《岘佣说诗》末有钱槃《书岘佣说诗后》载："所著《泽雅堂诗》，宗法少陵，同治壬申曾板以行。其后塞上之作愈多，勤果公为再板于济南。"

---

[1] 唐桂艳：《荣成孙葆田刻书考述及其意义探析》，《海岱学刊》2018年第1辑。据该文：此书每半叶十行，行二十一字，白口，左右双边，单黑鱼尾。字方正，笔画略粗，加之印刷用浓墨，字迹清晰。唐桂艳在《山东书局研究》中提到该书在尚志堂校刊，实为个人所刻者。

按：汪望庚（1855—?），字又青，一字蔓仙，浙江萧山人。同治十二年（1873）举人，历任山东历城知县、鱼台县知县、济宁州知州。

《泽雅堂文集》施补华生前并无定本，孙葆田尝与商定。其殁后，张曜因嘱孙葆田重为审定。乃编次甫竣，而张曜又薨于位。张曜薨后，《泽雅堂文集》有两拨人编订校梓，一是孙葆田捐资付梓，助校者为陆葆霖、汪望庚，有光绪十九年（1893）孙葆田刻本；一是陆心源刻本，版本有二：光绪十九年（1893）陆心源刻本、光绪二十二年（1896）吴兴潜园刻本。湖州图书馆藏有两种《泽雅堂文集》光绪十九年（1893）陆心源刻本，一种无序跋，一种前有凌瑕序，作于光绪癸巳（1893）春王月。据凌瑕序："其所著《泽雅堂诗》，初刻仅六卷，其余未刻之诗、古文稿，勤果为付手民。迨《泽雅堂诗二集》成，勤果已骑箕而去。文稿遂中辍未刊，由其亲串邮寄与余。余乃函商老友潜园，观察笃念故交，慨许授梓，居然告成，此编是也。"[1]《泽雅堂文集》光绪二十二年（1896）吴兴潜园刻本，在凌瑕序前加了陆学源序。陆序云："所著《泽雅堂诗集》，勤果为刊于山东官局，荣成孙佩南掌教，实任校雠，正拟刊其文集，勤果亦薨于位。学源函商从兄潜园刊之。工垂蒇，从兄又殁于籍。"

施补华《泽雅堂诗集》有同治十一年（1872）六卷本，天津图书馆藏有两种，一种前有沈秉成序，一种无。此六卷本可能即孙葆田所云"初君尝自刻《泽雅堂诗集》六卷"中的自刻本。施补华"又手定二集，诗若干卷"，根据陆学源序，孙葆田实任校雠，张曜为刊于山东官局。

四月七日，武震卒，春秋六十有一。其卒后十六、七年，子武福恭嘱孙葆田表其墓，孙葆田因作《诰授荣禄大夫二品衔前湖北汉黄德道武公墓表》。

《校经室文集》补遗《诰授荣禄大夫二品衔前湖北汉黄德道武公墓表》云："公讳震，字崝东，一字粗东，先世本山西洪洞人，公曾祖讳兴德，始迁籍山东历城……以光绪十九年四月七日卒，春秋

---

[1] 施补华著：《泽雅堂文集》，北京：朝华出版社，2018年版，第2页。

六十有一……始予因今总宪张公与公相识，庚午冬，尝连骑入都，
迄今忽忽四十余年矣……及予解组归，主讲尚志书院，公方致事家居，
每相见，必论诗古文词及在官时事。今距卒十六七年，公子福恭属
予表公墓。"

八月十七日，王兰升弟子陈冕卒。孙葆田为作《翰林院修撰陈
君墓志铭》。

《校经室文集》卷五《翰林院修撰陈君墓志铭》云："公讳冕，
字冠生，先世本浙江山阴人，君祖父资政公讳显彝，实始寄籍宛平，
殁而葬于历城城东。君考……予尝志其墓，所谓宛平陈公也……壬
辰丁母忧，奉丧返济南。明年五月之浙修祖阡，八月旋京师，遽以
疾陨于寓邸，年甫三十有五。君自幼从吾故友王芷庭编修学。当同
治九年……予偕诸同年至君塾中……君每见予，辄太息于人生之多
故，而师友聚散之可感者，恒多也。"

按：国家图书馆"碑帖菁华"收有《陈冕墓志》拓片，共二石，
刻立地为山东济南。首题"皇清赐进士及第诰授中宪大夫翰林院修
撰加四级宛平陈君墓志铭"，盖篆书同首题，署"赐进士出身、诰授
中宪大夫、前刑部主事荣成孙葆田撰。赐进士及第、诰授中宪大夫、
翰林院修撰、潍县曹鸿勋书并篆盖"。

冬十一月，作《泽雅堂文集序》。

《校经室文集》卷一《泽雅堂文集序》云："光绪十有九年冬
十一月。"

冬，以事至潍，张侨等乃持其父张兆楷行状请孙葆田作表墓之文。
十一月，孙葆田作《兴化县知县张君墓表》。

《校经室文集》卷四《兴化县知县张君墓表》云："越今年冬，
予以事至潍。侨等乃持状请予表其墓……光绪十九年冬十一月表。"

按：张兆楷（1825—1879），字叔则，号玉山，山东潍县人。同
治元年（1862）举人，同治十三年（1874）进士。任江苏兴化知县，
莅任二年卒于官。张昭潜为其作墓志铭，收入《无为斋文集》。

冬，孙葆田向福润面辞尚志堂讲席，又作《上福少农中丞辞尚

志书院主讲书》，详细阐明辞讲席缘由。福润挽留愈切，孙葆田未能辞去。

《校经室文集》卷二《答李鉴堂中丞书》云："故去岁之冬，尝上书少农中丞，引李二曲讲学道南书院事以自警……少农中丞不谅其素志，乃挽留愈切。葆田至不得已，因复濡滞一年。然课卷则往往倩人代阅，其负疚于中亦甚矣。"

《校经室文集》卷二《上福少农中丞辞尚志书院主讲书》云："一昨面辞尚志堂讲席，意尚有未尽者……昔关中李二曲开讲道南书院，学者云集……"

光绪二十年甲午（1894） 五十五岁

季春，叶景葵在济南与孙葆田、宋书升有交往。

《卷盦书跋》云："光绪甲午季春，余在济南，将南归应试，孙佩南先生葆田饯饮于泺源书院。晋之先生亦在座，以后未得再晤。"

按：叶景葵（1874—1949），字揆初，号卷盦，别称存晦居士，浙江省杭州府仁和县人，寄籍上海。中国近代实业家、藏书家。

夏，福润任内，始议开局，赵国华任总理，邵承照任提调，法伟堂、张昭潜等司分纂事。

《校经室文集》卷二《上福少农中丞辞通志总纂书》云："葆田间晤赵观察，私谓：'总纂非所敢任，若得法、宋二君分纂《舆图》《艺文》各门，葆田附名其间，目为总校，或可耳。'观察谓：'修志必须成于一手，我与若皆堪独任其事，若何谦为？'葆田退而思之，《通志》之修，所关甚巨，其义例之谨严，记载之浩繁，盖视国史为尤难，非有班、马之才，博通古今，何敢以撰述自命。其后，复闻赵观察特荐中州何君为协纂，何君固所谓鸿骏之士，葆田亦私幸可以卸肩矣。"

《校经室文集》卷三《上袁海观中丞论通志书》云："越三年，福公任内，始议开局，总其事者为故观察赵君国华、故太守邵君承照，并延分纂多人，而法君与焉。开局未久，赵君以病归里，事又中止。"

《无为斋续集》卷三《山东通纪序》篇末自记："既而大宪复议举行，于是推观察赵公国华任总理，邵公承照任提调，赵公以礼聘余司分纂事，时光绪甲午夏五月也。余乃润色前所订《沿革表志》而献之。是年冬，赵公遂殁。"[1]

光绪二十七年（1901）潍县郭恩孚果园刻《山东省沿革表》郭恩孚后序云："甲午夏，大宪复议举行，以礼聘先生司分纂事。"

按：赵国华（1838—1894），字菁衫，河北丰润人。同治二年（1863）进士，官至山东候补道署理按察史、山东盐运使。尝创办丰润心香书院，主讲济南尚志书院。善诗词、古文，著有《青草堂集》《江窗山水记》等。

邵承照，字伯鹰，大兴人。顺天举人，官肥城知县、曹州知府等，曾任翔鸾书院山长，辑有《纪河间诗话》三卷，纂修光绪《肥城县志》，详纂《五峰山志》。

七月，张昭潜为前所订《山东省沿革表》作序并润色而献之。在前后几年间，张昭潜为修志贡献良多，编有《沿革表》《山东通纪》《山川志》《古迹志》凡若干卷。

《无为斋续集》卷三《山东通纪序》篇末自记："余乃润色前所订《沿革表志》而献之。"

光绪二十七年（1901）潍县郭恩孚果园刻《山东省沿革表》张昭潜序末题："时光绪甲午秋七月，北海张昭潜识。"

光绪二十七年（1901）潍县郭恩孚果园刻《山东省沿革表》郭恩孚后序云："至戊戌，五阅寒暑，而志未竣，事复寝。先生前后所编有《沿革表》《山东通纪》及《山川志》《古迹志》凡若干卷，俱已缮清奉缴。"

秋，赵国华忽传福润之命，将申张曜之约，馈送修金。孙葆田辞谢，于八月朔亲至南运局奉缴钧赐至再至三，赵国华观察始允为收纳。孙葆田又闻通志已于八月开局，总纂、提调、收发、校对，皆南运

---

[1] 此条文献参考李华：《孙葆田年谱新编》，山东大学 2022 年硕士论文。

局员。

《校经室文集》卷二《上福少农中丞辞通志总纂书》云："及今年秋，观察忽传尊命，谓将申张公之约，馈送修金。葆田闻命惶愧，辞谢不遑。故又于八月朔，亲至南运局奉缴钧赐至再至三，观察始允为收纳。而此后外间遽有所闻，谓通志已于八月开局，某为总纂，某为提调，又某某为收发、为校对。其所指之人，则皆南运局员也。"

孙葆田向福润面辞通志总纂，匆匆未能详尽，又作《上福少农中丞辞通志总纂书》，详细阐明修志缘起、经过及辞去理由，论述修志人员的选择标准及修志方法，提议任赵国华为总纂，自己愿从校订之役。

《校经室文集》卷二《上福少农中丞辞通志总纂书》云："一昨面辞通志总纂，匆匆未能详尽……分类包修，固为良法。欲事权归一，惟有任赵观察以总纂。则《通志》为官修之书，他人必无异议……执事若以葆田粗通文义，异时或使从校订之役，则为荣已极。若总纂之事，非特不敢受其禄，即此后亦不复欲冒其名，伏惟谅察幸甚。"

按：国家图书馆藏《拟重修山东通志总目》刻本一册，总目后有《上福中丞辞通志总纂书》，与《校经室文集》卷二《上福少农中丞辞通志总纂书》为同一封书信，但在结尾多了一段附记："又考康熙、雍正，山东两次修志，皆实任司道大员为提调。阮文达公《广东通志》亦然。此稿拟于潍县书院，偶未检及。十二月辛酉附记。"

与汤聘珍相晤，汤聘珍欲以《通志》见嘱，孙葆田面陈其不可，且以代辞讲席相恳，并荐潍县宋书升自代。

《校经室文集》卷二《答李鉴堂中丞书（附来书）》李秉衡来书云："乃者汤方伯相晤，辄欲以《通志》见属，葆田既面陈其不可，遂即以代辞讲席相恳，并荐潍县宋庶常晋之自代。"

七月甲子，福润迁安徽巡抚，李秉衡任山东巡抚。

《校经室文集》卷三《济南府重修先圣庙学记》云："光绪二十年甲午秋，海城李公奉命巡抚山东。"

《清史稿·疆臣年表》"安徽巡抚"栏载光绪二十年甲午："七月

甲子，秉衡迁。福润授，员凤林护。"

《清史稿·疆臣年表》"山东巡抚"栏载光绪二十年甲午："福润，七月甲子迁。李秉衡山东巡抚。"

秋，以事至河北，在舍弟孙叔谦武陟署中病疟五旬，故于新任山东巡抚李秉衡莅东时无缘叩谒。

《校经室文集》卷二《答李鉴堂中丞书（附来书）》李秉衡来书云："秋七月，复奉命移抚山东……时执事先有豫中之行，又不获接晤。"

《校经室文集》卷二《答李鉴堂中丞书（附来书）》云："秋间，又以事至河北，在舍弟武陟署中病疟五旬，故于执事莅东时无缘叩谒。"

按：李秉衡（1830—1900），字鉴堂，奉天海城人。任县丞、知县、冀州知州、永平知府等职。光绪九年（1883）授浙江按察使改广西按察使，迁广西布政使。十二年（1886）护广西巡抚，十三年（1887）以病免。二十年（1894）四月授安徽巡抚，七月改山东巡抚，二十三年（1897）九月迁四川总督，十一月免职。二十六年（1900）八国联军攻京师都办武卫军事务，不敌联军退至通州张家湾卒，年七十一，谥"忠节"。后联军追索罪魁请重治罪，以先死免议，十二月追夺原官。

时任武陟县令的孙叔谦重修并增建武陟县城东门、南门两门楼。

《续武陟县志》卷八"建置志·城寨"条目载："光绪二十年，知县孙叔谦重修并增建东门、南门两门楼。"

李秉衡致书孙葆田，欲令其仍任尚志堂主讲。

《校经室文集》卷二《答李鉴堂中丞书（附来书）》李秉衡来书云："乃者张虞珍观察以故事山长，由道延订告，亟令具聘币，并达秉衡仰慕意。比接汤方伯、张观察来函，谓执事有去志，不获命。秉衡闻之，皇然如有所失……执事志洁行芳，抗万钧之势，不以婀阿取容于时，非所谓经师而兼人师之望者乎？"

《校经室文集》卷二《答李鉴堂中丞书（附来书）》："一昨忽奉教令，欲仍处以讲席。"

冬，有《答李鉴堂中丞书》，力辞尚志堂主讲。

《校经室文集》卷二《答李鉴堂中丞书（附来书）》云："夫葆田于执事，特部民之一耳。律以庶人召役则往之义，又岂敢自为鸣高哉？惟是赋性迂愚，不达时务……今于书院岂真有居仁由义之事……故窃甘以山林自处，而又不愿如世人敷衍塞责，致累执事。"

《校经室文集》卷二《上座主徐季和先生书》云："葆田居济六年，所成就书院人才亦甚希。前年冬因决计辞去，有上当路一书，大指谓以去就之义。"

《校经室文集》卷三《寄徐幼稚学使书》云："且葆田尝忝主尚志讲席矣。曩岁上书李中丞，引陈亦韩主讲所至皆不逾一二年故事，以为书院讲席虽若虚位，然去就之义存焉。故区区之私，将以此示乡之人，俾知取舍进退，无一事之可苟，是即所以矜式后进。中丞鉴其愚，乃许之辞去。今已闲居三年矣。"

《校经室文集》卷三《复徐季和先生书》云："葆田于诸及门中，粗为好古文，然学无心得，行又不能副其所言。以是作吏无状，退而讲业，思欲收同人之益。既乃以去就不容，或苟安愚守拙，乃分之宜，故复辞讲席而归。今已荒废三年矣。"

辞尚志堂主讲后，寄居潍县。

《校经室文集》卷六《上山东巡抚辞免召命并陈急务呈子》云："窃某自甲午冬辞尚志书院讲席，寄居潍县，闭户养病，今已四年。"

岁暮，孙葆田至潍，得宋书升所为柯蘅先生行状，乃叙次其实，作《柯封翁墓志铭》。

《校经室文集》卷五《柯封翁墓志铭》云："会岁暮，予以事至潍，得宋庶常晋之所为柯先生行状，乃叙次其实，而系以铭。"

光绪二十一年乙未（1895） 五十六岁

日军从山东荣成湾登陆，偷袭威海卫炮台，孙葆田故乡荣成遭倭寇之乱，田庐几沦为异域。

《校经室文集》卷二《上座主徐季和先生书》云："去年春，故乡遭倭寇之乱，田庐几沦为异域。"

《校经室文集》补遗《乙未仲春寄李鉴堂中丞书》云："今正忽闻敝乡文、荣相继沦陷，祖先坟墓遽为异域。"

战事起，掖县杜景渭捐银二万助军需。杜景渭与孙葆田兄弟为齐年交，孙葆田曾为杜景渭之父杜锈作《杜韫辉家传》。

《校经室文集》卷四《杜韫辉家传》云："甲午乙未间，中东战事起，景渭复捐银二万助军需……孙葆田曰：沙河杜氏有其二，其一与予兄弟为齐年交，予闻韫辉君行谊久矣。"

《校经室文集》卷四《候选府同知杜府君墓表》云："父讳锈，诰赠通奉大夫，予尝为作传，所谓韫辉杜君也……乙未春，日本兵入登州地，青莱震动，君倡修村堡，所费数万。时东抚李公调兵防守，驻莱州，军糈缺乏，君助饷银二万、米万袋。"

按：杜锈，字韫辉，山东掖县人。由议叙同知例授奉政大夫。其子杜景渭、杜景汉以善治商贾起家，累资数百万。杜景渭，字磻溪，尝捐资创立"愿学义堂"。

正月，王懿荣在登州办团练，调王守训、王垿、陈阜、孙葆田等人协助。御史李念兹奏山东孙葆田清介朴实请交李秉衡委令办团练。事未集而和议成。

《清实录·德宗景皇帝实录》卷三百五十九载光绪二十一年乙未正月："谕军机大臣等、翰林院侍读王懿荣奏办登州团练，请调员助理等语。检讨王守训、王垿，知府陈阜，前安徽宿松县知县孙葆田，均着发往山东，会同王懿荣办理团练。"

《王氏水源录》附录收《皇清诰授奉政大夫翰林院检讨加五级黄县王君墓志铭并序》载："岁乙未倭事，亟廉生奉命回籍团练，奏请派君与葆田，俱得旨东下。事未集而和议成。"

《翁同龢日记》第8卷"光绪二十一年正月十一"载："王懿荣折。登州十属共练十营，每营步饷二千四百，马饷一千五百三两八钱。片。调五员。王守训、王垿、孙葆田、陈阜、周步云。江西游击带一营赴东。"

《翁同龢日记》第 8 卷"光绪二十一年正月十一"载:"李念兹折。劾张煦年老健忘,呵斥张汝梅不必练兵。请留张汝梅练二百兵。片。保张汝梅、汤聘珍、胡聘之(聪明过人,诚笃尚欠,辅理有余,专任不足)、陈宝箴、赵舒翘。片。保孙葆田。片。令李秉衡毋死烟台,并请将其奏全字电寄。"

《校经室文集》卷六《祭陈祜曾文》云:"而我尤不能忘怀者,乃在昔岁,乙未之春,其时同在莱郡者,王文敏公与松溪检讨俱已去我而为神,而君今复继其后,则东邦有事,将谁属?"

按:王塝(1857—1933),字爵生、觉生,号杏村、杏坊,晚号昌阳寄叟,山东莱阳人,书法家。光绪十五年(1889)进士,钦点翰林院庶吉士,后授检讨,詹事府、右春坊右赞善、右春坊中允、翰林院侍讲学士。庚子年(1900)年护驾西行,至西安,遂升国子监祭酒。光绪二十九年(1903)授河南学政,督学河南兼授翰林院学士,后升内阁学士兼礼部侍郎,三十三年(1907)又署法部右侍郎兼实录馆副总裁,为光绪朝写《实录》。

陈阜,字祜曾,廪贡生,陈介祺之孙。

二月,运司专弁送到尚志书院关聘,延请宋书升主讲。孙葆田作《乙未仲春寄李鉴堂中丞书》,将去岁所发关书附缴。

《校经室文集》补遗《乙未仲春寄李鉴堂中丞书》云:"日昨由运司专弁送到尚志书院关聘,延请宋君主讲。葆田合将去岁所发关书附缴,以昭公义。"

孙葆田谒见李秉衡中丞时,谈及去年在都时与左右所论立嗣一节。中丞大为感动,四月间特召至莱州,嘱拟一稿,将于去位时披沥上呈,后竟不果。

《校经室文集》卷二《上座主徐季和先生书》云:"又葆田去岁谒见李中丞,谈及前岁在都时与左右所论立嗣一节。中丞大为感动,四月间特召至莱州,属拟一稿,将于去位时披沥上陈,后竟不果。"

四月,蒙李秉衡保奏,朝廷加赏孙葆田五品卿衔。

《光绪朝朱批奏折》第 10 辑"光绪二十一年四月初八日山东巡

抚李秉衡奏折"："再，臣维国家之治乱，系乎人心；而风俗之转移，关乎教化。士大夫不知崇礼义、重廉耻，则习尚波靡，驯至无礼无学，而祸乱以兴。其有本身作则、卓然为方正有道之望者，宜崇奖之，以励薄俗。兹查有三品封职、前刑部学习主事、安徽宿松县知县孙葆田，山东荣成县进士，由主事改就知县。历任合肥县知县，抑强扶弱，有两汉循吏风规。光绪十五年，乞假修墓，开缺回籍。前抚臣张曜延聘主讲尚志书院，已越六年。躬行仁义，不求闻达。其教士以立身为本，不规规词章之末。出其门者，率多尊闻行知，有所表见于世。以之振浮式靡，师表人伦，洵无愧色。相应吁恳恩施，以示优异。查有五品衔、前直隶枣强县知县方宗诚，经安徽学政臣贵恒保奏，奉旨赏加五品卿衔。又安徽敬敷书院山长、庶吉士崔澄，由安徽巡抚臣沈秉成保奏，奉旨赏加五品卿衔。在案。今孙葆田已得有三品封职，应如何优加奖叙，以资观感之处，出自逾格鸿慈，非臣下所敢擅请。谨附片具奏，伏乞圣鉴训示，谨奏。"

《近代史所藏清代名人稿本抄本》第3辑第129册"锡良档一一二"载光绪二十一年四月十六日上谕："光绪二十一年四月十六日，奉上谕。据李秉衡奏称，山东在籍绅士、前安徽宿松县知县孙葆田，历任合肥县，有循吏之风。嗣因乞假开缺回籍，主讲尚志书院，躬行仁义，不求闻达，洵足振式浮靡，深堪嘉尚。孙葆田着加恩赏给五品卿衔，以资观感。钦此。"

《清实录·德宗景皇帝实录》卷三百六十六载光绪二十一年乙未四月："以躬行仁义，振式浮靡，赏山东绅士前安徽宿松县知县孙葆田五品卿衔。现月。"

《清史稿·德宗本纪二》：德宗二十一年夏四月己未，"赏前宿松县知县孙葆田五品卿衔"。

《校经室文集》卷二《戊戌拟上封事》云："臣跧伏乡里，闭户养疴，猥蒙圣恩，赏给五品卿衔。"

《校经室文集》卷六《辞赴安徽呈子》云："伏念葆田，一介寒儒，去岁荷蒙圣恩，赏给五品卿衔，有笃行绅士之褒嘉。"

《民国笔记小说大观》第三辑所收《凌霄一士随笔》四所载《一七孙葆田治合肥李氏案》云："归田后，主讲济南尚志书院。李秉衡抚东时，专摺奏保，谓其'躬行仁义，不求闻达'，奉旨赏五品卿衔。"

〔清〕刘锦藻《清朝续文献通考》卷九十选举考七："赏前安徽合肥县知县孙葆田五品卿衔。从山东巡抚李秉衡之请也。"（民国景十通本）

李梅训、山秀坤《荣成孙葆田年谱》录清朱寿朋《东华续录（光绪朝）》光绪一百二十六："己未，赏前任安徽宿松县知县孙葆田五品卿衔。"（清宣统元年上海集成图书公司本）

《河北第一博物院半月刊》1937年第137期《孙佩南先生墨迹》所附孙葆田生平及手札介绍云："二十一年，以山东巡抚李公秉衡荐，诏加五品卿衔。（《清史稿·循吏列传》作张勤果公荐，误。）"

按：巡抚李秉衡疏陈孙葆田学行，朝廷赐五品卿衔。《清史稿·循吏》所载"巡抚张曜疏陈其学行"，误。

四月二十六日，孙葆田接奉大咨，知悉李秉衡保奏，朝廷加赏孙葆田五品卿衔事。四月二十九日，孙葆田作有《寄李鉴堂中丞书》。

《校经室文集》卷二《寄李鉴堂中丞书（附答书）》云："本月二十六日接奉大咨，敬悉葆田猥以迂谬，辱承保奏，蒙恩赏加五品卿衔。"

《校经室文集》卷二《寄李鉴堂中丞书（附答书）》李秉衡答书云："奉四月廿九日手教……至于为国荐贤人，臣之分。"

夏，孙葆田作《尚书小札序》。《尚书小札》乃郭梦星读《尚书》所随时札记，郭梦星殁后数年，其子郭祐之申堂等裒录付梓。郭梦星还著有《午窗随笔》，其从孙郭恩孚刊存《果园丛书》中，孙葆田亦应郭申堂等人之请为之作序。郭梦星的外孙陈世昌为孙葆田的门人。

《校经室文集》卷一《尚书小札序》云："《尚书小札》二卷，郭西垣先生读《尚书》所随时札记也……先生殁后数年，子祐之申堂等裒录付梓……光绪乙未夏。"

郭梦星《宝树堂遗书》之《尚书小札》孙葆田序末题："光绪乙未夏，

荣成孙葆田。"

《校经室文集》卷一《午窗随笔序》云："郭西垣先生《尚书小札》二卷，予既为之序，以传于世。吾友申堂等复裒集先生所著《午窗随笔》四卷，先生从孙蓉汀将刊存《果园丛书》中，申堂复属予为序。曩者先生外孙陈世昌从予游。"

郭梦星《宝树堂遗书》之《午窗随笔》序末题："孙葆田。"

按：郭梦星，字西垣，山东潍县人。道光二十六年（1846）举人，官内阁中书，著有《尚书小札二卷》《汉书古字类一卷》《午窗随笔四卷》，收在《宝树堂遗书三种七卷》。另有《花雨轩诗稿》。

郭祐之，字申堂，郭梦星之子。嗜学耽古，喜聚书，长于金石学，著有《续齐鲁古印捃》。

郭恩孚（1846—1915），字伯尹，号蓉汀，亦号果园居士，郭梦星之从孙。胶东四大诗人之一，师从张昭潜，著有《果园诗钞》十卷、《遗诗》一卷、《天中岛》八卷。

又按：郭梦星《宝树堂遗书三种七卷》有清光绪二十一年潍县郭氏刻本，青岛市图书馆有藏，《山东文献集成》影印，内有《尚书小札二卷》《汉书古字类一卷》《午窗随笔四卷》，《尚书小札二卷》《午窗随笔四卷》均有孙葆田序，与《校经室文集》相合，文字略有出入。

郭杭之《青桐轩诗集》刊刻，孙葆田为之作序。近年孙葆田寓居潍县，时时与郭杭之交游，郭杭之辄出诗稿，嘱孙葆田为校论。

《校经室文集》卷一《青桐轩诗集序》云："郭君湘帆刻所著《青桐轩诗集》成，以命葆田为之序……比近年寓居潍县，时时从君交游。君辄出诗稿，属为校论。"

《校经室文集》卷六《议叙同知乡谥敏端郭君墓志铭》云："所著《青桐轩集》十卷，已刻者二卷，葆田尝为之序。"

夏，至河北，与孙叔谦熟商是年冬迎先妣灵魄与先人合祔于潍地。

《校经室文集》卷二《寄李鉴堂中丞书（附答书）》云："葆田即日束装就道，为河北之游，往返约不过五六旬。"

《校经室文集》卷二《上座主徐季和先生书》云："夏间，因至河北，与叔谦熟商以去冬恭迎前妣灵魄与先人合祔于潍地。自此遂永为莱州流寓矣。"

五月，孙叔谦作《重修铸鼎原黄帝庙奎星楼记》。

《新修阌乡县志》所收孙叔谦《重修铸鼎原黄帝庙奎星楼记》云："余以己丑秋，来莅是邑。时方议修河堤，相度地势。暇日，偕邑人循视至此，曰：'此县城来脉也，胡倾圮若斯？'邑人因历述庙楼兴废，以为地据巽方，实为一邑文明所关，今斯邑科名不振已四十余年，或以此故。余乃亟思所以培植之，与绅士筹资重修庙宇，并立僧舍六间，旧建奎星楼亦皆丹垩一新。功甫竣，而余调任武陟。又三年，甲午科刘生必勃举于乡。于是邑人士欣喜相告，以谓风气之转移，科名且自此益盛也。书来索余为文记其事……时光绪二十一年五月。"

六月，张之洞向朝廷举荐孙葆田等人。

吴剑杰编著《张之洞年谱长编》（上卷）光绪二十一年六月十八日（8月8日）载："遵旨荐举于荫霖、黄体芳、陈宝琛、李用清、林寿图、梁鼎芬、孙葆田、赵尔巽、程仪洛、陆元鼎、恽祖翼、黎庶昌、袁世凯、王秉恩、联元、江毓昌等十六员。"

谢俊美编《翁同龢集》（下册）所收《随手记》中光绪二十一年七月初六日载："外折：张之洞：保荐人才：于荫霖、黄体芳、陈宝箴、李用清、林寿图、梁鼎芬、孙佩南、赵尔巽、陈仪洛、陆元鼎、恽祖翼、黎庶昌、袁世凯、王炳思、联元、江毓昌。……电旨：询张之洞，孙佩兰是否即孙葆田。"光绪二十一年七月初十日载："电报三件：张之洞：孙佩兰即孙葆田，系笔误。"

六月，入都，宿盛昱邸中。请盛昱正题先人墓碑。适闻郑杲母患病甚剧，私与盛昱约，如郑杲不幸有事，当就李秉衡谋之。

《校经室文集》卷二《与吴挚甫先生书》云："葆田已以去冬改葬先人，因入都时求伯希祭酒正题墓碑。"

《校经室文集》卷二《寄李鉴堂中丞书（附答书）》云："今六月杪，葆田信宿伯希邸中，因闻郑太淑人患病甚剧。私与伯希约，如东甫不幸有事，当就执事谋之。"

《校经室文集》卷六《草庙新阡记》云："葆田既躬求伯希祭酒正题墓碑。"

《校经室文集》卷六《喜塔腊室宗室氏墓志铭》云："予以乙未夏再至京师，问之伯羲左右，信然。"

《郑东父遗书》卷首姚永朴序云："乙未，以母夫人之丧返山东，主讲泺源书院者累年。"

孙葆田入都晋谒过李鸿藻，李鸿藻问其所志，对以自甘誓墓。

《校经室文集》卷二《上座主李高阳相国书》云："去岁因夷变后，匆匆晋谒。"

《校经室文集》卷二《答赵次珊廉访书（附来书）》云："去岁尝一至京都，高阳师问其所志，对以自甘誓墓。师亦为之首颔。"

在莲池书院见吴汝纶，请其为先父作寿世之文，吴汝纶允之，又招使与二三名流雅集。

《校经室文集》卷二《与吴挚甫先生书》云："去岁在莲池书院，暂得瞻侍，过蒙惠爱。既允赐撰先人寿世之文，又招使与二三名流雅集。"

吴汝纶《桐城吴先生全书》所收《荣成孙封君神道碑铭》云："荣成孙卿葆田，将葬其考孙封君于潍县草庙之阡，先事走保定，以所为事状授汝纶征铭。"

在韩仓谒见李秉衡中丞。

《校经室文集》卷二《寄李鉴堂中丞书（附答书）》云："韩仓修谒，极荷优容。诗人适馆授餐之谊，迨无以逾甚矣。"

李秉衡欲聘孙葆田为泺源书院主讲，孙葆田力辞之，并荐郑杲自代。此时正逢郑杲丁母忧。八月十三日有《寄李鉴堂中丞书》，九月五日李秉衡收到此信。

《校经室文集》卷二《寄李鉴堂中丞书（附答书）》云："日前连奉台电，知郑比部杲新遭大故。伯希王孙以葆田在都所言，特嘱勿忘。葆田于韩仓旅次匆匆未及面陈，致烦钧谕再至，欲使葆田承乏泺源讲席……其时适闻泺源主讲刘君将拟出山，私计为东省得人师无逾于东甫者。此伯希所谓前言须践也。"

《校经室文集》卷二《寄李鉴堂中丞书（附答书）》李秉衡答书云："九月五日奉八月十三日惠函，辱蒙奖饰过当，愧弗敢承……泝源讲席本不欲近舍皇甫，远求居易……奉复电，荐贤自代，以郑比部为学行第一，端人取友，夫何间然。比电达伯希司成，请为延订。读来书，悉比部为循吏之子……顷接伯希函，比部于九月下旬扶榇旋里，容属济东道，备具关聘，寄呈台端，俟其葬事毕后，转交以关书，须用嘉礼也。"

冬十月间，在潍修墓，为先人迁祔，改葬父母于潍县城南草庙庄北阡，并恭迎孙葆田前妣王太淑人灵体至潍，合祔于是。并自撰一文《草庙新阡记》刻之碑阴。

《校经室文集》卷二《答夏伯定水部书（附来书）》云："往岁先柩并寄葬潍县。去年因岛夷之乱，将全家避地于此，遂安葬焉……葆田去岁已辞尚志讲席，冬间在潍修墓。"

《校经室文集》卷二《寄李鉴堂中丞书（附答书）》云："葆田十月中为先人迁祔。"

《校经室文集》卷六《草庙新阡记》云："适会国家多故，荣成故里为岛夷偪处。念先人奉厝此地，惧终不得正首丘，乃与叔弟同心协卜，以今年十月己丑改葬于城南草庙庄北阡，并恭迎吾前妣王太淑人灵体至潍，合祔于是。葆田既躬求伯希祭酒正题墓碑，乃敬叙先代爵里世系刻之碑阴，为金石变例。"

《校经室文集》卷二《与吴挚甫先生书》云："葆田已以去冬改葬先人，因入都时求伯希祭酒正题墓碑，以先生所许碑铭不可骤得，故即前所叙述自撰一文刻之碑阴，不敢以为表，第记其大略而已。"

按：《校经室文集》卷二《答夏伯定水部书（附来书）》云"书来已三月，会葆田为皖中大吏奏调，以足疾求免"，据《校经室文集》卷六《辞赴安徽呈子》"光绪二十二年四月初八日，奉上谕，福润奏调员办理勘丈地亩等语。山东进士、前安徽宿松县知县孙葆田，着山东巡抚饬令该员迅速前往，等因，钦此。跪聆之下，无任悚惶……

今葆田欲勉效奔走，则足弱不利步趋。况又事属勘丈地亩，非明于计算、析及秋毫，亦万难胜任"可知，卷二《答夏伯定水部书（附来书）》写于光绪二十二年（1896）。该信云："往岁先柩并寄葬潍县。去年因岛夷之乱，将全家避地于此，遂安葬焉……葆田去岁已辞尚志讲席，冬间在潍修墓。"岛夷之乱、安葬先人、在潍修墓均发生在该信的前一年，即光绪二十一年（1895）。据此推测，卷六《草庙新阡记》所记"适会国家多故，荣成故里为岛夷偏处。念先人奉厝此地，惧终不得正首丘，乃与叔弟同心协卜，以今年十月己丑改葬于城南草庙庄北阡，并恭迎吾前姚王太淑人灵体至潍，合祔于是"当发生于光绪二十一年（1895）。

时任武陟县令的孙叔谦作《渠下沁工合龙碑记》。

孙叔谦《渠下沁工合龙碑记》末题："光绪二十一年岁次乙未十一月十三日乙酉建。"

孙叔谦举大计，保荐卓异。

《中国第一历史档案馆藏　清代官员履历档案全编》第6册"孙叔谦"条云："二十一年，因修筑武陟县黄河石坝工程出力，奏保免补直隶州知州，以知府在任候补，仍令补缴三班银两，奉旨允准。九月遵例在部库补缴银两。二十一年，大计保荐卓异，今由河南巡抚臣给咨赴部，兹于本年三月初四日，以候补知府由吏部带领引见，奉旨照例用。"

《清史列传·循吏》"孙叔谦"条目下云："二十一年，举大计，卓异。"

光绪二十二年丙申（1896）　五十七岁

春正月，孙葆田为季弟孙季咸所编《孝经郑注附音》作跋。

《校经室文集》卷一《孝经郑注附音跋》云："右《孝经郑注附音》一卷，予亡弟季咸所编次也。稿藏于笥，今二十年矣……光绪丙申春正月。"

《孝经郑注附音》后附孙葆田跋："右《孝经郑注附音》一卷，

予亡弟季咸所编次也。稿藏于笥，今二十年矣……光绪丙申春正月仲兄葆田识。"

二月六日，马步元之父马云达卒，春秋七十有六。马步元以所撰事状授孙葆田，使为之铭。孙葆田作有《安丘马府君墓志铭》。

《校经室文集》卷五《安丘马府君墓志铭》云："安丘马梅生编修，将葬其封翁中宪府君于祖茔之次，而以所撰事状授葆田，使为之铭。葆田敬受，不敢辞，盖编修与吾家论交三世矣……同治甲戌，予尝因编修拜封翁于京邸，封翁为予言侍通奉公湖北时也，今二十有四年矣。"

按：马云达（1821—1896），字渐九，一字鸿洲，山东安丘人。国子监生，中书科中书，以军功保候先选用府同知使。著有《寄兴草》《晚香随笔》。

二月，宋太史还潍，孙葆田得知李秉衡屡询之，甚为感动。并闻宋太史述皖省清丈事，左右甚虑其难行。

《校经室文集》卷二《答李鉴堂中丞书（附来书）》云："春仲，宋太史还潍，敬问起居，知辱承廑注，屡询葆田贱状何似，甚感甚荷。并闻宋太史述皖省清丈事，左右甚虑其难行。"

徐致祥先生论及门人才，首推孙葆田，且言此人不可不与为友。

《校经室文集》卷二《答夏伯定水部书（附来书）》来书云："今年季和先生论及及门人才，首推阁下，且言此人不可不与为友。"

夏初，由叔弟武陟署中寄到夏震武来书并附其著述数种，孙葆田时在潍寓。孙葆田命人将夏震武来稿别钞一册，与诸刻本藏之书阁。

《校经室文集》卷二《答夏伯定水部书（附来书）》云："夏初，由舍弟武陟署中寄到先生赐书，并大著数册……来稿已命人别钞一册，与诸刻本藏之书阁。"

《校经室文集》卷二《上座主徐季和先生书》云："夏初，在潍寓接同门夏涤庵震武书。"

按：夏震武（1854—1930），原名震川，字伯定，号涤庵，富阳灵峰十庄人。同治十二年（1873）中举，次年成进士。光绪六年（1880）

朝考二等，授工部营缮司主事。晚年在故里筑"灵峰精舍"，聚徒讲学，先后慕名从学之士甚众。著有《人道大义录》《灵峰先生集》《悔言》《悔言辨正》《衰说考误》《寱言质疑》《〈资治通鉴后编〉校勘记》《大学衍义讲授》《论语讲义》《孟子讲义》等。

夏日，刊《孝经郑注附音》于潍县赆园。

《校经室文集》卷一《孝经郑注附音跋》云："刻既竣……今予年五十有七矣……葆田再识于潍县之赆园。"

按：济南市图书馆藏清光绪二十二年荣成孙葆田潍县赆园刻本，《孝经郑注附音》一卷，有牌记"光绪丙申夏日刊存潍县赆园"，《山东文献集成》影印。

四月，安徽巡抚福润将孙葆田名附入奏牍，令助其清丈田亩。孙葆田辞以足疾。

《清史稿·循吏》"孙葆田"条目下云："逾数年，安徽将清丈民田，巡抚福润疏调葆田主其事，辞不赴。贻书当事，言清丈病民，陈清赋之要：熟地报荒者，当宽其既往，限年垦复；平岁报灾者，当警其将来，分年带征。弊自可除，无事纷扰。时以为名言。"

《校经室文集》卷二《答夏伯定水部书（附来书）》云："书来已三月，会葆田为皖中大吏奏调，以足疾求免。"

《校经室文集》卷二《答李鉴堂中丞书（附来书）》云："前奉电音，乃知皖中大吏不谋而以贱名附入奏牍，葆田于接奉大文时，业经在寄居地方据实呈报，辞以足疾，万难应命矣。"

《校经室文集》卷六《辞赴安徽呈子》云："因比年积受湿气，病伤两足，客春，力辞讲席，闭户养疴。兹于本月十五日，接奉抚部院行知，恭阅邸钞。光绪二十二年四月初八日，奉上谕，福润奏调员办理勘丈地亩等语。山东进士、前安徽宿松县知县孙葆田，着山东巡抚饬令该员迅速前往，等因，钦此。跪聆之下，无任悚惶……今葆田欲勉效奔走，则足弱不利步趋。况又事属勘丈地亩，非明于计算、析及秋毫，亦万难胜任……"

李梅训、山秀坤《荣成孙葆田年谱》录清朱寿朋《东华续录（光绪朝）》光绪一百三十三："谕福润奏调员办理勘丈地亩等语：山东进士前安徽宿松县知县孙葆田，广东驻防汉军翻译举人前奉天安东县知县潘文铎，江苏举人候补同知直隶州邓嘉缜，着广州将军江苏山东各巡抚饬令该员等迅速前往安徽，随办丈田清赋事宜。"（清宣统元年上海集成图书公司本）

四月二十六日，孙葆田收到李秉衡书，并皖省于荫霖、赵尔巽书，皆欲说服其助皖省当局清丈田亩，孙葆田复书力辞之。作有《答李鉴堂中丞书》《答于次棠方伯书》《答赵次珊廉访书》。

《校经室文集》卷二《答李鉴堂中丞书（附来书）》云："兹于四月二十六日，复由排递奉到台教，并皖省藩臬两书……故葆田今日虽得罪皖中大吏，而终不敢违圣人易退难进之训。"

《校经室文集》卷二《答于次棠方伯书（附来书）》云："四月二十六日由济南排递奉到手教，并抄寄各件……葆田自去岁病伤右足，闭户养疴……正使葆田身无疾病，于义犹不可以轻往。况又有天降之灾，其不能以奉令承教也明矣。"

《校经室文集》卷二《答赵次珊廉访书（附来书）》云："不意近者少农中丞遽欲以天威迫之，葆田前得本省大府檄文，已在县具呈求验明病状，据情转详……"

《校经室文集》卷二《上座主徐季和先生书》云："故于皖抚奏调，辞之甚峻。今入奏之词，乃东抚幕府所更拟。原呈有'量而后入，小臣亦有进退之节'云云。又附论今日时势，宜专讲保民之术，纷纷清丈，适滋扰累，惜此语竟不获上闻。"

《校经室文集》卷二《与吴挚甫先生书》云："葆田近状都无似，前因皖抚奏调勘丈田亩，不得已在寄居地方呈报足疾，并有答于、赵二公书，自附于净友之义，未知事竟何如。"

按：于荫霖（1838—1904），字次棠，又字樾亭，吉林伯都纳厅（今吉林省扶余县）人。咸丰年间进士，授庶吉士编修。历任湖北局宜施道、广东按察使、云南布政使、安徽布政使、湖北巡抚、河南巡抚等。

赵尔巽（1844—1927），字公镶，号次珊，又号无补，汉军正蓝旗人，奉天铁岭人。同治年间进士，授翰林院编修。历任安徽、陕西各省按察使，甘肃、新疆、山西布政使，以及湖南巡抚、户部尚书、盛京将军、湖广总督、四川总督、东三省总督等职。主编《清史稿》。

收到李秉衡书，知省垣重修文庙告成，例有石刻。李秉衡以文字见嘱，孙葆田拟别为记，供李秉衡采择。作有《答李鉴堂中丞书》。

《校经室文集》卷二《答李鉴堂中丞书》云："一昨复奉十八日赐书，知省垣重修文庙告成，例有石刻，猥以记叙文字见属。祗聆之下，惶愧无似……倘执事不欲居其名而必欲葆田别为记，以发挥盛意。则当斋心洗虑，徐取韩欧、程朱诸文字读之，或可僭摹其一二，以备采择。"

李秉衡又致书孙葆田，济南府学碑记已磨石，促其尽快作成碑记。孙葆田作《再答李鉴堂中丞书》。

《校经室文集》卷二《再答李鉴堂中丞书（附来书）》云："一昨递中再奉手教，以济南府学碑记已磨石以待刻，促令迅速具稿……今既辞不获，已谨就前此来书，敷衍成文。"

七月，作《济南府重修先圣庙学记》。

《校经室文集》卷三《济南府重修先圣庙学记》云："光绪二十二年七月朔日谨记。"

民国《续修历城县志》卷十五"建置考"收此文："荣成孙葆田《济南府新修先圣庙学记》……光绪二十二年七月十日，荣成孙葆田谨记。"

按：民国《续修历城县志》卷十五"建置考"所收《济南府新修先圣庙学记》，与《校经室文集》所收出入颇多。文集题目"重修"，县志作"新修"。正文举例，文集"几日不暇给"，县志作"日不暇给"；文集"流毒海内"，县志作"流布海内"；文集"诐辞曀然"，县志作"诐辞瞰然"；文集"欲反经而黜邪慝"，县志作"将欲反经而黜邪慝"；文集"周其乱乎"，县志作"周其乱矣"；文集"葆田尝读而窃有感也"，县志作"葆田尝读是言而窃有感也"；文集"学必由下以及其上"，县志作"学必由下以及其上者"；文集"相师成风"，县志作"相帅成风"；文集"则当时不说学之徒"，县志作"则当时不悦学之徒"；文集"周公之道"，县志作"周孔之道"；文集"则为臣者死忠"，县志作"为臣者死忠"；文集"不过窃取乎墨氏之绪余"，县志作"又不过窃取乎墨氏之绪余"；文集"自元建山东宪曹于此"，县志作"自元立山东宪曹"；文集"至元间始因宋所立学校"，县志作"至元间曾因宋熙甯所立学舍"；文集"堂庑门庭"，县志作"堂庑门亭"；文集"天同大"，县志作"天地大"；文集"亦与天同"，县志作"亦与天地同"；文集"夫学不能存诚主敬"，县志作"夫学不存诚主敬"；文集"则安宅以旷"，县志作"则安宅既旷"；文集"虽曰治教之休明"，县志作"虽曰治教之修明"。根据《校经室文集》及民国《续修历城县志》所收文章后的时间可知，《校经室文集》所收文章早，又经过修改润色，民国《续修历城县志》所收即修改润色后的文章。

孙葆田拟八月中到济南。

《校经室文集》卷二《再答李鉴堂中丞书（附来书）》李秉衡来书云："侧闻道体康豫，秋凉可至省门，喜甚盼甚。"

《校经室文集》卷二《再答李鉴堂中丞书（附来书）》云："葆田八月中当可到济南。"

孙叔谦新调祥符，八月中可到任。孙葆田拟九、十月间至河南，明岁出游江浙，谒徐致祥先生于使署，并恭谒灵峰道舍。江浙之行卒不果。

《校经室文集》卷二《答夏伯定水部书（附来书）》云："舍弟叔谦新调祥符，八月中可到任。葆田九、十月间必至河南……葆田拟于明岁出游江浙，谒季和先生于使署，即恭谒灵峰道舍，一领正论。"

《校经室文集》卷二《上座主徐季和先生书》云："曾于复涤庵书内，叙述下忱，欲以明岁游浙，趋侍崇辕，躬亲请益。"

秋，孙葆田给夏震武回信。提到他居济南时，颇思搜刻故籍与师友遗文，以无资中止，今书板并在济南，仅存《春秋会义》《孙明复小集》二种及《孟志编略》。孙葆田将它们及新刻孙季咸校正《孝经郑注附音》各寄一部给夏震武，并录自著稿数篇奉上。

《校经室文集》卷二《答夏伯定水部书（附来书）》云："葆田居济时，颇思搜刻故籍与师友遗文，以无资中止，今书板并在济南，仅存《春秋会义》《孙明复小集》二种，及拙著《孟志编略》，今各以一部奉寄。又新刻亡弟校正《孝经郑注附音》二本，并希教正。至拙稿，本不欲以多示人。因先生有同志之言，今辄录数篇以往。"

《校经室文集》卷三《答夏涤庵水部书（附来书）》云："葆田自前年秋报书后，旋有河南之游。"

《校经室文集》卷三《答夏涤庵水部书（附来书）》夏震武来书云："去秋，远辱报书，并承赐大著暨尊刻二种，反覆观诵，学笃识正，词雅而气厚，深入南丰之室。"

九月中旬，孙叔谦到祥符任。

《校经室文集》卷二《复沂州太守丁叔衡书》云："舍弟于九月中旬到祥符任。"

孙葆田有重游泰山之意，又以急赴大梁改辙而西。

《校经室文集》卷二《复沂州太守丁叔衡书》云："故前日有重游之意，又以急赴大梁改辙而西。"

孙葆田再与舒树基相遇，则孙叔谦调任祥符，而舒树基方自孟县谢事，复还灵宝任。

《校经室文集》卷六《候补知府舒君再继配周夫人墓志铭》云："前灵宝县知县舒君树基，述其先妣周太夫人之懿行，而副以《李二曲集》及他物，乞铭于葆田，曰："树基少失怙……不幸先妣于今春见背……予叔弟补官阌乡，与舒君为同州，有兄弟之好，予尝一至陕州，过灵宝，始与舒君相见，而未获登堂以拜见太夫人。其后再与舒君相遇，则予弟调任祥符，而君方自孟县谢事，复还灵宝任。及是予来叔弟光州署中，则闻太夫人殁已数月矣。"

十月乙丑，吴丙湘卒于寓邸。孙葆田已至祥符数日，竟不及握手一诀。吴丙湘从弟吴少莲以所撰行状嘱孙葆田为表墓之文。孙葆田作《河南候补道兼袭骑都尉又一云骑尉吴君墓表》。

《校经室文集》卷四《河南候补道兼袭骑都尉又一云骑尉吴君墓

表》云："光绪二十二年十月乙丑，河南补用道吴君卒于寓邸，春秋四十有七……君之卒也，予已来祥符数日，竟不及握手一诀。比君丧归，其从弟少莲以所撰行状属予为表墓之文，予辱君知最厚，谊不可辞。"

河南布政使额勒精额闻孙葆田至祥符，先礼下之。既而出所著《清华斋日记》，嘱孙葆田为校订。

《校经室文集》卷六《钮祜禄室杜拉喇夫人墓志铭》云："方伯，今世闻人。前岁葆田游河南，以予叔弟官祥符知县，不敢轻事干谒。方伯闻予至，独先礼下之。既而出所著《清华斋日记》，属为校订。"

按：额勒精额，字玉如，隶镶红旗。咸丰九年（1859）进士，由户部督漕通州，分巡天津、河间，转直隶盐运使、按察使、广东按察使、河南布政使。

秋，孙葆田以足疾就医至汴，吕宪瑞闻其游大梁，乃手书其府君行状，嘱孙葆田为表墓之文。

《校经室文集》卷二《上座主李高阳相国书》云："十一月初得电钞，恭闻制书延拜进掌百揆……葆田以足疾就医至汴。"

《校经室文集》卷四《前济宁州学正吕府君墓表》云："去年秋闻葆田游大梁，乃手书府君行状，属为表墓之文。"

《校经室文集》卷五《许州直隶州知州吕君墓志铭》云："及光绪丁酉，闻葆田至祥符，寄书曰：'吾近多疾病，极思田里。子知我者，为吾表先人，以光前德。吾行将守先志，终老蕉雨山舍矣。'葆田复书曰：'谨如教。'"

秋，与周云有交往。往还既久，周云乃出《周文忠公制义》二册，嘱孙葆田校定。

《校经室文集》补遗《周文忠公制义后序》云："去年秋，葆田游大梁，乃获与公孙世臣游。世臣由翰林改官为县令，磊落负奇气，与葆田往还既久，乃出公制义二册，属为校定。"

按：周云，字世臣，一字澹渊，山东东阿人。光绪十八年（1892）进士，翰林。散馆改主事，历任郾城、长葛、永城知县。孙葆田门人许鼎臣去世，周云为之作墓志铭。周云始见许鼎臣于孙葆田所，在叙述许鼎臣学行时提到"又学治经于荣成孙佩南，质文是齐，粹然蔚然，学乃大成"。应周云之请，孙葆田为周云的祖父周天爵手迹及制义作文，见《校经室文集》卷二《周文忠公手迹书后》、补遗《周文忠公制义后序》。

秋，游祥符，识冯端本之子冯汝桓。冯汝桓将其父所著《读礼摘要》付梓，请孙葆田作序。

《校经室文集》卷一《读礼摘要序》："今年秋，予游祥符，识先生之子果卿舍人，出是编示，时先生殁已逾年。果卿尤能承先志，一遵礼法。其居丧也，未尝改先生之所行，可不谓善读父书者与……果卿将以遗编付梓，属予为序。"

按：孙葆田于是年秋始游祥符。是年冯端本殁已逾年，考冯端本卒于光绪二十年（1894）十月二十三日，葬于光绪二十二年（1896）十月十五日。冯果卿在此期间居丧。其梓父书，并请孙葆田作序，当在光绪二十二年（1896）十月左右。

冯端本（1829—1894），字子立，河南祥符人。道光二十九年（1849）举人，咸丰六年（1856）进士，改刑部主事。历任琼州府知府、广州府知府。著有《鸣秋集》《读礼摘要》《读汉随笔》。

其子冯汝桓，字果卿，光绪十一年（1885）举人，任内阁中书。

孙葆田收到徐致祥手书一封。

《校经室文集》卷二《上座主徐季和先生书》云："兹乃接奉手谕，若已有先事之知……读手书，知锡臣世兄今岁连举两子，此诚德门之大庆，乃复蒙垂询葆田有无子息。葆田数年来并未置有姬妾，此事绝望已久。"

《校经室文集》卷三《答夏涤庵水部书（附来书）》云："在舍弟署中八阅月，中间两奉季和先生手书，招往游浙，并索观所为《李中丞代拟请育宗室子以广圣嗣疏稿》。"

十一月初，孙葆田得电钞，闻李鸿藻延拜进掌百揆。孙葆田在汴作《上座主李高阳相国书》，恭贺李鸿藻延拜卿相。

《校经室文集》卷二《上座主李高阳相国书》:"十一月初,得电钞,恭闻制书延拜进掌百揆。"

《校经室文集》卷二《上李鉴堂中丞书》云:"葆田近因寄贺高阳相国书……"

《校经室文集》卷六《祭李文正公文》云:"去岁之冬,公再奉命,入赞纶扉。小子狂简,辄寓书以贺为规。"

按:光绪二十二年(1896)十月,李鸿藻复授协办大学士,改吏部尚书,军机大臣。

前接宋院长书,知西韩庄溃堤,水势几夺正流。近接文登王吏部书,有无家可归等语。又接沂州太守丁立钧手书,蒙其详示新政。孙葆田感于时事,忧于民生,作《上李鉴堂中丞书》,向山东巡抚李秉衡献言进策。在信中孙葆田条分缕析,切中时弊,屡次提到百姓,"故论治于今日,亦不外保民两字而已。欲观事之废兴,当验民心之向背""盖其人皆武夫冗卒,于民瘼毫不关心""凡有发款,皆明示百姓,毋令经手之人中饱",所论饱含拳拳爱民之心。

《校经室文集》卷二《上李鉴堂中丞书》云:"奉别以来,久疏启候。前接宋院长书,知西韩庄溃堤,水势几夺正流……葆田到汴后,晤玉如方伯,甚恨相见之晚……葆田近接文登王吏部书,有无家可归等语……又葆田近接沂州太守书,因论沂郡地界淮徐素多盗贼,思得防兵一二千人,以资坐镇。又安东卫各要隘宜修筑炮台。观此人议论,颇有振作之思……葆田近因寄贺高阳相国书……"

《校经室文集》卷二《复沂州太守丁叔衡书》云:"月朔奉手书,猥承廑注,并详示新政。"

《校经室文集》补遗《寄李鉴堂中丞书》云:"去岁因贺冬一启,辄敢妄论山东时势,冒昧之讥,无所辞避。乃蒙赐书还答,不以为忤。"

按:丁立钧(1854—1902),字叔衡,号恒斋,江苏丹徒人。光绪六年(1880)进士,改翰林院庶吉士,散馆编修。十五年(1889)充顺关府乡试同考官,十七年(1891)典试湖南,历任武英殿协修、纂修、总纂,京察一等,授山东沂州府知府。二十一年(1895)在北京参与发起强学会，任强学会总董，从事维新变法活动。次年强学会被封禁后，与汪大燮拟呈文恢复强学会。晚年主讲于江阴南菁书院。

冬月，作有《楹书偶录后序》。《楹书偶录》为杨绍和所著，孙葆田与杨绍和往来于京寓。其子杨保彝为孙葆田同年友，盛昱曾介孙葆田借稿录副。杨保彝官户部，暇日乃即原稿重加编辑详校。付梓刻既成，以书寄济南，嘱孙葆田为后序。

《校经室文集》补遗《楹书偶录后序》云："闻故翰林侍读緼卿先生，早承家学，尝著《楹书偶录》，凡若干卷，稿藏于家。先生之子凤阿，吾同年友也，时官中书舍人。伯羲遂属予为介，借稿录副，由是杨氏藏书目稍传于时矣……葆田不及见端勤公，而以年家子之谊，获侍緼卿先生于京寓，故知其家学渊源甚悉。今先生没逾二十年，会凤阿舍人已改官户部，暇日乃即原稿重加编辑，详校付梓，刻既成，以书寄予济南，属为后序……光绪丙申冬月。"

腊月，孙葆田给徐致祥回信一封。

《校经室文集》卷二《上座主徐季和先生书》云："葆田见拟月底回东度岁。明年春、夏之交，如能将家事布置妥当，即遵谕束装就道。因初到，稍有应酬。又知旌节按临外郡，还辕约在岁暮，肃复已迟，伏祈鉴察为幸。"

孙葆田舍弟叔谦因捐助京饷，蒙恩赏给二品封典。其父孙福海得封荣禄大夫。

《校经室文集》卷二《与吴挚甫先生书》云："舍弟近因捐助京饷，已蒙恩赏给二品封典。"

吴汝纶《桐城吴先生全书》所收《荣成孙封君神道碑铭》云："叔谦又输财助饷，封君为荣禄大夫。"

吴汝纶因有弟之丧，未及为孙葆田父作墓志铭而失其事状。孙葆田重新写一份事状寄给吴汝纶并附书信一封，乞吴汝纶或为表或为碑铭。

《校经室文集》卷二《与吴挚甫先生书》云："近接舍弟来书，述孔亦愚书云，葆田前所呈先人事略，左右不知检存何处，属即补钞奉寄，今谨录稿上呈，伏乞先生鉴察而终赐之文幸甚……以今制论，则先人墓前宜有神道碑，乞先生或为表或为碑铭。"

吴汝纶《桐城吴先生全书》所收《荣成孙封君神道碑铭》云："会汝纶有弟之丧，未及为而失其状。逾年更写状以来，贻书曰：'葆田始闻吾子名自武昌张先生，张先生与先人为兄弟交，葆田获从游。先人之没，乞铭于张先生，未及为而张先生卒。惟先人屯蹇抑塞于生前，必求光显于后，将吾子是赖。'"

孙葆田在汴作《复沂州太守丁叔衡书》，论时事。

《校经室文集》卷二《复沂州太守丁叔衡书》云："近世吏道杂而多端，为牧令者大半市侩之才，而太守一官职在表帅，乃至以资格营谋，而亦得以与乎其间……政务安得而不废弛哉？"

孙叔谦因前得保荐，例须赴部带引，将有入觐之行。除夕前一日，孙葆田作《送叔弟入觐序》以赠其行。

《校经室文集》卷二《复沂州太守丁叔衡书》云："舍弟于九月中旬到祥符任。见因前得保荐，例须赴部带引，往返约得两月余。葆田归期，当在明岁春仲。"

《校经室文集》卷三《送叔弟入觐序》："今年秋，予来予弟任所留数月，会予弟有入觐之行……光绪丙申除夕前一日。"

是年，叶县里人采孝子李中和懿行，有司请于大府题请旌表，得旨见坊。孙葆田作有《李孝子传》。

《校经室文集》卷四《李孝子传》云："孝子李中和，字时堂，先世籍邓州，孝子幼随祖父迁叶县……年六十六卒……光绪二十二年，里人采孝子懿行，详有司，上请于大府，题请旌表。得旨：建坊如例。"

按：李中和，字时堂，河南叶县人。年六十六卒。

光绪二十三年丁酉（1897） 五十八岁

许鼎臣得侍孙葆田先生于汴中。时孙葆田在孙叔谦祥符官署，

杜门谢客。许鼎臣因何家琪、黄舒昺两先生，得孙葆田指授，成为孙葆田得意弟子。

许鼎臣《龙翙山馆文集》卷二《致刘翰怡先生》（夏历二月十八日）云："翰怡先生座右，鼎臣梼昧，以光绪丁酉得侍先师佩南先生于汴中。维时鼎臣年二十七，以学宪调取，来肄业城南明道书院。先师在弟鲁阶先生祥符官署，方杜门谢客也。"

许鼎臣《龙翙山馆文集》卷一《再上孙佩南先生书》云："见封丘何先生，始知有古文辞之学。见湘潭黄先生，始知有理道之学。因何先生、黄先生，得见我先生，于是复知有实事求是、通经致用之学。"

许鼎臣《龙翙山馆文集》所收《孟津许石衡先生教思碑铭》云："荣成佩南孙先生掌教尊经，复以经师人师砥砺群伦……且以一身肩三先生学问、道德、文章之传，发挥而光大之者，吾师石衡先生也。先生讳鼎臣，字石衡，号禹涘，孟津马屯镇老龙翙许氏……师颀身山立，长颅修准，目奕奕有光，与荣成孙先生貌多相似，荣成先生以直节高一世，于士罕所许可，独谓吾师材堪任重，虽履危而弗渝……日就月将，析义修辞，荟萃诸经之精义，而审几于言行出处之际，荣成先生之嫡传也。"

许鼎臣《龙翙山馆文集》所收《孟津许府君墓志铭》云："君讳鼎臣，字石衡，一字禹涘……又学治经于荣成孙佩南，质文是齐，粹然蔚然，学乃大成……余始见君荣成征君，布衣芒屩，其貌温然，语称其容。"

许鼎臣《龙翙山馆文集》中周云乙亥孟秋七月所作序云："孟津许石衡孝廉，余往见之孙征君佩南所，征君每说士，必首石衡。"

许鼎臣《龙翙山馆文集》中刘镇华所作序云："先生少问古文义法于封丘何教谕吟秋……为学使徐友稚所激赏，提入明道书院，山长黄曙轩……又谒荣成孙佩南京卿，进之以穷经致用之方，遂守之以终身焉……岁次乙亥小暑节，安徽主席刘镇华序。"

按：许鼎臣（1870—1933），字石衡（亦作士衡），河南孟津人。光绪二十三年（1897）举人。民国时，许鼎臣曾设馆讲学，讲授经史，听者数万人，著有《龙髯山馆文集》《孟津县志稿》等。

许鼎臣《龙髯山馆文集》所收书札中多次提到佩南师，如在《答凌梯先生书》（九月十五日）中以孙佩南先生为例："昔武虚谷先生令博山，近孙佩南先生令合肥，去之日，皆数千人挽留，卒不顾，岂皆漠然无意于其地之士民与？"在《与刘子美书》（正月二十九日）中言"尤非有简若对山，质若平湖，典则若通甫，博雅精赅若近佩南先生者"，赞其师博雅精赅。在《再上灵峰先生书》（戊午旧历四月十二日）中，提及"然窃自先师佩南先生处，手钞先生集"，即在佩南先生处手抄夏震武集。在《覆周桂山书（名笃叙，江苏人）》中深切怀念已逝去的孙佩南老师，并关注先生文集编印情况："桂山先生座右，先师孙先生殁，渺然不可复接謦欬，每一东望，涕零沾襟。庄子有言：逃虚空者，闻人足音则跫然而喜。况得前后执经问字如同砚席者乎？况聆其辞气音响相冥契如先生者乎？先师《经润楼文稿》，盖鼎臣历年在汴并前后往视师两三次恳同人凑钞者，其中不无错误。其次第：初编，则先师原本；续编、拾遗，则鼎臣以意仿之。据先师云：初编次第，亦是一不甚在行友人编录。先曾欲以是编求厘订去取，未及而先师归以殁。今欲付刊刻，盖仍须更费斟酌。鼎臣私尝窃论大江以北人物，学行文章足殿清一代者，盖独先师及先封丘师何天根先生。何先生集，鼎臣存者不啻十之九。孙先生集，则不过十之七耳。素颇欲附于李南纪收拾遁之遗文无敢失坠之意。得先生而宏之，此真鼎臣之所瓣香而祝者也。原稿五册，今谨由学子许其芳呈交。钞竟，不须转寄，恐有错误。学子刊书常来往，有人可交也。论征辑文献事极赅详，便即以此意转知都门各友，肃覆祗请道安。同学弟许鼎臣再拜。"在《覆赵劲修书》（十月五日）中谈及师承："鼎臣少喜为辞赋，后从黄湘潭先生读程朱书，又间从何封丘先生治古文、孙荣成先生治经。"在《覆孙尧天县长》（己巳三月五日）中谈及师承、师遗著及为官事迹："天根先生、佩南先生，皆鼎臣本师……觉僧先生任河南督学使，天根先生方官汝宁教授，佩南先生方主大梁书院，故鼎臣得因缘识觉僧先生，且时于佩南先生处快读觉僧先生著述……佩南先生没后，吴兴刘翰怡先生为刊其遗著于沪上。鼎臣所藏稿尚多出此数十篇，亦寄翰怡先生为续刊。佩南先生官宿松、合肥，至今人民犹讴歌思慕之。尝本阁文介公属示语为宿松堂联，曰'要自己耐烦耐苦，为百姓省事省钱'……来纸即为书佩南先生宿松堂联，聊寓薪火一线相蝉联之意。"在《再与刘翰怡先生》"翰怡先生座右，前由黄石孙毛稚云两先生代转上一函，并先师孙佩南先生遗文一册，想收到……"、《覆张忠辅》（其一）"佩师遗文已得青州黄石孙先生函，允为介翰怡先生，续刻钞竟，应经寄石孙先生，不必再转都门矣"、《覆张忠辅》（其二）"刘翰怡补刻佩南先生遗文本，兄处有否？如无，示知，行寄一份去"，表达对佩南师遗作刊印的挂念。在《宝丰卢子安先生墓志铭》中提到"光绪辛卯，余才弱冠，初游汴，即纳交子安。其后余馆汝州，每往来切劘所学，尤喜余谈封丘、荣城两先生古文义法也"。

黄舒昺（1834—1901），字曙轩，湖南湘潭人。贡生，历任湖南凤凰厅、桂阳州教职以及常州府学教授。光绪二十年（1894），为开封明道书院山长。著有《明道书院钞存》《明道书院钞存续编》《洛学书院学程》《洛学课余偶钞》《玉潭书院学约》《晚悔庵诗草》《晚悔庵笔记》《祥符金石志》，纂有《祥符县志》，编有《国朝中州名贤集》《明道书院约言》《国朝先正学规汇钞》等。

孙葆田在其弟祥符县署与王珠裕有交往，时王珠裕主汤阴县事。

《校经室文集》卷五《同知衔汤阴县知县王君墓志铭》云："及君谒选得汤阴，予适在叔弟祥符县署，君每事必咨而后行，有宓子贱兄事友事之义。"

正月，山东历城、章丘交界之小沙滩、胡家岸两处民埝漫决成口。孙葆田阅知此事。

《校经室文集》补遗《寄李鉴堂中丞书》云："阅印钞，又知胡家岸民埝於凌泛溃决，执事自请议处，而为在工人员请暂缓议，具见爱民与用人之苦心。"

《光绪朝上谕档》"光绪二十三年"载："本年正月间，山东历城、章丘交界之小沙滩、胡家岸两处民埝漫决成口，经李秉衡督率在工员弁将胡家岸口门先行堵合。三月初二日，复将小沙滩口门一律合龙。"

《黄河志》卷七《黄河防汛志》载："历城章丘交界之小沙滩、胡家岸因冰凌壅塞水不能泄，致将堰身冲刷成口。小沙滩口门宽二十余丈，胡家岸口门宽四十余丈，水由郭家寨大堤残缺处注齐东、高苑、博兴、乐安等县入海。小沙滩三月初四日合龙，胡家岸二月初七日堵合。"

孙葆田作《寄李鉴堂中丞书》，就时事进言，望李秉衡能力持大局，山东境内铁路不可开，邮局不可设，官银号不可行。就胡家岸民埝溃决事，孙葆田指出其患不在治河之无善策，而在办河工者敷衍塞责，中饱私囊，并提出治理之法。

《校经室文集》补遗《寄李鉴堂中丞书》云："去岁因贺冬一启，辄敢妄论山东时势……去腊十日有执事力争《中俄密约》一疏……又近见上洋私报江淮诸省已设邮政局……窃谓此不可不力禁也……伏望执事在力持大局。在东省一日则山东境内，铁路必不可开，邮政局必不可设，官银号必不可行……阅印钞，又知胡家岸民埝於凌泛溃决……盖今日大患不在治河之无善策，而在办河工者几无一有良心之人。就葆田居济南六年所闻所见……在工人员之偷漏，亦不过以领款少……在工人员非敷衍以塞责，即蒙混以便私。一方有事，则小人又分享其利矣。"

《校经室文集》卷三《答夏涤庵水部书（附来书）》云："葆田去春曾有与当路书，未蒙听用。事势相激，竟至于此。今德人已有来潍议开金矿、修铁路者，葆田欲再谋避地而不能。"

二月十五日，友王守训卒于京邸。

《校经室文集》卷五《翰林院检讨王君墓志铭》云："吾友翰林院检讨王君以光绪二十三年二月甲戌卒于京邸，年五十有三。"

《王氏水源录》附录所收王常师《年谱续编》"丁酉五十三岁"载："正月日游厂肆，大收书，得元明旧本颇多，镌一印曰'武英殿纂修官、黄县某海蠹阁鉴藏书籍艺文印，子孙保之'。以骹疾求治甚切，有粤人某设乩于西山某寺，为人治病。意园丈服其方，良效，劝先君，信之。命男屡往祷祈其方。剂甚大，日一服。慈亲恐有失，力谏不听。二月十四日，犹如常出门酬应。晚饭后忽气逆而吐，遂即厥冷。急就近延医，未及至，仅一时许即弃男而长逝，时十五日子时也。先君夙固不信此等事，以困于宿疾，姑试之，乃为所误，终天之恨，曷其有极。"

春三月，作《前济宁州学正吕府君墓表》，吕府君为吕宪瑞父吕传诰。四月，吕宪瑞与孙葆田有书信往来。

《校经室文集》卷四《前济宁州学正吕府君墓表》云："光绪二十三年春三月表。"

《校经室文集》卷五《许州直隶州知州吕君墓志铭》云："及光绪丁酉闻葆田至祥符，寄书曰：'吾近多疾病，极思田里。子知我者，为吾表先人，以光前德。吾行将守先志，终老蕉雨山舍矣。'葆田复书曰：'谨如教。'是年夏四月也。"

孙葆田与徐继儒在大梁相晤，夏初匆匆赋别。值徐继儒校士事严，未及面辞。

《校经室文集》卷三《寄徐幼稚学使书》云："相知已久，在大梁客次暂得瞻侍。夏初匆匆赋别，值执事校士事严，未获面辞。"

按：徐继儒（1857—1917），字幼稚、又稚，号梅斋，山东曹县人。光绪十四年（1888）举人，十六年（1890）进士，为翰林院庶吉士，授编修。历任陕西副主考、河南学政、太原府知府等。著有《曹南文献录》《曹南艺文志》《新学辨惑》等。

四月间，孙葆田由河南致书徐致祥后，旋即入都。

《校经室文集》卷三《上徐季和先生书》云："葆田四月中由河南奉上一书，旋即入都。"

夏初，作有《鲁岩所学集后序》。《鲁岩所学集》为张宗泰所编。孙葆田从友人处见张宗泰所校《太平寰宇记》，叹其精审。因刘必勃孝廉识张宗泰从孙子温明经，间出是编相赠，并嘱为校订，作弁言。

《校经室文集》补遗《鲁岩所学集后序》云："予始从友人处见

先生所校《太平寰宇记》，叹其精审。既因刘小周孝廉识先生从孙子温明经，间出是编相赠，并属为校订……子温属为弁言……予既重子温之请，乃书此以为后序。时光绪丁酉夏初。"

按：张宗泰，字鲁岩，河南鲁山人。嘉庆十二年（1807）举人。道光二年（1822）选授修武县学教谕，二十三年（1843）升河南府学教授。嗜书如命，藏书数万卷，精校勘。

张清和，字子温，号毅斋，张宗泰从孙。光绪中以选拔贡生除直隶州州判，分发陕西，尝监武备学堂，判乾州、鄜州。

刘必勃，字小周，阌乡人。光绪二十年（1894）中举，后主讲荆山书院等，诲人不倦，一生乐于评文论道。从孙葆田受古文义法，学问大进，诗文造诣很高。

夏初，作有《周文忠公制义后序》。

《校经室文集》补遗《周文忠公制义后序》末题："时光绪丁酉夏初。"

五月己酉，额勒精额德配卒于河南布政使署内寝，得寿六十有六。孙葆田作有《钮祜禄室杜拉喇夫人墓志铭》。

《校经室文集》卷六《钮祜禄室杜拉喇夫人墓志铭》云："夫人杜拉喇氏，今河南布政使玉如方伯之德配也，以光绪二十三年五月己酉卒于河南布政使署内寝，得寿六十有六……前岁葆田游河南，以予叔弟官祥符知县，不敢轻事干谒，方伯闻予至，独先礼下之。既而，出所著《清华斋日记》，属为校订。"

夏秋间，至京师，晤王守训宗人王懿荣祭酒，询王守训所著诗文。祭酒因述君遗言，嘱孙葆田为铭幽之文。

《校经室文集》卷五《翰林院检讨王君墓志铭》云："是年夏秋间，葆田再至京师，晤君宗人廉生祭酒，询守训所著诗文。祭酒因述君遗言，属予为铭幽之文。"

《王懿荣年谱长编》载光绪二十三年丁酉（1897）八月中秋日王懿荣致丁干圃函："伯羲与午桥游东陵去，拓本适到，容其归来，即当送去。松溪后事如何？可告稚梅写出行状，径寄潍县交孙佩南可也。"[1]

到京后，晤盛昱及蒋式星、来臣诸君。孙葆田求盛昱为先人书神道碑石，盛昱请孙葆田为其次女作墓志铭。

《校经室文集》卷三《寄徐幼稚学使书》云："葆田到京后，晤伯希先生及性甫、来臣诸君。"

《校经室文集》卷六《喜塔腊室宗室氏墓志铭》云："是年夏予至京师，求伯羲为先人书神道碑石。伯羲曰：'吾次女又亡矣。'既而曰：'子不可无文以传此女。'"

《校经室文集》卷三《答夏涤庵水部书（附来书）》云："又夏间入都见高阳座主，论当代正学，语及大名，甚承推许。"

按：蒋士星，字性甫，直隶玉田人。光绪十八年（1892）进士。

五月，孙葆田谒见李鸿藻，趋视公疾。

《校经室文集》卷六《祭李文正公文》云："今夏五月，小子自河南趋视公疾，荷公再三纳见于缁帷。语及当时之多故，未尝不涕泗而贲咨。及小子叩别而东，公谓：'尚可重晤乎？'盖深叹赐来之何迟。小子吞声饮泣，谓：'天必保佑我公，愿公强食而就医。'"

孙葆田以五月三十日旋里，过济南时见李秉衡中丞，因索还乙未春代拟请育宗室子以广圣嗣奏稿原草，收入行箧本，本拟秋初赴浙。

《校经室文集》卷三《答夏涤庵水部书（附来书）》云："因于去夏旋里时求还原草，收入行箧本，本拟秋初赴浙。"

《校经室文集》卷三《上徐季和先生书》云："葆田以五月三十日旋里，过济南时见鉴堂中丞，因索还乙未春代拟奏稿。"

六月初旋里门，适老友张昭潜亦在乡避暑。每相见辄饮酒谈文以为乐。

《校经室文集》卷三《寄徐幼稚学使书》云："葆田以六月初旋里门，适老友张次陶亦在乡避暑。每相见辄饮酒谈文以为乐。"

六月二十三日丑刻，李鸿藻去世。

《翁同龢日记》："甫出直房，闻高阳噩耗！比至，则苏拉言，今

---

[1] 见专栏《王懿荣年谱长编》（十）。https://m.sohu.com/a/491683313_121124385。

早丑刻也。涕下不可收矣。"

孙葆田本拟七月初出门，适闻李鸿藻之讣，因改由烟台附轮艘之津，由津入都。并约盛昱为浙江之行。

《校经室文集》卷三《寄徐幼稚学使书》云："葆田近闻李文正讣，拟刻日前往会丧，并约伯希为浙江之行。"

《校经室文集》卷三《上徐季和先生书》云："葆田本拟以七月初出门，而是时适闻李文正公之讣，因改由烟台附轮艘至津，由津入都。"

接孙叔谦书，言徐继孺俯从汴洛诸生之请，欲延孙葆田来岁主讲明道书院。孙葆田作《寄徐幼稚学使书》，请徐继孺代为辞谢。

《校经室文集》卷三《寄徐幼稚学使书》云："昨接舍弟书，言执事俯从汴洛诸生之请，欲延葆田来岁主讲明道书院……为我婉谢诸生为幸。"

七月，曹鸿勋任云南永昌知府，京朝士大夫为歌诗以赠其行。既假归里门，与孙葆田数相见。每见必各抒所怀。及将别，孙葆田作《送曹仲铭之云南序》以为赠。

《校经室文集》卷三《送曹竹铭之云南序》云："宫赞曹君竹铭之奉命出守云南也，京朝士大夫咸为歌诗以赠其行。君既假归里门，与余数相见。每见必各抒所怀。及是君戒行有期，将告别，意不能无恋恋也……独恋君与余平昔相知之深，自始至今几三十年，今一旦远别，义不可以无言，故序所私得者以为赠。"

七月，吕宪瑞卒于许州直隶州知州任所。孙叔谦按例得推升许州，为有势者夺去。

《校经室文集》卷四《许州直隶州知州吕君墓表》云："有循吏莱芜吕君，讳宪瑞，以光绪二十三年秋卒于许州直隶州任所……明年，遂卒，七月某日也。而是时予叔弟方任开封首邑，例得推升许州，又为有势者夺去。"

《校经室文集》卷五《许州直隶州知州吕君墓志铭》云："及葆田归山东，未几，则闻君以七月戊戌卒矣，春秋六十有五。"

秋间出门时,孙葆田携有陆清献《四书讲义》,乃往岁在安徽所得。孙葆田因是书未见藏书家著录,欲以质正于夏震武。

《校经室文集》卷三《答夏涤庵水部书(附来书)》云:"去秋出门时,曾携有陆清献《四书讲义》,乃往岁在安徽所得。因是书未见藏书家著录,欲以质正于先生。"

八月初九日抵通州。始知徐致祥奉命调任安徽学政。孙葆田以八月十日到京,寓盛昱府中。初拟祭李文正公后,将由天津附轮艘至浙江,并带有明刻《范文正公集》、初印《华野疏稿》及胶州高南阜所绘《九如图》、潍人新造甲子全印等件,将为徐致祥寿。盛昱约与同游,因强留四五日,将以十七日出都。不意十四日忽接汴电,孙葆田兄子名绍宗者,因乡试殁于济南。其时正十二日,孙葆田哭祭文正公之日也。遂以十五日匆匆东归。

《校经室文集》卷三《答夏涤庵水部书(附来书)》云:"本拟秋初赴浙。会接座主高阳赴文,以生平尝有知己之言,不欲背于其死后,故以义前往会丧。以八月十日到京,将由天津附轮艘至浙江,不意到京甫四日,遽接兄子济南噩耗,遂星夜驰归。计葆田自秋至冬,几无一日不在忧患中。"

《校经室文集》卷三《上徐季和先生书》云:"八月初九日抵通州。始知我夫子大人奉命调任安徽学政……葆田以八月初十日到京,寓盛伯希府中。初拟祭李文正公后,即由津赴浙,并带有明刻《范文正公集》、初印《华野疏稿》及胶州高南阜所绘《九如图》、潍人新造甲子全印等件,将为我夫子大人寿……适伯希约与同游,因强留四五日,将以十七日出都。不意十四日忽接汴电,则葆田兄子名绍宗者,因乡试殁于济南。计其时正十二日,葆田哭奠文正公之日也……遂以十五日匆匆东归。"

《校经室文集》卷六《祭李文正公文》:"惟光绪二十三年八月戊午朔越祭日己巳,门下士孙葆田谨以清酌庶羞之仪,致祭于诰授光禄大夫、晋赠太子太傅文正夫子之灵……"

《校经室文集》卷六《祭座主徐季和夫子文》云:"往岁浙江之约,

适因赴吊太傅文正公，又旋遭家患，遂不克终践其言。"

徐坊《与筱珊书》："佩南素车白马，来临高阳之丧，晤谈一次，又以丧侄，匆匆东归矣。"

孙葆田护兄子丧由济南至潍，为其营葬，并遣人至荣成接家属。孙葆田先兄止此一子，又无子息，兹特先为立嗣，即孙葆田先人长曾孙，去年春始生于武陟署中，其本生父孙诒燕，乃叔谦之子继于季咸者。

《校经室文集》卷二《戊戌拟上封事》云："臣季弟亦无子，以叔弟之子为之子，独幸其娶妇后连举两男。"

《校经室文集》卷三《答夏涤庵水部书（附来书）》云："盖先兄惟有一子，因乡试病殁旅邸。葆田为护丧至寄籍。"

《校经室文集》卷三《上徐季和先生书》云："今已由济返潍，方为兄子营葬事。并遣人至荣成接家属。盖先兄止此一子，又无子息，其母与妻女俱在荣成。葆田屡命其迁潍，而惮于改行，因循未果。兹特先为立嗣，即葆田先人长曾孙，去年春始生于武陟署中，其本生父乃叔谦之子继于亡弟者。"

八月，孙叔谦署杞县知县，在任部署修志。

杞县地方史志编纂委员会编《杞县志》载："据民国八年《杞县志采访册》载：光绪二十三年（1897）八月孙叔谦署知县，聘县人步金门为董事，建节孝采访局续修县志。次年印《杞县节孝录》，县志无传。主修孙叔谦，光绪二十三年八月任杞县代理知县，部署修志，次年七月调离。"

秋，孙葆田来孙叔谦杞县署，杞县训导赵寿金嘱孙葆田为文以传其父。孙葆田作《赵芦洲先生家传》。

《校经室文集》卷四《赵芦洲先生家传》云："寿金今为杞县训导……及今岁秋，予来叔弟杞县署，寿金属予为文，以传先生，其墓志与表既具矣，予乃撮其大要，为家传如右。"

按：赵寿金，河南涉县（今属河北）人，赵鸿宾第四子。县学生，任杞县训导。

因孙叔谦有专使至皖,孙葆田作《上徐季和先生书》捎至徐致祥,讲明未能按约南行的缘由,并表示来年为其补祝寿。

《校经室文集》卷三《上徐季和先生书》云:"当谨俟来年补祝,因叔谦有专使至皖,肃此附陈。"

初冬,德国占领青岛。

《校经室文集》卷三《答夏涤庵水部书(附来书)》云:"而是时德人适占青岛,扰及胶州、即墨两城,去葆田所居潍县不二百里。"

《校经室文集》卷三《复徐季和先生书》云:"德人自去冬占踞青岛。"

冬,王守训兄子王常益以书来告王守训葬期,孙葆田问其月日,正孙葆田兄子封窆之时。孙葆田又启先兄幽攒改葬新阡。

《校经室文集》卷五《翰林院检讨王君墓志铭》云:"至冬,君之兄子常益以书来告,曰:'葬有期矣。'问其月日,则正予兄子封窆时也。"

《王氏水源录》附录所收王常师《年谱续编》"丁酉五十三岁"载:"是年三月秒,男扶柩回里,谨于十一月辛丑葬城东义乐逢家村西南新阡。"

《校经室文集》卷三《答夏涤庵水部书(附来书)》云:"适葆田为先兄营葬事,寻届岁除,多事卒卒……又启先兄幽攒改葬新阡。"

《校经室文集》卷三《复徐季和先生书》云:"去岁秋冬间,为兄子营葬事,并移奉先兄灵槻祔葬新阡。"

腊月望日,徐致祥致信孙葆田。

《校经室文集》卷三《复徐季和先生书》云:"新正十四日,由河南杞县专丁赉到去腊望日赐书。"

《校经室文集》卷三《寄徐季和先生书(附来书)》徐致祥来书云:"客冬,令弟专差回汴,赉去一函,知已达览。"

腊月,得夏震武书信,并附所为文六篇和宝廷所著《庭闻忆略》一册。

《校经室文集》卷三《答夏涤庵水部书(附来书)》云:"去腊得

惠书并大著六首。又故侍郎竹坡先生《庭闻忆略》一册。"

约在是年，收到张僖书信，请孙葆田为其《南陔采兰图》作记。孙葆田因此作《题张韵舫太守南陔采兰图》。

《校经室文集》卷二《题张韵舫太守南陔采兰图》云："韵舫太守自兴化诒予书，曰：'吾迎养吾母康太夫人于兴安三年矣，晨羞夕膳，吾无以竭吾诚，近绘《南陔采兰图》，以志庆。子盍为我记之。'予未见其图……韵舫既由郎署改外，以便就养。及除守兴化，于是迎养太夫人至署，此南陔之所由赋也。"

按：张僖，字韵舫，别号迟园居士，张兆栋之子，山东潍县人。光绪十二年（1886）进士，官泉州、兴化知府。著有《眠琴阁词》《眠琴阁遗文》等。根据《畏庐文集》张僖序"乙未之秋，余守兴化"，其迎养康太夫人大约在光绪二十一年（1895）秋，根据"吾迎养吾母康太夫人于兴安三年矣"，可推张僖写信给孙葆田的时间在丁酉、戊戌年之间。故将本条置于此处。

光绪二十四年戊戌（1898） 五十九岁

正月，因友人王菊人之嘱，孙葆田为潍县杨应俊所著《周易象解》作序。

《校经室文集》补遗《周易象解序》云："吾友王菊人明经，以同里杨君所撰《周易象解》属予为序……君既深明易理，异日愿更因菊人就君质之，君其以予言为何如。光绪戊戌春正月。"

按：杨应俊，山东潍县人。著有《周易象解》《吴越行吟草》。

王菊人，山东潍县人，王之翰之子。自幼从父学书法，善小楷、行书。

正月十四日，孙葆田接徐致祥去岁腊月望日之书，欲使孙葆田与其子课读。且云夏震武将移临中江，可就近相晤。孙葆田以曾为官皖江，今日不愿轻往为由相辞。有《复徐季和先生书》。

《校经室文集》卷三《答夏涤庵水部书（附来书）》云："早春又

接季和先生书，欲使与世兄课读，且云贤者将移临中江，可就近相晤。葆田辄引《答袁观察书》以告吾师，并因曾为俗吏于皖江，今日不愿轻往以辞。"

《校经室文集》卷三《复徐季和先生书》云："新正十四日，由河南杞县专丁赍到去腊望日赐书……客腊得同门夏涤庵书，中附近作数首，有《辞袁观察聘主中江书院书》，有云：'忧患余生，故学尽荒。五经四书之外，六艺百家未得其门。'读之至为汗下。葆田自作吏皖江至今，盖已十有五年，虽以幼时诵习之四子书，亦几不复记忆。以此为今人童子师且不可，况为世兄辈成人师乎？且使淮南人士闻之，知有前日风尘俗吏，今且俨然师席，不更遗师门笑耻哉。"

孙葆田督刻盛昱所书先人神道碑铭及培植松楸，约春杪方能毕事。拟俟徐致祥按临颍州时，或可由河南就近趋谒。

《校经室文集》卷三《复徐季和先生书》云："近方督刻伯希所书先人神道碑铭及培植松楸，约春杪方能毕事。拟俟文旌按临颍州时，或可由河南就近趋谒，稍抒愚忧。"

闰月中，荣成亲眷毕来潍寓。

《校经室文集》卷三《寄徐季和先生书（附来书）》云："葆田春间在潍树植松楸，至闰月中荣成亲眷始毕来潍寓，一切布置就绪。"

春，王常益始以孙葆田门人孙丕承所为行状寄予潍县，孙葆田为好友王守训作《翰林院检讨王君墓志铭》。

《校经室文集》卷五《翰林院检讨王君墓志铭》云："及今年春，常益始以予门人孙丕承所为行状寄予潍县，予乃隐括其词。"

《王氏水源录》附录收《皇清诰授奉政大夫翰林院检讨加五级黄县王君墓志铭并序》，荣成孙葆田撰文，福山弟懿荣书丹，铜梁王瓘篆盖。

《王氏水源录》附录所收王常师《年谱续编》"丁酉五十三岁"载："孙佩南年丈为撰墓志，福山十三叔文敏公书丹。"

《王氏水源录》附录所收王常师《附述》："先君平生第一知己为福山文敏公……先君故后，文敏哭以诗，有'鹡鸰原上泣秋风，五十三年老弟兄'句，书于《登州杂事》稿本。孙佩南先生为先君作墓志，有'少年豪华之习亦既洗除殆尽'语，公为去之。今佩南丈《校经堂集》此文犹其初稿。盖先君少席先荫，家道尚丰，性复旷达，酬酢服御，行素而已，匪志所存，此惟文敏知之。"

按：《校经室文集》卷五所收《翰林院检讨王君墓志铭》确有"而君少年豪华之习亦既洗除殆尽矣"句。比对《王氏水源录》附录收《皇清诰授奉政大夫翰林院检讨加五级黄县王君墓志铭并序》，《校经室文集》卷五《翰林院检讨王君墓志铭》"故所学亦益进"至"君元娶丁宜人"中间的文字为："盖至其乡、会连举时，而君少年豪华之习亦既洗除殆尽矣。"《王氏水源录》附录收《皇清诰授奉政大夫翰林院检讨加五级黄县王君墓志铭并序》改为："岁乙未倭事亟，廉生奉命回籍团练，奏请派君与葆田，俱得旨东下。事未集，而和议成。君亦遂返京师，葆田乃至是与君成永诀矣。呜呼！"据王常师《附述》所言，当为王懿荣所改。

春，孙葆田由潍城南扫墓归。中途遇台柏绠之丧自大梁归里，就道左拜奠，为之一哀而出涕。其孤子诒等因以铭幽之文为嘱。及是子诒以状来告葬期。孙葆田因作《河南候补同知台君墓志铭》。

《校经室文集》卷五《河南候补同知台君墓志铭》云："今岁戊戌春，葆田由潍城南扫墓归。中途遇君之丧自大梁返里，就道左拜奠，为之一哀而出涕。其孤子诒等因以铭幽之文为属。及是子诒以状来告，曰：'葬有日矣。'予乃撮其大略而系以铭。"

四月，徐致祥岁试安庆，柯劭憨拜谒徐致祥，递孙葆田书信。

《校经室文集》卷三《寄徐季和先生书（附来书）》徐致祥来书云："四月岁试安庆，柯敬孺大令来谒，递到惠书。"

孙葆田得孙叔谦书，叙岑观察意敦请葆田主讲河朔书院，孙叔谦以此席为李文清讲学之地，又去苏门百泉为近，冀可择地栖隐，甚愿俯从其请。因代孙葆田受关聘，孙葆田亦愿聊试一往就焉。又因徐致祥欲聘孙葆田为其子课读，孙葆田不敢他往，辞谢河朔讲席。而潍人知有此事，又坚约来年设教乡里，今既改书院为学堂，孙葆田亦更不愿就。

《校经室文集》卷三《答夏涤庵水部书（附来书）》云："近得舍弟书，叙某公意敦请主讲河朔书院，舍弟以此席为李文清讲学之地，又去苏门百泉为近，冀可择地栖隐，甚愿俯从其请。"

《校经室文集》卷三《寄徐季和先生书（附来书）》云："今夏岑观察力请主讲河朔书院，叔谦已代受关聘。以吾师有命在前，不敢他往，辞谢。而潍人知有此事，又坚约来年设教乡里，今既改书院为学堂，则葆田亦万不敢忝拥皋比。"

孙葆田以五月中旬出门，由济南至杞县，过泰兖二郡。登泰山、游曲阜，谒至圣林庙。

《校经室文集》卷三《寄徐季和先生书（附来书）》云："以五月中旬出门，由济南至杞县，过泰兖二郡。登泰山、游曲阜，谒至圣林庙……以此葆田到杞后，曾由汴局发一电信。"

过济宁时，适患暑痢，未能与汪望庚相见。

《校经室文集》卷三《寄徐季和先生书（附来书）》云："葆田过济宁时，适患暑痢，未能与汪又青相见。第闻其尚能事鬼，风采亦略减矣。"

是年六月二十三日，孙葆田接徐致祥手谕，知其按临颍州在季秋中下旬。

《校经室文集》卷三《寄徐季和先生书（附来书）》云："六月二十三日，由驿递奉到手谕……嗣接手谕，知按临颍州在季秋中下两旬。"

代孙叔谦作《重修冉子祠记》。

《校经室文集》卷三《重修冉子祠记》题目右下题"代叔弟"，正文云："予以去年秋权知县事来杞，适学博杜君、赵君率生员张雅堂等募资，重新是祠。工讫，赵君请予为记……今承乏于斯，乃幸睹诸君之有是举。故于工完后，亲诣祠堂拜谒。又徇赵君之请以为记。"

《河南碑志叙录》"重修冉子祠记碑"条目云："碑文楷书，孙叔谦撰文，潘金章书丹，龚楚翘篆额。"

七月，孙叔谦调离杞县。

杞县地方史志编纂委员会编《杞县志》载："光绪二十三年八月任杞县代理知县，部署修志，次年七月调离。"

孙叔谦升补光州知州。值涡阳匪乱，亟治团练，从王珠裕借巨款，立应不少吝。

《清史列传·循吏》"孙叔谦"条目下云："二十四年，升补光州。时涡阳饥民为乱，息县土寇谋掠光州，州既富实，而武备又虚，居民大扰。叔谦捐金治城，募勇敢士，克日讨练，严举乡村保甲，清奸宄之源，屹然有备，贼竟不敢犯。则大购书弋阳书院以课士，置扶光阁，纵人入览焉。而城乡义塾之虚縻者，至是主以文行之士，学风浡然。贫者施棉衣、钱米，以裕卒岁之谋，民遂无冻馁忧。陈、许饥，乡人挈老幼来州就食，奸民多诱买其孥。叔谦严禁之，筹赈以济。晨起则听讼堂皇，人自谓不冤。"

《校经室文集》卷四《许州直隶州知州吕君墓表》云："其后予弟竟升补光州。"

《校经室文集》卷五《同知衔汤阴县知县王君墓志铭》云："其后予叔弟升任光州，值涡阳匪乱，亟治团练，从君借巨款，君立应不少吝也。"

是年，孙葆田主讲宛南书院。南阳张嘉谋约许鼎臣往从游，许鼎臣未能往。

许鼎臣《龙觜山馆文集》卷二《致刘翰怡先生》（夏历二月十八日）云："其明年戊戌，鼎臣自都门罢会试归，师主讲宛南书院。南阳同年张仲孚先生约往从游，鼎臣以家贫亲老须负米而养未能也。"

按：张嘉谋（1874—1941），字中孚，晚年自号梅溪钓徒，祖籍直隶开州，高祖时迁居河南南阳。光绪二十三年（1897）举人，曾任内阁中书，主讲于陕州三门书院、淅川丹江书院。对地方教育事业、方志纂修、乡邦文献征集等做出很大贡献。编纂《疆域沿革志》《南阳府志》《南阳县志》等。

秋，有更定科场之命。孙葆田虑墨守者之局于故步也，为选有

宋以来经义若干首，为家塾读本。既因科场仍用八股文取士，事旋中止。孙葆田后来编订的《宋人经义约钞》即本于此家塾读本。

《校经室文集》卷三《寄徐季和先生书（附来书）》云："再，前阅邸钞，有诏科场取士改用策论。旋又准湘湖大府之请，仍用四书义、经义……葆田近为初学选经义读本，惜箧中古本无多，仅得文二十余首，异日当谨呈教正。"

《宋人经义约钞》孙葆田序云："戊戌秋，予尝有宋人经义之选，为家塾读本。既因科场仍用八股文取士，前选亦等于无用矣。今岁，予忝主宛南讲席，方以经术古文导后进。会又有诏，乡会试头二场俱改用策论，三场试四书义二篇、五经义一篇。学政岁科两试，正场亦改用四书义、五经义各一篇。诸生咸相从问作义要指。予因取旧钞，略事删订，复益以二刘文，分为上、中、下三卷，以便学者诵习。"

《宋人经义约钞》潘守廉跋云："先是，戊戌秋有更定科场之命。先生虑墨守者之局于故步也，为选有宋以来经义若干首，作士林先路之导，事旋中止。而此编已不胫而走，几于家有其书。今者，我皇上变法伊始，黜华崇实，复申前更定科场之命。肄业者以选政，坚请于先生，先生因取前所刊经义本，略加审定，复益以策论、策对各名作，凡三编，都为一集。"

孙叔谦次子孙昌燕为郭湘帆堂弟之婿，将以十月完婚。孙昌燕为孙葆田兼祧子，故孙葆田打算待兼祧子婚毕，于冬腊月间再到孙叔谦光州任所，由汉口附轮舟至太平，趋叩徐致祥。孙葆田作有《寄徐季和先生书》。

《校经室文集》卷三《寄徐季和先生书（附来书）》云："葆田本拟九月杪回山东，因叔谦次子即兼祧葆田者为郭湘帆堂弟之婿，将以十月完婚。以此葆田到杞后，曾由汴局发一电信。嗣接手谕，知按临颍州在季秋中下两旬。因遣人至周家口访问，水路至六安若干千里。意欲往六安州，就近叩谒。乃南路今秋水涝太甚，又六安去合肥亦太近，来往殊多不便，而郭宅姻事喜期又有十月初之说。兹与叔谦熟商，如葆田必须带侄儿早回潍县，便拟冬腊月间再到叔谦光州任所，由汉口附轮舟至太平，趋叩节辕。"

十月，朝命询孙葆田是否在籍。

《清实录·德宗景皇帝实录》卷四百三十一光绪二十四年戊戌冬十月："又谕，山东平度州知州潘民表，着该抚给咨送部引见。前任安徽合肥县知县孙葆田、候补参将张凤先，该二员是否在籍。着该抚查明具奏。将此谕令知之。现月。"

十一月，山东巡抚张汝梅上奏孙葆田寄居潍县，在籍。

《光绪朝朱批奏折》第13辑"光绪二十四年十一月山东巡抚张汝梅奏折"云："再臣承准军机大臣字寄光绪二十四年十月十四日奉上谕，山东平度州知州潘民表，着该抚给咨送部引见。前任安徽合肥县知县孙葆田、候补参将张凤先，该二员是否在籍，着该抚查明具奏，将此谕令知之。钦此。钦遵转饬。平度州知州潘民表交代清楚，即行给咨送部引见。查五品卿衔、前安徽宿松县调署合肥县知县孙葆田系荣成县人，寄居潍县。副将衔补用参将张奉先系单县人，其名并非凤先。该二员现均在籍。所有遵旨查明缘由，谨附片覆陈伏乞。"

按：张汝梅，字翰仙，河南密县人。由监生报捐县丞，分配河南补用，投效军营。历任山西右江道、山西按察使、陕西布政使。光绪二十三年（1897）任山东巡抚。清政府责其弹压义和团无力，遂革职。

十一月二十二日，奉朱批，孙葆田、张奉先均着送部引见。孙葆田引疾以辞，并作有《与潍县呈子》《上山东巡抚辞免召命并陈急务呈子》。

《校经室文集》卷二《戊戌拟上封事》云："近复被召赴部引见，又使经理春抚事宜。虽未能勉效驰驱，实不胜感激之私。"

《校经室文集》卷三《复徐季和先生书》云："去岁之冬，闻朝命询其是否在籍。不解所因，乃发愤自撰一文，以附于壶关三老之义。迨腊月初见当路檄文，即由寄居地方缮呈以进，仍引从前告疾原呈以恭辞恩命。"

《校经室文集》卷六《与潍县呈子》云："兹于本月初一日，接贵县移知光绪二十四年十一月二十七日蒙抚宪札，开光绪二十四年十一月十一日专弁附奏，'遵旨查明，前合肥县知县孙葆田等在籍一片，奉朱批，孙葆田、张奉先均着送部引见，钦此钦遵'……特缘年届六旬，筋力已艰于奔走，属又病伤两足……谨封呈当今急务一折，拟恳转详大中丞，据情代奏，不胜幸甚。"

《校经室文集》卷六《上山东巡抚辞免召命并陈急务呈子》云："在籍五品卿衔、前安徽宿松县知县某为恭辞朝命，敬献刍言，恳乞代奏事……兹于本月初一日，接潍县移知十一月二十七日蒙台端札，开光绪二十四年十一月十一日专弁附奏，'遵旨查明，前合肥县知县孙葆田等在籍一片，奉朱批，孙葆田、张奉先均着送部引见，钦此'……奈因福薄，灾生宿疾，难望遽瘳。再四思维，惟有据实陈请，乞暂缓赴部，俾得及时医调，不胜幸甚。"

《校经室文集》卷六《上毓中丞言事呈子》云："光绪二十四年十二月初一日，接潍县移知，蒙前巡抚部院张札，开照得本部院于光绪二十四年十一月十一日专弁，附奏遵旨查明，前合肥县知县孙葆田等在籍一片，兹于十一月二十二日差弁赍回原片内开奉朱批，孙葆田、张奉先均着送部引见，钦此钦遵。葆田即于十二月初五日呈明前患足疾，尚未痊愈。由潍县转详巡抚部院，乞暂缓赴部，并呈当今急务一折，敬恳查看代奏在案。"

就朝廷立嗣一事，孙葆田作有《戊戌拟上封事》。

《校经室文集》卷二《戊戌拟上封事》后记云："此原稿也。缮呈时，适凤孙编修至潍，于书室见之，以为与今时体制不合，乃于篇首，改为呈请代奏。凡篇内称'臣'处，俱改作'职'字，末云伏乞查看代奏，亦不知当道果据以上闻否。"

《校经室文集》卷三《复徐季和先生书》云："敬献刍言，恳祈代奏为词。其折稿，闻已由叔谦钞呈钧鉴……乃见者遽目为争立储贰，竟壅蔽不以上闻。且将原折发还，饬令自行赴京呈递。"

《校经室文集》卷三《复溥玉岑尚书书》云："当时曾具有密陈要务一疏，前后两抚臣俱不为代奏。惟意园主人闻而叹为忠爱。"

何家琪《天根文钞续集》所收《与孙佩南书》云："足下前岁具疏，

请皇太后豫择宗室子养宫中为上嗣,当路无肯代奏者,又自不得达忠说之论壅上闻。"

是年,孙叔谦补刻明代李光壂《守汴日志》。

清华大学图书馆藏清道光七年李昆等刻、光绪二十四年孙叔谦补刻本明李光壂撰《守汴日志》一卷。

是年,孙叔谦刻胡具庆《读易自考录》《孝经章句》,孙葆田作《孝经章句跋》。

《校经室文集》卷一《孝经章句跋》云:"右胡俟斋先生所撰《孝经章句》,分为《经》一章,《传》十二章……予既校刻先生《读易自考录》,因是书词达而理明,与《四库》所收《孝经》诸家之说足以相辅,辄为刊行,俾传于世,以不没先生苦心。先生尚有《孝经外传》,亦以成朱子之所欲为而未及为者,所采不过《论》《孟》《戴记》诸书,卷帙稍繁,校刻须时,姑以俟诸异日。"

按:胡具庆(1685—1749),字余也,号弢峰,河北容城人。康熙五十九年(1720)举人,乾隆七年(1742)中明通榜。书室曰"俟斋",学者因称"俟斋先生"。著有《求志山房文集》六卷、《求志山房诗集》四卷、《孝经章句》一卷、《孝经外传》二卷、《礼记类诠》一部、《仪礼经传通解厘定》一部、《荀子大醇》一部、《洪范论》一卷、《子产言行录》一卷、《四书悌中录》二卷、《读易自考录》二卷、《尚书日思录》一卷、《扣槃呓语》一卷、《证独卮言》一卷、《甲初日记 庚复日记》四十八卷。

胡具庆《读易自考录一卷续编一卷》有光绪二十四年(1898)孙叔谦刻本。胡具庆《孝经章句一卷》有光绪二十四年(1898)刻本,洛阳图书馆、日本八木文库有藏。据《北京图书馆藏珍本年谱丛刊》所收《胡俟斋先生年谱》"十二年丁卯六十三岁"载:"公平时读《易》,每有所得,辄志数语,以反身自省,皆随手札记,未有成书。久之日夥,因取从前所论,汇而辑之,以成一编,名曰《读易自考录》。书成,因见赵公,以就正之。"

光绪二十五年己亥（1899）　六十岁

春正月，孙葆田作《曹母节孝碑阴记》。

《校经室文集》卷六《曹母节孝碑阴记》云："光绪二十五年春正月撰。"

正月初五，张汝梅将孙葆田所上原呈一概发还，饬令自行赴京呈递。

《校经室文集》卷六《上毓中丞言事呈子》云："光绪二十五年正月初五日，奉到前巡抚部院张公文，将原呈一概发还，饬令自行赴京呈递。葆田遵即赶紧调治，拟俟足疾稍愈，即行起程。"

正月二十日，孙葆田接当路文，奉旨饬令其与潘民表、郑杲，专办春抚事宜。孙葆田到省城后发现己志难伸，乃具呈自劾。孙葆田后知令其办春抚乃溥良所荐。

《校经室文集》卷三《复徐季和先生书》云："葆田正拟入都一行。忽又于正月二十日接当路文，'奉旨饬令济南府遗缺知府潘民表、在籍绅士孙葆田、郑杲，专办春抚事宜。周历灾区，覆实经理，等因，钦此。'其时适接柯凤孙书，知管士修带赈款十万赴兖、曹、泰一带散放义振。葆田即先报由潍启程日期，并恳奏请钦派管廷献等分途经理，乃当路置若罔闻。及葆田到省城后，又与钦差大臣前具呈，叙明办事竭蹶情形。忽于二月初九日接开缺巡抚照会，乃凭振抚局详请檄委葆田与郑比部及外来投效已革道员何昭然等分往各州县查放春振。葆田当即具呈自劾，缴还原文。而郑比部亦引疾不行。"

《校经室文集》卷三《复溥玉岑尚书书》云："戊戌己亥间，奉旨与郑比部、潘太守总理春振，知为执事所推荐。"

《校经室文集》卷六《上毓中丞言事呈子》云："复于正月二十日，奉到前巡抚部院张公文，内开正月十二日奉上谕：'上年山东被灾，各州县情形甚重，大河以南并春麦亦未能播种，民间尤为困苦。冬振虽已次第举办，而今春振抚，为日方长，必须遴派妥员，切实经理，方足以收实效。济南府遗缺知府潘民表、在籍绅士孙葆田、郑杲皆勇于任事，物望素孚，即着张汝梅，饬令该员等专办春抚事宜，周历灾区，核实经理，钦此钦遵。'转饬前来，葆田因事关振务，自应力疾从公，仰副朝廷恫瘝在抱之意。比即筹备资斧，先由潍县报明起程日期，即于正月二十七日勉强就道，讵意行至邹平，又因下车时跌伤右足，医治两日，稍能步履，乃以二月初三日到省城。曾在钦差查振大臣前具呈，叙明足疾加剧，深恐办事竭蹶，并历陈本籍绅士，只可散放义振，不宜搀越公事等情。旋于二月初九日，接前巡抚部院张公文，乃凭振抚局详请，檄委何道昭然分往历城、长清等七县，葆田分往齐河、禹城、临邑、茌平、平阴、肥城、东平等七州县，又刑部员外郎郑杲分往汶上、濮州等七州县……当于初十日，具呈自劾，缴还照会原文，并请委员验明病状是否属实。迟至十五日，始行出城，移疾就医，迄今又逾半月。服药数剂，仍无起色，行止竟不能自如。"

按：潘民表，字振声，江苏阳湖（今常州）人。同治年间举人。光绪初年，始募资义赈，历直隶、河南、山西、山东等省，呼吁奔走二十余年，廉洁自持，绩效显著。历官州同、山东泰安知府至道员。后发陕西，管农工商矿局，创建同官磁窑，费竭自尽。

二月二十二日，光州差送至徐致祥新正人日书，时孙葆田寓济南城外白雪楼。孙葆田拟五六月间侍徐致祥于太平使署，作有《复徐季和先生书》。

《校经室文集》卷三《复徐季和先生书》云："二月二十二日，光州差至，赍到新正人日赐书，葆田时方避嚣，杜门谢客，寓济南城外白雪楼……葆田居此，真进退无计，私意如能将此差辞却，迨五六月间仍当省侍左右于太平使署。"

《校经室文集》卷六《祭座主徐季和夫子文》云："先生之以书招葆田也，固尝至再至三，实始自丙申与丁酉，而葆田牵于人事，时越三载，竟不果来，以承教于左右……葆田所独心服者，尤在今岁岁端之两疏……先生顾不求人知，独尝以书谕葆田，曰：'惟我与尔，凤同此指。汝其远来，吾将汝视。'呜呼！岂意葆田，远隔济南，复书未至，而先生遽身骑箕尾耶？"

毓贤任山东巡抚，孙葆田作有《上毓中丞言事呈子》，历陈征召春抚事始末，请其附片具奏，以申下情。并请其将所拟封事附呈以进。

《校经室文集》卷六《上毓中丞言事呈子》云："为此历陈颠末，恭恳查明，附片具奏，以申下情，而免重咎，不胜幸甚。再，葆田所拟封事，书生愚昧之见，自谓实当今第一急务。谨具正副二本，附呈以进。可否查看删削代奏之处，伏候鉴核施行，须至呈者。"

按：毓贤（1842—1901），字佐臣，内务府汉军正黄旗，捐监生，纳赀为同知府。署任曹州知府、山东兖沂曹济道、山东按察使、山东布政使、湖南布政使、江宁将军，光绪二十五年（1899）二月任山东巡抚。光绪二十六年（1900）任山西巡抚，坚持仇教排外。八国联军与清廷议和时，指毓贤为罪魁祸首。毓贤被革职流放，途中被斩首。

春，过汤阴，时王珠裕已乞休，相见握手叙语，几莫能相识，孙葆田心忧之。

《校经室文集》卷五《同知衔汤阴县知县王君墓志铭》云："己亥春，予过汤阴时，君已乞休。相见握手叙语，几莫能相识，予心忧之。"

春，在邯郸县署，孙葆田与孔亦愚有交往，言及王希贤以养亲请归事。

《校经室文集》卷四《直隶曲周县知县王君墓表》云："己亥春，在邯郸县署，吾友孔亦愚谓予曰：'伯举以养亲得请矣，吾辈终年奔走，何为者？'予闻言而自伤。"

孙葆田论及政事，认为"太后果干政，上禁之亦是也"。

沃丘仲子（费行简）《近代名人小传》云："葆田宰合肥，李氏子犯法，自往捕治之，声震远迩，而竟坐是罢归。李秉衡聘主历下书院，以学行荐，晋五品卿衔。锡良抚汴，延主大学堂，旋辞去。葆田持躬介特，当官嫉恶若仇，爱民如子，为光绪中江南良吏第一。学约而纯。为文取明意旨，戒为游衍。于经通《公羊春秋》，有札记皆纪传义例。予于己亥春识之李秉衡座中。客有谓德宗不应纳康有为议，谋禁孝钦，为乖伦理。秉衡笑曰：'此有为臆造，不可信。'葆田曰：
'《传》曰，不以家事私国事。太后果干政，上禁之亦是也！'满座
失色，独余心折其议。自是数过从，始知其通经术，然未尝轻为人言。"
（参《民国笔记小说大观》第三辑所收《凌霄一士随笔》四所载《一七
孙葆田治合肥李氏案》所引。）

四月五日，同年友王珠裕去世。时孙葆田在光州。

《校经室文集》卷五《同知衔汤阴县知县王君墓志铭》云："比
予至光州，未几，闻君卒矣，光绪二十五年四月五日也。"

孙葆田来叔弟光州署中，闻舒树基之母周太夫人殁已数月。

《校经室文集》卷六《候补知府舒君再继配周夫人墓志铭》云：
"前灵宝县知县舒君树基，述其先妣周太夫人之懿行，而副以《李二
曲集》及他物，乞铭于葆田。曰：'树基少失怙……不幸先妣于今春
见背……'葆田感君之意诚，则返其他物，而受其书，谨即所述而
撰次之……予叔弟补官阌乡，与舒君为同州，有兄弟之好，予尝一
至陕州，过灵宝，始与舒君相见，而未获登堂以拜见太夫人。其后，
再与舒君相遇，则予弟调任祥符，而君方自孟县谢事，复还灵宝任。
及是予来叔弟光州署中，则闻太夫人殁已数月矣。"

按：舒树基述其先妣周太夫人之懿行，而副以《李二曲集》及他物，
乞铭于孙葆田。孙葆田返其他物，而受其书，就所述作《候补知府
舒君再继配周夫人墓志铭》。

**四月六日，徐致祥薨于太平使院。孙葆田作有《兵部右侍郎徐
公神道碑铭》。**

《校经室文集》卷四《兵部右侍郎徐公神道碑铭》云："光绪二十五
年夏四月癸未，提督安徽学政、兵部右侍郎徐公薨于太平使院。"

**夏，叩谒台邸，闻李秉衡与夏军门有约，异时东土军兴，当为
力疾宣勤，以报圣主恩遇，平戎虏而酬凤志。**

《校经室文集》补遗《与李鉴堂制军书》云："去夏，叩谒台邸，
曾闻与夏军门有约，异时东土军兴，当为力疾宣勤，以报圣主恩遇，
平戎虏而酬凤志，今其时矣。"

孟秋，作《言子文学录跋》。言有章重刻其始祖先贤《言子文学录》，既成，以贻同志之士书，凡三卷。孙葆田敬读此编，附所见于后。

《校经室文集》卷一《言子文学录跋》末题："言君有章重刻其始祖先贤《言子文学录》，既成，以贻同志之士书，凡三卷……葆田敬读此编，因敢窃附所见于后，他日质诸言君，以为何如。光绪己亥孟秋。"

按：言有章（1865—1907），字謇博、潜白，言家驹长子，江苏常熟人，寄籍宛平。师事吴汝纶、范当世。光绪十七年（1891）优贡，官河南虞城县、新安县知县。著有《坚白室诗草》。

八月三日，作有《祭座主徐季和夫子文》，祭徐致祥。

《校经室文集》卷六《祭座主徐季和夫子文》云："惟光绪二十五年八月丙子朔越三日戊寅，门下士孙葆田谨以清酌庶馐之仪，致祭于诰授光禄大夫、先师侍郎夫子大人之灵。"

冬十月一日，作《餐霞楼遗集序》。《餐霞楼遗集》为言有章祖母左太恭人所著，言有章将刻是书，致信给孙葆田，请其题序。

《校经室文集》卷一《餐霞楼遗集序》云："常熟言謇博，将刻其祖母左太恭人《餐霞楼遗集》，而以书命葆田曰：'有章幼不逮事重闱，读遗诗时用雪涕。得先生宠以题序，感幸曷极。'葆田愧乎其意，则再拜受而读之……葆田曩读张皋文编修所书左仲甫事，即知左公为当代贤者。及予承乏合肥，实公旧治，邑人犹能述公遗爱甚悉……今读《餐霞楼诗》，又知公之有贤女孙也……予故因承謇博教，辄抒所闻如此，亦冀附太恭人《餐霞楼集》以传，兹所以为愧也与。光绪二十五年冬十月朔日。"

是年，孙葆田为吕宪瑞作《许州直隶州知州吕君墓志铭》。

《校经室文集》卷四《许州直隶州知州吕君墓表》云："予既为志幽之文。"

《校经室文集》卷五《许州直隶州知州吕君墓志铭》云："光绪癸未……至今又十有六年矣。"

《校经室文集》卷五《吕松岩墓表》云："从兄宪瑞，由进士历官湖北知县，内升主事，改官许州直隶州，卒于官，余尝铭其墓。所谓循良吕公，即蕉雨先生子也。"

是年，淄川孙铭书以知县分发河南，其母随其就养于大梁。乡人与孙铭书同官中州者，习知孙母守节励贞之懿行，乃合词具事实，由孙葆田弟光州牧孙叔谦备文达诸巡抚使者闻于朝，旌表如例。

《校经室文集》卷五《旌表节孝孙母李太宜人墓表》云："吾同姓在淄川者曰铭书，生逾月而丧所怙，零丁孤苦，母氏守节励贞，恩勤教育，以迄于成立。铭书以光绪元年恩科举乡。越十五年己丑，铭书用大挑一等以知县发河南，母亦就养于大梁。乡人与铭书同官中州者，习知节母懿行，乃合词具事实，由予弟光州牧叔谦备文，达诸巡抚，使者闻于朝，旌表如例。是岁，光绪二十五年也。明年……其冬，铭书奉檄权知荥泽事，奉太宜人之官。甫逾月，太宜人遽以寿终。明年春，铭书扶丧归里……属予为志幽之文……太宜人守节，至旌门时，五十有四年矣，享年八十有二以卒。"

按：孙铭书，山东淄川人。光绪元年（1875）恩科举人，光绪十五年（1889）用大挑一等，以知县分发河南。光绪二十六年（1900）权荥泽。

光绪二十六年庚子（1900）　六十一岁

春仲，入都哭盛昱。

《校经室文集》补遗《与李鉴堂制军书》云："葆田春仲入都哭伯希祭酒，见执事所撰挽联。"

按：盛昱卒于光绪二十五年十二月二十日，公历为1900年1月20日。

三月，就潍县讲席，不久因邑中举办团练，孙葆田暂停讲授。

《校经室文集》补遗《与李鉴堂制军书》云："葆田今岁暂就潍县讲席，于三月初到馆。近因邑中举办团练，亦暂辍业矣。"

闻李秉衡自江南提义旅入卫京师，路过山东，父老扶杖而观旌麾所指。孙葆田作《与李鉴堂制军书》，就时事进言。

《校经室文集》补遗《与李鉴堂制军书》云："自各口通商以来，中国臣民怵于西夷之言利，于是允其传教，邪说流行，渐至行轮船，修铁路，凡可以夺斯民之生计者无不效外夷而为之。一旦小民揭竿而起，乃以扶圣教，诛奸民为名，当事者不能抚辑，始则欲事歼除，继又仗其征讨……故有欲借夷兵剿拳民者，是奸邪之见也；有欲依拳民胜夷兵者，是梦昧之言也。国家养病何用？今乃欲旦夕责效于拳民，可谓不识事之轻重矣。"

庚子变兴畿辅，陈彝鉴与邑人共治乡团，时孙葆田适主讲潍县书院，与陈彝鉴尝一再见。

《校经室文集》卷六《候选儒学训导陈君墓志铭》云："岁庚子，变兴畿辅，君与邑人共治乡团，时余适主讲潍县书院，与君尝一再见。"

按：陈彝鉴（1835—1906），字德铭，又字镜堂，山东潍县人。咸丰十年（1860）补县学弟子员，同治四年（1865）以优行补廪膳生，光绪十年（1884）岁满贡入成均，年已五十，寻就儒学训导职，候选遇覃恩加一级，敕授修职郎。

春，友孔亦愚去世。

《校经室文集》卷四《直隶曲周县知县王君墓表》云："明年春，而孔君谢世。"

春，与何家琪别汝宁东门外，言时事相向痛哭。

《校经室文集》卷一《天根文钞序》云："庚子之秋，先生寄书至潍，曰：'春，与执事别汝宁东门外，言时事相贳涕，不意数月后国家之变至此。'"

《天根文钞》中王埏《汝宁府教授何先生传》云："余闻庚子春未乱时，先生与孙先生相遇汝宁南门，语及时事，辄相向痛哭，过者相与惊而异之。"

夏秋之际，变起畿辅，两宫蒙尘，孙葆田与陈阜相对涕泣。

《校经室文集》卷六《祭陈祜曾文》云："又忆庚子夏秋之际，变起畿辅，两宫蒙尘，惟君与我相对涕泣，恨不能执干戈以卫社稷。"

七月八日，许伸望卒。其子许芳介孙葆田同年友邓舒文以状请孙葆田作铭，孙葆田因作《诰封朝议大夫许君墓志铭》。

《校经室文集》补遗《诰封朝议大夫许君墓志铭》云："君讳伸望，字咏庚，姓许氏……生于道光二十三年，卒于光绪二十六年七月八日……余与君初未相识，同治中，先人宦游湖北，与君本师常君相友善，余盖闻君名久矣。及是，君之子芳，介余同年友邓舒文，以状来请铭。"

按：许伸望（1843—1900），字咏庚，游幕河南，所致累万金。其子许芳，花翎同知衔分省补用知县。

秋，何家琪寄书至潍，提及其诗文刊刻，请孙葆田指其疵而纠其谬。

《校经室文集》卷一《天根文钞序》云："庚子之秋，先生寄书至潍，曰：'春与执事别汝宁东门外，言时事相賫涕，不意数月后国家之变至此。某弟近卒于官，某将力疾往迎其骨，与其妻孥。前感执事言，取平生所为诗文刻之。若执事不忘旧好，鉴其业之不复能进，指其疵而纠其谬，则幸甚。'"

庚子变起，孙葆田欲追随帝后西行，吴仲霖得知后，派人给孙葆田送资费。

《校经室文集》补遗《吴君仲霖暨德配鲁恭人六旬晋一双寿序》云："庚子秋，变起京师。君适奉檄权安丘篆，闻葆田将奔赴行在，亟遣人助资斧促其行。葆田虽辞谢，又行至河南而止，然至今犹心感其义。"

何家琪《天根文钞续集》所收《与孙佩南书》云："足下初欲赴行在未果。"

秋，孙葆田以就医到河南，适书贾以商丘宋氏旧藏书数种求售，中有抄本《望溪集》四册，孙叔谦知为孙葆田所夙好，以重价购之。

《校经室文集》卷一《方望溪文集补遗序》云："光绪庚子秋，予年六十有一，以就医来河南，适书贾以商丘宋氏旧藏书数种求售，中有抄本《望溪集》四册，予叔弟鲁阶知为予所夙好，用重价购之。比予检对全集，则有未刻文三十三篇，文内颇具日月并圈点。"

　　孙葆田致书高鸿裁，告之将刻方苞未刊之文，高鸿裁回信提到高密单氏本藏于伊处，有四篇宋书升认为是戴刻本所未刊，请并补入。孙葆田覆书索观。

　　《校经室文集》卷一《方望溪文集补遗序》云："予因书告潍县高君翰生，将付剞劂，以广其传。高君复书谓高密单氏本今归伊处，内有《书大学平天下传后》《丧服或问补》《题韩宗伯家书》，又《闻见录兄弟之子》，共文四篇。曩者，宋晋之庶常尝以为戴刻本所遗，请并补入。予亟覆书索观。"

　　按：高鸿裁（1852—1918），字翰生、文翰，号薇垣，山东潍县人。喜藏书，尤嗜金石之学。与王懿荣、缪荃孙、罗振玉、孙葆田、徐坊、柯劭忞等人为文字交，与同邑宋书升相得尤欢。著有《齐鲁古印捃补》《历代志铭征存》等。

　　秋，王懿荣殉国难。孙葆田适游大梁，与同人设祭哭之。并与宋书升等人联名上呈王懿荣殉节情况。其时崇绮亦殉节于保定莲池书院。路朝霖、刘曾骥皆为文以祭其师。孙葆田由是得读路朝霖文。

　　《校经室文集》卷一《路访岩观察文集序》云："庚子秋，王公以国子监祭酒充团练大臣，殉国难，赐谥'文敏'。余适游大梁，与同人设祭哭之。其时崇公亦殉节于保定莲池书院。路君、刘君皆为文以祭其师。余由是得读访岩之文。"

　　《校经室文集》卷四《国子监祭酒王文敏公神道碑铭》云："葆田与公为知交，闻公殉国，偕同人设位而祭，其词有曰：'以公身为天下师，又兼练兵大臣，固万无幸生之理。而某等所尤心折者，公乃忠烈节义萃于一门。'其后恭读论旨，乃与私撰文字正同。"

　　沈祖宪辑录《养寿园议辑要》所收《国子监祭酒王懿荣等同时殉节折》："光绪二十六年九月初人日奏：窃臣据在籍绅士五品卿衔、前合肥县知县孙葆田，翰林院庶吉士宋书升等十七人联名呈，称已故钦命京师团练大臣、南书房翰林二品衔、国子监祭酒王懿荣，家传清白，世笃忠贞……"

　　《袁世凯全集》所收光绪二十六年闰八月二十三日《代奏请旌恤

团练大臣王懿荣折》载山东巡抚袁世凯据在籍绅士五品卿衔前合肥县知县孙葆田、翰林院庶吉士宋书升等十七人联名呈称："已故钦命京师团练大臣、南书房翰林、二品衔国子监祭酒王懿荣，家传清白，世笃忠贞，由翰林大考一等洊擢祭酒，本年五月复为京师团练大臣。尝言受任愈巨，图报愈难，感奋之忱，溢于言表。七月二十日，洋兵入东便门，该大臣犹激励团勇，出为抵御。未几溃兵塞途，人心惶乱，团勇遂不能成军。该大臣见势不支，归顾家人曰：'吾身渥受君恩，又膺备卫之责，今城破，义不可苟生。'家人环跪泣劝，辄厉斥之。遂仰药，未即绝，复投井中死。其妻谢氏，及其长妇、已故辛卯科举人崇燕之妻张氏，亦同时殉节。八月初二日，经吏部右侍郎张英麟捞获忠骸，代为棺殓。其案上遗绝命词文曰：'主忧臣辱，主辱臣死，于止知其所止，此为近之。'末书'团练大臣、国子监祭酒王懿荣'等字。于此见其学识素定，坚忍卓绝，早置身家于度外矣。查该大臣服职勤劳，持躬清正，睹狂澜之既倒，视死如归。痛一木之难支，掷生有恨。妻殉夫而尽节，妇随姑以殒身，郁忠愤于九泉，励德行于百尔。允宜上邀旷典，以备异日史乘之光。职等桑梓谊关，阐扬志切，见闻即确，用敢代陈呈请，据情代奏，吁恳殊恩，以慰幽魂。再，该大臣有子三人：长，辛卯科举人崇燕，已故。次，甲午科举人二品衔直隶候补道崇烈，出嗣其已故胞弟懿霖。三，崇焕。长孙福坤，即其故长子崇燕妻、现同殉节张氏所出。次孙福璵、崇烈出。俱幼读。合并声明。等情。具呈前来。"

按：崇绮（1829—1900），字文山，阿鲁特氏，出身蒙古正蓝旗，后抬入满洲镶黄旗。同治三年（1865）状元。官至内阁学士、户部尚书。庚子事变殉节，谥"文节"。

路朝霖，字访岩，贵州毕节人。同治八年（1869）举人，光绪二年（1876）进士，改翰林院庶吉士。历任四川东乡、万县知县，甲午以道员至汴待阙。工诗文书法，独喜为五、七言近体诗，尤工行、楷书。其诗集《红鹅馆诗钞》刊行。

冬日，应刘曾骙之请作《梦园尺牍序》。

刘曾骤《梦园尺牍》所收孙葆田《梦园尺牍序》末题："光绪庚子冬日，荣成孙葆田序。"

光绪二十七年辛丑（1901） 六十二岁

春，孙铭书扶母丧归里，以状介于仲范嘱孙葆田为志幽之文。

《校经室文集》卷五《旌表节孝孙母李太宜人墓表》云："吾同姓在淄川者曰铭书，生逾月而丧所怙，零丁孤苦，母氏守节励贞，恩勤教育，以迄于成立。铭书以光绪元年恩科举于乡。越十五年己丑，铭书用大挑一等以知县发河南，母亦就养于大梁。乡人与铭书同官中州者，习知节母懿行，乃合词具事实，由予弟光州牧叔谦备文，达诸巡抚，使者闻于朝，旌表如例。是岁，光绪二十五年也。明年……其冬，铭书奉檄权知荥泽事，奉太宜人之官。甫逾月，太宜人遽以寿终。明年春，铭书扶丧归里……属予为志幽之文。"

春，夏震武乞假归里，道出汴梁，与孙葆田相见于旅邸。既别去，因寄所述先姚汪安人行略，嘱孙葆田为表墓之文。

《校经室文集》卷五《诰封安人夏母汪安人墓表》云："明年春，乞假归里，道出汴梁，与葆田相见于旅邸，执手唏嘘。既别去，因寄所述先姚汪安人行略，属为表墓之文。"

春，孙葆田应南阳知府傅凤飏之聘主讲宛南书院，与复任南阳县令的潘守廉多有交往。潘守廉议以举人张嘉谋接任续修成《南阳县志》，相率就质于孙葆田，孙葆田为发凡起例。

《宋人经义约钞》潘守廉跋云："辛丑春，守廉既奉大府檄回南阳任，适吾乡孙佩南先生亦膺郡伯傅竹农观察聘来主宛南讲席，朝夕道范，获益实多，相得实欢然也。"

《校经室文集》卷一《新修南阳县志序》云："是岁京师变起，南阳亦多事矣。又明年潘君复任，乃议以举人张嘉谋接续成之……会葆田以客游来宛，主宛南讲席，潘君相率就质于予，予为发凡起例……书中叙述悉出张君手，予亦不时商订。"

光绪《新修南阳县志》陈夔龙序云："癸卯秋，余奉天子命来抚中州，济宁潘大令守廉方宰是邑，与邑人谋辑县志，盖数年于兹。荣成孙京卿葆田，且为是正一切，文章尔雅，斐然可观。又本晋裴秀氏分率准望之说，为图若干幅。其志舆图所不及，则又立表以明之。于是又二年，乃请序于余。"

张嘉谋《新修南阳县志跋》云："京师变起，南阳旱局中辍，与纂诸君星散。明年，侯复任，又得同治中宋教授采辑遗稿于其子煜，乃请荣成孙先生总纂事。先生至，更定凡例，而命嘉谋属草。"

按：傅凤飏（1839—1903），字醴泉，号竹农，历任安平同知、开化知府、元江直隶州知州、永昌府知府，光绪二十二年（1896）授南阳知府，光绪二十九年（1903）因生父振疆逝世获准回籍料理，途中去世。

潘守廉（1845—1939），字洁泉，号对凫居士，山东省济宁直隶州人。光绪十五年（1889）进士。历任河南南阳知县、邓州知府。主持修纂光绪《南阳县志》。

与于荫霖同客南阳，得获朝夕请益。

《校经室文集》卷六《河南巡抚吉林于公墓志铭》云："辛丑岁，同客南阳，始获朝夕请益。"

是年，始识胡敬庵于南阳。时胡敬庵寓于荫霖邸，为课其孙。

见民国《黟县四志》所收《继述堂后记》，可参考本年谱"附录"部分。

南阳市地方史志编纂委员会所编《南阳市志》所收于荫霖作《元妙观[1]西北园记》云："光绪辛丑夏，余罢豫抚，养疴南阳。闻府城北关元妙观规模宏肃，为豫中西南一大道院。暇日，携友人胡敬庵，子翰笃，孙重熙往游。"

按：胡敬庵，安徽黟县城中杏墩人。中过秀才，曾在安徽省敬敷学院、高等学堂任教。民国九年（1920）任黟县碧阳小学校长；民国十年（1921），在家设馆教书，取名"杏墩学塾"，除教经书外，

---

[1] 南阳玄妙观，康熙年间，易名元妙观。

开算术、图画等课,四乡学生前来寄宿求学。著述颇丰,有《杏墩札记》
《杏墩文集》等。

夏,访何家琪先生汝宁学署,知先生又续刻文若干首。孙葆田
欲为其文集作序,何家琪谢之。

《校经室文集》卷一《天根文钞序》云:"葆田明年夏访先生汝
宁学署,知又续刻文若干首。因戏问云:'先生集无序,得无以待鄙
人乎?'语未毕,先生已伏地再拜,葆田亦再拜,逊谢曰:'毋令旁
人见者,谓我辈老而犹狂也。'"

何家琪《天根文钞续集》所收《与孙佩南书》云:"家琪再拜佩
南先生足下,五月四日蒙远访,与之论古今及艺半昼夜,此二十年
第一快事也。每当独居一室,辄忆足下罢官后,无岁不游,动数千
里,时而省弟,时而访友,时而赴故旧之丧,会名贤之葬,孤踪高谊,
家琪自视如蛙蚓不可为人。"

主讲宛南期间,适功令改用经义策论试士,孙葆田编有书院课
读三种。知府傅凤飏、知县潘守廉赞助以成,张嘉谋、朱光德任校勘。
经始于八月初旬,阅两月而蒇事。八月孙葆田为之作序,十月潘守
廉作跋。是年《宛南书院课读经义策论三种》(《历代策论约编》《策
对名文约选》《宋人经义约钞》)付梓。

《校经室文集》补遗《论策合钞简编序》云:"去岁主讲宛南书院,
适功令改用经义策论试士,因有书院课读三种之选。"

《宋人经义约钞》孙葆田序云:"今岁,予忝主宛南讲席,方以
经术古文导后进。会又有诏,乡会试头二场俱改用策论,三场试四
书义二篇、五经义一篇。学政岁科两试,正场亦改用四书义、五经
义各一篇。诸生咸相从问作义要指。予因取旧钞,略事删订,复益
以二刘文,分为上、中、下三卷,以便学者诵习。虽然,此特就予
所见为诸生举其一隅耳,非敢操选政以贻误当世也。"

《宋人经义约钞》潘守廉跋云:"今者,我皇上变法伊始,黜华崇实,
复申前更定科场之命。肄业者以选政,坚请于先生,先生因取前所
刊经义本,略加审定,复益以策论、策对各名作,凡三编,都为一集。

所以杜歧途之误趋，而示学子以中逵正轨也，且分修羊所入，以为之倡。竹农观察亦欣然赞成其事，复捐廉以助之。"

《中原文化大典 著述典 中原出版》所收"清代中原官方刻书"中"书院刻书的主要成果"集部著录："光绪二十七年丽泽堂存版、周吉祥斋刻字、清孙葆田辑《宛南书院课读经义策论三种》（《历代策论约编》《策对名文约选》《宋人经义约钞》）。"

刘声木《桐城文学渊源撰述考》著录："《历代策论约编》二卷（小字标注"宛南书院刊本 下同"）、《策对名文约选》一卷、《宋人经义约钞》三卷。"

按：孙葆田编宛南书院课读三种后附《作义要诀》，《宋人经义约钞》书名后有钤印"问经精舍"，有牌记"光绪辛丑秋宛南书院刊"。《作义要诀》所附牌记同。

八月，作《宋人经义约钞序》于南阳求志居。

《宋人经义约钞》孙葆田序末题："光绪辛丑秋八月，荣成孙葆田识于南阳之求志居。"（可参考本年谱"附录"部分。）

《宋人经义约钞》潘守廉跋全文如下："辛丑春，守廉既奉大府檄回南阳任，适吾乡孙佩南先生亦膺郡伯傅竹农观察聘来主宛南讲席，朝夕道范，获益实多，相得实欢然也。先是，戊戌秋有更定科场之命。先生虑墨守者之局于故步也，为选有宋以来经义若干首，作士林先路之导，事旋中止。而此编已不胫而走，几于家有其书。今者，我皇上变法伊始，黜华崇实，复申前更定科场之命。肆业者以选政，坚请于先生，先生因取前所刊经义本，略加审定，复益以策论、策对各名作，凡三编，都为一集。所以杜歧途之误趋，而示学子以中逵正轨也，且分修羊所入，以为之倡。竹农观察亦欣然赞成其事，复捐廉以助之。守廉既有守土责，而又深佩二公之嘉惠士林，其用心有加而无已也，因择肆业中之通达者督理其间。费弗给，则胥于守廉取之。经始于八月初旬，阅两月而蒇事。于先生审择善诱之苦心，庶无负乎！任校勘者，邑孝廉张忠甫嘉谋、茂才朱慎修光德。任督催者，为族人康阜矩健相，有成例得备书也。光绪二十有七年辛丑阳月，济宁潘守廉谨跋。"

九月，广西巡抚于荫霖向朝廷保荐孙葆田。

《清实录·德宗景皇帝实录》卷四八七载光绪二十七年辛丑九月："壬午……谕内阁开缺广西巡抚于荫霖奏，保荐人才，遵旨胪陈一折。贵州按察使曹鸿勋、湖北候补道沈锡周、襄阳府知府邓嘉缜、河南河南府知府文悌、安徽凤阳府知府冯煦、前安徽宿松县知县孙葆田，均着交军机处存记。户部郎中陈宗妫、湖北试用知县松桂、宜都县知县李天柱、河南安阳县知县石庚、湖北襄阳县知县李祖荫、奉天锦县知县补用同知增韫、安徽黟县廪贡生程朝仪，均着送部引见。"

《校经室文集》卷六《河南巡抚吉林于公墓志铭》载："辛丑岁，同客南阳，始获朝夕请益。公于奉旨保荐人才，猥列其名。至谓忠爱之心，老而弥笃，不为丝毫禄利之计，盖不啻公之自道云。"

国家图书馆"碑帖菁华"所收《于荫霖墓志》拓片载："辛丑岁，同客南阳，始获朝夕请益。公尝奉旨保荐人才，猥列葆田名。至谓忠爱之忱，老而弥笃，不为丝毫利禄之计，盖不啻公之自道云。"

是岁，何家琪致书孙葆田，知其欲在两宫回銮驻跸河南时上书言事，以朱熹家居时草封事中止为例劝其慎行。

何家琪《天根文钞续集》所收《与孙佩南书》云："今又欲俟两宫驻跸河南时上书言事，足见足下之忠悃，老而弥笃，虽然吾辈惟能言之而已。昔子朱子家居时草封事，子弟诸生迭进谏，以为必贾祸，蔡元定请以著卜遇遯之同人，遂焚稿。愿足下亦姑卜之也。家琪再拜。"

冬，孙叔谦殁于光州任所。有遗累近两万金，家无余资，室多小口。当是时，孙葆田在光州接前方伯及胡观察书，知锡良乃以河南学堂总教习见招，再辞未获。

《近代史所藏清代名人稿本抄本》第 3 辑第 80 册"锡良档六三"所收光绪二十七年十二月十四日《锡良奏光州知州孙叔谦因病出缺片》："再据布政使延祉详称，现任光州直隶州知州孙叔谦因患疮疾，于光绪二十七年十一月二十二日在任病故。"

《清史列传·循吏》"孙叔谦"条目下云："二十七年，卒。"

《校经室文集》卷一《天根文钞序》云："会是年冬，予弟鲁阶卒光州任所。先生寄书慰问。"

《校经室文集》卷一《方望溪文集补遗序》云："而予叔弟以是年辛丑冬殁于任所。"

《校经室文集》卷三《寄张劭予侍郎书（甲辰春）》[1]云："自辛丑冬叔弟云亡，有遗累近两万金，家无余资，室多小口。孟子所谓'无恒产而有恒心'者，葆田亦几于不能为士矣。当是时，锡清弼侍郎乃以河南学堂总教习见招。葆田再辞未获。"

《校经室文集》卷三《复陈小石中丞书》云："前年冬，在光州接前方伯及胡观察书，以锡清帅属延主新设学堂总教习，当即力辞。其略云：'学堂乃奉旨创建，所关甚重。中州本理学之区，人物亦应不乏。且葆田不谙时务，又已受南阳关聘。辞小就大，盖古人所戒去就之义，敢不自审。'其后复接今学使手札，劝其宜为卫道计，葆田虽不敢遽承。"

《校经室文集》卷四《直隶曲周县知县王君墓表》云："又明年冬，而予叔弟光州君亦卒。"

《校经室文集》卷四《许州直隶州知州吕君墓表》云："其后予弟竟升补光州，未三年亦以忧伤勤劳卒于任所。"

《校经室文集》卷五《旌表节孝孙母李太宜人墓表》云："予因循未及为，而予叔弟以是冬病卒光州任所。"

《校经室文集》补遗《覆许士衡孝廉札》其一："葆田遭家不幸，自别后至今，丧故频仍，去冬舍弟云亡，自分已无意人世。今虽承乏大学堂，亦殆类无事而食耳。"

《河北第一博物院半月刊》1937年第137期《孙佩南先生墨迹》所附孙葆田生平及手札介绍云："弟六皆刺史知光州卒官，负官逋万余金。或谓先生勿偿，先生曰'不可使吾弟亏国帑'，卒身任之。"

按：锡良（1853—1917），字清弼，巴岳特氏，蒙古镶蓝旗人。同治十三年（1874）进士，用山西知县，擢充沂曹济道；后调

[1]《校经室文集》卷三目录部分该篇文章题目无"甲辰春"三字。

山西冀宁道，任晋按察使；又调湖南布政使、山西巡抚等职。光绪二十七年（1901）任湖北巡抚，旋授河南巡抚兼河道总督，后为热河都统。后又任四川总督、云贵总督，宣统元年（1909）授钦差大臣，任东三省总督。宣统三年（1911）称病解任。武昌起义爆发后，授热河都统。曾与山西民军作战。清帝退位后，离职家居，后病死。中国科学院历史研究所辑有《锡良遗稿》。

孙叔谦殁，张仁黼写信给孙葆田吊唁。[1]**孙叔谦身后事赖胡友芬与二三友人相助为理。其政绩由河南大府奏请国史馆立传。**

《校经室文集》卷六《胡母凌恭人祔葬墓志铭》云："胡君友芬佐予叔弟幕凡六年，与葆田交尤善……会是年冬予弟殁于光州任所，其身后事赖胡君与二三友人相助为理。"

《校经室文集》卷四《乡贤孙先生传》云："而予叔弟不幸卒于光州任所，其政绩曾由河南大府奏请国史馆立传，余季弟亦以孝行旌。"

按：张仁黼（1848—1908），字劭予、少玉，号孟藻，河南固始人。光绪二年（1876）进士，选翰林院庶吉士，次年授编修，入直上书房。光绪十一年（1885）出督湖北学政，充日讲起居注官。光绪十八年（1892）补国子监司业。光绪二十二年（1896），擢鸿胪寺卿。次年，充四川正考官。庚子年(1900)奉命在河南治团练。次年，赴西安行在，擢顺天府尹，不久改授左副都御史。回京后再迁兵部侍郎，充江西正考官，历学部侍郎。光绪三十二年（1906），署工部右侍郎，旋调补法部右侍郎。三十三年（1907），补大理院正卿，不久转授吏部侍郎，充经筵讲官。

张仁黼之子张玮，跟随孙葆田学桐城文法。

姚永朴《史学研究法》张玮序："桐城姚仲实先生，著《史学研

[1] 孔夫子旧书网"梁孟轩的书摊"收藏张仁黼致孙葆田信札手稿："佩南二哥同年老夫子大人尊右，顷闻我六皆公……是否即背疽为患？抑别有异症？二哥犹及一见否耶？书至此，泪ёад泉涌矣……乞谕令侄为我酒浆之奠，以写吾哀恸哉……尤望二哥达观珍重……年教弟仁黼顿首。"

究法》。书成，授玮读之。玮自童子试，以文不俗，受知于荣成孙佩南先生葆田，始习闻桐城学派。既而渡东瀛，跨美洲，遍历寰宇，羁旅英伦岛国五六年。所肄者旁行之文，所习者食货之业，日相与麕居而讲说者，皆毛衣皙色之民，于国学反疏略。及藏事归国，佩南先生已下世逾年矣。请益莫由，怅惘何之？不见佩南先生十有二年，而后因桐城马君叔文，得侍先生，信乎其不偶然也！先生著书凡二百余卷，惟此编及《文学研究法》二书，博综群言，衷以己意，为先生集中最有心得之作。玮今将有洮南辽源之役，行有日矣。爰付手民梓而并行之，谨志其颠末如此。民国纪元三年五月一日门人固始张玮识。"

　　按：张玮（1882—1968），字效彬，河南固始人。张仁黼之子。张玮幼承家学，师承桐城派孙葆田、姚永朴，曾留学英国。富收藏，精于鉴定钟鼎彝器、碑帖书画、古籍善本等，工书法。

　　孙葆田最早于是年在河南讲学，固始人张玮称"玮自童子试，以文不俗，受知于荣成孙佩南先生葆田，始习闻桐城学派"，又言"及藏事归国，佩南先生已下世逾年矣。请益莫由，怅惘何之？不见佩南先生十有二年"，考孙葆田于宣统三年（1911）去世，张玮《史学研究法原序》作于民国三年（1914）五月，那么他跟随孙葆田学习桐城文法最早只能在是年，故放于此。

　　孙叔谦卒后，何家琪寄书慰问孙葆田，并问序其文集之事。

　　《校经室文集》卷一《天根文钞序》云："会是年冬，予弟鲁阶卒光州任所，先生寄书慰问，并追理前言。嗟乎，予至此尚能序先生文哉？"

光绪二十八年壬寅（1902）　六十三岁

　　正月二十四日，应曹曾矩之请，为其父曹鸣鹤作《敕封修职郎固始县训导曹君墓碣》。

　　《校经室文集》补遗《敕封修职郎固始县训导曹君墓碣》云："曾

矩既合葬君暨孺人于里居东阡新茔，乃述君行实，乞葆田为文以碣诸墓……光绪二十八年正月二十四日。"

按：曹鸣鹤（1836—1899），字子和，又字梅村，河南洛阳人。补诸生，以优等食廪饩。三十七岁即贡入成均，以训导候选。主讲桐柏淮书院。

曹曾矩，字用甫，号小时。光绪十一年（1885）拔贡生，光绪十八年（1892）选桐柏县学教谕，光绪二十八年（1902）选固始县训导。辑有《洛阳曹氏丛书》。

三月二十二日，河南巡抚锡良有延孙葆田充河南大学堂总教习之奏折。

《锡良遗稿·奏稿》"光绪二十八年三月二十二日"奏折载："再豫省设立大学堂，所有筹办情形，前经奴才会同学臣具奏，奉旨：'着即督饬认真办理，仍随时考察，务收实效。钦此。'查豫省地处中州，士习素称朴质，中西兼学，事属创举，必须品学兼优、声望素著者居总教习之任，循序利导，乃足扩多士之见闻，渐开风气。兹查有五品卿衔、前刑部主事孙葆田，学术湛深，素符众望，堪胜河南大学堂总教习之任，已由奴才定议聘请。"

《国民日日报》（1903.10）所载《第一次调查河南高等学堂》云："蒙古人锡良巡抚河南，奉政府意，筹款建设河南高等学堂于省垣之西北隅，其地旧开封游击署也。壬寅年正月某日，委候补知县吴廷模壬三（其名未详）勘验地址，估款动工。阅五月而学堂成，其屋宇式样，外似公局，内似庙堂，不及百间，而银约五万余两。定于六月二日开。先是奏请山东京堂衔孙葆田氏为总教习，奏派藩司延祉、候补道胡翔林为总办，候补知县姜麟书为文案处，徐仁录为监督，吴廷模为收支，通判陈锴光藏书楼委员，候补府何云蔚为提绸，巡抚锡良与督学林开谟为各员领袖。至堂内一切事务，皆胡翔林主之，以其为侍郎之公子也。"

春，与恩铭一通信笺。

《校经室文集》卷三《致恩新甫中丞书（附来书）》云："葆田自

壬寅春一通笺启，光阴忽忽倏已四年余矣。"

春，孙葆田由光州至汴，知省城各书院讲艺均尚如旧，因受聘河南学堂总教习一职。曾拟有章程二十条，当路颇以为善。

《校经室文集》卷三《复陈小石中丞书》云："及去年春，由光州至汴，知省城各书院讲艺均尚如旧。与东省改书院为学堂，延洋人为总教习者，其事迥殊。而锡清帅于相见时，又殷殷以主持正学为言，亦遂不能固辞。当时受聘后，曾拟有章程二十条，当路颇皆以为善。"

春，护叔弟之丧自光州北归，道出西华。日既暮，吴庆麟、舒敏之见孙葆田于逆旅。

《校经室文集》卷六《吴母沈宜人墓志铭》云："今年春，余护叔弟之丧自光州北归，道出西华。日既暮，生介敏之见余于逆旅。"

按：吴庆麟，河南郾城县学生，有文行，何家琪之高足。

舒敏之，生平不详，孙葆田友。后吴庆麟因舒敏之乞孙葆田为其母作铭幽之文，孙葆田诺之而未即为。姚晟年将葬其母，乃叙述先德与母遗言，介舒敏之乞孙葆田为铭幽之文，孙葆田作有《光禄寺正卿姚公元配张夫人墓志铭》。

春，护叔弟丧归自光州，于文中先生亲来吊唁，为之出涕。

《校经室文集》卷四《于子和先生家传》云："壬寅春，余护叔弟丧归自光州。先生亲来吊唁，为之出涕。"

春，护叔弟之丧自河南至潍，田教谕智检方居母忧，与孙葆田居相近。一日，乃请孙葆田为其父作墓志铭。越日，高春昕以状至。

《校经室文集》卷五《田封君墓志铭》云："光绪壬寅春，予护叔弟之丧自河南至潍。于时，田教谕智检方居母忧，与予居相近。一日薄暮，衰麻而入，叩于堂下，予亟扶以入，则又泣拜曰：'先府君之殁，今一纪矣……愿先生并赐之志且铭焉。'越日，又因其表弟高春昕以状至，而予哀戚在心，多事卒卒，未暇也。"

按：田智检，山东潍县人。光绪十五年（1889）恩科举人，山东临邑县学教谕。

护丧归里，与高鸿裁匆匆接晤。

《校经室文集》卷一《方望溪文集补遗序》云："而予叔弟以是年辛丑冬殁于任所。明年予护丧归里，与高君匆匆接晤。"

护丧来返，陈阜躬吊于其门。

《校经室文集》卷六《祭陈祜曾文》云："曾未两载，而余弟卒于任所。余既护丧来返，君犹躬吊于其门。"

四月十八日，同年崔赞襄卒于范县学署。

《校经室文集》卷五《范县学训导崔予思先生墓碑》："光绪二十八年四月十八日，卒于范县学署，年六十有八。"

夏五月，孙葆田由山东重返河南，六月初到馆。六月二日，抚学两院率诸生拜孔子，并拜孙葆田等人。翼日，监督率诸生上堂，作外国文功课。孙葆田闻之大怒，谓中国开学堂，何以首西文。然其课程俱分教习与监督所定。计西学一日，中学、算数共一日，其功课浅深，虽总办亦未尝过问。孙葆田徒有总教习之名而已。迨七月初，因拟有功课宜分先后，学术宜分门类，各条与总办商量更定。其时适闻京师已有奏定章程，遂复因循未改。孙葆田以《小学》《孝经》《作义要诀》等书授学生，有学生因不满旧式教学而不配合。

《校经室文集》卷三《寄张劭予侍郎书（甲辰春）》："因于次年夏重返河南。"

《校经室文集》卷三《复陈小石中丞书》云："比五月间，葆田由山东再至汴，则已有议其章程为不当者。而此时贱名业经入奏，其势又不能自由。因于六月初到馆。其课程俱分教习与监督所定。计西学一日，中学、算学共一日，其功课浅深，虽总办亦未尝过问。葆田徒有总教习之名而已。迨七月初，因拟有功课宜分先后，学术宜分门类，各条与总办商量更定。其时适阅邸钞，京师已有奏定章程，遂复因循未改。而本省入堂肄业诸生，以不能学习西文，先后告退者，不啻三四十人，大抵皆稍有志趣，与中学尚明通者也。"

《校经室文集》卷三《再寄胡鼎臣中丞书》云："往年承乏河南学堂，以《孝经》《小学》为诸生倡，至传为笑谈。而学堂诸生亦于十八章书，竟经年未能成诵。"

《校经室文集》卷四《于子和先生家传》云："壬寅春……是年夏，余返河南。"

《国民日日报》（1903.10）所载《第一次调查河南高等学堂》云："功课分三门，外国文、国文、算学而已，学生额定二百人。自四月出示招考至五月二十日，报名者，约三百余人，江苏占其大半。廿四日，抚学两院会考五经义、史论各一则。廿八日，覆试史论一段。共取八十正额，四十备额，土籍五十人，客籍三十人。六月二日，抚学两院率诸生拜孔子，并拜孙葆田氏，以次及英文教习温世珍、庄敬舆，法文教习庄君，算学教习宗森宝、梁镜寰。至中文助教金葆桢、萨起岩、程宗伊，则学生皆怒形于色，有迫于众而拜者，有拂衣而去者。翼日，监督率诸生上堂，作外国文功课。孙葆田氏闻之大怒，谓中国开学堂，何以首西文，然未敢言也。次日上堂作中文功课，学生王人杰首与助教为难，略谓周礼及古文并非国文应用之教科书，且助教等人亦实无授课之本领。总办闻之即牌示云：举人王人杰学问优长，留心时务，着免上中文讲堂。至是风潮作矣。孙葆田以《小学》《孝经》《作义要诀》等书授学生，学生大哗。金葆桢不能应学生之问，为海春所斥。程宗伊升堂，学生无一人到者，遂辞馆焉。时开学未一月，锡良深以为忧，乃派候补知府寿廷为总稽查，欲以施压力于学生也。"

孙葆田任河南大学堂总教习，高麟超与之有交往。

汪康年《汪穰卿笔记》"附录"所收湖北吴光耀华峰《庚戌文钞》中文《纪合肥孙知县》云："镇平高麟超言，丁父忧起服，求咨文河南院司。会开办大学堂，聘葆田来，得识其人。尝造葆田，葆田方接见布政，高待诸门隅驺从间。葆田送客见之，谓其人曰：'高先生来矣，何不导之入？'是时葆田初来，车载书塞满屋中，指所司曰：'高先生要读何书，便取与之，勿须我闻。'"

按：高麟超（1856—1913），字洗凡，晚号遇叟，河南省南阳府镇平县人。光绪二十年（1894）进士，同年五月交吏部掣签分发各省，以知县即用。著有《鸿雪集》等。

王兰升长子王塾卒于五月二十三日。时君弟王垿以国子监祭酒奉命录士河南，闻讣就别馆发哀。嘱孙葆田为墓志铭。于时孙葆田叔弟之丧未除，又以事因循未及为，过三年，会得王垿所为家传，乃追作《广西补用知府前翰林院检讨王君墓志铭》。

《校经室文集》卷五《广西补用知府前翰林院检讨王君墓志铭》云："君讳塾，字元达……以壬寅五月二十三日卒，年甫五十有一……时君弟今翰林院学士垿，以国子监祭酒奉命录士河南，闻讣就别馆发哀。泣语葆田曰：'……惟先生赐之铭，则感甚。'于时葆田叔弟之丧未除，又以事因循未及为，今三年矣。会得学士所为家传，乃追为志叙，以俟他日埋诸幽。"

按：王塾（1852—1902），字元达，号通侯，王兰升长子。光绪十五年（1889）举人，十六年（1890）进士，翰林院检讨。保送知府签分广西，督办南宁，署桂林府知府，赏戴花翎，委署百色直隶厅，从四品。国家图书馆"碑帖菁华"收有《王塾墓志》拓片，原石帖式刻，共六石，刻立地为山东莱阳。首题"诰授朝议大夫广西补用知府前翰林院检讨王君墓志铭"，署"赐进士出身、五品卿衔、前刑部主事荣成孙葆田撰"，王垿书丹。

胡友芬母卒于六月初四，孙葆田返汴后，越月得胡友芬书，嘱孙葆田为其母作铭幽之文。孙葆田许之，作有《胡母凌恭人祔葬墓志铭》。

《校经室文集》卷六《胡母凌恭人祔葬墓志铭》云："及予再来汴，则闻太恭人以六月初四日殁矣，享年六十有八。越月得胡君书，属为铭幽之文。曰：'吾母不得子寿序，今乃易为墓志也。痛可言耶？'葆田闻其言而悲之，因许为铭。"

孙葆田返至河南，逾月，又得田智检书。告之其母葬有日矣，勿忘前诺。

《校经室文集》卷五《田封君墓志铭》云："光绪壬寅春，予护叔弟之丧自河南至潍。于时，田教谕智检方居母忧，与予居相近。一日薄暮，衰麻而入，叩于堂下，予亟扶以入，则又泣拜曰：'先府君之没，今一纪矣……每思丐一言以传不朽……愿先生并赐之志且铭焉。'越日，又因其表弟高春昞以状至……既而，予返至河南，逾月，又得智检书：'……先生无忘前诺……'"

孙葆田返河南，吴庆麟因舒敏之乞孙葆田为其母作铭幽之文。孙葆田诺之而未即为。吴生又偕其弟登堂叩头恳请。数月后，会孙葆田叔弟祥祭已毕，检友朋书牍，得吴生所为先妣事略，乃作《吴母沈宜人墓志铭》。

《校经室文集》卷六《吴母沈宜人墓志铭》云："既而余返河南，生因舒君乞余为母沈宜人铭幽之文。余诺之而未即为。生又偕其弟登堂叩头恳请，迄今盖数月矣。会余叔弟祥祭已毕，检友朋书牍，得生所为先妣事略，乃叙次而归之。"

按：吴庆麟之弟吴庆嵩，从孙葆田游。

是年，孙葆田主讲河南大学堂时，编有《论策合钞简编》。秋初，孙葆田作有《论策合钞简编序》。

《校经室文集》补遗《论策合钞简编序》云："今年承乏河南大学堂，见各省学堂所诵，大率为《古文辞类纂》。诸生或从予问作策论程式，因取姚选'论辨'与'策论'诸篇为《御选古文渊鉴》《御选唐宋文醇》所载者，得文三十余篇。间于姚选外，增附一二……光绪壬寅秋初。"

八月，锡良奉管学大臣咨文考京师师范生。报考者约二百人，仅取三人，为吴庆嵩、胡汝麟、王人杰。当其时，锡良调热河都统，濒行矣，故不欲闻此事。评定甲乙之权，林开谟主之，林亦不过太史公耳。及张人骏来抚豫，与孙葆田为莫逆交。二人遂立意与学生反对。莅任之初，首招考师范生，并出示云：前次已经考取入者，必再报名投考。学生王人杰首与为难，经孙葆田等人多方劝导，王遂往焉。试毕取四人：王人杰、胡汝麟、吴钟骏、时经训。

《国民日日报》（1903.10）所载《第一次调查河南高等学堂》云："八月，锡良奉管学大臣咨文考京师师范生。报考者约二百人，仅取三人，为吴庆嵩、胡汝麟、王人杰。当其时，锡良调热河都统，濒行矣，故不欲闻此事。评定甲乙之权，林开谟主之，林亦不过太史公耳。及张人骏来抚豫，与孙葆田为莫逆交。二人遂立意与学生反对。莅任之初，首招考师范生，并出示云：前次已经考取入者，必再报名投考。

"王人杰首与为难，以为学生既蒙前巡抚考取，即不得再行投考。及期，王竟不至。监督徐仁录以王今日病不能来为辞。越二日，覆试，徐先往寄宿舍告王云：覆试日君必至，不然余实无以应大帅。王以公义拒之。徐又挽孙葆田氏身来劝王，王仍以公义拒之，语渐侵林开谟，盖欲示林不能主阅卷权之意。孙不悟，退而与寿廷俱来。寿云：明日覆试师范毕，即送北京，君无自误。且道：巡抚极倾慕君，君不必重违巡抚雅意。时夜已四鼓，王乃自明其志，并非与巡抚反对，因痛诋林之冥顽不灵，若明日考仍归林阅卷，余必以枪击之，语甚厉。寿答云：此次决不归林阅卷，君其应试，无再辞矣。王遂往焉。试毕取四人：王人杰、胡汝麟、吴钟骏、时经训。"

九月初五，许鼎臣作《再上孙佩南先生书》，荐张、王两生如汴晋谒孙葆田。询问孙葆田对《归方评点史记合笔》的圈点意见，并献近所为文十首。

许鼎臣《龙觜山馆文集》卷一《再上孙佩南先生书》："遂至于今三十有二年……从鼎臣游者张、王两生，亦久薪慕吾先生，如饥渴者，鼎臣前禀已言及。今两生如汴晋谒……九月初五日，鼎臣顿首再拜。"

秋，南阳府重修节义祠成，潘守廉嘱张嘉谋请孙葆田作记，孙葆田作有《重修南阳节义祠记》。

《校经室文集》补遗《重修南阳节义祠记》云："光绪二十八年秋，南阳府重修节义祠成。知县事潘君以书属张孝廉嘉谋请余为记。"

光绪《南阳县志》卷三"节义祠"条云："其后又圮，光绪二十八年知县潘守廉重建。荣成孙葆田《记》曰：'光绪二十八年秋，南阳府重修节义祠成。知县事潘君以书属张孝廉嘉谋请余为记。'"

秋，周云将收存的祖父周天爵《周文忠公奏稿》二、《家书》十五纸，命工装潢于大梁，孙葆田得见其手迹。

《校经室文集》卷二《周文忠公手迹书后》云："《周文忠公奏稿》二、《家书》十五纸，公孙世臣所收存。光绪壬寅秋，命工装潢于大梁，将以垂示世世子孙。葆田昔尝序公遗文，于公学行，粗举其大略……葆田幸得见公手迹……"

冬，孙葆田闻于文中先生得疾。

《校经室文集》卷四《于子和先生家传》云："其冬间闻先生得疾。"

冬，高麟超拜访孙葆田，提及为《彭诚之先生文集》所作之序，孙葆田始知有人冒充其名为彭九思文集作序。

参考本书"附录"所收《彭诚之先生文集序》及按语。

是岁，与路朝霖往来益熟，路朝霖乃尽出所作诗文与日记杂著示孙葆田，意欲得孙葆田文为序言。一日，路朝霖见孙葆田旧作散体文稿，乃亟为序以赠之。其所言不计派别，与孙葆田合。冬十二月，孙葆田作《路访岩观察文集序》。

《校经室文集》卷一《路访岩观察文集序》云："及今岁往来益熟，君乃尽出所作诗文与日记杂著示余，其意欲得余文为序言。而余近日为文甚艰，又自愧年衰学退，不欲与时俗人较短长。君一日见余旧作散体文稿，乃亟为序以赠余。其言曰：'学古文当以昌黎为师，不必斤斤言桐城、阳湖派也。'其持论适与余合……其与余文序云：'欲我两人集中互见姓名，庶几留身后名于不可知之天。'顾余以穷愁不能著书以自见，有愧虞卿。尝劝君盍如刘君尽刻所著，君则又云：'吾文集不欲刊行，君子立言有收效于数百年后者。急急求名，乃南宋江湖派，卒之传于今者实鲜。'嗟乎，文章原本与世俗流弊，访岩既已知之矣，又奚待余言，余惟与访岩期相勉于道义，严利欲之防，审进退取与之节，以共保此余年。则可以传世者，固自有在彼崇文节、王文敏二公，岂徒以科名文章重哉。他日请更质诸刘君，以吾言为何如耶。壬寅冬十二月。"

《校经室文集》卷一《徐汉卿先生诗集序》云："往岁葆田客游大梁，与毕节路访岩善。路君由翰林改外，今以道员需次河南，恒郁郁不得志。独喜为五、七言近体诗，尤工行、楷书。每有所作，必手书以示余。"

光绪二十九年癸卯（1903） 六十四岁

正月，孙葆田再拟河南大学堂章程，遵照京都大学堂定章变通办理。原稿在张、吴两观察处，欲于中学略加工夫，以主持道术。亦迄未能行。

《校经室文集》卷三《复陈小石中丞书》云："今正又再拟遵照京都大学堂定章，变通办理。原稿在张、吴两观察处，欲于中学略加工夫，以主持道术。亦迄未能行。"

春正月，孙葆田作《周易古本跋》。是年《周易古本》刻成。

山东省图书馆藏孙葆田光绪二十九年刻《周易古本》孙葆田跋末题："光绪癸卯春正月，荣成孙葆田谨识。"

《校经室文集》补遗《古文周易跋》云："予尝得一明刻本，为武昌朱廷立校刊，其篇章分析如右。今辄为翻刻，以贻学者。又附刻音训于后，以符朱子之旧云。"

按：山东省图书馆藏孙葆田光绪二十九年（1903）刻《周易古本》，其全名为《周易古本十二篇附音训二卷》，扉页有牌记"古不夜城孙氏仿临漳本校刊"。后有孙葆田"周易古本十二篇附音训二卷跋"，《校经室文集》补遗亦收有此文，篇名为《古文周易跋》，文字有出入，无"光绪癸卯春正月，荣成孙葆田谨识"的识语。

春初，孙葆田听说张仁黼以其名首应经济特科之荐，未与试。

《中国科举文化通志 历代制举史料汇编》收张一麐《经济特科同征录》载："都察院副都御史章仁黼[1] 保十九人：五品卿衔孙葆田，翰林院编修华学澜，翰林院编修夏孙桐，外务部员外郎沈曾植，工部郎中秦树声，候选主事罗度，直隶补用道钱镠，江苏补用道陈通声，江苏补用道蒯光典，河南补用道胡翔林，四川试用道何维棣，广西试用道汤鲁璠，直隶补用知府张孝谦，候选同知江翰，江苏廪生候

---

[1]"章仁黼"误，当为"张仁黼"。

选知州顾锡爵，湖北举人江苏补用知县洪燊，浙江举人章梫，四川举人吕冀文，河南拔贡生吴烈。"

江庸《趋庭随笔》云："二十九年重开经济特科，瞿已为军机大臣，张劭予侍郎以家父及孙葆田佩南，沈曾植子培、陈通声蓉曙，蒯光典礼卿，章梫一山，秦树声幼衡等十九人应诏，家父虽至京师一行，仍未与试。此次征辟仅三百余人，本不为多，因光禄寺卿曾广汉保有上海游戏报馆主笔李宝嘉伯元，群议为滥。然伯元所著小说如《官场现形记》诸书，盛为今日主张白话文者推许，是人亦曷可轻耶？"

《校经室文集》卷三《寄张劭予侍郎书（甲辰春）》云："方去岁春初，前抚帅张安圃侍郎一日见过，曰：'劭予侍郎以子名首应经济特科之荐，子今复为征君矣'。葆田惊愕莫释。既而王工部渭春自京师寄咨文至，并传左右命，促之入都。且审知其荐语云'学术闳深，志存匡济'……嗟嗟，葆田已矣，亦自甘暴弃以没世矣。北望枢斗，欲进见而末由，因书略陈所志。"

民国《山东通志》卷九十四"光绪二十九年经济特科"条下载："孙葆田，荣成县人，未与试。"

春二月，为淄川孙铭书之母作《旌表节孝孙母李太宜人墓表》。孙葆田因孙叔谦之亡无意为文，而孙铭书因于仲范催促至再至三，会孙叔谦之丧已除，检寻原状不可得，乃据往日请旌事实叙次大略。

《校经室文集》卷五《旌表节孝孙母李太宜人墓表》末题："光绪二十九年春二月表。"

春三月庚子，荣禄以疾告薨。孙葆田作有《文华殿大学士赠太傅晋封一等男爵瓜尔佳氏文忠公神道碑》。

《校经室文集》卷四《文华殿大学士赠太傅晋封一等男爵瓜尔佳氏文忠公神道碑》："公讳荣禄，字仲华，瓜尔佳氏……二十九年，公以疾告薨……公薨于癸卯春三月庚子。"

按：荣禄（1836—1903），字仲华，瓜尔佳氏，满洲正白旗人。历任工部员外郎、内务府大臣、工部尚书、西安将军、步军统领、总理衙门大臣、兵部尚书、文华殿大学士、军机大臣。光绪二十九年（1903）卒，谥文忠，赠太傅，晋封一等男爵。

国家图书馆"碑帖菁华"收有《荣禄神道碑》拓片，共二石，刻立地为北京朝阳区。碑阴题立碑年月"大清光绪三十一年八月下浣　日建"，碑阳首题"清故文华殿大学士赠太傅晋封一等男爵瓜尔佳文忠公神道碑"，额篆书题"荣文忠公神道碑"，署"钦赐五品卿衔、前安徽合肥县知县荣成孙葆田撰文。赐进士及第二品衔、黑龙江提学使司提学使、前日讲起居注官、翰林院侍讲、国史馆纂修桂林张建勋书并篆额"。《荣禄神道碑》拓片所载比《校经室文集》卷四《文华殿大学士赠太傅晋封一等男爵瓜尔佳氏文忠公神道碑》末尾多一段文字："公一代宗臣，连姻帝室，为两宫所倚任，其恩眷之隆，勋猷之懋，且详《国史》。而良揆介贵阳制军陈公夔龙，属葆田撰公外碑，谨胪其讦谋宏烈、关于安危之大计者，勒诸贞石，以铭词系之。铭曰：天佑圣清，诞降硕臣。上格苍穹，下绥兆人。大敷厥施，以济艰屯。圣母曰咨，汝为蓍龟。密勿之言，中外不知。圣主曰咨，汝总朕师。内秉国枢，外抚四夷。亹亹其忠，烈烈其猷。难则臣匡，功则臣鸠。臣之靖献，有恋其衷。正色立朝，謇謇匪躬。允文允武，弼我郅隆。作此铭诗，以告万世。流泽孔长，绳绳继继。"

三月晦，卢昌诒卒。君子以行述乞铭，孙葆田作《山东候补道卢君墓志铭》。

《校经室文集》卷六《山东候补道卢君墓志铭》云："君讳昌诒，字栗甫，湖北黄冈人……葆田与君乡举同年，昔随侍先大夫游鄂，习闻君名，及同游济南，又不时相过从……君子□□以行述乞铭。"

春，王翰应会试至大梁，见孙葆田。请孙葆田为其父王珠裕作墓志铭。孙葆田作有《同知衔汤阴县知县王君墓志铭》。

《校经室文集》卷五《同知衔汤阴县知县王君墓志铭》云："明年春，应会试至大梁，见葆田而泣曰：'先大夫葬时，铭幽之文未具，今愿得先生文以传不朽。'予诺之。"

孙葆田收到许鼎臣手札后回信一封。

《校经室文集》补遗《覆许士衡孝廉札》其一："不见五六年矣，

张、王两生至，前后两奉手书，甚慰饥渴……大著并张、王两生所作，辄就鄙见，妄加删定……《史记归方圈点》如来札所拟无疑。"

春，高鸿裁嘱其从子茂枞携高密单氏所藏《方望溪遗稿》至河南，孙葆田因宋书升刻本未刻入文及《陈公庙碑》略为编次，命工刻之，即《望溪文集补遗》。

《校经室文集》卷一《方望溪文集补遗序》云："今年春，高君乃属其从子茂枞携元稿至河南，予因宋氏本未刻文及《陈公庙碑》略为编次，命工刻之。"

春，萧山黄元寿回浙，孙葆田托他带给夏震武一书并大著原稿四册。

《校经室文集》卷五《诰封安人夏母汪安人墓表》[1] 后《附致夏涤庵书》云："去年春，黄砚庵孝廉公车回浙，托带一书并大著元稿四册，想俱收过。"

按：黄元寿，浙江萧山人。光绪十一年（1885）举人。著有《望烟楼诗草》《青羊集》《南强文钞》等。

四月某日，学生湖北曾某以饭菜太恶劣，与厨房争，孙葆田因加以管教语涉谩骂遭学生抗议。

《国民日报》（1903.10）所载《第一次调查河南高等学堂》："今春四月某日，学生湖北曾某以饭菜太恶劣，与厨房争，孙葆田氏妄作出位之思，语涉漫骂。曾某，童子也，忍之。王人杰与直隶王绍曾，以教习骂学生，事大背谬，且收支委员日以饭食剥削学生，亦不可纵之，遂愤然率全班学生退学。监督徐睹学生纷纷情形，大恐，往询于众曰：'此事谁倡之？'众应之曰：'公愤。'复问曰：'汝等退学，必有代表，此退学之原因者？'众应之曰：'王人杰、王绍曾。'徐往问二人以何故。二人即言总教习肆口骂学生，收支委员吴廷模任意剥削饮食，余等与兹二人势不能并立。徐因问曰：'究竟欲获何等利益，始肯留学？君等言之，余必转达总办。'二人遂告之曰：'孙葆田向众学生表明其言有昏聩荒唐之失，吴廷模撤差停委，委员

[1]《校经室文集》卷五目录部分该篇文章题目为《夏母汪安人墓表》。

与学生须同堂吃饭。'其他尚有关系功课多件。徐曰:'余事请再议,此三事者,余即往商总办,君等能待我乎?'二人应曰:'诺。'以九点钟相期。徐先往告于孙葆田,孙惧,甚恐。此席一脱,则累累然一千八百金向何处讨乎。遂径到学生处诉其出言之猛浪,声泪俱下,继之以长揖。学生等因其老迈不省事,麾之去。孙出门时,夜深黑甚,并足立暗中三刻许,始去。次日午后,藩司延祉来堂大骂徐君监督之无术。徐君鹄立道旁,泪眼莹然。此事,徐实无罪也。见吴廷模,大声呵之曰:撤汝差。并令委员与学生同堂吃饭,不得妄有区别。吩咐毕,坐轿子而去。移时,候补道张楷者,亦学堂总办也,来堂率诸学生与孙葆田对面三揖,并云:现在江南浙江等省学堂中各起风潮,尔等决不可沾染习气云云。其实吴廷模并未撤差,不过借此销王人杰、王绍曾之愤气耳。后二人一以进士赴殿试,一以师范赴北京,吴仍来堂办公。"

孙葆田送锡良南行。

《校经室文集》卷三《寄锡清弼制府书(甲辰冬)》[1]云:"葆田自去夏恭送台旌南行后,旋即辞避学堂一席。"

河南巡抚张人骏多次与孙葆田晤谈。因感觉无事而食,故于五月节后,孙葆田即见张人骏,面辞河南高等学堂总教习一职。

《晚清重臣——张人骏考略》所收张人骏《癸卯随录》载某月十二日:"至孙佩翁处晤谈,适林学使来,良久始散。"二十日:"午后至山东馆,拜孙佩南总教习,其意欲辞馆回东,似无留意。而余亦将去豫,不便强留。"二十一日:"午后孙佩翁、王季樵均来谈。"

《校经室文集》卷三《复陈小石中丞书》云:"而葆田无事而食者,已一年矣。故于五月节后,即见安圃大中丞,面辞此席。"

仲夏,孙葆田作《望溪文集补遗序》(即《校经室文集》卷一所收《方望溪文集补遗序》)。

徐天祥、陈蕾点校《方望溪遗集》附录收孙葆田《望溪文集补遗序》,末题"光绪癸卯仲夏,荣成孙葆田序于大梁寓舍"。

---

[1]《校经室文集》卷三目录部分该篇文章题目无"甲辰冬"三字。

《校经室文集》卷一《方望溪文集补遗序》云："葆田自年十六、七时，学为古文词，即笃嗜望溪文……光绪庚子秋，予年六十有一，以就医来河南，适书贾以商丘宋氏旧藏书数种求售，中有钞本《望溪集》四册。予叔弟鲁阶……用重价购之。比予检对全集，则有未刻文三十三篇……予因书告潍县高君翰生，将付剞劂……而予叔弟以是年辛丑冬殁于任所，明年予护丧归里……今年春，高君乃属其从子茂枞携元稿至河南，予因……略为编次，命工刻之。"

徐天祥、陈蕾点校《方望溪遗集》附录收刘声木《望溪文集再续补遗序》云："商丘宋氏旧藏钞本未刊之文，为孙佩南京卿搜辑编刊补遗。"

按：孙葆田在《方望溪文集补遗序》中提到方苞有《尚书集注》稿本，存单为镆所。单为镆卒后，不知书归何人，孙葆田屡访未得，期待有能刻而传之者。

夏五月，作《古文尚书跋》。

《校经室文集》卷一《古文尚书跋》末题："光绪癸卯夏五月。"

崔赞襄卒后，其门人以其女夫王兰芬所述事状寄汴，通过同年王友农请孙葆田作外碑之文，会孙葆田亡弟长子以疾殁于汴寓，迟迟不果为。王友农促至再三，孙葆田作《范县学训导崔予思先生墓碑》。

《校经室文集》卷五《范县学训导崔予思先生墓碑》："及卒后，其门人采众议，私谥曰文恪，又以先生女夫王兰芬所述事状寄汴，介予同年长兄王友农，属予为外碑之文。会予亡弟长子以疾殁于汴寓，予以是迟迟不果为。而友农促至再三。予家世居荣成，先生为教谕时，予方奔走京外，不及见先生，今先生卒已年余矣。回思同举诸君，亦大半零落，其客游仅存者，独予与友农数人耳，予何敢以不文辞。"

五月间，孙葆田叔弟长男为季弟之嗣子者孙诒燕复以软脚疾夭于汴中。孙葆田因此辞学堂遽归乡里，虽有当路之挽留而不暇熟计也。有答陈侍郎与林学使书。

《校经室文集》卷三《寄张劭予侍郎书（甲辰春）》云："于去夏五月间，季弟之嗣子复以软脚疾夭于汴中。此其所以辞学堂遽归乡里，虽有当路之挽留而不暇熟计也。有答陈侍郎与林学使书。"

《校经室文集》卷三《复陈小石中丞书》云："属又遭家不幸，于五月杪，有昌黎伤侄之感。"

《校经室文集》卷三《致恩新甫中丞书（附来书）》云："葆田遭家多难，癸卯夏，亡弟六皆长男为季弟后者，又殒于汴寓。先是，葆田已辞学堂总教习，因以秋冬间送其旅榇归里。"

许鼎臣《龙翡山馆文集》卷一《寄佩南先生书》："去岁，辞高等学堂教习矣。"

五月，孙葆田方有犹子之戚。乃忽于友人所得知陈阜去世，初疑所传之非真，既乃得君家讣。

《校经室文集》卷六《祭陈祜曾文》云："当去岁五月，我方有犹子之戚。乃忽于友人所得君凶问，我初疑所传之非真，既乃得君家讣启，始叹天道之果不可以理论。"

时有人因欲得河南学堂总教一席，乃以一函自北京邮政局来河南，痛骂孙葆田之顽固，数其有七可杀之罪。众人之意皆曰此必出于王人杰之手。孙葆田径致书于王人杰，略云："闰五月二十三日得来书，具见良友责善之意，至深且长。仆肩此重任，自惭不才，但贱名曾经入奏，故去留不得自由耳。仆现在业已辞馆，不必再劳斥逐云云。"王人杰先以书覆之，告以误会，及王人杰来河南，适陈夔龙来抚豫，王人杰复邀其旧日同学具禀于抚辕留之。

《国民日日报》（1903.10）所载《第一次调查河南高等学堂》："王于闰五月初四日入北京大学堂，六月十六日因放暑假回豫。时有人因欲得河南学堂总教一席，乃以一函自北京邮政局来河南，痛骂孙葆田之顽固，数其有七可杀之罪。孙不自安，径由学堂出，居山东会馆。众人之意皆曰此必出于王人杰之手。孙径致书于王，略云：'闰五月二十三日得来书，具见良友责善之意，至深且长。仆肩此重任，自惭不才，但贱名曾经入奏，故去留不得自由耳。仆现在业已辞馆，不必再劳斥逐云云。'王先以书覆之，告以误会，及王来河南，适陈夔龙来抚豫，王复邀其旧日同学具禀于抚辕留之。"

孙葆田得陈夔龙书，愿孙葆田仍留任河南高等学堂总教习一职。孙葆田作《复陈小石中丞书》，认为"总教习一席，不易胜任。则事权不一，学术多歧。两言足以该之。而诸生禀留，又出自一二人私意，意更别有所在，非大公无私、爱人以德之义也"。因此孙葆田曰："今学堂诸生，果皆可进为吾徒乎？分教习诸君，亦有可以就正者乎？如有其人，葆田方将执挚求益，否则割席分坐。"

《校经室文集》卷三《复陈小石中丞书》："日前面奉教言，甚慰钦慕。顷承惠札，以高等学堂亟须及时整顿，愿葆田仍留此席，以副朝廷教育人才之意，且感且愧……"

《校经室文集》卷三《答曹仲铭中丞书》云："又前年秋答陈小石中丞一书，今辄录稿上呈清览。"

按：陈夔龙（1857—1948），字筱石，一作小石、韶石，号庸庵、庸叟、花近楼主，贵州贵筑（今贵阳）人。光绪十二年（1886）进士，后为荣禄所重。任兵部主事、顺天府丞。光绪二十六年（1900）授顺天府尹，改河南布政使，二十七年（1901）十月迁漕运总督。二十九年（1903）任河南巡抚，三十二年（1906）改江苏巡抚，次年七月授四川总督。三十四年（1908）二月调湖广总督。宣统元年（1909）十月调直隶总督，辛亥革命后去职。民国六年（1917），张勋复辟，被任为弼德院顾问大臣，九十三岁时病死。著有《梦蕉亭杂记》等。

五六年前，陈毓藻求孙葆田表其先府君陈开基之墓。因舟车往来，孙葆田将事状失去。是年秋，于仲范复为之请。孙葆田乃索得原状，于是年秋七月，作《前浙江金华府经历陈府君墓表》[1]。

《校经室文集》卷四《前浙江金华府经历陈府君墓表》云："陈君毓藻求表其先府君之墓，今五六年矣。会予以奔走多故，舟车往来，久之将事状失去。今年秋，于君仲范复为之请。乃索得原状，为叙其大略而归之……光绪二十九年秋七月表。"

按：陈毓藻，山东曲阜人。以通判需次河南，历署温县、项城、

---

[1]《校经室文集》卷四目录部分该篇文章题目无"前"字。

荣泽知县。

陈开基（1830—1865），字企韩，一字少文。同治三年（1864）秋选授金华府经历，明年六月檄署武义县事，积劳致疾，卒于任所。

秋七月，作《旌表节孝士默特母叶太恭人事状书后》。叶太恭人为世荣之母。

《校经室文集》卷二《旌表节孝士默特母叶太恭人事状书后》云："国子监司业世君荣，述其先姚叶太恭人节行，累数千百言。葆田读未终篇，不禁悚然起立曰：'世君可谓能显其亲者矣！'……光绪癸卯秋七月。"

按：世荣，国宝之子。袭蒙古汉军元帅，兼文州吐蕃万户府达鲁花赤。后以功，升任吐蕃宣慰使议事都元帅。

秋七月，于文中以疾卒。其墓志铭为张昭潜所作，孙葆田为之作传。

《校经室文集》卷四《于子和先生家传》云："癸卯秋七月，以疾卒……濂芳等已乞吾老友张次陶志其墓，余乃流涕而为之传。"

孙福海藏书数万卷，至今已散失过半。

《校经室文集》卷二《旌表节孝士默特母叶太恭人事状书后》云："予家自先大夫藏书数万卷，至今散失过半，而葆田又以奔走多故，不能安居教子孙，所谓不学则老而衰者，文章亦然。"

秋，孙葆田编刻《望溪文集补遗》成。

《校经室文集》卷一《天根文钞序》云："今年秋，适予编刻《望溪文集补遗》成。"

民国《安徽通志稿·艺文考稿》载："《望溪文集补遗》一卷，清方苞撰，荣成孙葆田辑。葆田从商丘宋氏抄本得文三十三篇，高密单氏本得文四篇，武陟陈恪勤鹏年庙得碑铭一篇，共三十八篇。光绪二十九年，刻于河南并序。"

按：孙葆田编刻《望溪文集补遗》为《孙氏山渊阁丛刊》九种之一，光绪二十九年（1903）荣成孙氏问经精舍刻本。

秋八月，作《周文忠公手迹书后》。

《校经室文集》卷二《周文忠公手迹书后》末题："癸卯秋八月。"

按：民国《续修东阿县志》卷十四"艺文下"收有孙葆田所作《周文忠公手迹书后》，内容与《校经室文集》所收出入较大。比较言之，《校经室文集》内容更全，《续修东阿县志》所收只占约三分之二篇幅。

秋八月，于大梁寓舍作《天根文钞序》。

《校经室文集》卷一《天根文钞序》云："今年秋，适予编刻《望溪文集补遗》成，乃取先生文序之。距别先生汝宁时，又两余年矣。光绪癸卯秋八月。"

《天根文钞》卷一《序》末题："癸卯秋八月，荣成孙葆田序于大梁寓舍。"

按：民国《封丘县续志》卷二十六"文征"收有孙葆田所作《天根文钞序》，录自《天根文钞》。该文后介绍孙葆田，称其"著有《经润楼文集》"。

秋八月，应潘守廉之请，孙葆田于大梁寓舍作《新修南阳县志序》。

《校经室文集》卷一《新修南阳县志序》："越二年，而后编纂粗定……又予中更忧患，舟车往来，亦无暇专心考定，则其有负贤士大夫相属之意多矣。潘君俾予序其首……故仅序修志缘起与纂叙体例，以俟当世士君子之论定云尔。光绪癸卯秋八月。"

光绪《新修南阳县志》孙葆田序末题："光绪癸卯秋八月，荣成孙葆田序于大梁寓舍。"

刘必勃至大梁见孙葆田，捎来韩嘉会手书，发还《许玉峰集》，又承示孙叔谦宰阌事实，孙葆田作有《答韩合卿书》，此信札《校经室文集》未收，民国《阌乡县志》卷二十"文征"见收。

参考本年谱"附录"部分。

秋九月，孙葆田护送亡侄即季弟嗣子灵柩返里。

《校经室文集》卷三《寄锡清弼制府书（甲辰冬）》云："秋杪，因护送亡侄灵柩返里。"

《校经室文集》卷四《于子和先生家传》云："及明年秋九月，余复护季弟嗣子之丧至潍，则先生殁已三月矣。"

秋，王埲送孙葆田至东门外。

《校经室文集》卷三《寄王爵生阁学书》云："自癸卯秋承大驾
送行东门外，不意又相聚三年。"

孙葆田曾一见世荣。

《校经室文集》卷三《答世仁甫侍讲书》云："葆田自前年别后，
本拟伏处乡里，不复出门。"

冬，忽接陈夔龙书，延主大梁书院讲席。孙葆田以故乡为德戎
逼处，不能安居，遂仓促应聘。

《校经室文集》卷三《寄张劭予侍郎书（甲辰春）》云："去年冬，
忽又接陈侍郎书，延主大梁书院讲席。仓卒之际，遂尔应聘。"

《校经室文集》卷三《寄锡清弼制府书（甲辰冬）》云："冬间，
又接汴帅书，延主大梁书院讲席。以故乡之不能安处也，亦遂仓促
应聘。"

《校经室文集》卷三《答世仁甫侍讲书》云："嗣因汴帅有大梁
书院讲席之约，亦以故乡为德戎逼处，不遑安居，乃更应聘而出。"

腊月朔，忽由潍县某大令见示周馥电信，云得锡良电，拟招孙
葆田入蜀。孙葆田以汴约在先，须到汴婉商。因嘱某大令电复。

《校经室文集》卷三《寄锡清弼制府书（甲辰冬）》云："至腊月
朔，忽由潍县某大令见示周中丞电信，云得执事电，拟招葆田入蜀，
并属其代借四百金为旅费。葆田以汴约在先，须到汴婉商。因属某
大令电复。"

是年，孙葆田作《韩府君墓碣》。韩府君指韩锦城，孙葆田于同
治中尝因闫西峰太守得一识君。韩锦城去世后，长子韩聚龢述其行略，
求孙葆田为表墓之文。

《校经室文集》卷五《韩府君墓碣》云："韩君聚龢，述其先府
君行略，求余为表墓之文……余于同治中，尝因闫西峰太守，得一
识君，今几四十年矣。"

按：韩锦城（1830—1899），字华亭，又号雅斋，武安人。习贾，
晚年以商业授人，以善行化导后进，援例得翰林院待诏职，并钦加

五品衔。

光绪二十九年（1903），朝廷降旨允准设立商部。《韩府君墓碣》孙葆田云："近日朝廷亟行新政，特立商部。"故将此条放于是年。

是年，杨廷榦之父殁葬一年矣，杨廷榦手其先人事状与乡谥议各一册，嘱孙葆田志其墓。孙葆田与杨廷榦新相知，作有《安徽泾县知县杨君墓志铭》。

《校经室文集》卷五《安徽泾县知县杨君墓志铭》云："杨学博廷榦手其先人事状与乡谥议各一册，再拜稽首言：'……今幸而遇先生，敢以先人不朽之名为托。'……君卒于光绪二十八年七月二十五日……子男五……季即廷榦，廪生，中式己丑恩科举人……与葆田新相知，求志君墓者也。"

按：杨廷榦，廪生，光绪十五年（1889）恩科举人，甲午会试挑取誊录，官德州学正，有文行。

光绪三十年甲辰（1904） 六十五岁

正月二十五日，作《祭陈祜曾文》。

《校经室文集》卷六《祭陈祜曾文》云："惟光绪三十年岁次甲辰正月二十五日，孙葆田谨以清酌庶羞之仪，致祭于陈君祜曾之灵。"

春二月，为夏震武母作《诰封安人夏母汪安人墓表》。

《校经室文集》卷三《寄张劭予侍郎书（甲辰春）》云："葆田近两三年不复能构思为文，近乃为夏涤庵太夫人作一墓表，大抵皆本诸元状，有实行可述，兹特录稿附呈。"

《校经室文集》卷三《答世仁甫侍讲书》云："往岁畋同年夏涤庵工部属表其先太宜人，亦迟之三年之久，始于去年春勉强塞责。"

《校经室文集》卷五《诰封安人夏母汪安人墓表》末题："光绪三十年二月表。"

二月间，许鼎臣至汴，寓孙葆田所三十余日。孙葆田言悔就大梁书院讲席之聘。暮春，两人分别。

《校经室文集》补遗《覆许士衡孝廉札》其一："私心甚望明春会试时得早与左右重晤为幸。"

许鼎臣《龙觜山馆文集》卷一《寄佩南先生书》云："鼎臣顿首再拜，奉书佩南先生左右。二月间，鼎臣至汴，寓先生所三十余日。日亲道范，谕诲殷恳，恍入高密、泰山之座，使人委琐龌龊心，不知屏除何有。独恨不能相从久侍，至为歉然……今岁又为鼎臣言，悔就大梁书院讲席之聘。"

许鼎臣《龙觜山馆文集》卷一《上佩南孙先生书》云："自去岁春暮别先生……"

许鼎臣《龙觜山馆文集》卷一《寄吟秋先生书》（九月初七日）云："鼎臣今年挟一砚，数枝鸡毛笔，出赴进士科也。而至汴冒雨出南郭门，独怆然拜黄先生祠下，谒佩南先生，即留寓大梁讲院，得借读富阳夏涤庵先生集。闱后则南谒先生，往返一千六七百里，手抄佩南先生与吾先生并涤庵先生诗文，统八九百首。归来发箧读，则佩南师文如坚木也，如澄泉也，如核在果而足在履也，如幽岩古屋老桂，霜菊逢时吐华，而无人自开落也。"

许鼎臣《龙觜山馆文集》卷一所收二月七日《覆梁越璞书》云："今年拟决志出，一至汝阳谒何先生，至大梁谒佩南孙先生。师友一面之缘，甚非容易。"

许鼎臣《龙觜山馆文集》卷一所收九月十三日《再答梁越璞书》云："今年出，原非赴进士科，特欲一谒访旧师友，且隐观当世时势所趋之所极。而至汴，留佩师所，佩师言：既来此，不与试，殊不免矫情。而诸友亦有责以欲避名以要名者。鼎臣亦嫌故违师友意而不与试为作怪，辄又复逢场为戏。"

许鼎臣《龙觜山馆文集》卷二《致刘翰怡先生》（夏历二月十八日）云："其后五六年，师主讲大梁书院。鼎臣以甲辰会试汴中，主师所五六十日。师所至，辄蓄鸡一只。每鸡鸣起，整衣冠，抗声读朱子《四书集注》。将昧爽，则闻履声橐然，至鼎臣所促谈矣。于是鼎臣遂以习早起，钞前所未钞文七八十首。间问宰宿松、合肥以来事……"

别孙葆田后五日，许鼎臣至郾城，又三日至汝阳，留何家琪所十日，何家琪问及孙葆田起居。

许鼎臣《龙觜山馆文集》卷二《致刘翰怡先生》（夏历二月十八日）云："罢会试后别去。"

许鼎臣《龙觜山馆文集》卷一《寄佩南先生书》："别先生后五日至郾城，又三日至汝阳，留何先生所十日，何先生与鼎臣言时事辄流涕歔欷，间问先生起居，且曰：'吾身世遭骨肉之痛，盖与佩南先生同。'言毕则指其二子者，曰：'吾差慰于佩南先生，独此耳。'"

王乃昌应试至汴，谒孙葆田于大梁书院，请孙葆田为其祖父王练作表墓之文。春三月，孙葆田作《内阁中书衔前即墨县学训导王先生墓表》。

《校经室文集》卷四《内阁中书衔前即墨县学训导王先生墓表》："及是，先生之孙乃昌，以庚子辛丑恩正并科举人，应会试至汴，谒予大梁书院，以先生门人张绍价所为传，属予为表墓之文，距先生卒又十有二年矣。先生卒于光绪十八年三月二十八日，春秋七十有四……光绪甲辰春三月撰。"

既为王练表墓之文，会得王乃禄书，请其为父王希贤作文以传不朽。春三月，孙葆田作《直隶曲周县知县王君墓表》。

《校经室文集》卷四《直隶曲周县知县王君墓表》云："予既为澄江王先生表墓之文，会得年家子王乃禄书，云：'不孝罪戾滋深，先考以去年十月弃养，生平事迹实有不可泯没者，愿托先生文，以垂不朽。'葆田曰：'乌虖，吾同年中又失一循良矣。表彰志行，予其曷敢辞？'……甲辰春三月表。"

按：国家图书馆"碑帖菁华"收有《王希贤墓表》拓片，原石帖式刻，共七石，刻立地为山东淄博。首题"诰授奉政大夫同知衔直隶曲周知县王君墓表"，末题"光绪三十年甲辰春三月"，署"赐进士出身、诰授中宪大夫、钦赏五品卿衔、前刑部主事加四级荣成孙葆田撰。赐同进士出身、诰授资政大夫、内阁学士兼礼部侍郎衔、提督、河南学政莱阳王塿书"。

春三月，孙葆田作《题徐氏阐幽录》。《阐幽录》是徐宗勉为表彰先人懿行，遍求当代诗歌文词，所得数十百篇。赵文运自济南以《阐幽录》一编寄大梁书院，请孙葆田作序。

《校经室文集》补遗《题徐氏阐幽录》云："赵君文运，自济南以《阐幽录》一编寄予大梁书院，曰：'先生喜与人为善，愿得先生序，以为徐氏先德光也。'予甚愧乎其言。按：《阐幽录》者，徐君宗勉思表其先人懿行，因遍求当代诗歌文词，自王公大人，以至外裔能文之士，所得凡数十百篇……光绪甲辰春三月。"

按：徐宗勉与赵文运同为山东胶州人。据《增修胶志》所载，徐宗勉，字景修，诸生，鸿胪寺序班，保至府经历，签分河南。著有《徐氏观感录》《阐幽录》两种。赵文运，字子开，号容斋，嗜学、工文、善书，肄业济南泺源、尚志两书院，为匡源、丁守存、孙葆田诸先生所器赏。历主诸城、莒州两邑书院讲席，宣统《山东通志》分纂，民国十年续修《胶志》，公推赵文运为总纂。著有《周易讲义》《尚书讲义》《尚书禹贡图义》各一卷，《说文谐声谱》《说文字例浅解》各二卷，《容斋诗文存》共三卷，俱未梓。

甲辰春，孙葆田作《寄张劭予侍郎书（甲辰春）》辞经济特科之荐，不应征辟。

《校经室文集》卷三《寄张劭予侍郎书（甲辰春）》云："去岁春初，前抚帅张安圃侍郎一日见过，曰：'劭予侍郎以子名首应经济特科之荐，子今复为征君矣。'葆田惊愕莫释……使葆田获此于年少应科举之时，尚须顾名以思副其实，况又年逾六旬……而又遭家多难……去年冬，忽又接陈侍郎书，延主大梁书院讲席，仓猝之际，遂尔应聘。"

《校经室文集》卷三《答曹仲铭中丞书》云："葆田去岁有寄张劭予侍郎与川督锡清帅书。"

《校经室文集》卷三《再寄胡鼎臣中丞书》云："去岁有寄张劭予、锡清弼两同年书，今则录稿上呈。"

春，有自蜀中来者，传闻仍为商办学务，孙葆田深知万难胜任。

《校经室文集》卷三《寄锡清弼制府书（甲辰冬）》云："今春，

有自蜀中来者，传闻仍为商办学务。是则葆田固深知其万难胜任也。"

四月五日，汉阳宋修平之姊、陈锴之母卒，享年六十有一。

《校经室文集》卷六《山西候补知府陈公继室宋夫人墓志铭》云："夫人汉阳宋氏，父……官山西左云县知县……左云公既官山西，选婿得安陆陈君……及庚辰，年幼子锴生……夫人之弟宋修平，与葆田同岁举于乡，而左云公实与先大夫为道光癸卯乡举同年，故葆田得悉夫人家世懿行为独详，又与锴同游河南，相善也。"

按：孙葆田与陈锴同游河南，相善。陈锴自山西寄书大梁，愿得孙葆田铭幽之文。孙葆田作有《山西候补知府陈公继室宋夫人墓志铭》。

夏初，孙葆田失一侄妇于汴寓，即其兼祧子昌燕之妇郭氏，失恃小孙名寿彝者年甫六岁，孙葆田躬为抚育。

《校经室文集》卷三《寄锡清弼制府书（甲辰冬）》云："而又遭家不幸。夏初，又失一侄妇于汴寓。"

《校经室文集》卷三《答曹仲铭中丞书》云："又自去岁小孙失恃，躬为抚育，顷刻不能少离。"

《校经室文集》卷三《答世仁甫侍讲书》云："自去岁夏兼祧男丧其妇，一孙年甫六岁，今方携至馆中，身自教育。"

《校经室文集》卷三《致恩新甫中丞书（附来书）》云："甲辰夏，葆田所立兼祧子妇郭氏又夭，去岁嗣子昌燕始续娶。而有一失恃小孙乃葆田躬为抚育，顷刻不离，今已两年余矣。"

许鼎臣《龙翯山馆文集》卷一《寄佩南先生书》："有人自汴来，为言先生复有从子妇之丧，十月间仍将举榇东归。"

许鼎臣《龙翯山馆文集》卷一《上佩南孙先生书》："自去岁春暮别先生，其后闻先生又有从子妇之丧，将举榇东归。"

六月庚午，潍县高翰阁卒。孙葆田寓居潍，与高西林仅一再过从。高翰阁子高飏生从孙葆田游，述君行略，乞孙葆田表其墓。孙葆田因作《直隶补用知府前通州石坝州判高君墓表》。

《校经室文集》卷四《直隶补用知府前通州石坝州判高君墓表》云：

"潍有贤人君子，曰高君西林，生而孝友端肃……葆田自寓居潍，与其贤士大夫游日久，独与君仅一再遇……子二……胤生，壬寅补行庚子辛丑并科举人，从葆田游，述君行略，乞余为表其墓。"

刘声木《桐城文学渊源撰述考》云："高胤生，字□□，潍县人，光绪壬寅补行庚子辛丑并科举人，师事孙葆田，受古文法。（《校经室文集》）"

按：高翰阁（1830—1904），字西林，一字墨林。同治元年（1862）举人，同治十年（1871）进士，以知县用，签分河北。通州石坝州判，直隶补用知府。

秋，夏震武有与孙葆田书，谓明岁有游梁之意。

《校经室文集》卷三《寄胡鼎臣中丞书》云："同年夏涤庵工部，原名震川，今改名震武，学宗孔孟，实为当代大儒。其品学胜黄曙轩百倍。庚子岁尝赴行在上书，以不合而归。去秋与葆田书，谓今岁有游梁之意。"

秋，陈代卿寿八十，孙葆田思仿姚鼐为文以祝，不果。

《校经室文集》卷一《陈先生文集后序》云："去年秋，先生寿八十，葆田思仿姚郎中为文以祝，竟因才尽学荒，不果。"

八月十三日，于荫霖卒于南阳寓邸，其遗疏乃孙葆田所拟。

《校经室文集》卷三《寄锡清弼制府书（甲辰冬）》云："于次翁以八月十三日卒于南阳寓邸，正人日少，甚为可叹，其遗疏乃葆田所拟。"

八月二十三日，许鼎臣作《寄佩南先生书》，向孙葆田荐明道书院，还提及孙葆田文集编订情况。

许鼎臣《龙觜山馆文集》卷一《寄佩南先生书》："而中州人士，盖无不思得先生主讲明道书院者……中州人士将来或敦延先生，愿先生之无固却之也。先生之不能至汝州，鼎臣则已覆知，慕韩兄弟矣。鼎臣在汴日钞先生文集，中有先生自订目录，曰初编，曰外编，文则多有目录所不载、意成于编目录后者。鼎臣则以意仿初编，次为续编，又有旧钞自鲁阶先生处、先生集中并未载者，意为先生删去不存之稿，谨列于后为拾遗，未知能当于先生之意否……八月二十三日，鼎臣顿首再拜。"

冬初，孙葆田又丧一侄婿，即前河南候补知州孔牧庆鉴。年甫三十有二。其身后一切皆孙葆田代为经理。

《校经室文集》卷三《寄锡清弼制府书（甲辰冬）》云："方拟今冬携孙儿辈再回故里，近者又有侄婿之丧，即前年秋到省候补知州之孔牧，年甫三十有二。其身后一切，皆葆田代为经理。"

《校经室文集》卷三《答世仁甫侍讲书》云："冬初又丧一侄婿，前河南候补知州孔牧庆鉴。"

《校经室文集》卷三《致恩新甫中丞书（附来书）》云："此两年内，又丧一侄婿与侄女，乃曲阜孔孝廉河南候补知州。其身后事，则皆葆田代为料理。"

甲辰冬，因王大令赴蜀，孙葆田作《寄锡清弼制府书》顺便捎给锡良。

《校经室文集》卷三《寄锡清弼制府书（甲辰冬）》云："兹因即用王大令赴蜀之便附陈，一一侍教，未知何日临楮，不胜驰依。"

《校经室文集》卷三《答曹仲铭中丞书》云："葆田去岁有寄张劭予侍郎与川督锡清帅书。"

《校经室文集》卷三《再寄胡鼎臣中丞书》云："去岁有寄张劭予、锡清弼两同年书，今则录稿上呈。"

冬，孙葆田与胡廷干有交往。

《校经室文集》卷三《寄胡鼎臣中丞书》云："故葆田去冬侍坐，谓天子宜以大司农待公，如赵次珊同年之入为尚书，今其机矣。"

按：胡廷干（1841—1906），字鼎臣，湖北光州直隶州光山县（今河南省光山县）人。同治十三年（1874）进士。光绪十二年（1886）任户部湖广司主事，光绪十三年（1887）任户部江西司员外郎，次年任户部广东司郎中。光绪十七年（1891）任福建汀州府知府，光绪二十二年（1896）改福建福州府知府，光绪二十四年（1898）任福建督粮道、署福建盐法道，次年署福建按察使，授湖南按察使。

光绪二十六年（1900）改山东布政使，光绪二十七年（1901）护山东巡抚，光绪三十年（1904）任山东巡抚，代行办理衙门日行公事。同年改江宁布政使，改江西巡抚。后因南昌教案被撤职。

冬，胡廷干以东省师范学堂总教习见招，孙葆田亦不果就。

《校经室文集》卷三《答曹仲铭中丞书》云："再去冬，胡中丞曾以东省师范学堂总教习见招，亦不果就。"

仲冬，《新修南阳县志》刊成。

光绪《新修南阳县志》牌记："光绪三十年岁次甲辰仲冬刊。"

按：据光绪《新修南阳县志》职名，监修于荫霖，监定孙葆田，总纂潘守廉，分纂张凤冈、乔景濂、任学椿、潘矩健、魏廷鉴、雷履棠、张嘉谋，测绘戴广恩、王宗纲，另尚有校勘数人，不再一一枚举。

腊月，见邸钞，知胡廷干已受命巡抚江西。

《校经室文集》卷三《寄胡鼎臣中丞书》云："葆田去腊见邸钞，欣悉恭承恩命移节江西。"

杨士骧署山东巡抚。

《清史稿·疆臣年表》"山东巡抚"栏载光绪三十年十二月己酉："胡廷干迁，杨士骧署山东巡抚。"

腊月，孙葆田回潍。

张昭潜《无为斋遗集》卷一《与孙琴舫兄弟 琴舫弟仲玉名乃琨》云："佩南自去腊回潍，家运犹是不顺。"

岁暮，自河南归里，潍县邑人嘱孙葆田为文记重修通利桥事，以勒诸石。先是光绪二十九年冬邑人修筑南门城垣。工既讫，刘嘉颖少子恪恭谋于诸父，将承先人之志，乃独任修桥费。光绪三十年春二月初兴工，阅月而告成。董其役者，陈君宪卿、于君松圃。

《潍县志稿》卷十"营缮·桥梁"收孙葆田撰《重修通利桥记》载："癸卯冬，邑人修筑南门城垣。工既讫，刘君少子恪恭谋于诸父，将承先人之志，乃独任修桥费。以甲辰春二月初兴工，阅月而告成。董其役者，陈君宪卿、于君松圃。会岁暮，葆田自河南归里，邑人属予为文，以勒诸石。"

是年，孙葆田友萧树升为父母请封赠，其母得称太恭人。太恭人九十寿辰时，萧树升门人王寿彭修撰、徐金铭主政为广征诗文，而以齿嘱孙葆田为序，孙葆田作《萧母何太恭人九十寿序》。

《校经室文集》补遗《萧母何太恭人九十寿序》云："吾友萧翰湘之母何太恭人，懿行闻于乡里，年登耄耋。今岁十一月二十二日，为太恭人九十寿辰。于是，翰湘门人王次篯修撰、徐庚生主政为广征诗文，而以齿属余为序。"

按：王寿彭（1874—1929），字次篯，山东潍县人。光绪二十九年（1903）状元。官湖北提学使兼布政使，后出任山东省教育厅长、山东大学校长。

徐金铭，字庚生，山东历城人。光绪三十年（1904）进士，后授以主事分部学习。著有《六慎斋文存》三卷、《诗存》一卷。

光绪三十一年乙巳（1905）　六十六岁

元旦，张昭潜作试笔诗二首，其一寄孙佩南。

张昭潜《无为斋遗集》卷一《与孙琴舫兄弟 琴舫弟仲玉名乃琨》云："元旦试笔诗二首，其一系寄孙佩南者。"

正月吉日，孙葆田撰文、同邑王寿彭书丹《重修通利桥记》，勒石以成。

《潍县志稿》卷十"营缮•桥梁"收孙葆田撰《重修通利桥记》末题："大清光绪三十一年正月吉日。"

春正月，作《知府衔河内李府君墓表》。李府君为李恩祥之父，孙葆田应李恩祥之嘱，作表墓之文。

《校经室文集》卷四《知府衔河内李府君墓表》末题："光绪三十一年春正月表。"

春，作《寄胡鼎臣中丞书》，贺胡廷干任江西巡抚。

《校经室文集》卷三《寄胡鼎臣中丞书》云："新春惟起居曼祜为颂。葆田去腊见邸抄，欣悉恭承恩命，移节江西……同年夏涤庵……庚子岁尝赴行在上书，以不合而归。去秋，与葆田书，谓今岁有游梁之意。葆田赴汴，当在二三月间，不审旌节赴南，尚经珂里否？"

春，在潍，闻曹鸿勋受命任陕西巡抚。

《校经室文集》卷三《答曹仲铭中丞书》云："葆田今春在潍，欣闻自天有命简任陕抚。"

春，孙葆田在潍寓读世荣去岁赐书，世荣欲使孙葆田述其母墓道碑文。孙葆田作有《答世仁甫侍讲书》。

《校经室文集》卷三《答世仁甫侍讲书》云："葆田今春在潍寓奉读去岁赐书，情深而语挚，纡馀委备，往复曲折，有俯仰揖让之态。甚矣，执事之文，有似于欧阳子也。顾犹以葆田为粗解文字，而使述太夫人高节懿型。"

按：民国《奉天通志》卷二百四十五收有孙葆田所作《答世仁甫学士书》，与《校经室文集》卷三《答世仁甫侍讲书》内容大体相同，只是文首多"仁甫尊兄先生大人阁下"，文末"所怀"下多"肃此敬请台安统维垂照不备乡愚弟功孙葆田顿首"，出处注为《静观斋丛录》。

孙葆田拟二三月间赴汴。

《校经室文集》卷三《寄胡鼎臣中丞书》云："葆田赴汴当在二三月间，不审旌节赴南，尚经珂里否？"

张昭潜《无为斋遗集》卷一《与孙琴舫兄弟 琴舫弟仲玉名乃琨》云："佩南自去腊回潍，家运犹是不顺。今春赴河南，约在二月初十日前后。"

近又有孔氏侄女之丧。

《校经室文集》卷三《答世仁甫侍讲书》云："冬初，又丧一侄婿，前河南候补知州孔牧庆鉴。近更有孔氏侄女之丧。"

《校经室文集》卷三《致恩新甫中丞书（附来书）》云："此两年内，又丧一侄婿与侄女，乃曲阜孔孝廉河南候补知州。其身后事，则皆葆田代为料理。"

孙葆田客游中州，道出济南，值杨士骧初临，孙葆田同年友胡廷干中丞曾嘱其进谒，适为阴雨所阻。

《校经室文集》卷三《答杨莲甫中丞书》云："往岁客游中州，道出济南，值榮戟初临，敝同年友胡鼎臣中丞，曾属其进谒，适为阴雨所阻，遂致徘徊，迄今一书之未进。昔人所谓置刺怀袖中者，今已忽忽三岁。"

大梁书院又改为校士馆。孙葆田携其孙寿彝至馆中，身自教育。

《校经室文集》卷三《答世仁甫侍讲书》云："今岁书院又改名校士馆，功课比前加增，计每月校课外，几无暇晷。又薄命，不幸叠遭变故。自去岁夏兼桃男丧其妇，一孙年甫六岁，今方携至馆中，身自教育。"

《校经室文集》卷三《再寄胡鼎臣中丞书》云："今则游梁、信陵两书院改并为客籍普通学堂。而大梁亦改名校士馆，又更称院长曰馆长，而其实不过改字课为札记，又省官馆九次奖银而已。"

许鼎臣《龙髯山馆文集》卷一《上佩南孙先生书》："今年四月，闲阅河南官报，知先生又至汴。"

孙葆田嗣子昌燕续娶王芬，候选知县王梓贤女。

《校经室文集》卷三《答曹仲铭中丞书》云："又自去岁小孙失恃，躬为抚育，顷刻不能少离。近者嗣子虽已续娶，而祖孙相依日久，舍此远游，既情难为怀，携以出门，亦势有所不可。"

《校经室文集》卷三《致恩新甫中丞书（附来书）》云："甲辰夏，葆田所立兼桃子妇郭氏又夭，去岁嗣子昌燕始续娶。而有一失恃小孙乃葆田躬为抚育，顷刻不离，今已两年余矣。"

《中国历代百花诗选》收王芬《咏菊》，关于王芬生平介绍如下："王芬（生卒年不详），字漱芳，山东蓬莱人，候选知县梓贤女，荣城京卿孙葆田子妇，江苏知县昌燕继室。"

四月，郑大令带曹鸿勋手书，招孙葆田入幕。曹鸿勋子颂野回汴，云其父已扫室以待。孙葆田作《答曹仲铭中丞书》表达不堪入幕之意。颂野回汴后，刘抡升与孙葆田不时接晤。

《校经室文集》卷三《答曹仲铭中丞书》云："四月杪，郑大令赍到手书，仰承廑注，反复观诵，未知所对，以致裁答久稽，想谅之也。颂野世兄回汴，复传盛谊，并云已扫室以待一月矣……如葆田者，恐不堪为入幕之宾耳……颂野世兄学识俱进，非复昔日阿蒙，子秀与葆田等不时接晤。"

平度州牧曹倜刻陈代卿《慎节斋文存》二卷于济南。既成，陈代卿命邮寄大梁，使孙葆田书其后。

《校经室文集》卷一《陈先生文集后序》云："右《慎节斋集》四卷 [1]，得文若干首，吾师宜宾陈先生所撰著。今年平度州牧江阴曹君为授梓于济南，既成，先生命邮寄大梁，使葆田书其后。"

《慎节斋文存》孙葆田跋云："右《慎节斋集》二卷，得文若干首，吾师宜宾陈先生所撰著。"

按：《慎节斋文存》二卷，有光绪三十一年（1905）济南江阴曹倜铅印本。

四月，孙葆田作《陈先生文集后序》于大梁校士馆之果行堂。

《校经室文集》卷一《陈先生文集后序》云："右《慎节斋集》四卷，得文若干首，吾师宜宾陈先生所撰著。今年平度州牧江阴曹君为授梓于济南，既成，先生命邮寄大梁，使葆田书其后。"

《慎节斋文存》孙葆田跋末题："光绪三十一年夏四月，荣成门人孙葆田，谨跋于大梁校士馆之果行堂。"

四月，友何家琪卒于汝宁学署。

许鼎臣《龙翯山馆文集》卷一《上佩南孙先生书》："封丘何先生，四月卒汝宁学署矣。"

夏六月，为亡友王兰升作《翰林院编修王君墓表》。

《校经室文集》卷四《翰林院编修王君墓表》末题："光绪三十一年夏六月表。"

按：民国《莱阳县志·人事志》收有孙葆田所著《王太史兰生墓表》，与《校经室文集》卷四《翰林院编修王君墓表》内容大体相同，只是末题为"光绪三十一年夏六月，荣城孙葆田表"，多"荣城孙葆田"五字。

---

[1]《校经室文集》所收《陈先生文集后序》言"右《慎节斋集》四卷"，《慎节斋文存》所收孙葆田后序所言卷数为二卷。

六月，孙葆田作《旌表节孝土默特母叶太淑人墓表》。

《校经室文集》卷五《旌表节孝土默特母叶太淑人墓表》末题："光绪三十一年夏六月表。"

初秋，作《题刘子秀论诗图》。刘抡升为孙葆田同乡老友，孙葆田始因柯劭慜、柯劭忞兄弟与刘抡升善。

《校经室文集》卷二《题刘子秀论诗图》云："老友刘子秀，吾乡诗人也。其诗初从盛唐入，既从胶州柯先生问诗律，乃益上溯汉魏六朝，于古今体无不工。予始因柯敬孺、凤孙兄弟与君善……光绪乙巳初秋。"

七月初三日，翟熙工去世。掖县翟氏为东莱望族，孙葆田与翟震起有交往，作《翟氏家集序》。

《四续掖县志》所收朱学周撰《翟虞臣墓志铭》云："翟公虞臣，讳熙工，世居东莱。曾祖讳明，廪生。祖讳云升，壬午科进士，孝廉方正。父讳齐，优增生，孝廉方正。母曲太君，生子三人，长熙敬，三熙典，公居次……以光绪三十一年七月初三日未时考终，享年八十……男曰藻，荫生，候选巡检……孙二人，长曰震东，以县丞候选。次曰震起，现官奉天。"

《校经室文集》补遗《翟氏家集序》云："掖县翟氏，为东莱望族，世有闻人。嘉道间，文泉先生以文学重于时……玄孙震起裒所著诗赋古文若干卷，将付梓，而先之以赠君《卧云斋诗钞》……今震起方以微员需次河南，朝夕几不克自存，而独殷殷以表章先世为志。"

按：翟熙工（1826—1905），岁贡生，同治元年（1862）举孝廉方正，以直隶州州同用，著有《易汉学》《延年编》《静寿山房诗存》等书。翟熙工曾祖翟明著有《卧云斋诗钞》，祖翟云升著有《五经岁遍斋校正书》《隶篇》等，父翟齐著有《五星砚斋诗文存》《五经蒙识》，子翟鸿若著有《习经馆诗存》。翟震起为翟熙工之次孙，长孙为翟震东。

七月初十日，许鼎臣作《上佩南孙先生书》一封，欲遣王生化汝、石生艮、许生其芳从孙葆田游。提及欲续成黄舒昺未竟之《国朝中州人物考》一书，向孙葆田请教体例及书名。以及何家琪先生从子奎文往诣孙葆田为何家琪求志墓文之事。孙葆田作书以答，一并回复往岁书信提及文集编订之事。

许鼎臣《龙觜山馆文集》卷一《上佩南孙先生书》："鼎臣再拜，奉书佩南先生左右……七月初十日，鼎臣再拜。"

许鼎臣《龙觜山馆文集》卷二《致刘翰怡先生》（夏历二月十八日）云："其明年，学子中有往从师游者，鼎臣复属代钞师近作及前所未见文三四十首。"

《校经室文集》补遗《覆许士衡孝廉札》其二云："许生至，得手书并大著《中州人物传》一册……若拙作，本不足以传世，亦甚不欲多示人……今王、许、石三生之来此……"

秋，曹鸿勋赴陕，由汉口至郑州，有书见招。孙葆田不果往。

《校经室文集》卷三《致恩新甫中丞书（附来书）》云："去秋，竹铭同年赴陕，由汉口至郑州有书见招，不果往。"

《校经室文集》卷三《答恩新甫中丞书》云："去秋，竹帅同年曾有书见招。"

孙葆田作《再寄胡鼎臣中丞书》。因其门人陈世昌回京供职，孙葆田嘱其便道捎给胡鼎臣。

《校经室文集》卷三《再寄胡鼎臣中丞书》云："敝门人陈工部世昌游豫有年，去岁成进士。未得入词林，深为可惜。兹因回京供职，属其便道上谒，并面述鄙状。"

拟冬间携眷归里。

《校经室文集》卷三《答曹仲铭中丞书》云："私拟秋冬间送全眷归里。"

《校经室文集》卷三《答世仁甫侍讲书》云："今便拟冬间携眷归里。"

《校经室文集》补遗《覆许士衡孝廉札》其二："葆田年衰学退，承乏于兹，倏复两秋，自愧无益于人，故拟岁终辞去。"

是年，开封府知府石庚以河防叙劳，由三品衔特用道员晋阶二品，于是追赠祖考如其级，既乃叙述先公世系行谊宦绩，以示其友孙葆田，

请为其父作碑文，孙葆田作有《石河盐场大使会稽石府君墓碑》[1]。

《校经室文集》卷五《石河盐场大使会稽石府君墓碑》云："光绪三十年……越明年，开封府知府石君庚以河防叙劳，由三品衔特用道员晋阶二品。于是追赠祖考如其级，既乃叙述先公世系行谊宦绩，以示其友孙葆田，曰：'……谨述崖略，愿有道君子锡之文，俾揭诸原上，则幸甚。'"

按：石庚，浙江会稽人。光绪五年（1879）举人，以大挑官河南知县，擢开封府知府。

其父石府君，以誊录议叙盐大使，分发山东。初署蒲台批验所，旋补胶州石河场大使。

光绪三十二年丙午（1906）　六十七岁

二月，孙葆田由潍至汴，道出济南，一见法伟堂。得知恩铭抚皖。

《校经室文集》卷三《致恩新甫中丞书（附来书）》云："今岁仲春，复由潍至汴，道出济南，一见法小山征君，即喜语曰：'新甫大公祖奉命抚皖矣。'"

二月，孙葆田应汴帅之聘来主尊经讲席，函约许鼎臣来长诸斋，许鼎臣未应。

许鼎臣《龙翡山馆文集》卷二《致刘翰怡先生》（夏历二月十八日）云："又明年，汴帅延师主讲汴中新设立尊经学堂，师函约鼎臣来长诸斋，鼎臣又不能应。"

许鼎臣《龙翡山馆文集》卷二《答张忠辅书》云："佩师之学之犁然有实用，可以坐言起行，足下之所深信也。其答徐季和、夏涤庵、李中丞各书，可谓深切著明，岂其亦真不免不识时务之讥而概空言支离与……二月中，靳树三先生有函，以佩师命约鼎臣至省垣，充尊经学堂斋务长。家父母笃老，远客不便，鼎臣亦不能赴也。"

---

[1]《校经室文集》卷五目录部分该篇文章题目作《前石河盐场大使会稽石府君墓碑》。

郭芳五服阕，转尊经学堂，从学于孙葆田、李时灿两先生。

《郭君芳五事略》云："君讳涵，原名桂芬，字芳五……三十二年服阕，转尊经学堂，从学于孙佩南、李敏修两先生。"

《孟津郭君芳五墓志铭》云："君讳涵，原名桂芬，字芳五……读书于尊经学堂，从孙佩南、李敏修两先生游。"

按：郭芳五（1882—1947），原名郭桂芬，又改为郭涵，字芳五。年少聪慧，二十一岁中举，二十四岁入广东法政学堂，以优异的成绩毕业。后加入同盟会，当选国会议员，创办洛阳孤儿院，负责过水灾、旱灾、难民救济工作，筹办《行都日报》，在振兴实业方面亦有实绩。

春，曹鸿勋以贵造与伊八字，同寄汴梁。孙葆田请一善子平者批算。

《校经室文集》卷三《答恩新甫中丞书》云："竹帅同年今岁春间，曾以贵造与伊八字同寄汴梁，请一善子平者批算。据云今春小有驳杂，然其事已过矣。"

春，王垿回京供职。王垿与于观察辞别进京时留赐兼金，托其给孙葆田。于观察于次日交给孙葆田。

王世琴《王垿事略》载："次年丙午春，垿回京供职，赁居兵部洼尚氏宅。"

《校经室文集》卷三《寄王爵生阁学书》云："葆田贱状如常，于送别之次日，由于观察交到留赐兼金，受既无名，辞又不可。私念自癸卯秋承大驾送行东门外，不意又相聚三年，其间受惠多矣。"

夏四月，作《徐君墓表》。徐君指徐楷，徐楷卒后，其甥石庚述君遗事，嘱孙葆田表其墓。

《校经室文集》卷四《徐君墓表》云："君讳楷，字式堂，浙江山阴人……客游凤阳……避地山东……有甥曰石庚……庚今官开封府知府……既复述君遗事，属余表其墓……光绪三十二年夏四月表。"

按：徐楷，字式堂，浙江山阴人。石庚为其甥，官开封府知府。

六月庚午，于普源之父于铭书卒，春秋七十有六。于普源常从孙葆田游，以孙葆田知君深，嘱为铭。孙葆田作有《候选儒学训导于封翁墓志铭》。

《校经室文集》卷六《候选儒学训导于封翁墓志铭》云："君讳铭书，字宝泉，又字润斋，其先文登人也……元季……始占籍潍之上辛阜社……有子普源……普源常从余游，以余知君深，属为铭。"

按：于普源，山东潍县人。光绪十七年（1891）举于乡，二十年（1894）恩科进士，改翰林院庶吉士，散馆改知县，选授来安知县。调署太湖，调补灵璧。

夏，欲往见曹鸿勋未果。

《校经室文集》卷三《答恩新甫中丞书》云："今夏又欲往，未果。"

夏，作《河南试用知县南皮张君墓表》。张君乃张元翰，孙葆田门人张宗瑛之父。孙葆田还曾为张宗瑛祖父张嗣陶作《万全县学教谕张君墓志铭》。

《校经室文集》卷四《河南试用知县南皮张君墓表》末题："光绪三十二年夏表。"

《校经室文集》卷五《万全县学教谕张君墓志铭》云："孙六人，长宗瑛，好学而能文，从予游，以父所述事状求为铭。"

按：张元翰（1872—1904），字达生，直隶南皮人。光绪五年（1879）举于乡。以资为学官，选获鹿县教谕，俸满复过班知县，历署渑池、宁陵等县。居母忧，以疾卒。

张宗瑛（1878—1910），字献群，因慕扬雄为人，更字"雄白"，直隶南皮人。师从柯劭忞学诗，从吴汝纶、孙葆田、贺涛受古文法，尤好韩愈文。曾思编辑其师孙葆田之文，未及而没。著有《雄白文集》一卷，《清史稿·艺文志》著录。此外复有《雄白日记》《雄白诗集》各一卷。孙葆田应张宗瑛之请，为其祖父作墓志铭、为其父作墓表。

张嗣陶（1835—1896），字问船，一字济卿，又字慕莱，直隶南皮人。同治六年（1867）举于乡。光绪六年（1880）大挑二等，以教职用。选授万全县学教谕。

庄、郭二生向孙葆田辞别进京。

《校经室文集》卷三《寄王爵生阁学书》云："庄、郭二生日昨告辞进京，匆匆未及肃函。"

《郭君芳五事略》云："是年五月赴京，大拣知县，分发广东入法政学堂，三十四年毕业第一。"

孙葆田近晤瑞方伯，拟借大梁书院为六月之息。秋后决计送全眷东归。

《校经室文集》卷三《寄王爵生阁学书》云："葆田近晤瑞方伯，拟借大梁书院为六月之息。秋后决计送全眷东归。"

作《寄王爵生阁学书》，并附宋石经拓字，请王垿鉴定。

《校经室文集》卷三《寄王爵生阁学书》云："前奉赠孙夏峰卷子，乃石太守所赠，近得宋石经拓字，敬寄一纸，求鉴定。"

作《国子监祭酒王文敏公神道碑铭》，时王懿荣去世六年，其次子王崇烈见孙葆田于河南，请其作神道碑铭。

《校经室文集》卷四《国子监祭酒王文敏公神道碑铭》云："继配谢夫人，生子崇焕，今年十五矣。公既葬六年，崇烈见葆田于河南，泣曰：'先公墓碑未立，愿得有道者为之词。'"

王崇焕纂辑、刘心明整理《王文敏公年谱》光绪"三十年甲辰（1904）"载："荣城孙佩南京卿〔葆田，山东荣城县人。同治甲戌（1874）科进士，安徽宿松等县知县，五品卿衔〕掌教河南开封大梁书院，公次子崇烈曾从京卿受业，又与公为总角交，相契甚深。是年，崇烈至开封乞京卿撰拟公神道碑铭。京卿属稿既竟，拭泪授公次子崇烈、幼子崇焕，切属勒石墓门，以示异祀。以公降生之岁计之，恰值六十年，适一周甲也。"

按：根据孙葆田所云"继配谢夫人，生子崇焕，今年十五矣"，又考之王懿荣年谱，知王崇焕生于光绪十八年（1892）三月二十一日，故推算孙葆田作《国子监祭酒王文敏公神道碑铭》的时间为光绪三十二年（1906），正与"公既葬六年"相合。但王崇焕纂辑的《王文敏公年谱》中王崇烈至开封乞孙葆田撰拟公神道碑铭的时间为光绪三十年甲辰（1904），此为不一致之处。根据孙葆田本人叙述，将此条放在光绪三十二年（1906）。

秋，作《赵君墓表》。因凌甲烺问学于孙葆田，赵猛曾孙通过凌甲烺乞孙葆田表其墓。

《校经室文集》卷五《赵君墓表》云："君讳猛，字济宽，西华人……曾孙十人。连璧，武学生。壮，附学生。尝因凌君甲烺问学于余，乞余表其曾祖墓……会壮应优科试，至省门，索文甚急。余姑以是应之……光绪三十二年秋撰。"

《西华县续志》卷十一《孙葆田〈赵济宽墓表〉》云："君讳猛，字济宽，西华人……曾孙十人。连璧，武学生。壮，附学生。尝因凌君甲烺问学于余，乞余表其曾祖墓……会壮应优科试至省门，索文甚急。余姑以是应之。"

按：《西华县续志》卷十一"金石"收有《孙葆田〈赵济宽墓表〉》，少了《校经室文集》末题"光绪三十二年秋撰"八字，后多附了一段编纂者识语："孙先生葆田撰。先生字佩南，山东荣城人。时以尊经学堂主讲在豫，华邑凌葆生甲烺为先生门人，介绍而有此也。孙先生以古文鸣，著有《经润楼文集》，后称《校经室》。今读此文，不溢美，不遗善，卓然先正矩矱。"

秋，尊经学堂甫开馆，因学部有文，饬令改就师范课程。孙葆田遂即辞谢尊经讲席。拟秋凉携眷属东归。

《校经室文集》卷三《致恩新甫中丞书（附来书）》云："今岁，本应汴帅之聘，来主尊经讲席。近因学部有文，饬令改就师范课程，已辞馆闲住。拟秋凉携眷属东归。"

《校经室文集》卷三《答杨莲甫中丞书》云："去岁，乃勉就尊经一席，甫开馆，而为学部饬驳，遂即辞谢。因与同人立私约者三，以此后必不再就学堂。"

《校经室文集》卷三《答杨莲甫中丞辞通志总纂书》云："自去岁辞河南尊经讲席而归。"

《校经室文集》卷三《复溥玉岑尚书书》云："葆田去秋自河南辞尊经讲席而归。"

《校经室文集》卷三《寄锡清弼制府书》云："葆田自丙午秋辞河南尊经讲席而归。"

许鼎臣《龙㞒山馆文集》卷二《致刘翰怡先生》（夏历二月十八日）云："未几，学部驳饬。师辞去，将东归。"

孙叔谦遗累近两万金，是时孙葆田为之偿得十分一二。孙葆田兄弟四人，现惟孙葆田一身尚存，年已六十有七。子侄辈三人，今亦仅存一兼桃子，系昭信股票案移奖双月知县。

《校经室文集》卷三《致恩新甫中丞书（附来书）》："而亡弟遗累近两万金，今仅偿得十分之一二耳。葆田兄弟四人，见惟葆田一身尚存，年已六十有七。子侄辈三人，今亦仅存一兼桃子，系昭信股票案移奖双月知县，学既未优，仕又无力，只可徐作后图。"

《校经室文集》卷三《答恩新甫中丞书》云："而葆田自叔弟去世，家事独一身担荷。五年以来，四遭期功之丧。拮据固不待言，又兼有官私债累，急须清厘。终年馆谷，仅足补救目前。所以侄儿昌燕，虽奖一知县，但系双月候选，本拟为加捐三班指分到省，奈捐资万难凑办。且察其性质，于县令亦似不甚相宜，此敝兄弟不善教诲之过也。"

作《致恩新甫中丞书》，此时孙葆田目力已渐昏，此札乃侄儿孙昌燕代缮。

《校经室文集》卷三《答恩新甫中丞书》云："葆田眠食尚好，特目力渐昏，前书乃侄儿代缮，今敬手肃，聊以当千里晤面，草草不恭。"

收到恩铭书，并附有纹银二百两。孙葆田收受，作《答恩新甫中丞书》。

《校经室文集》卷三《致恩新甫中丞书（附来书）》恩铭来书："兹寄上漕纹二百两，希即赐收，聊壮行色，勿却为幸。"

《校经室文集》卷三《答恩新甫中丞书》云："月之初九日既暮，由合盛元送到手书一封……至见赠巨款，不惟不敢辞，且适符乎君子周急之义。"

收到学生张宗瑛、许鼎臣书信，孙葆田知《望溪文集补遗》收文有误，于七月既望作《望溪文集补遗跋》，交代对已刊《望溪文集补遗》的改动情况：一是新增一首方苞诗，即《孔明躬耕咏怀》；二是删去了三篇误收的文章，即《陈公庙碑》《李世蕡墓志铭》《李皋侯墓志铭》。

许鼎臣《龙觜山馆文集》卷一所收四月十八日《覆施虞琴书》云："《望溪文集补遗》与戴氏所刊重复者，亦当便告孙先生。"

《校经室文集》补遗《望溪文集补遗跋》："此集业已刊行，续于宋氏钞本《旧雨集》内录得望溪诗一首，今补刊于后。近得张生宗瑛书，云《陈公庙碑》乃曹一士谔庭作，详见钱刻《碑传集》。予考谔庭文曰《四焉堂文集》，《四库全书》仅列《存目提要》，叙其论文宗旨，颇与望溪为近。方选《四书文》，曾载其《君子疾没世而名不称》一义。碑文作于雍正十一年，望溪是岁年六十有七，正充《一统志》馆总裁，或当时属为代作，亦未可知。又《李世蕡墓志铭》《李皋侯墓志铭》并已见戴刻《集外文补遗》，予编刻此集时未及校对，近得许君鼎臣书，始详言之。此三篇今皆删去，附记于此，以志予年衰学荒之愧。时丙午秋七月既望，葆田记于大梁书院旧馆。"

民国《安徽通志稿·艺文考稿》载："《望溪文集补遗》一卷，清方苞撰，荣成孙葆田辑。葆田从商丘宋氏抄本得文三十三篇，高密单氏本得文四篇，武陟陈恪勤鹏年庙得碑铭一篇，共三十八篇。光绪二十九年，刻于河南并序。刻既成，又从宋氏抄本《旧雨集》得诗一首。而李世蕡、李皋侯两志已见戴刻，《补遗》又据钱仪吉《碑传集》'《陈公庙碑》为曹一士作'，皆删去。实止文三十五篇。"

许鼎臣欲刻何家琪《古文方》，就正于孙葆田。孙葆田回信嘱缓之。并提及抽出《望溪文集补遗》三篇误收文章之事。

《校经室文集》补遗《覆许士衡孝廉札》其三："张生至，得书并所藏何先生《古文方》稿本，举示吴玉生，则各目下引证诸语，俱向所未见，此当为贵师门一灯之传。鄙意可不必汲汲发刻，可与吴生子细校对，再付梓人为善。如望溪文二李志铭，当时偶未检对《集外文补遗》，致有此失。再《武陟陈公庙碑》乃曹一士谔庭文，借用方侍郎名，近始于《碑传录》内得悉其详，已遵来示一并抽出。"

许鼎臣《龙翯山馆文集》卷一《覆刘怡宣书》（九月二十日）云："先生遗诗文，鼎臣钞存者十之九，参之吴玉生本，便可无遗，钞存先生著古文方最后本，欲付刻，而先师荣成孙先生属迟之，为厘订。今荣成师亦且先归道山，无可如何。"

许鼎臣《龙翯山馆文集》卷三《古文方跋》云："予自汝南钞先师封丘何先生古文方此本后未几，师没。岁丙午拟付刻，就正于先师荣成孙先生。先生谓其中讹脱当正，属缓之。未几，孙先生亦没。"

许鼎臣得知孙葆田定于八月初旬束装归里，于八月中自汝州策蹇来送老师，住师所三日，孙葆田冒雨归东。

《校经室文集》补遗《覆许士衡孝廉札》其三："葆田见定于八月初旬束装旋里，此后会晤，未卜何日。承惠山菌一盒，谨领谢。"

许鼎臣《龙翯山馆文集》卷二《致刘翰怡先生》（夏历二月十八日）云："与鼎臣札，所谓'此后会晤未知何日'者也。"

许鼎臣《龙翯山馆文集》卷二《致刘翰怡先生》（夏历二月十八日）云："鼎臣则自汝州策蹇来送师，方在八月中，大雨淋漓，住师所三日，师冒雨命驾，至是遂不复再与师相见。"

孙葆田拟回潍后，如还健在，明春率侄儿叩拜恩铭，再作秦蜀之游。

《校经室文集》卷三《答恩新甫中丞书》云："如回潍后，此身尚健，明春当率侄儿叩谒铃辕，再作秦蜀之游。亦未可定，目下所以不能远行者，徒以家口之累，又小孙尚须携持耳。"

八月二十三日，陈彝鉴卒。其孤介友人请孙葆田为铭，孙葆田作《候选儒学训导陈君墓志铭》。

《校经室文集》卷六《候选儒学训导陈君墓志铭》云："君讳彝鉴，字德铭，又字镜堂。先世元河间路沧州人，明初有官潍州刺史者，因家焉……岁庚子，变兴畿辅，君与邑人共治乡团，时余适主讲潍县书院，与君尝一再见。及是闻君卒矣，其孤介友人请为铭幽之文，余不能辞也。"

秋，作《书〈史记校〉后》。《史记校》乃王筠所作，赵录绩得同里王筠手书《史记校》稿本，将付诸梓，以广其传，而嘱孙葆田为序。

《校经室文集》卷一《书〈史记校〉后》云："赵君筱楼，得同里王篆友先生手书《史记校》稿本，将付诸梓，以广其传，而属余为序言……姑附数语以质诸赵君。光绪丙午秋。"

按：赵录绩，字孝陆，山东安丘人。光绪三十年（1904）进士。工词曲，酷嗜书，收藏甚富，为山东著名藏书家。

冬十二月朔，作《候选府同知杜府君墓表》，杜府君为杜景渭，孙葆田友于华峰学正以所为行状嘱孙葆田表其墓。

《校经室文集》卷四《候选府同知杜府君墓表》末题："光绪三十二年冬十二月朔表。"

光绪三十三年丁未（1907） 六十八岁

春，于翰笃将卜葬其父于荫霖于南阳府城北之李华庄，以状乞为铭。孙葆田作有《河南巡抚吉林于公墓志铭》。

《校经室文集》卷六《河南巡抚吉林于公墓志铭》载："翰笃将卜葬公于南阳府城北之某原，以状乞为铭。"

国家图书馆"碑帖菁华"所收《于荫霖墓志》拓片载："翰笃将以三十三年春卜葬公于南阳府城北之李华庄，以状乞为铭。"

按：国家图书馆"碑帖菁华"收有《于荫霖墓志》拓片，原石帖式刻，共四石，刻立地为河南洛阳。首题"皇清诰授光禄大夫头品顶戴前河南巡抚吉林于公墓志铭"，额篆书同首题，署"赐进士出身、诰授中宪大夫、钦赏五品卿衔、前刑部主事加三级荣成孙葆田撰文。赐同进士出身、诰授资政大夫、赏戴花翎内阁学士兼礼部侍郎衔莱阳王塒书丹"。

春二月，作《祥符王府君墓表》。王府君为王曜，孙葆田门人王树森之祖父。

《校经室文集》卷四《祥符王府君墓表》云："孙树森，县学生，工部学习郎中，常从葆田游……光绪丁未春二月撰。"

按：王曜（1826—1888），字玉亭，河南祥符人。由府经历升为府同知，加运同衔。

王树森，县学生，工部学习郎中，从孙葆田学古文。

春三月，作《四品衔刑部候补员外郎王君墓表》。王君为王希曾，王曜之子，王树森之父。

《校经室文集》卷四《祥符王府君墓表》云："子希曾，原名致和，同治十二年举人，刑部候补员外郎。"

《校经室文集》卷四《四品衔刑部候补员外郎王君墓表》云："故刑部候补员外郎王君，讳希曾，字沂泉，原名致和……父讳曜……子树森，县学生，今以郎中分部学习，尝从予讲学，习为古文……光绪丁未春三月撰。"

按：王希曾（1849—1890），原名致和，字沂泉。同治十二年（1873）举人，刑部候补员外郎。

屡接友人书，谓东抚杨士骧不日有东巡之行。孙葆田拟随诸大夫后，拜迎道左。乃者忽奉杨士骧手教。孙葆田作《答杨莲甫中丞书》。

《校经室文集》卷三《答杨莲甫中丞书》云："近日屡接友人书，谓执事不日有东巡之行。葆田方将斋戒修容，随诸大夫后，拜迎道左，以申下忱。乃者忽奉手教。"

按：杨士骧（1860—1909），字莲府、莲甫，安徽泗州人。光绪十二年（1886）进士，为李鸿章亲信幕僚，光绪二十六年（1900）随李在北京与八国联军议和，奔走接洽，出力颇多。随后由李保荐补直隶通永道，次年擢直隶按察使。李鸿章死后，袁世凯任直隶总督，杨投入袁幕，深得信任，升任直隶布政使、山东巡抚。光绪三十三年（1907），袁调升外务部尚书，其遗缺调杨士骧署理，次年实授直隶总督。宣统元年（1909）死于任所。在山东巡抚任上接修《山东通志》。

春，山东巡抚杨士骧亲临里门，孙葆田进谒，并拟商订志书。

孙葆田承命仓猝，未敢固辞。退而思之，觉不妥。乃作《答杨莲甫中丞辞通志总纂书》，推荐法伟堂为总纂，孙葆田愿为校订之役。并附陈《修志末议》四条。

《校经室文集》卷三《答杨莲甫中丞辞通志总纂书》云："今春，亲劳车骑，光顾里门。是用忘其愚贱，冒昧进谒。复蒙赐招宠燕礼意殷殷。并拟商订志书。承命仓猝，未敢固辞。退而思之，兹事体大，非可私承……请即以法征君为总纂……又有吴侍郎、宋太史诸君相与讨论商榷，必能妥善。俟他日书成付刻，葆田当仍如前书所云，得从校订之役，则幸甚矣。附陈《修志末议》四条，聊备采择……仍望执事与法征君及吴辟疆兄商定是荷。"

孙葆田五六月间患腹泻，后仍不时大作。

《校经室文集》卷三《答杨莲甫中丞辞通志总纂书》云："葆田五六月间患腹泻，近仍不时发作。"

秋七月朔日，友张昭潜卒。其门人淄川孙乃瑶、新城赵筠昌等皆来会葬至潍，孙葆田始因韩晋昌以识孙、赵二生。既而孙乃瑶以其外大父赵开运行略示孙葆田，乞为表墓之文。孙葆田作《太学生赵君墓碣》[1]。

《校经室文集》卷五《太学生赵君墓碣》云："光绪丁未秋七月朔日，吾友张次陶先生卒，其门人淄川孙乃瑶、新城赵筠昌等皆来会葬至潍，余始因韩生晋昌以识。孙、赵二生皆从张先生游，为宋儒之学者也。既而，孙生以其外大夫赵府君行略示余，乞为表墓之文。"

按：赵开运（1817—1907），字子元，先世益山东都县人，明万历间始徙居新城之张店镇。赵筠昌为其孙，孙乃瑶、孙乃琨为其外孙。孙乃瑶，字伯琴。孙乃琨，字仲玉。孙乃瑶、孙乃琨兄弟为理学大儒。

秋，东抚杨士骧造庐相访，迫之使出。初拟以国士馆见待，继乃改为总纂通志。聘孙葆田、法伟堂与吴树梅侍郎诸人重修通志，毛承霖、张学华提调局事。孙葆田辞不获已，乃勉强赴济，并携一小孙自随。

---

[1]《校经室文集》卷五目录部分该篇文章题目作《乡饮大宾太学生赵君墓碣》。

《校经室文集》卷三《复溥玉岑尚书书》云："今岁秋，谬被当道牵引使与吴燮臣侍郎诸人重修通志，辞不获已，乃勉强赴济，并携一小孙自随。"

《校经室文集》卷三《寄锡清弼制府书》云："次年秋，为东抚杨文敬造庐相访，迫之使出。初拟以国文馆见待，继乃改为总纂通志。今已默默在此两年余矣。"

《校经室文集》卷三《上袁海观中丞论通志书》云："前年秋，莲帅初下关书至潍，葆田本已辞谢，后乃为公谊所迫，强勉入局。"

宣统《山东通志》所收毛承霖《山东通志序》云："至丁未岁，巡抚杨文敬公复筹巨款，赓续前修，仍聘孙佩南京卿暨法小山征君，商订略例，变通旧志，延揽通才，以司笔削。属霖及济南府张汉三太守提调局事。"

宣统《山东通志》所收吕海寰《山东通志序》云："岁丁未，泗州杨文敬公抚东，乃重新整饬，聘荣成孙佩南先生为总纂，手订略例，分门编辑，阅六年而书成。"

宣统《山东通志》所收张英麟《山东通志序》云："杨文敬公继之，仍聘佩南京卿续办，广筹巨款，延请名宿，另行编纂。时余方供职台垣，弗克身与其役。"

宣统《山东通志》所收王锡蕃《山东通志序》云："岁丁未，杨文敬公踵而行之。"

宣统《山东通志》所收毛承霖《孙佩南先生传略》云："至丁未冬，东抚杨文敬公复请主志局，乃携幼孙来，与法容叔征君商订略例。"

宣统《山东通志》"修志衔名"中"提调"有"山东济东泰武临道张学华，广东番禺人，进士""在籍候选道毛承霖，山东历城人，举人"。

宣统《山东通志》"修志衔名"中"总校"载："户部左侍郎吴树梅，山东历城人，传胪。"

按：吴树梅（1845—1912），字燮臣，山东历城人。光绪二年（1876）进士，任南书房行走、国子监司业、国子监祭酒、户部左侍郎、湖南学政等职，纂有《钦定大清会典》，任宣统《山东通志》总校，任《续修历城县志》监修。

张学华（1863—1951），字汉三，原籍江苏丹徒，先世游幕于粤，遂寄籍番禺。光绪十四年（1888）举人，十六年（1890）进士，选庶吉士，散馆授检讨。历任山西道监察御史，山东登州、济南知府，济东泰武陵道兼署山东提学使等。

孙葆田延高鸿裁至济南襄纂《山东通志》，任分校及莱州府采访。

《潍县志稿》卷三十"人物·文学"载："高鸿裁，字翰生……又遍交当世知士，如福山王懿荣、江阴缪荃孙、上虞罗振玉、荣成孙葆田、临清徐坊、胶州柯劭忞等，为文字之友。孙、徐、柯皆侨潍。鸿裁与同县宋书升昕夕造其庐，相得尤欢。庚子以后，始游京师，慨然有忧世之意。又为孙葆田延至济南，襄校《山东通志》。"

宣统《山东通志》"修志衔名"中"分校"有"候选同知高鸿裁，山东潍县人"，"莱州府采访"有"候选同知高鸿裁，山东潍县人"。

七月，杨士骧署直隶总督。

宣统《山东通志》所收毛承霖《山东通志序》云："乃甫开局，而文敬公移节直督。"

《清史稿·疆臣年表》"直隶总督"栏载光绪三十三年丁未："袁世凯七月丙辰迁，杨士骧署直隶总督。"

九月十三日，郭杭之七十大寿，贤配陈宜人亦于是年十月同庆眉寿，孙葆田作《诰授奉政大夫郭湘帆先生暨德配陈宜人七十双寿序》。

《校经室文集》卷六《议叙同知乡谥敏端郭君墓志铭》云："又去岁君年七十，葆田以文为寿，君谦让至再，且曰：'吾同举诸人，强半徂谢，今与君几同落落晨星矣。'"

《校经室文集》补遗《诰授奉政大夫郭湘帆先生暨德配陈宜人七十双寿序》云："余同年友郭湘帆先生，以今年九月十三日为七十初度之辰，贤配陈宜人亦于是年十月同庆眉寿。"

冬初，孙葆田忽于抄报内得见大部原奏，拟派礼学馆纂修十员，而孙葆田名列其间。所派十员，孙葆田只识孙诒让一人而已。接浦

良电询后，孙葆田呈请大府代为恭辞，并荐夏震武自代。前一日已由张振青总宪处寄到浦良钧谕，因作《复浦玉岑尚书书》，表达坚辞不就之意。

《校经室文集》卷三《复浦玉岑尚书书》云："冬初，忽于钞报内得见大部原奏，拟派礼学馆纂修十员，而贱名与焉。计所派十人，葆田仅识一孙诒让。其人学薄程朱、专精三礼，闻有《周礼正义》一书，使之领袖斯役，诚为得人。葆田愧非其伦，故于前接电询后，又呈请大府代为恭辞，并荐夏涤庵自代。兹乃于日昨由张振青总宪处寄到钧谕……且葆田年近七旬，又身系为独为鳏，穷民必使其千里奔驰，与诸年少断断争辨，终以不合而退，当亦大君子之所不忍出也。"

冬，有友自绥远城至，奉高赓恩书及所为先公事略与太夫人事略各一册，请孙葆田作碑铭。

《校经室文集》卷三《复高曦亭太常书》云："去年冬，忽由田介臣编修京寓寄到手书，并赠资政公与太夫人事略各一通……今执事猥以先世碑传之文见属。"

《校经室文集》卷四《赠太常寺少卿高府君神道碑铭》云："光绪丁未冬，有友自绥远城至，奉君书及所为先公事略与太夫人事略各一册。"

按：高赓恩（1841—1917），字曦亭，天津北塘人。光绪元年（1875）举人，光绪二年（1876）恩科进士，为翰林院庶吉士，三年馆散，授职编修，后充国史馆协修，奉旨在上书房行走。简放四川学政，充湖南正考官，奉旨授溥隽读，教习庶吉士，充任协修，奉旨记名以道府用。光绪二十六年（1900），赏四品京堂入值弘德殿。后被解职归里。

冬十月二十三日，法伟堂卒于金泉精舍之西斋。其甥高振崇嘱孙葆田为补志。孙葆田作有《法征君墓志铭》。

《校经室文集》卷三《上袁海观中丞论通志书》云："所恃者，有法征君，允为商量草创，不谓法君又一病不起。"

《校经室文集》卷六《法征君墓志铭》云："光绪三十三年冬十

月二十三日，胶州法征君卒于金泉精舍之西斋，春秋六十有五。"

宣统《山东通志》所收毛承霖《山东通志序》云："乃甫开局，而文敬公移节直督，法征君遽归道山，惟佩南京卿独肩巨任。"

法伟堂卒后，山东提学使罗正钧从孙葆田搜录法伟堂遗书，首见《山左访碑录》。

法伟堂《山左访碑录》罗正钧序云："光绪丁未冬，予来济南，法筱山征君居通志局已病笃，偶于他许见所校阮氏《山左金石志》，订正舛误无虑数百事，叹其用力之勤有过人者。未几，征君没。从荣成孙佩南先生搜录征君遗书，首以此册相视。"

按：罗正钧（1855—1919），字顺循，号劬庵，晚号石潭山农，湖南湘潭人。历官抚宁、定兴、清苑知县，天津、保宁知府，山东提学使，湖南学务处提调。任山东提学使时，创办济南图书馆（山东省图书馆前身）。撰有《左文襄公年谱》《王壮武公年谱》《船山师友记》《劬庵文稿》等。

同事修志诸人各有专任。孙葆田自董其成，逐日校雠，心力交瘁。

宣统《山东通志》所收毛承霖《山东通志序》云："法征君遽归道山，惟佩南京卿独肩巨任。凡曰训典，曰舆图，曰典礼，曰田赋，曰河防，曰兵防，曰艺文，曰人物，曰杂志，分别部居，俾同事诸君子各有专任。京卿自董其成，逐日校雠，心力交瘁。"

十二月十六日，淄川县学生贾绪庚之女、新城儒童张士茂之妻在丈夫去世后仅月有二日，投缳而死。两县士人为具牒公恳旌表，孙乃瑶复为烈妇行实，以求孙葆田为文。孙葆田作《张烈妇碑文》。

《校经室文集》卷五《张烈妇碑文》云："烈妇贾氏，淄川人，县学生贾绪庚女……年十八，归新城儒童张士茂，夫年甫十三……士茂以疾卒……入私室，须臾投缳而死矣，距夫士茂卒仅月有二日，时光绪三十三年十二月十六日也……两县绅士……为具牒，公恳旌表……孙乃瑶复为烈妇行实，以求余文，将刻诸石。"

孙葆田就修通志一事于年终商之提调禀诸署院吴公，选派分纂及采访诸人先行采辑。

《校经室文集》卷三《上袁海观中丞论通志书》云："葆田因于年终商之提调，禀诸署院吴公，选派分纂及采访诸人，先行采辑。本期一两年内可即成书，而不意其终年无成效，此葆田之咎也。或谓分纂不尽得其人，是诚然矣。"

傅丙鉴为《山东通志》分纂。傅丙鉴将编其五世祖傅豫《四书养正》入经籍类，乃以稿本示孙葆田，嘱为之序。孙葆田作有《四书养正序》。

《校经室文集》补遗《四书养正序》云："高密傅旧溪先生手抄四子书注解十数册，命曰《养正》……其五世孙少隅孝廉分纂《山东通志》，将编入经籍类，乃以稿本示余，属为之序。"

宣统《山东通志》"修志衔名"中"分纂"有"两淮候选盐大使傅丙鉴，山东高密人，举人"。

按：傅丙鉴（1844—1930），字少隅，一字绍虞，山东高密人。光绪八年（1882）举于乡，主讲诸书院。署阳谷训导，改盐课大使，签分两淮。任宣统《山东通志》分纂，成艺文、形胜、赈恤、杂记四门。工诗、书法。著有《思益轩文集》四卷、《思益轩诗集》十卷。

赵文运为《山东通志》分纂。

宣统《山东通志》"修志衔名"中"分纂"有"拣选知县赵文运，山东胶州人，举人"。

《增修胶志》卷四十六"人物志·民国文苑"载："赵文运，字子开，号容斋。自幼颖敏嗜学，工文善书。弱冠食饩于庠，肄业济南泺源、尚志两书院，为匡少宰源、丁观察守存、孙京卿葆田诸先生所器赏……充续修山东通志局分纂。"

是岁，孙葆田谈及在合肥任去官事。

《民国笔记小说大观》第三辑所收《凌霄一士随笔》四所载《一七孙葆田治合肥李氏案》云："岁丁未，下走谒之于潍县寄寓，谈及在合肥任去官事，云：'此不过当官而行，缘此得名，殊觉有愧。惟予于合肥之能成人之美，至今感念。假令予于去官之际，合肥奏调至直隶，或直隶道府出缺时，附片保予，以天命临之，届时则进退失据矣。'言此时颇为诚恳。"

光绪三十四年戊申（1908） 六十九岁

正月十八日，李宝章六十大寿。其长子李祖年方摄益都县事，李宝章偕继配汪夫人就养在署。李祖年将于柳泉官舍称觞为寿，其乡人庄耀甫等既为启以遍征诗文于同僚，乡贤士大夫，下及群黎百姓之夙被恩泽者，亦争为歌诗，以申其祷祝，而使孙葆田为之序，孙葆田因作《前浙江候补道李谷宜封翁六旬暨德配汪夫人双寿序》。

《校经室文集》补遗《前浙江候补道李谷宜封翁六旬暨德配汪夫人双寿序》云："粤若戊申之岁正月十八日，为前浙江候补道李君谷宜六十初度之辰。于时，君长子撝臣太守方摄益都县事，君偕继配汪夫人就养在署。撝臣将于柳泉官舍称觞为寿，其乡人庄耀甫等既为启以遍征诗文于同僚，而吾乡贤士大夫，下及群黎百姓之夙被恩泽者，亦争为歌诗，以申其祷祝，而使葆田为之序……是为序。"

按：李宝章，字谷遗，一字谷宜，又字国艺，更字阁西，别署井东居士，晚号待盦老人。同治十二年（1873）举人，尝与孙葆田同官刑部。工书善画，擅长诗文。

李祖年，榜名祖绅，字撝臣，号纪堂。李宝章之子。光绪二十年（1894）进士，官至汾州知府。工书善画。

正月戊申，章丘刘元亮卒，年四十有八。其子刘志义述君行实，嘱孙葆田为铭。孙葆田与刘元亮仅一再见，然知其学行有素，作有《翰林院撰文刘君墓志铭》。

《校经室文集》卷六《翰林院撰文刘君墓志铭》云："君讳元亮，字菊农，章丘刘氏……君卒以光绪三十四年正月戊申，年才四十有八……志义述君行实，属余为铭幽之文。余与君仅一再见，然知其学行有素，故不辞。"

按：刘元亮，字菊农，山东章丘人。光绪十四年（1888）举于乡，次年成进士，改翰林院庶吉士，十六年（1890）散馆授编修，充国史馆协修。二十七年（1901）充国史馆纂修，武英殿协修，文渊阁校理，编书处详校。曾主讲东昌书院，议建修齐鲁学堂于京师。

命孙懋铨为采访。三月，孙懋铨作《〈滴翠园雅集图〉采访记》。

孙懋铨《〈滴翠园雅集图〉采访记》："光绪戊申，荣城孙先生应升任杨中丞聘，重修《山左通志》，命铨为采访。三月既望，由济旋里，与族叔玉叔、表兄刘虎文论山左文献，谈及是图旧藏同族郁琳家，爰索出同观于云门讲舍……光绪戊申三月，平阴孙氏后人懋铨谨访呈。"

四月，经安徽巡抚冯煦荐举，孙葆田被列入博学鸿词科名单，但他力辞不应。

《校经室文集》所收冯煦《校经室文集序》云："其后予抚安徽，朝廷有特科之征，予将以佩南应，佩南坚卧不起。"

《政治官报》"折奏类"光绪三十四年四月初一日《安徽巡抚冯煦奏敬举耆儒孙葆田等折》云："查有五品卿衔，前安徽宿松县知县孙葆田，山东荣城人。学问渊通，操行高洁，邃于经训，能通汉、宋之邮；其文辞亦尔雅深厚。服官皖省，勤勤恤民而又持正不阿、强宗屏息。主河南大梁书院、山东尚志堂，于诸生讲习，一以正学为归。屡登荐牍，贞固不移。大河南北，翕然宗之。论著经史，多所心得，皆根极理道，不囿曲说……葆田则往在皖省，以学行相切磋，深得他山之助。迹其所诣，实无忝经师、人师。方今世风不古，异说朋兴。一二英髦，挟不可一世之概，驰骛当途，其视梯荣贩利者，相去不能以寸。倘荷圣明曲鉴，甄及幽微，于该两员，特加宠异。世教人心，不无小补。"

《清史稿》志第八四选举四《制科荐擢》："御史俾寿请特开制科，政务处大臣议以'孝廉方正、直言极谏两科，皆无实际，惟博学鸿词科，康熙、乾隆间两次举行，得人称盛。际兹文学渐微，保存国粹，实为今日急务。应下学部筹议'。时方诏各省征召耆儒硕彦。湖南举人王闿运被荐，授翰林检讨。两江、安徽相继荐举王耕心、孙葆田、程朝仪、吴传绮、姚永朴、姚永概、冯澄等。部议以诸人覃研经史，合于词科之选，俟章程议定，陈请举行。未几，德宗崩，遂寝。"

四月辛巳，友郭杭之卒，孙葆田作有《议叙同知乡谥敏瑞郭君

墓志铭》。

《校经室文集》卷六《议叙同知乡谥敏瑞郭君墓志铭》云："君讳杭之，字子方，一字湘帆。先世高唐州人，明成化间迁居潍县……君卒于光绪三十四年四月辛巳……所著《青桐轩集》……葆田尝为之序。又去岁，君年七十，葆田以文为寿。"

孙葆田作有《复高曦亭太常书》。

《校经室文集》卷三《复高曦亭太常书》云："去年冬，忽由田介臣编修京寓寄到手书，并赠资政公与太夫人《事略》各一通，再拜受读。"

六月十五日，周彤桂卒。其子周连锡请孙葆田为文，以志其幽。孙葆田作有《长清周君墓志铭》。

《校经室文集》卷六《长清周君墓志铭》云："君讳彤桂，字复清，长清人……君之子连锡请余为文，以志其幽。余昔主讲尚志书院，始与君相识，后游大梁，又一再与君遇。今有闻，不能拒也……君卒于光绪三十四年六月己巳。"

按：周连锡，山东长清人。山东高等学堂肄业，贡生。

秋日，孙葆田作《黄氏读礼记日钞后序》于尚志堂东庑下。

《校经室文集》卷一《黄氏读礼记日钞后序》云："葆田曩岁客游大梁，尝欲补刻而未能。今年以事寓济南，乃取新安汪氏翻宋本黄氏日钞，参校他刻，别录为卷，付诸梓人。"

按：《校经室文集》卷一所收《黄氏读礼记日钞后序》无作序时间，国家图书馆藏清光绪三十四年（1908）刻宋黄震《黄氏读礼记日钞》所收孙葆田序末题"光绪戊申秋日，荣成孙葆田序于尚志堂东庑下"。

九月二十三日，姚永概作书与孙葆田，寄文四部与之。

《慎宜轩日记》"戊申年九月二十三日"："作书与孙佩南、方子和，各寄文四部与之。"

张昭潜于光绪三十三年去世，其门人孙乃瑶等辑昭潜晚年所作，得文三十余首，将授诸梓，而嘱孙葆田序之。

《校经室文集》卷一《无为斋遗集序》云："张君次陶既卒之明年，

其门人孙乃瑶等辑君晚年所作，得文三十余首，将授诸梓，而属予序之。"

冬，东抚袁树勋中丞颁赐关书，使孙葆田与吴侍郎、宋太史同膺通志总纂之任。

《校经室文集》卷三《上袁海观中丞论通志书》云："去冬，忽蒙颁赐关书，俾与吴侍郎、宋太史同膺通志总纂之任。"

按：袁树勋（1847—1915），字海观，晚号抑戒老人，湖南湘潭人。早年参与镇压太平军和捻军，历任江苏高淳、铜山知县，天津知府，湖北荆宜施道，江苏苏松太道，江苏按察使，顺天府尹，民政部左侍郎，山东巡抚等职。宣统元年（1909），任两广总督。次年辞任，移居上海。

冬，李念兹来山东，与孙葆田等时相过从。李念兹归里，孙葆田因病未能送别。

《校经室文集》卷五《浙江湖州府知府李君墓表》云："方戊申冬，君以就养来山东，优游历下，与吾辈朝夕过从。忽一日惊闻两宫升遐，悲恸号泣，逾时莫释。会君刻期归里，余因抱疾，不克临歧送别。"

冬，刘抡升自登州采访艺文归，携有《悦轩文钞》四十余篇，云自莲隐先生远孙春池孝廉家所录。

山东大学图书馆藏黄县丁树祯刊本《悦轩文钞》所收孙葆田《悦轩文钞序》云："光绪戊申冬，刘君子秀自登州采访艺文归，携有《悦轩文钞》四十余篇，云自莲隐先生远孙春池孝廉家所录。原稿凡二部：一文百有四十四篇，分上下卷。上卷杂体文，下卷则在其尊人观察公宁夏署中代作，骈体为多；一选本，文只六十余篇，李廉衣侍读为之序。今所钞者，于选本文已十得七八矣。"

是年，孙葆田刻《黄氏读礼记日钞》并作序。孙葆田曩岁客游大梁，尝欲补刻而未能。今年以事寓济南，乃取新安汪氏翻宋本《黄氏日钞》，参校他刻，别录为卷，付诸梓人。

《校经室文集》卷一《黄氏读礼记日钞后序》云："葆田曩岁客游大梁，尝欲补刻而未能。今年以事寓济南，乃取新安汪氏翻宋本《黄氏日钞》，参校他刻，别录为卷，付诸梓人。剞劂既讫，谨识其后。"

按：该书牌记题："光绪三十四年问经精舍校刊。"[1]

是年，孙葆田致信高赓恩，有《复高曦亭太常书》，并作《赠太常寺少卿高府君神道碑铭》。

《校经室文集》卷三《复高曦亭太常书》云："今执事猥以先世碑传之文见属……姑徇贤者之请勉拟一文，以备采择。"

《校经室文集》卷四《赠太常寺少卿高府君神道碑铭》云："葆田愧乎其言，然莫能辞也。乃为撮其大要，俾揭诸墓道之上。"

孙葆田患心疾，抑郁无聊，乃于冬月匆匆旋里。濒行，复蒙提学使罗正钧奉谕见示吕大臣、张总宪、曹王两侍郎致左右书，深虑孙葆田遽行卸通志总纂之任。

《校经室文集》卷三《上袁海观中丞论通志书》云："而葆田又适患心疾，抑郁无聊，乃于冬月中匆匆旋里。濒行，复蒙提学使奉谕见示吕大臣、张总宪、曹王两侍郎致左右书，一似通志之修，必欲葆田始终其事者……"

《校经室文集》卷三《与罗顺循提学书》云："葆田客冬抱病旋里，濒行猥蒙驾临存问，并见示吕、张诸公与中丞书稿，若预知贱躯不能胜总纂之任，而又深虑其遽行卸责者。葆田愧甚，特以任事一年，略无成效，馆金虚糜，有类素餐。"

《校经室文集》卷三《寄锡清弼制府书》云："去冬，一病几不起。"

宣统元年己酉（1909） 七十岁

孙葆田虽调养两月，身体仍未能大有起色。作《上袁海观中丞论通志书》《与罗顺循提学书》，就修志商量变通之法。

《校经室文集》卷三《上袁海观中丞论通志书》云："兹乃幸蒙鉴察，特请吴侍郎、宋太史共任厥劳。而吕、张诸公复又虑葆田中道辞去，此葆田所为踌躇进退而无可如何者也。至其他办事艰难，则罗提学

---

[1] 唐桂艳：《荣成孙葆田刻书考述及其意义探析》，《海岱学刊》2018 年第 1 辑。

所深悉。葆田今有书与商量变通办法，亦不识可行与否，惟左右谅其愚忱，幸甚。"

《校经室文集》卷三《与罗顺循提学书》云："今虽调养两月，仍未能大有起色……前接友人书，知志局分纂诸君，于年前各有呈缴功课，未知均能合格否。窃谓分纂不当，此葆田之咎也。然当时实各有荐主，非出自葆田一人之私意。及今更正，犹未为晚。葆田今有上中丞一书，略陈修志始末与办事艰难。敢乞执事于进见时，以鄙意上禀。傥能俯如所请，与吴侍郎原要总校名目互换，俾但从校字之役，少卸领修之任，则贱躯尤可静资调摄，不胜幸甚。否则，与吴侍郎、宋太史公同商酌，于原拟门类中分认几门，重定体例，各举所知，分任编纂，则事权一而成书亦易。盖吴侍郎尝充会典馆总纂，史例甚熟，今《通纪》一门，业经核定。而宋太史于《疆域》《沿革》《舆图》《金石》，皆夙所究心。葆田虽一无所长，当私举能者以自代，如书院倩人校课，并不别费公项。鄙意如此，未审有当万一否。抑又有进者，修志莫要于广储书籍。今局中书籍既少，采访又颇多遗漏，如《人物》一门，除《一统志》及《耆献类征》诸书外，不能不稽诸国史，而国史非翰苑诸君，莫由窥寻。今拟请延订柯凤孙学部，遥领总纂，并添约京员几人，缮录考校，此亦成书之一方也。执事以为可行否？葆田一俟贱恙平复，即行晋省，容再面商一切。"

春二月，友李念兹卒。

《校经室文集》卷五《浙江湖州府知府李君墓表》云："宣统元年春二月戊辰，前浙江湖州府知府李君卒于里第，春秋七十有三。"

暮春，孙葆田嗣子昌燕不幸以病疹夭亡，年仅二十有九。

《校经室文集》卷三《寄锡清弼制府书》云："今岁暮春，嗣子昌燕即昔年与孟博同学者，不幸以病疹夭亡，年仅二十有九。"

夏，山东提学使罗正钧创建图书馆于省城旧贡院之隙地，附设山东金石保存所。

《校经室文集》卷三《山东创建图书馆记》云："皇帝嗣服之元年夏，山东提学使罗正钧钦遵明诏，兴学造士。乃创建图书馆于省城旧贡院之隙地，附设山东金石保存所。其地面山背湖，方广二十有六丈，为楼十二楹，前列广厅，以为藏书及阅书之室。"

夏间，孙葆田阅邸钞，知锡良移节东三省。

《校经室文集》卷三《寄锡清弼制府书》云："夏间阅邸钞，恭闻移节东三省。"

有京师分科大学之征，孙葆田辞而不就。

《校经室文集》卷三《寄锡清弼制府书》云："往岁礼学馆之聘，近日京师分科大学之征，皆自审年衰学荒，未敢躁进。"

孙葆田作《寄锡清弼制府书》，贺锡良移节东三省。并向锡良荐门人茹恩彬、刘锡麟，及州同衔蓬莱县监生王君，其为孙葆田亡侄兼嗣子昌燕之内弟，曾课孙葆田小孙。孙葆田请锡良一见王君。

《校经室文集》卷三《寄锡清弼制府书》云："夏间阅邸钞，恭闻移节东三省……侧闻执事招纳多才，敝门人如茹恩彬、刘锡麟皆备驰使。兹又有州同衔蓬莱县监生王君乃亡侄儿之内弟，曾在此课小孙。其人朴实耐劳，颇工楷书。素稔葆田蒙知遇最深，亦欲一识当代巨公。今来东省属为先容于左右，葆田已诺而复悔，然以其志趋甚正，故谨与此书，伏乞赐之一见，并可略询贱状。"

按：茹恩彬，山东省登州府蓬莱县人。光绪二十年（1894）进士，同年五月，授内阁中书。善书法，尤精行草。

九月，应山东学使罗正钧之邀，作《山东创建图书馆记》。

《校经室文集》卷三《山东创建图书馆记》云："秋九月，工成。学使以命葆田为之记。"

按：罗正钧请孙葆田作记，由姚柳屏手书，立碑纪念。该碑现存山东省图书馆。碑文后题有"宣统元年九月戊申，荣成孙葆田记"，《校经室文集》所收无。民国《续修历城县志》卷十三"建置考"据《校经室文集》收入《山东创建图书馆记》。

秋，友人胡长卿请孙葆田为其《续修族谱》作序。

《校经室文集》补遗《胡氏续修宗谱序》云："宣统元年秋，吾友胡长卿与其宗人续修宗谱既成，以示葆田，属为之序。"

孙葆田九月末回潍，十月十八日始返济南。又患腹泻及咳嗽。

《河北第一博物院半月刊》1937 年第 137 期《孙佩南先生墨迹》载："葆田九月杪回潍，十月十八日始返济南。又患腹泻，今已愈，而咳嗽不止。衰年景象如此，可叹也。"

十月三十日，丁宝桢长子丁体常卒。孙葆田作有《护理广西巡抚广东布政使丁公墓志铭》。

《校经室文集》卷六《护理广西巡抚广东布政使丁公墓志铭》："公讳体常，字慎五，贵州平远州人……竟以宣统元年十月三十日卒于正寝，春秋六十有九……其孤道周、道同从从兄道津教，卜以二年四月葬公于历城城南之新阡，请为铭。"

按：丁体常（1841—1909），字慎五，贵州平远人。丁宝桢长子，少勤学。以回籍剿平安顺贼钟华山等功，保知府赏戴花翎。光绪二年（1876）分发山西，历署太原、大同、蒲州府，特授潞安知府，光绪二十一年（1895）简擢甘肃按察使，官至广东布政使、护理广西巡抚。

国家图书馆"碑帖菁华"收有《丁体常墓志》拓片，共二石，刻立地为山东济南。首题"皇清诰授光禄大夫头品顶带护理广西巡抚广东布政使丁公墓志铭"，盖篆书题"皇清诰封光禄大夫头品顶戴护理广西巡抚广东布政使丁公墓志铭"。署"赐进士出身、五品卿衔、前安徽合肥县宿松县知县荣城孙葆田撰文。赐进士出身、钦差北洋大臣、直隶总督贵阳陈夔龙书丹。钦赐侍讲衔、翰林院检讨湘潭王闿运篆盖"。

冬，始识徐寿彝之孙徐世纲于济南。一日，徐世纲以徐寿彝手书诗稿见示，请孙葆田作序。

《校经室文集》卷一《徐汉卿先生诗集序》云："宣统元年冬，余始识先生之孙少笙明府于济南……一日，以先生手书诗稿见示，曰：'此先祖遗墨，藏诸箧笥久矣。行将用新法石印，以广其传。曩见子所为路君文集序，甚有法度，今愿得一言，弁诸简首。'葆田辞谢不敏。"

按：徐寿彝，本名徐思元，字汉卿，一字翰青，直隶天津人。道光二十三年（1843）优贡生。历署郏县、长葛、登封知县，善诗，工书画，著有《徐汉卿先生诗集》。路朝霖诗法、书法皆受自徐寿彝，为其高足弟子。

徐世纲（1871—1934），少笙为其字或号，徐寿彝孙，山东补用知府。

冬，学生张宗瑛居母丧，写信给孙葆田询问丧祭礼，孙葆田去信作答。

《河北第一博物院半月刊》1937 年第 137 期《孙佩南先生墨迹》载："承询丧祭礼宜，向日未曾考究，只是随俗行之耳。程子曰：'古人居丧，百事如礼，废祭可也。今人百事皆如常，独废祭，不若无废为愈。'朱子谓，卒哭之前，不得已而废；卒哭之后，以衰服。特祀于几筵之前，以墨衰；常祀于家庙，不读祝，不受胙。大儒之言如此，请斟酌其中，可也。蒋注柳文，寒舍实无是本，可更访诸藏书家。"

《河北第一博物院半月刊》1937 年第 137 期《孙佩南先生墨迹》所附孙葆田生平及手札介绍云："此札乃宣统元年冬自书与门人张献群者。献群名宗瑛，南皮诸生，时居母丧。"

冬十一月，作《旌表节孝张母陈太夫人墓表》。张母乃济南太守张学华之母。

《校经室文集》卷五《旌表节孝张母陈太夫人墓表》云："济南太守张君学华，述其先妣陈太夫人之节行，将使葆田为表墓之文……宣统元年己酉冬十一月表。"

按：民国《续丹徒县志》卷十六上"列女""陈氏"条下内容节选自孙葆田所著《张母陈太夫人墓表》。

徐世昌以勘铁路至济南，宋书升与孙葆田过访纵谈。

徐世昌《晚晴簃诗汇》卷一百七十八"宋书升"条小字云："晋之与柯凤孙、郑东甫、孙佩南诸君齐名，黯淡不求闻达，以庶常终其身。余昔年同馆，投分甚深。光绪之季，余游济南，晋之主讲金泉，时时过从，同揽趵突泉诸胜。宣统间，余以勘铁路复至，晋之偕佩南过访纵谈。"

按：徐世昌（1855—1939），字卜五，号菊存，又字菊人，别号东海、弢斋、水竹村人、石门山人，直隶天津人。光绪十二年（1886）进士，历任翰林院编修、国史馆协修、国子监司业、商部右丞、兵部侍郎、会办练兵大臣、民政部尚书、东三省总督、奉天巡抚、邮传部尚书、督办津浦铁路大臣、协办大学士、军机大臣、体仁阁大学士等职。民国时期，被袁世凯任命为国务卿，尊为"嵩山四友"之一。一度任北洋政府总统，1922年下台。

1909年2月，徐世昌内召为邮传部尚书兼津浦铁路督办大臣，次年8月复为军机大臣。《晚晴簃诗汇》言其于宣统间以勘铁路复至济南，当在1909年2月至1910年8月之间，故将此条放于此。

徐世昌曾作《潍上四贤》组诗，分别咏孙葆田、宋书升、柯劭忞、徐坊。其一"孙京卿"："读书十万卷，一现宰官身。劲节抑豪贵，恺悌对斯民。垂老不逢时，憔悴明湖滨。南望泰山云，惆怅石粼粼。"称赞孙葆田读书万卷，做官能保持清操劲节，抑制豪贵。

宣统纪元，胡敬庵膺保荐授职知县，分发山东，孙葆田复与之相遇。胡敬庵堂号为"继述堂"，于荫霖作有《继述堂记》，胡敬庵又请孙葆田作后记。

见民国《黟县四志》所收《继述堂后记》，参考本年谱"附录"部分。

是年，郡邑推举严尧卿父严望皋为孝廉方正，力辞不应。

《校经室文集》补遗《严望皋先生夫妇七十双寿序》云："无锡严君尧卿以乡进士为盐官，需次山左……越明年，封翁望皋先生暨德配过恭人并年登七十，尧卿谋所以寿其亲者，介同里杨君钟石以冯君子华所为征诗文启，属葆田为序……今宣统元年，郡邑推举孝廉方正，力辞不应。"

按：严尧卿，严望皋之子，江苏无锡人。以乡进士为盐官，需次山左。严望皋夫妇七十寿辰时，严尧卿谋所以寿其亲者，介同里杨君钟石以冯君子华所为征诗文启，嘱孙葆田为序，孙葆田作有《严望皋先生夫妇七十双寿序》。

是年，距邓锡瑞殁已十年，其弟邓承谟及其子谋归葬之，其友人介李硕愚军门请孙葆田为表墓之文，孙葆田作有《前山东候补知

县署濮州知州邓君墓表》[1]。

《校经室文集》卷五《前山东候补知县署濮州知州邓君墓表》云："宣统元年，君弟承谟乃与君之子谋归葬于长沙……其友某以状介李硕愚军门请余为表墓之文。"

按：邓锡瑞（1840—1899），字舜廷，湖南长沙人。入黄宗华幕几三十年，为人孝友忠信，先后任濮州知州、福山知县，再任濮州知州时卒于任所。

宣统二年庚戌（1910） 七十一岁

正月二十九日，锡良对孙葆田去岁所作《寄锡清弼制府书》，回以《复山东在籍绅士五品卿衔孙葆田》信。

《近代史所藏清代名人稿本抄本》第3辑第84册"锡良档六七"收《复山东在籍绅士五品卿衔孙葆田信》："佩南仁兄年大人阁下，王生来，奉读赐笺，备承饰注，就询道躬，康豫藉慰企怀。惟令郎甫届盛年，遽伤玉折。西河之痛，在阁下自难为怀，要惟达观，宽中顺受。且兰芽秀茁，含饴之乐，亦可藉以自慰矣。愿言珍重，祷仰至勤。弟承乏三边，碌碌无所表见。强邻日逼，财政奇穷，竭蹶情形，概可想见。明知任繁责重，必非陋劣所能胜，奈求退不能，亦惟勉竭愚诚，求尽其心，力之所能及而已。猥辱奖饰过情，能不滋赧。王生远来，重以鼎言，容当留意。携到近刻《孟子》《礼记》各一部。亦谨拜赐，并致谢忱，肃复敬请，纂安。年愚弟○○顿首。正月廿九日。"

仲春，作《徐汉卿先生诗集序》《浙江湖州府知府李君墓表》。

《校经室文集》卷一《徐汉卿先生诗集序》末题："宣统庚戌仲春谨序。"

《校经室文集》卷五《浙江湖州府知府李君墓表》末题："宣统

---

[1]《校经室文集》卷五目录部分该篇文章题目作《山东候补知县署濮州知州邓君墓表》。

庚戌春二月表。"

李念兹将于三月葬，其门人贾恩绂铭其幽，刘若曾为外碑之文。其孤宝森等致书孙葆田，请其作表墓之文。春二月，孙葆田作《浙江湖州府知府李君墓表》。孙葆田还曾为李念兹曾祖母作《李母闫孺人家传》。

《校经室文集》卷四《李母闫孺人家传》云："念兹，同治甲戌科贡士，与葆田为同岁生。一日，手家状述孺人遗事，请葆田为文，以传示无穷。"

《校经室文集》卷五《浙江湖州府知府李君墓表》："越明年三月将葬，其门人贾恩绂既铭其幽，刘大理若曾又为外碑之文，叙君行谊世系详矣。其孤宝森等复以书谓葆田曰：'先君道义交，惟年丈为最笃。今穆卜兆宅日月有时，敢乞有道之文表其阡。俾先君一生坚苦，讬以不朽。'……宣统庚戌春二月表。"

三月，徐宗勉母去世，徐宗勉托赵文运请孙葆田为其母作墓表。孙葆田作有《徐母王安人墓表》。

《校经室文集》卷五《徐母王安人墓表》云："徐鸿胪宗勉之母王安人以宣统二年三月十一日受终……先一日，宗勉以游学至济南……乃以书谓其友人赵文运曰……赵君以书示葆田，乞为立传。"

三月，学生张宗瑛去世。

吴闿生《张献群墓志铭》云："宣统二年某月日竟卒，年三十二。"

《河北第一博物院半月刊》1937年第137期《孙佩南先生墨迹》所附孙葆田生平及手札介绍云："此札乃宣统元年冬自书与门人张献群者。献群名宗瑛，南皮诸生，时居母丧。明年三月，以毁卒。著有《雄白文集》一卷，《清史稿·艺文志》著录。此外复有《雄白日记》《雄白诗集》各一卷。"

春，于沧澜以书寄孙葆田，请他为父于镒作墓表，孙葆田作有《从一品封典军功保举府同知于府君墓表》。

《校经室文集》卷五《从一品封典军功保举府同知于府君墓表》云：

"宣统纪元之岁……明年春,于君以书谓葆田曰:'……敢乞赐撰鸿文,以光泉壤。'"

按:于镒(1798—1883),字景权,一字璞山,山东平度州人。读书教子,施粥助赈,捐金拒贼,襄办粮台,造福一方。

春,朱鸿黻刻其父朱世德所著《樨香山房诗钞》于济南,请孙葆田为之作序。又刻同邑刘晴岚所著《枕云诗草序》,亦请孙葆田作序。

《校经室文集》补遗《樨香山房诗钞后序》云:"朱仁甫先生《樨香山房诗钞》□卷,宣统二年春,先生仲子子勤刻于济南,因属余为序。"

《校经室文集》卷一《枕云诗草序》云:"朱君子勤刻其尊甫《樨香山房诗钞》成,因并刻同邑刘先生《枕云诗草》,以传于世,复属余为序。"

按:朱世德,字仁甫,山东单县人。道光十四年(1834)举人,著有《樨香山房诗钞》。

朱鸿黻,字子勤,朱世德仲子。

刘晴岚,字云麓,山东单县人。岁贡生,工诗善画,其诗近元稹、白居易,画宗倪云林、沈石田。著有《枕云诗草》。

民国《单县志》卷九"艺文"收录孙葆田所著《樨香山房诗钞后序》《枕云诗稿序》(《校经室文集》作《枕云诗草序》)。

春,孙葆田作《悦轩文钞序》。

山东大学图书馆藏黄县丁树祯刊本《悦轩文钞》所收孙葆田《悦轩文钞序》云:"黄县丁君干圃,方搜辑乡先达遗书,淳于稚鹤孝廉因以刘君钞本与之,使刊以传世,并属余为序……宣统庚戌仲春荣成孙葆田序。"

六月,在曲士文领导下,莱阳人民爆发抗捐抗税起义。据说莱阳当地士绅王圻谒见孙葆田,恳求他请山东巡抚发兵莱阳,孙葆田拒之,语以曷诣谘议局。

《莱阳文史资料》(第2辑)曲士文起义资料专辑所收尚庆翰起草《山东谘议局议员王志勋、丁世峄、周树标、张介礼、尚庆翰辞职缘由报告书》载:"嗣闻圻谒孙佩南,恳为求抚发兵抵莱,孙拒之,语以曷诣谘议局,继闻圻至谘议局,恐局中人之淆于听也,念虽非常驻议员,而忝居舆论代表地位,有所见不容坐观。"

七月十九日,王扬芳卒。其子王英俌等既扶枢归里,卜葬毕,以状乞孙葆田为铭。孙葆田作有《山东候补知府王君墓志铭》。

《校经室文集》卷六《山东候补知府王君墓志铭》云:"君讳扬芳,字信余,浏阳王氏……十八年壬辰,始至山东,余于是始与君相识。君与余叔季两弟为乡贡同年,余得闻君家是颇详……宣统……二年……以七月十九日卒……卜以今年某月日葬于某乡某原,以状来乞铭。"

黄曾源由青州调往济南,时张学华、黄曾源任山东通志局提调,皆与孙葆田相契,月必数见。张学华尝请孙葆田自订所为文,孙葆田诺之,顾自以为不足存,迄未一理也。

《校经室文集》卷六末黄曾源跋云:"宣统庚戌,余由青州调守济南,始克见孙君于山东通志局。时张汉三廉访以泰东济武临道兼志局提调,予副之,皆与君相契。月必数见君,见辄流连竟日。"

《校经室文集》补遗末黄曾源跋云:"曩在济南金泉书院,张汉三廉访尝请先生自订所为文,先生诺之。顾自以为不足存,迄未一理也。"

宣统《山东通志》所收毛承霖《山东通志序》云:"先是张太守已升济东泰武临道,继其任者为黄石孙太守,均提调局事如故。"

按:黄曾源(1858—1935),字石孙,号立午,晚号槐癯。光绪十六年(1890)恩科进士,授翰林,曾任监察御史,因耿直迁放徽州知府,后调至山东,任青州知府,两任济南知府,居官颇有政声。

冬十月,作《吕松岩墓表》。吕松岩为吕宪栋、吕宪瑞堂兄。他与孙葆田叔季两弟乡贡同年,又与孙葆田叔弟服官同省,孙葆田与其交游颇久。

《校经室文集》卷五《吕松岩墓表》末题:"宣统二年庚戌冬十月表。"

按：吕宪栋（1843—1895），字隆甫，别号松岩，山东莱芜人。同治十二年（1873）拔贡生，光绪元年（1875）制科试列二等，以州判候铨，后改官知县，分发河南。应陕西牧之邀佐其治，卒于陕西。

冬十月，作《毛尚书奏议序》。《毛尚书奏议》为孙葆田好友兼同僚毛承霖父亲毛鸿宾之奏议集，孙葆田为之作序。孙葆田还为毛鸿宾作过传略及墓表，《校经室文集》卷四有收。

毛鸿宾《毛尚书奏稿》所收孙葆田《毛尚书奏议序》末题："宣统庚戌冬十月，荣成孙葆田谨序。"

《校经室文集》卷一《毛尚书奏议后序》："大司马历城毛公之奏议，凡若干篇，公子稚云观察所编辑……观察使张公既为之序矣。葆田尝表公墓……至公所保荐文武人才，具详陆君心源所撰神道碑与葆田表墓文内……葆田序公奏议……"

《校经室文集》卷四《毛制军传略》云："公讳鸿宾，字奇云，历城人……子庆澄，附贡生，二品荫生……承霖，优贡生，光绪十四年举人，由湖北同知保至道员，亦以材学称。"

《校经室文集》卷四《兵部尚书兼都察院右都御史两广总督毛公墓表》云："公讳鸿宾，字奇云，世为历城人……葆田先人昔岁服官湖北，尝事公，得知公居官大节。今予奉公子之属为外碑，义不敢辞。"

按：毛鸿宾《毛尚书奏稿》宣统元年己酉十一月开雕，二年庚戌十二月刊成，前有张学华序、孙葆田序。《校经室文集》卷一收《毛尚书奏议后序》与毛鸿宾《毛尚书奏稿》所收孙葆田《毛尚书奏议序》为同一篇文章，但无"宣统庚戌冬十月，荣成孙葆田谨序"之末题。

冬，王寿彭奉命为湖北提学使，约刘抡升同作楚游，并拟代刻诗稿，孙葆田因作《潍上诗集序》，即以赠其行。

《校经室文集》卷一《潍上诗集序》云："老友刘君子秀，学人也，而诗名独著……今岁冬，王次篯修撰奉命为湖北提学使，复约君同作楚游，并拟代刻诗稿，余因为序言，即以赠其行。"

《申报》1910年10月26日《王寿彭简放提学司原因北京》："癸卯科状元王寿彭简放湖北学使已见明谕。兹探得原因：王本某相国门下士,王于进士馆毕业后,即谋得提学使记名,并派学部图书局差。惟在图书局时,月受薪金五十,仅供誊写四字书一事。"

冬十二月,作《董庐遗诗序》于金泉精舍。王宗基将刻其弟王宾基《董庐诗集》及妹王嗣晖《滋兰室遗稿》,介杨君钟石嘱孙葆田为序。

《校经室文集》补遗《董庐遗诗序》末题:"宣统二年冬十二月,序于金泉精舍。"

按:王宗基(1871—1912),字稷堂,一字吉堂,浙江海盐人。光绪二十九年(1903)进士,任户部郎中。

王宾基(1874—1904),字叔寅,一字叔鹰,号董庐,王宗基叔弟。师事吴汝纶、范当世受古文法。附贡生,任江西石城知县。著有《董庐遗稿》。

王嗣晖,王宗基、王宾基之妹,排行第六,吴县张元谷继妻。著有《滋兰室遗稿》,《清人别集总目》有收。

岁暮,孙葆田将归潍度岁。毛承霖适奉存古学堂监督之檄,孙葆田亦膺教务长之聘,毛承霖遂就与商定规则。黄曾源为之送别。

宣统《山东通志》所收毛承霖《孙佩南先生传略》云:"宣统二年岁暮,先生将归潍度岁。承霖适奉存古学堂监督之檄,先生亦膺教务长之聘,遂就与商定规则。"

《校经室文集》卷六末黄曾源跋云:"会岁暮,君将归潍阳,余往送其行。见其治装凡日用琐屑之具毕备,讶之。君为言:'频年丧亡相继,弟侄蚤世,嗣子又不禄,仅诸孙依母以居。己则孑然一身,修脯所入资,以赡细弱,且为理宿逋。'因笑谓余曰:'是所谓鳏寡孤独萃于一家者也。'余闻之恻然。"

宣统三年辛亥(1911) 七十二岁

正月朔日,孙葆田以疾卒于山东潍县,年七十有二。《山东通志》未及校订而孙葆田遽归道山。其所交如毛承霖、黄曾源、罗正钧、陈夔龙、张学华、锡良、孙虞臣等人皆有哀悼之词。

宣统《山东通志》所收毛承霖《山东通志序》云："全书及半而京卿旋潍，又捐馆舍。"

宣统《山东通志》所收毛承霖《孙佩南先生传略》云："宣统二年岁暮，先生将归潍度岁。承霖适奉存古学堂监督之檄，先生亦膺教务长之聘，遂就与商定规则。乃别不十日，遽于辛亥正月朔日以疾卒于潍，年七十有二。"

宣统《山东通志》所收吕海寰《山东通志序》云："岁丁未，泗州杨文敬公抚东，乃重新整饬，聘荣成孙佩南先生为总纂，手订略例，分门编辑，阅六年而书成。未及校定，而先生遽归道山。"

《校经室文集》卷六末黄曾源跋云："乃别不十日，君竟奄化以去也。"

《河北第一博物院半月刊》1937 年第 137 期《孙佩南先生墨迹》所附孙葆田生平及手札介绍云："宣统三年正月朔日卒，年七十二。（《清史稿·循吏列传》作宣统元年卒，年七十，误。）"

徐凌霄、徐一士《凌霄一士随笔》收罗正钧《劬庵联语》挽孙葆田之联："挽荣成孙佩南先生：'为县令不畏豪宗，壮岁弃官而归，是真鲁国一男子；距邪说期存斯道，衰龄衔恤，哪料神洲竟陆沉。'注：'先生以进士官合肥知县，与李氏不合，弃官教授，以朱子为宗，新学说起，尤忧之。以辛亥终。先生与法筱山相继没，而山东无一儒矣。'"

陈夔龙《松寿堂诗钞》有《挽孙佩南京卿　京卿殁于元日》："病马嘶风疾，一尊遥奠君。人谁传正学，天忍丧斯文。北海争驰誉，南宫早策勋。弹琴鸣百里，下笔扫千军。景倩登仙籍，张华广异闻。桐城源一脉，梁苑礼三薰。心慕鞭曾执，魂销袂倏分。赠言容我拙，开卷服公勤。大陆豺当道，寥天雁隔群。祖孙怜令伯，师友重刘蕡。不谓朝元日，翻教哭暮云。箱遗王氏业，诗唱鲍家坟。召伯棠犹爱，龚生蕙竟焚。秩宗摧泰华，模楷失河汾。胶澳悲鼾睡，丁沽怅夕曛。惟将刍一束，聊作野人芹。"

张学华《暗斋稿》所收《挽孙佩南先生葆田》："循吏儒林并有声，当年风骨自铮铮。冰霜历尽人间苦，谁与天公诉不平。翻然归去谢簪缨，垂老唯知手一经。坐对湖山耽著述，十年寂寞草元亭。频闻优诏迓蒲轮，一老岿然宿望尊。苦卧寒毡终不起，固知阿世薄公孙。百年志乘缉丛残，朱墨纵横旧手痕。今日龙门成绝笔，东邦文献待谁论。百喙争鸣学说新，空山谁识岁寒身。坐看耆旧凋零尽，珍重楹书付托人。儒冠自古误虚名，况复狂流日日横。海内通儒今有几，不堪泚笔诔先生。"

《近代史所藏清代名人稿本抄本》第3辑第84册"锡良档六七"收宣统三年三月初六日《锡良唁宿松知县孙佩南之孙世兄寿麟信》："唁宿松知县孙佩南之孙世兄寿麟　○○仁兄世大人苫右，方切翘思，忽承讣告，惊谂令祖大人捐谢尘寰，升登仙箓，淄潍引睇，惋悼奚如。第念令祖大人，圭璋鸿望，诗礼燕诒，屡缩绥符。江湖不忘，魏阙仰歌，梁木海宇，奉为斗山。胤绵庆累叶之祥，榆景迈七旬之算。哀荣备极，歉憾靡留。世兄至孝性成，逾恒哀毁。尚祈节减悲思，无任跂祷。弟徒殷鹤吊，莫遂凫趋，千里暌违，虔申菲悃。廿金奠赙，藉致生刍。专肃素缄，奉唁孝履，统希亮察。不宣。世愚弟○○顿首。三月初六日。"

孙虞臣悼念孙葆田手札："国朝古文家，首推桐城方望溪先生，世所谓桐城派是也。荣成族祖合肥公，为武昌张廉卿先生高足，得桐城真传，以古文名世，时有'南吴北孙'之称。南吴，桐城吴先生汝纶也。公与文卿同出明赠布政公后，由刑曹出宰合肥，以事去官。清节高海内，天下士识与不识皆愿出其门下。公之学以程朱为宗法，布衣蔬食，泊如也，著书甚富。张勤果公抚东时，高其学行，延聘主讲济南尚志书院，成就后学甚众。李忠节诸公屡征不起。今年春正月元日，遽归道山。文卿未能亲临奠酹，不胜悲悼。忆昔在公赡园谈忠孝节义事，回首如在目前。今捡架上书，得公所赐手札十数通。公不轻为人作书，故流传甚少。其手札亦别有一种风味，文卿恐其遗墨散失，爰装成册，以志感慨云尔。宣统三年岁次辛亥十一月冬至前二日，福山族侄孙文卿灯下呵冻谨识于二酉堂。"[1]

---

[1] 手札图片见专栏《王懿荣年谱长编》（十）。https://m.sohu.com/a/707974083_121124385。本书标点与专栏中标点不同。

附录：孙葆田佚文辑录

一、匡源墓志铭 [1]

皇清诰授光禄□□□部左侍郎军机大臣匡公墓志铭

受业门人荣成孙葆田谨撰

同里法□□□书并篆盖

公讳源，字本如，号鹤□，姓匡氏，先世江南赣榆人。明时有千户公者官□胶州，因家焉。曾祖维超，祖圯，父锡晋，州学生，皆以公贵，赠光禄大夫。母高太夫人，生三子，□居其次，赠光禄公。有兄锡旅，早卒无子，乃以公后焉。公生有异禀，十岁通五经，十三岁入州学，道光丁酉选贡成均。己亥举顺天乡试第三人。庚子成进士，改庶吉士，散馆授编修。癸卯、甲辰，连主江西、山西乡试，所至称得人。丁未充会试同考官。己酉用杜文正公荐，入直上书房，旋丁嗣母孙太夫人及本生父忧。咸丰壬子服阙，以原官充日讲起居注，官直上书房如故。癸丑复充会试同考官。是年，擢詹事府右春坊右赞善，转翰林院侍讲。明年迁侍讲学士、内阁学士兼礼部侍郎衔。是冬授兵部右侍郎。又明年调吏部右侍郎。未逾岁，转左署礼部尚书，充经筵讲官。越岁戊午，奉旨在军机大臣上行走，并拜朝马之命。公淡泊冲和，立朝无□攀附。其迁擢也，惟以清勤结主知，故不数岁间，骤跻卿贰。公亦深感知遇，密勿从□。是时，粤贼遍蹢东南数行省。

---

[1] 国家图书馆"碑帖菁华"收《匡源墓志》。山东省胶州出土，共32行，每行36字，拓片有硬伤。年代为清光绪七年四月六日。

圣主宵旰焦虑,公忧国忘家,入则备陈时务,出则博访□才,以待顾问。尝有条陈军务一疏,筹□甚悉。又尝纠弹户部尚书肃顺庇私误公,疏入,留□□□。庚申□英夷入犯,廷议欲北□,公□首力争不得。次日拟再陈,而翠华已警跸□□□□归私□□□□。从,时定计仓猝,权臣扈从者止二三人,军机章京无一至者,中途□□□□□,拟旨皆出公手,奉行后犹必自录档案,或丙夜不休。事平,上亲以孔雀翎□□□□劳也。无何,文宗升遐,穆宗继序,两宫皇太后垂帘听□□□□受□□□先□殊遇,不敢随众□异同。会中旨治枢臣中专擅不法者,同列以注□□□□谴诛□有差。公亦免官归矣。公之在军机也,班次最后,事权所在,首列者秘不以闻。及□罪,部议遣戍,上持原之。谕旨有凶焰方张,彼亦难与争衡之语。盖始终惟朝□知公之深也。公既罢,贫不能归,适朝邑阎公巡抚山东,聘为泺源书院院长。甲戌冬,入都祝皇太后万寿,恩旨赏给三品衔。宫保丁公建尚志书院于金线泉上,延公兼主讲席。公在济十余年,中遭高太夫人丧及伯兄之戚,暮年多感,戚戚少欢。光绪七年正月七日,遽以疾卒于书院,春秋六十有六。呜呼哀哉!公天性孝友,尝赴友人饮,稍逾量,孙太夫人责之。自是公身饮不复醉。兄□自幼有废疾,公事之加恭。生平无世好,惟于书籍及金石文字,则癖嗜之。与诸生讲论经术,娓娓无倦容。诱掖奖劝,多所成就。及卒,诸生争出资敦事,且筹所以归旅榇者。灵輀既发,执绋数百人。临歧祭饯,皆哭之失声云。夫人王氏,前十余年卒,生子一,寿林。女三。幼子四,崧林、岱林、峤林、嵋林,侧室出。孙三人,绍勋、继勋、缵勋。曾孙二人,庆曾、宪曾。兹以是年四月六日葬公于祖茔之次,王夫人祔礼也。葆田忝列弟子籍,虽懔在三之义,不敢陈有愧之词。□□如右。而系以铭曰:清有硕臣,不竞□□。综厥生平,纯洁无疵。举贤排奸,匪夷所知。史有□□,□□公私。□年讲学,蔚为大师。天不□□,道路涕咨。教行齐鲁,东邦化之。庸生故里,藏□□□。□□万岁,视此铭词。

二、致张裕钊夫子书信一通 [1]

受业弟子孙葆田谨奉启夫子大人函丈：葆田自丙子秋叩违左右，忽忽遂已七年，中间仅两递书启，一奉教言，诚自知其罪愆。近乃于马通白寓中见手书，尚蒙齿及，读之真为汗下也。舍弟叔谦八月杪自浙来书云，闻驺从以秋初回鄂，不识今来金陵否？伏惟起居康胜，潭第多庆为祝。葆田此来京师，又已两逾年矣，不徒所学荒废，于人事亦多疏阔。每念昔者从游钟祥，时有家庭和顺之乐，无衣食饥寒之累，方自谓得所依归，庶几可以希古人不难矣。何图数年之间，前后顿殊，昌黎云"聪明不及于前时，道德日负于初心"，始信所谓"居京师八九年，无所取资，日求于人以度时月"者，其意为甚痛也。

去年春，舍弟在闽，述何小宋制军意欲见招。葆田已拟往游，其后竟因家累而止。秋间再思出都，本欲为叩谒请教之计。尝因寄书家平山兄，以道其意，想左右亦闻而悉之矣。其时适得舍弟书，将随陈中丞自闽赴浙，葆田亦遂不果行。冬间马通白到京，承知动履甚详。通白不时过从，乃颇饶文字之乐。然葆田近日都不复为文，所读书又太半遗忘。以此，颇思改就教职，为闭户著书计。顾念非古人壮行之义，且名贤如韩、欧，皆尝身为县令，仕与学，亦当不相背。因于今秋，具牒本部求归，知县候铨。盖读律，既非葆田所娴，又自是尚须十数年，方可实授一缺，非寒儒所能垫累也。今之就此，诚为下计，特亦有不得已，而思乘一障，以聊试所学耳。独恨先父兄并已辞世，无所禀命，又不获就正于左右，而率意孤行，斯则私心所终觉未安耳。计选期当在明岁，今以是月内赴济洛一带，求仆赁之资。惟久待舍弟不至，甚用悬悬。

舍弟曩有书云，欲由上洋至金陵，叩领赐撰《先府君志铭》，不审稿已就未？葆田昔岁奉命，与方鞠常共销归评《史记》。嗣见书肆

---

[1] 题目为笔者所加，见"中华古籍资源库"所收〔清〕沈兆霖、钱泰吉、薛福成、张裕钊等撰《清名人书札》，国家图书馆藏稿本。《校经室文集》六卷《补遗》一卷未收。

内有转从上洋购至者，为值皆甚公。因商定每部四金，书已无存，其价俱存鞠常处，计必有书奉闻。又所存《新刻杜诗》，亦仅作价二金，见尚存数部未售。京师虽称人才渊薮，然真知此道者，实鲜。如同门马通白，在葆田知交中，罕见其伦。比今年秋试被放，殆亦有数焉存其间。葆田尝尽读所作，才力当不减其乡先辈刘才甫。假而殚心经术，则所造恐不止为惜抱作替人矣。渠尤亟爱葆田文，曾择其可存者，录一副本。其文率皆旧作，又冗庸不甚足观，徒使葆田自怀愧赧耳。导岷世兄乃作万里远游，闻之起人壮思。葆田前日接家平山兄书云，诸位孙世兄皆状貌非常，足见高年赏心之乐。葆田往尝欲于我夫子大人六十寿时为文以祝，今以荒废之甚，竟不能执笔属词。私意欲待明年，如得实选，当躬谒崇阶，一伸颂祷之忱，兼请从政所宜，惟左右谅察，幸甚。肃此恭叩道安，葆田叩首再拜，谨启。十月朔日。

按：孙葆田给张裕钊夫子的这封书信当作于光绪八年（1882），信中提及"因于今秋具牒本部，求归知县候铨"，光绪八年秋孙葆田因刑部学习期满请改知县，此处当指此事。又提及"如同门马通白，在葆田知交中罕见其伦比。今年秋试被放，殆亦有数焉存其间"，孙葆田与马其昶于光绪七年（1881）相识于京师，频繁往来，探讨学术，据《桐城马先生年谱》记载，光绪八年马其昶应乡试不第，正好与前推测相对应。

三、单子敬墓碑 [1]

高密单氏为齐鲁文献望族，道德文章接武济美。葆田早岁得师伯平征君，持身幸免陨越。兹又得识少韩孝廉，甚畏爱之。孝廉亦喜暱就余，以其大父行状请为表墓。余读既竟，乃始知其渊源所自，而叹明德之不彰为可欬也。按状：君讳祐楫，字子敬。嗣父朴庵，

---

[1] 见民国《高密县志》卷十五下《艺文补编》页45—46，青岛胶东书社承印，《中国地方志集成》有收。

讳为籓，与伯平师为兄弟行。元配赵，继室孟，皆无子，以君为嗣。时君年十有五岁，天性方严，备荷钟爱。越十年，朴庵公殁，居丧尽礼。定省之外，不入内。大祥之后，犹数年不归私室。每言及朴庵公事，未尝不流涕。孟悯其意，谏无不听，故几微不失欢心。而门内肃然，二十余年如一日。君生七日而孤，异母兄清狂不慧。仲兄长君一岁，家故不丰。君念本生母隅缺甘旨事，孟彻余，未尝染指。孟识其意，令供给悉如己等。洪杨之乱，隅年已逾九旬，孟虽年仅耆艾，而疾革不任迁徙，乃与仲兄为守御计，悉鬻沃产、捐巨款以为之倡。孟旋弃养，殓葬从丰，家中落然。每遇人缓急，无不力为之援。惟于有遗行者，则不听其过门。姻戚往还，亦多不敢请见。或被容接，辄以夸人。子孙有过，令跪解《曲礼》《内则》某章某句，责以何为不行，竟日嗃嗃然。每见一善，亦必奖藉，使知隅反。好善疾恶，如恐不及。尝因无子纳一姬，甚明慧，生子而殇。察其有陵嫡意，立遣之。以是竟无子。以仲兄子为嗣。正命之日，晨起盥漱如平时，徐谓左胁作痛，夜眠不适。呼精医理者诊之。诊之未终，色忽变，身骤仰，目顿瞑，首未及枕而殁，时则光绪丁未仲春九日寅正也。时年八十有一矣。状述他事多类此，不能备举。呜呼，以余所见，身体力行、刻苦自励者多矣。求其践履笃实、光辉发越、诚能动物如君者，实不多觏自。非诗礼遗泽，恶能根心生色不言而喻若此？此孝廉之动容周旋所自来欤？呜呼！是可铭矣！君生于嘉庆二十年十二月十七日，德配李氏先君十三年殁，无子。嗣子琦传，廪贡生。孙男四人：孟昭、仲昭、叔昭、季昭。叔昭即孝廉，光绪壬寅补行庚子辛丑恩正并科解元。君殁以丁未二月，于是年四月八日合葬古城先茔酉山卯向。铭曰：反身不诚，不顺乎亲。形著明动，古难其人。天挺至性，绝类离伦。因心作则，放之无垠。哀痛思父，恻怛弥纶。诚敬事母，肫肫其仁。欢心弗失，至诚感神。门庭雍肃，大和熙春。萱堂底豫，施及子孙。风声所树，顽廉薄敦。庄敬日强，毫不倦勤。溘然归化，神志不纷。识坚力定，道备德淳。我为之铭，勒此贞珉。

四、悦轩文钞序 [1]

吾乡鞠莲麤先生，以古文鸣。雍正、乾隆间，为法迁斋、韩理堂诸先生所推重。余向从坊刻及县志中，得见其文数篇，窃叹文之善学《史记》者，有明归震川，后当推先生为近代作手，其名重当世，不虚也。光绪戊申冬，刘君子秀自登州采访艺文归，携有《悦轩文钞》四十余篇，云自莲麤先生远孙春池孝廉家所录。原稿凡二部：一文百有四十四篇，分上下卷。上卷杂体文，下卷则在其尊人观察公宁夏署中代作，骈体为多；一选本，文只六十余篇，李廉衣侍读为之序。今所钞者，于选本文已十得七八矣。按：先生文诸体略具，尤以叙事文为胜，盖真得太史公义法者。余尝得先生所评《史记》与《点定归震川文》，辄爱玩不忍释手。先生当时独推方灵皋为一代巨手，见《与李幼华秀才书》。今世论古文者，咸知归、方为正轨，先生可谓具特识者矣。黄县丁君干斡圈，方搜辑乡先达遗书，淳于稚鹤孝廉因以刘君钞本与之，使刊以传世，并属余为序。余谓李序称先生之文绳矩八家，又谓其胸有真得，空诸倚傍，则文之可传者，异时又自有定评，初无待于余言。嗟夫！学术日歧，异说纷兴，安得有笃学嗜古、取法先正如莲麤先生者，作与吾乡人士一正其趋向哉？《诗》曰："高山仰止。"余读先生文，心向往之矣。宣统庚戌仲春，荣成孙葆田序。

按：民国《山东通志》卷一百四十五上"《悦轩文钞》二卷《史席闲话》附"条叙述如下："《悦轩文钞》二卷《史席闲话》附，鞠濂撰，濂有《史记述评》，见史部正史类。是编为黄县丁树祯刊本。孙葆田《序略》云：'光绪戊申冬，刘君子秀自登州采访艺文归，携有《悦轩文钞》四十余篇，云自莲麤先生远孙春池孝廉家所录。原稿凡二部：一文百有四十四篇，分上下卷。上卷杂体文，下卷则在其尊人观察公宁夏署中，代作骈体为多；一选本，文只六十余篇，李廉衣侍读为之序。

---

[1] 见山东大学图书馆藏黄县丁树祯刊本《悦轩文钞》附《史席闲话》。

今所钞者，于选本文已十得七八矣。按：先生文诸体略具，尤以叙事文为胜，盖真得太史公义法者。余尝得先生所评《史记》与《点定归震川文》，辄爱玩不忍释手。先生当时独推方灵皋为一代巨手，见《与李幼华秀才书》。今世论古文者，咸知归、方为正轨，先生可谓具特识者矣。'又树桢《跋略》云：'先生又有《史席闲话》，亦子秀孝廉所录，为胶州法迁斋先生传钞。原本近归佩南先生，今并刊之。窃愿学者取其中论文法诸说，一读悦轩文焉，则于古文义法庶乎思过半矣。'据本书。"

又按：关于鞠濂的著述，山东大学图书馆藏有三种。其一为《悦轩文稿》不分卷，一册，线装，9行25字，无格，收文四十二篇。文前有李中简所作序，序首行下钤有"虞丘学士"白文方印，序后空白处钤有"李中简印"白文方印、"廉隅"朱文方印。据考：李中简（1721—1782），字廉衣，一字子敬，号文园，直隶任丘（今属河北）人。乾隆十三年（1748）进士，改翰林院庶吉士，散馆授编修。二十一年（1756）任山东乡试正考官。三十六年（1770）又任山东学政，乾隆三十九年（1773）任山东武闱乡试正考官。后以疾乞归，杜门著述。年六十一卒。据孙葆田所云"文只六十余篇"的选本，李中简为之作过序，而山大图书馆所藏不分卷本被李中简收藏过，且有李中简所作序，《山东文献集成》第2辑第33册影印此书且判断该书为清稿本，那么此书极有可能是"文只六十余篇"选本的残本。巧合的是刘子秀钞本录文亦是四十二篇，见丁树桢跋"今年春，淳于稚鹤征君邮寄刘子秀孝廉所钞悦轩文凡四十二篇"，与山大图书馆所藏不分卷本收文数量同，但该钞本不可能有李中简的藏书印，因此基本可以断定山大图书馆所藏不分卷本就是"文只六十余篇"选本的残本。其二为《悦轩文钞》二卷附《史席闲话》，一册（1函），宣统二年（1910）黄县丁树桢刻本。9行21字，黑口四周双边，单鱼尾。此本与民国《山东通志》"艺文志"纂者所见同为丁树桢刊刻。其三为《海阳鞠莲隐先生史记述评》二卷，民国十年（1921）陈蜚声钞本，传钞自王延年钞本。稿纸为青岛成和堂书局制，书前有嘉庆庚辰王延年序，鞠濂朱笔批点，王延年墨笔批点，书后有辛酉陈蜚声墨笔跋。钤印二，一为"小铭藏书"阳文正印，一为"飞羽觞而醉月"阳文方印。

五、答韩合卿书 [1]

刘小周来省，得手书，并发还《许玉峰集》，又承示亡弟宰阌事实，不禁感泣。亡弟宦绩，去腊已由张大中丞奏请宣付史馆，奉旨允准。原折于阌乡河工亦带叙，特不及此次寄来贵县诸君所陈，尤为得实耳。至详文体例，鄙人亦不甚谙。前光州所上，乃由道转咨，由司上详，大抵公事如此。来书所言，恶直丑正者，多以崇德报功之举，或疑为阿好献谀之计，此语诚然。要之，循良实政，自在民心，且三十年间，亦须臾事耳。君子尽其在我，何尝为身后之名哉。若鄙人承乏此席，则不免有愧初心，无怪谤议之纷至矣。足下乃犹以河汾夏峰望之，不亦过乎？足下天资笃实，有入道之基，又少承家学，自有渊源。去岁一应乡试，误中副车，人人代为抱歉，鄙人亦未敢致贺。然未尝不为亡弟称慰，以其得有贤门人也。足下勉之哉！乡举不远，鄙人已悬榻以待，行且握手谈文章、讲道义。到明春，聊复辞去耳。

按：韩嘉会，字合卿，陕西阌乡县（今属潼关县）人。光绪二十三年（1897）拔贡。著有《周易注解》《大学质疑》《理学集注》《合卿文集》，纂有《新修阌乡县志》《陕县志》《河南省通志》等。他在《新修阌乡县志》"列女·贞洁"目首云："闻之先师孙佩南先生云：'《易》曰：女子贞不字。故终身不字者为贞女，许嫁而未配者为贞妇。其名义不可以泛施。'与寻常所谓贞者不同，兹故特立贞洁一门，以表妇女之奇行焉。"可见韩嘉会在设立方志名目时受到孙葆田的影响。据《河南乡试录》（光绪二十八年补行庚子辛丑恩正并科），中式副榜名单阌乡韩嘉会名列其中，信札所云"去岁一应乡试，误中副车"，

[1] 见《新修阌乡县志》卷二十"文征"第36—37页，民国二十一年铅印本。

当指光绪二十八年（1902）韩嘉会参加乡试中副榜之事，据推此信札当作于光绪二十九年（1903）。又：孙叔谦曾任阌乡县令，于光绪二十七年(1901)冬去世。信札中的"张大中丞"当为河南巡抚张人骏，于光绪二十八年任豫抚。"刘小周"即刘必勃，字小周，阌乡人，从孙葆田受古文义法，学问大进，诗文造诣很高。

六、《清孝廉王荩臣县治图志》题识 [1]

宿松于古隶淮南，今为皖江幅邑。其地西北丛山，东南滨江，广袤百余里。山麓川泽三分去二，而额微之田四千四百余顷。居民咸归怨于前明邑令屠叔芳之虚增亩额。余以甲申岁莅宰斯邑，诹知民生疾苦，亟欲请于大府，求减田赋，稍苏民困。而旧志所载疆城山川道里，约略揣计，无可征信。因商于邑之能知地志者，属其开方树表绳、度管窥，用晋裴秀氏所论制图分率準望之说，将为一邑图志。详其山川、道路、沟渠、堤防，与夫土地所宜、人民所聚。俾为政者可以按图而稽。因先成《城图》一幅，刊示邑人。其野涂经纬，亦将按次成图焉。孟子言仁政，必自经界始。区区之意，□在于是。光绪十一年仲春月，知宿松县事荣成孙葆田识。

七、继述堂后记 [2]

胡君敬庵，尝从湖北万清轩先生游，得其正学之传。万先生为题堂额曰"继述"，盖以古人志事相期也。光绪辛丑，余始识君于南阳。时君寓前河南巡抚吉林于公邸，为课其孙。读《戴礼》而一遵朱子法，以经传通解为教。余固心异之。君徽州黟人也，黟在近代多朴学，

[1] 题目为笔者所加。光绪十年冬，孙葆田时为宿松县令，嘱邑人王荩臣绘县治图。王荩臣作有"志"，孙葆田作"题识"，见民国《宿松县志》"地理志 城池"部分第13页。
[2] 见民国《黟县四志》卷十四"杂志 文录"第273—274页。

而君少承家教，独一以朱子为宗。其从于公至南阳，因于公罢职闲居，相与讲学，不忍舍去。间求于公为《继述堂记》，叙君志行详矣。余与君相别数年。宣统纪元，君膺保荐，授职知县，分发山东，余乃复与君相遇。君因出示于公所作《堂记》，俾余书其后。余谓继述之大者在忠孝。于公纪君，言先世读书者少，自君大父以质行教子孙，而君与叔父继之。今同居三世无间言。方于公在鄂抚任内患病，君闻亲往问视。及北事起，于公议率兵入卫，招君佐军事。君闻命不辞，其后虽不果行，而义气尤足感人。君每语及时局，则慨然发愤，嫉世之遗亲后君者。其平居持论如此，故与于公相契尤深。于公又称君胸中无世俗丝毫计较，而因以程朱之显其亲相勖。夫立身行道，扬名于后世，君固已有其基矣。由是而勉，尽忠孝，充其学行之所至，如于公所称，终成一代伟人，其继志述事不更大哉！请书此以为后记。忆同治癸酉，余随侍先人兴国州署，尝一拜万先生，见其道貌伟然，今忽忽已近四十年。先民不作，学术日歧，而余之不学而衰如此，余能不有愧于胡君耶？

八、重修通利桥记[1]

潍县南门外，有桥曰通利，创筑于前明嘉靖乙丑，重修于道光九年己丑。光绪戊子秋大水，桥圮，行者弗利。邑人刘实甫嘉颖精绘事，尝拟集润笔资，为修桥费。葆田闻而叹美之，戏语刘君："桥成，吾当为书《桥记》。"方议兴工，以阴阳家言于时地不宜，乃止。未几，而刘君物故，此桥遂无过问者。癸卯冬，邑人修筑南门城垣。工既讫，刘君少子恪恭谋于诸父，将承先人之志，乃独任修桥费。以甲辰春二月初兴工，阅月而告成。董其役者，陈君宪卿、于君松圃。会岁暮，葆田自河南归里，邑人属予为文，以勒诸石。予观明都御史刘公记宋君创筑此桥，引宋公序渡蚁事，以风励斯人，以为有济物之心，则无不食报。而张君后记复据堪舆家言，以为南门左右，自盘龙桥之东，至文昌阁下，水皆随来随泻，是桥适当其中，则龙脉所关非浅矣。予于

---

[1]《潍县志稿》卷十"营缮·桥梁"，民国三十年铅印本。

五行、祥异之书，皆所不习。第念自光绪改元至今，潍邑以廷试第一成进士者二人，所居皆在是桥之右。刘公引渡蚁事，若有预为之兆焉者。而张君所记风水之术，而适验于是时，岂事果有数存耶？抑人定者胜天，仍视乎其人耶？夫天下事，特患无志耳。有志者事竟成，至修德获报之说，不于其身，必于其子孙。为善者，可不勉哉！可不勉哉！荣成孙葆田撰，同邑王寿彭书。大清光绪三十一年正月吉日。

九、宋人经义约钞序 [1]

戊戌秋，予尝有宋人经义之选，为家塾读本。既因科场仍用八股文取士，前选亦等于无用矣。今岁，予忝主宛南讲席，方以经术古文导后进。会又有诏，乡、会试头二场，俱改用策论，三场试四书义二篇、五经义一篇。学政岁科两试，正场亦改用四书义、五经义各一篇。诸生咸相从，问作义要指。予因取旧钞，略事删订，复益以二刘文，分为上、中、下三卷，以便学者诵习。虽然，此特就予所见，为诸生举其一隅耳，非敢操选政，以贻误当世也。诸生诚有志于正学，则有《朱子读书法》与《学校贡举私议》，其论为学之方与造士之法备矣。果能仿而行之，则上以是求，下以是应，又何患乎经世之无具与？若夫外国政治，则愚所未闻，诸生欲为造化之术，亦别求所师焉可耳。光绪辛丑秋八月，荣成孙葆田识于南阳之求志居。

十、彭诚之先生文集序 [2]

予读史至《儒林》《循吏》诸传，未尝不想见其人。往往一乡一邑间，被其薰陶者众多，盖贤人君子之流泽长矣。邓州古穰彭诚之先生以

---

[1] 见《宋人经义约钞》，光绪二十八年孙葆田经润楼刻本。

[2] 见新乡图书馆藏彭九思《诚之文集》。彭九思，字诚之，河南邓州人，清道光十九年（1839）举人，署山东昌乐县知县，旋以母老归，不复出。著有《诚之文集》一卷，为其子自强所辑，有孙葆田、高麟超、潘守廉、王言紼、田广恩等人序跋。

孝廉筮仕吾东，未久即归。归而教授乡里，以礼法自持。跬步之间，翼翼如也，济济如也。一时门弟子称盛，皆有先生风。顾生平著述，凋零散失不复存。其子自强稍为收拾，得文若干首，将以付梓。其门人高洗凡持以示予。予观其文，皆布帛菽粟之语。孔子曰："有德者，必有言。"信乎！有德而又有言也。如先生者，可以传矣。聊缀数语，使后之人有所景慕焉。山左后学荣成孙葆田拜题。

咸丰中，年先生服官山左，尝一署昌乐令。予闻先生名久矣。壬寅冬，遇高君于汴梁，知有假予名为先生集序者。姑索其文，为窜改如右，亦足见虚名之为累也。孰若先生闇然而日彰哉。荣成县孙葆田又题。

时光绪三十二年后四月十一日。后学南阳举人张嘉谟拜书。

按：据孙葆田此序云："壬寅冬，遇高君于汴梁，知有假予名为先生集序者。"又据高麟超序云："彭诚之刺史《文集》，其侄曾孙书田携来梁园，欲求孙佩南先生表阐，而患无介绍以通也。乃浣院中诸生与先生素习者，辗转求索十数日，乃得此稿。什袭缄固发出与应试诸生互相夸耀。既以示余，余大诧曰：'吾闻孙先生脚踏实地，不应则已，应则必不草草从事。此文楛然无物，必是伪本无疑。'然余实未识孙先生之面也。既因张仲甫孝廉以谒先生，谈及此文，先生亦诧曰：'某近来并未作文。'"可知，曾有人冒充孙葆田之名为《彭诚之先生文集》作序，后来此事辗转为孙葆田了知，他自言"姑索其文，为窜改如右，亦足见虚名之为累也"，可见孙葆田十分宽容大度，不但未追究冒名之人，还满足了诚之先生后人求序的愿望。高麟超序亦云："孙先生之名大矣。彭刺史之子孙求文之心亦诚矣。真耶？伪耶？姑存以播艺林之佳话，又胡不可？"这篇序虽然是别人冒名所作，但孙葆田后来经眼并修改过，还在文后加了"又题"。姑列于此，以备学者参考，亦可一瞻孙葆田的为人。

十一、与门人张献群书札一通[1]

献群贤世讲如晤，递中再奉手书，敬承壹是。葆田九月杪回潍，十月十八日始返济南。又患腹泻，今已愈，而咳嗽不止。衰年景象如此，可叹也。承询丧祭礼宜，向日未曾考究，只是随俗行之耳。程子曰："古人居丧，百事如礼，废祭可也。今人百事皆如常，独废祭，不若无废为愈。"朱子谓，卒哭之前，不得已而废；卒哭之后，以衰服。特祀于几筵之前，以墨衰常祀于家庙。不读祝，不受胙。大儒之言如此，请斟酌其中，可也。蒋注柳文，寒舍实无是本，可更访诸藏书家。前云，欲于大事毕后，远道相访。鄙人谢客已久，千万不可劳驾。匆匆此布，即候孝履。不宣。葆田顿首。

按：《河北第一博物院半月刊》1937年第137期除了刊登张果侯藏《孙佩南先生墨迹》图片，还对孙葆田其人及手札进行介绍，文字如下："孙先生葆田，字仲恒，号佩南，山东荣成人，寄居潍县。清同治十三年进士，授刑部主事，改知县。光绪九年，选授安徽宿松县。同治光绪间，淮军声势煊赫，将帅多合肥人，合肥号称难治。先生于李文忠公为年家子。光绪十一年江南乡试，先生为同考官，文忠公子仲彭部郎，是年中式，出先生门下。大吏以先生习于李氏，移署合肥。先生直道而行，举措无所回避，县民以比宋包孝肃。曰：'他令勋贵家厮养耳，孙公真合肥知县也。'文忠公家奴杀人，先生执法惩之。时李勤恪公以总督家居，三造县请，先生谢弗见。或以重金啖先生仆，使问先生，终无所得。十四年，先生乃请告归。当是时，先生直声震天下。既去官，公卿交章论荐，弗应。二十一年，以山东巡抚李公秉衡荐，诏加五品卿衔（《清史稿·循吏列传》作张勤果公荐，误）。先生笃内行，学兼文章义理。少时受学于张廉卿先生，吴挚甫先生尝为先生先德墓碑，谓廉惠卿曰'此弄斧班门也'。

[1] 题目为笔者所加，张果侯藏孙葆田与门人张献群书札一通，见《河北第一博物院半月刊》1937年第137期《孙佩南先生墨迹》。

先生去官后，历主济南尚志堂、南阳宛南书院、开封大梁书院讲席，河南高等学堂总教习，山东通志局总纂。宣统三年正月朔日卒，年七十二。（《清史稿·循吏列传》作'宣统元年卒，年七十'，误。）先生晚年，家益贫，进退取与之节益介。弟六皆刺史知光州卒官，负官逋万余金。或谓先生勿偿，先生曰'不可使吾弟亏国帑'，卒身任之。在合肥时，尝为楹帖曰：'合则留，不合则去；肥吾民，忽肥吾身。'晚年复为楹帖曰：'浮生半为虚名累，垂老方知寡过难。'著有《校经室文集》六卷，《补遗》一卷，《孟志编略》六卷，《删正玉函山房》《两汉经说》《重定汉学师承记》各若干卷。先生不以书名，与友朋尺牍，辄口占倩人书之。此札乃宣统元年冬自书与门人张献群者。献群名宗瑛，南皮诸生，时居母丧。明年三月，以毁卒。著有《雄白文集》一卷，《清史稿·艺文志》著录。此外复有《雄白日记》《雄白诗集》各一卷。"张果侯，名宗芳，南皮人。与张宗瑛字献群者为同宗，此处称"此札乃宣统元年冬自书与门人张献群者"，当可信。

十二、致谭献书信四通 [1]

仲修仁兄同年先生左右，别来遂已两月，相距不过三百里，而无由一奉教言，岂胜怅也。曩见阎大司农谓作官为天下极俗之事，弟今而深知其味矣。承示尹君节前且不接篆，我兄得免，益增赔累否？弟公私粗适，惟拙于催科，上忙征银，至今不及百分之四五。地方民情虽刁，亦颇知感恩守法，不如诸公所言之甚也。弟遇事以敬信勤敏出之，百姓亦自能悦服。近日中外事，续有确闻否？二三材俊为时出，议论纷纷，天下事亦大可虑也。我辈吏隐下僚，正自不能不切杞人之忧耳。考费等事，当照章奉行，但有官书往来，无不如命。薇珊现已进省，晤时自必详叙。弟懒于作字，启候阔疏，幸乞鉴原，一切肃此，敬请著安。弟孙葆田顿首。

[1] 题目为笔者所加，见钱基博整理编纂《复堂师友手札菁华》所收"孙葆田四通"，北京：人民文学出版社，2015年版，第1189—1197页，为手稿。

按：此处"仲修"指谭献。光绪十年（1884）春孙葆田赴宿松任，过怀宁，时谭献权怀宁，孙葆田与之相交。此札当作于孙葆田到宿松任后。

仲修老哥同年大人阁下，阔别日久，岂胜思念。去腊复书有过江代兄之谑，不图今日遂成谶语。执事善政在民，上游倚重，而以弟谬承其后，惧不免陨越贻羞耳。宿松人望君，甚于望岁。弟为地方筑口事，经费不敷。晋省面禀，幸邀允，准补发银两。回署后便可交卸。筑口委员乃吴司马道灼。弟此行又为老哥省许多笔墨。闻合肥县试在三月初旬，然否？弟到彼，当在中旬。一切公务，仍望斟酌得宜为幸。以我辈道义相许，交替之际，万不至学世俗仕宦情态也。芝宪亦弟癸卯科世叔，觐旋后必须叩见。计都中当有书问也。手肃敬叩近喜，恭请大安。年小弟孙葆田顿首。二月十六日。

按：札中"去腊复书有过江代兄之谑，不图今日遂成谶语"当指民国《宿松县志》所载谭献"光绪十一年，与宿松知县孙葆田对调"之事，可推此札作于光绪十一年（1885）。札中"弟为地方筑口事"，当指孙葆田光绪十一年（1885）在宿松任上筑堤之事，民国《安徽通志稿》及《宿松县志》均载其政绩。根据结尾日期推论，此札作于光绪十一年（1885）二月十六日。

仲修仁兄先生同年座右，累月有疏启候，近想兴居佳胜。曩得八月四日书，知到合州后，毅然以官须自为，可谓卓立不群，甚盛甚盛。弟碌碌如恒，地方年谷虽丰收，而催科政拙，惧不免考膺下下，奈何？承论李、姚二家文录，具征卓见。竹柏山房撰著，勤而无师法，所见与鄙意正同。近得冯梦华书，并所撰成先生志铭，乃颇见此君为学宗旨，惜聚晤时不及畅叙也。梦华甚以我兄为念。前所需《删存玉函山房辑佚书目》，今录寄，此曩时偶然校定，覆阅，尚多不合，望即指正为幸。湘南近刻有袖珍本，颇便舟车携带，见否？张奉常果又改外，不出先生所料。兹敬恳者，弟有一同堂兄，名葆均，系江苏候补，从九，能俗隶，兼工绘事。曾在大通盐局当差三年，为刘观察所倚信，最善缉私。近因补缺无期，意欲谋一长差，为仰事俯畜之资。见来宿松，言及此次舟过大通，叩谒当途诸公，有旧日同事王太守颇思援引。弟深知我兄与子通观察交好，用敢冒昧渎陈，可否赐一荐函，寄至弟处，由家兄持往面求提调，则此事可期有成。弟等感荷盛德，亦靡有涯量。手此敬颂政祉，惟照不宣。年小弟孙葆田顿首。十月二十一日。

　　按：光绪十年（1884）闰五月，谭献移治合肥。札中"曩得八月四日书，知到合州后，毅然以官须自为，可谓卓立不群，甚盛甚盛"，当指谭献权合肥事。谭献《复堂日记》"甲申"年载："《玉函山房辑佚书》湖南新刻巾箱本，纸板不精。孙佩南删定目录；索之，未见寄。"札中"前所需《删存玉函山房辑佚书目》今录寄。此曩时偶然校定，覆阅，尚多不合，望即指正为幸。湘南近刻有袖珍本，颇便舟车携带，见否"是孙葆田对谭献索要《删存玉函山房辑佚书目》的回应，结合札末日期，可推此札作于光绪十年甲申（1884）十月二十一日无疑。

　　仲修老哥同年有道座右，弟以疏懒，久未启候。得腊初三日书，遽承厪注，岂胜赧也。过江之行，以弟代兄，虽得士较多，而私累益增，如何如何！此间风气顽弊，殆难为治。迂儒罔识时务，辄思以经术饰吏事，倡明古学，仅托空言，非能如贵治文教烝烝日隆也。不审近日有何撰述？广州樵公衔命远征，折冲樽俎，宁不使书生愧死！昔日怀宁县斋同饮诸君，周素人、胡稚枫相继徂丧，可为悼惜。弟近来都无暇读书，旧业渐荒，归田无计，求如先生仕学兼优，岂易得哉！天寒，伏祈为道保重。手此布臆，敬颂著绥，余惟鉴照不宣。年小弟孙葆田顿首。

　　按：札中"周素人"指周星誉。周星誉，字涑人，一作素人，河南祥符（今开封）人，道光二十三年（1843）举人，由知县擢直隶州知州，权无为州，卒于官。金武祥《粟香随笔》所收《周星誉昆仲》载："甲申春仲，周涑人直刺星誉自粤北行，旋闻其权无为州牧。乙酉秋，以所刊自著《传忠堂古文》寄示，并以徽墨、宣纸为赠，远道嘉贶。方拟作书报谢，旋闻其卒于任所。祥符周氏，又弱一个。"周素人卒于光绪十一年（1885）秋。是时，孙葆田奉调入闱，分校江南乡试，正与札中"过江之行，以弟代兄，虽得士较多，而私累益增，如何如何"相合。结合札中言得谭献"腊初三日书"，此札当作于光绪十一年（1885）腊月。札中提到的"胡稚枫"指胡志章。胡志章，字稚枫，湖北安陆人，官江苏知县，改署合州知州。

十三、梦园尺牍序 [1]

梦园先生刻所著四六短启，以示葆田，曰："为我序之。"既而以书来促，曰："前呈尺牍，乞为弁言。夫尺牍，骈之余耳，似不足以辱椽笔。然柳州巨手，于一木一石不惮雕而镂之。近时，钱晓徵少詹尝为《述庵词序》，知能者无所不可也。吾子其勿固辞。"盖先生尝以散体文序见属，予久之未敢应命。今各体俱已得，有当代名能文者之序。独此四卷尚未流布，予亟发而读之，其首卷所称文山制军崇冢宰，则今岁殉节之大司农文节公也。公为先生会试座主，以上公致仕。去年冬，奉诏再出。今秋，补户部尚书。甫旬日，遽殉国难。先生集成句挽之曰"邦国殄瘁人之云亡，泰山其颓吾将安仰"，其寄慨深矣。是编为先生门人陈斐卿编校。斐卿者，先生分校所荐士，乃琴山太史之子。太史则今合肥相国之房师也。斐卿第进士时，合肥招之不往，亦一介者。前年秋，病死沂州府教授任所，是皆可慨者也。按：欧、曾文集皆有启状一类，以此例之，此四卷应附入先生全集中。先生循世俗之称用，便单行。至其措词典雅，岂世俗工

---

[1] 孙葆田作于光绪庚子（1900）冬日，见刘曾录《梦园尺牍》，光绪至民国祥符刘氏丛书本。

为四六者所能梦见哉。先生以名进士历宦吾乡，所至有政声。故诸篇在山东作者为多。梦园，盖先生所居，即历下之南珍珠泉也，亦以自号云。（案：尺牍先刊下卷，此序专指下卷而言。）光绪庚子冬日，荣成孙葆田序。

十四、明文正气集序 [1]

昔方望溪氏有言：明人制义至启、祯诸家穷思毕精，务为奇特，包罗载籍，雕刻物情。凡胸中所欲言者，皆借题以发之。就其善者可兴可观，光气自不可泯。又曰：金、黄二家之文，言及世道人心，能使读者义理之心勃然而生。是知言者，心之声，不可以伪为也。

予尝从坊间得一选本，曰《晚明制义》，所录皆启、祯人之文，惜其贤否毕收，瑕瑜互见。因择其人之成仁取义，文之义蕴深微，有关世道人心者，得文五十五篇，作者二十四人，附见者一人，分为前后二编。前编皆方氏所选，后编则杂采他选所见。而于前人评语亦皆详加厘订，用付剞劂，名曰《正气集》。

明季之以节义显者众矣！其以科第文字传者，亦不止此二十馀人。而予特就所见诸人制义，取其可兴可观、历久而不磨者，略为编定。如此，俾读者有以激发其义理之心，亦或于士习所趋，不无裨益。世有同志之士，推此例以旁搜博稽，严辨而慎取，以为文山《正气歌》之续，其尤足观矣哉！庚寅四月，荣成孙葆田序。

按：《明文正气集》为问经精舍读本，故孙葆田选取的制义为"可兴可观，历久而不磨者"，期待能够起到"俾读者有以激发其义理之心，亦或于士习所趋，不无裨益"的作用。全书分为前后两编，前编皆方氏所选，后编则杂采他选。《明文正气集》"作者二十四人，附见者一人"，这二十五人为：倪元璐、吴麟征、黄道周、祁彪佳、凌义渠、

---

[1] 孙葆田作于光绪庚寅（1890）四月，刊于济南尚志堂。山东省图书馆有藏，钤有"山东省立图书馆珍藏之印"。

侯峒曾、史可法、徐汧、金声、马世奇、左懋第、杨廷麟、杨廷枢、陈函辉、陈子龙、钱肃乐、夏允彝、沈宸荃、黄淳耀、林垐、吴易（一作易）、刘曙、李待问、吴应箕、徐枋，皆可担起"正气"二字。选文五十五篇，首篇为黄淳耀《诗云节彼南山　二节》。

十五、致湖北军需局书 [1]

葆田兄弟前日不揣冒昧，辄因先父前署钟祥县任内垫发勇粮，计用银七千九百余两。经贵总局比照历办成案，准销银五千两，除提解司库银三千六百余两，并提还牙厘局银六百余两，尚有准销银七百余两，已无欠款可抵。查前次垫用若干，本系挪借公项，经历年垫解过半，遂皆变成私亏。现拟找发余银，实欲藉清宿累，具禀数日，待命逾旬。近奉批示，以院宪判定章程，但宜恪守。又奉批示，以司局异常艰窘，未便准行。并令自为筹谋，毋庸再事渎禀。奉诵之下，感惭交并。窃惟人非无耻，孰肯自毁其廉隅。士唯固穷，故能不忘在沟壑。夫当官以奉公为职，而事亲以不辱为先。矧葆田身处闵凶，固尤宜自知修省。既因公事而获谴，弥觉子道之有亏。在旁观，应议其厚颜；在私心，实违其素志。用敢沥陈一一，冀蒙鉴察区区。葆田家本清贫，累世皆遗经自守。先父官由拣发，当时实奉檄独来，属发捻之交讧，值荆襄之屡陷。先父一官黾勉，廿载勤劳，非谓子文有纾难之功，实闻子产有遗爱之诵。溯宦游所至，尚称见信于四民；论名节攸关，尤必致严于一介。葆田幼禀庭训，长服官箴。但能本分以自安，绝少外交之私侣。下之无利势足以动俗，上之无至行可以感人。不幸去冬，猝遭大故。时无程元振，谁知邻生之足哀；身即石曼卿，难冀范公之复遇。终日终夜，诚恐诚惶。念扶榇之无期，虑析薪之遂弃。信有劳而弗任，谁谓肯构肯堂；非所得而妄干，亦云不屑不洁。爰有日前之请，殊非义外之求。何则？请领一言，固由于私见；准销二字，实奉有公文。既明明准以五千，则五千之数

---

[1] 见国家图书馆藏孙福海撰《孙补堂诗文录》，抄本。

为应销。此外原不敢妄生希冀，若隐隐扣此七百，则七百之银无所抵。将来究不知作何开除，是则未奉明批，难免终怀疑窦。且夫军需局者，国家所以济军务之急需也。凡饷糈所出，朝廷本无令州县赔累之条。而筹垫恒多，当轴独有致州县亏空之法。考其实，不过官大官小；问其名，必谓内销外销。盖内销，则部操其权；外销，则局专其事。苟上司所欲提拨，必百计为之弥缝。故各县所有报销，必多方为之批驳。是非已谬，州县焉往而不穷；出入无凭，军需安得而不绌。语其为弊，直省皆然。揆厥所由，相传已久。即有如钟祥前案所守，乃安陆府城。当其时，京山被围，天门失陷，贼纷纷而来犯，城岌岌以难全。其防守认真，俱经列入奏报。而招募既定，未蒙发给勇粮。迨其后，失守各员且已均邀宽免，独先父办防所用，仍令自行垫赔。迄事隔七年，人既身故，始准详两院官与核销。业经垫解多银，不能找领，复以批销正项，尚欲扣留。若谓任内抵款可行，奈交代已清无欠，而何以为抵。如云局中艰窘实甚，岂垫用所出，在外独不见其艰。或又谓，前此报销之准行，本为施恩格外。今兹请领而弗许，何反归怨局中？愚窃以为不然。夫顺意则喜，拂情则怒，德必归己，谤欲分人，此乃庸俗之恒情，讵为君子之雅量。顾事当论其曲直，岂道必贵乎攀援？诚如前示所云，划抵亦不止一案。可见历年所办，批准原不仅一人。既事出于公，固无恩之可市；果心归于怨，亦何怨之敢存。且先父身后萧条，本贵局上详之语，即敝寓目前艰苦，正人子中愧之时。倘若再事渎陈，迭经斥驳，是于名为不肖，于义为不廉，深恐见绝于鬼神，何颜更立于天地。今虽未能筹备，固已预定行期，但求明谕，示遵前项宜归何用，庶使私怀消释，后禀永免重申。葆田先人有灵，犹将感荷盛谊。葆田兄弟共誓，终当不负大恩。纵使流转于他乡，不甘饥饿于此地。俾天下咸知儒生之贵自立，而无谓廉吏之不可为此。即所以承先志，而报公义之万一。情隘辞激，不知所裁。干渎尊严，无任惶恐。

参考文献

一、古代典籍

[1]〔汉〕郑玄注,〔唐〕陆德明音义,〔清〕孙季咸述:《孝经郑注附音》,《山东文献集成》影印济南市图书馆藏清光绪二十二年荣成孙葆田潍县朦园刻本。

[2]〔明〕李光壁撰,王兴亚点校:《守汴日志》,郑州:中州古籍出版社,1987年版。

[3]〔清〕陈代卿撰:《慎节斋文存》,光绪三十一年济南江阴曹偁铅印本。

[4]〔清〕陈夔龙著:《松寿堂诗钞》,清宣统三年京师刻本。

[5]〔清〕陈士杰著,陈树良、陈树整理:《蕉云山馆诗文集》,北京:民主与建设出版社,2018年版。

[6]〔清〕冯煦撰:《蒿叟随笔》,清光绪二十八年刻本。

[7]〔清〕冯煦著:《蒿盦类稿·续稿·奏稿》,台北:文海出版社,1969年版。

[8]〔清〕贾瑚修,方汝翼纂:《增修登州府志》,清光绪七年刻本。

[9]〔清〕法伟堂:《山左访碑录》,《山东文献集成》影印清宣统元年山东提学司罗正钧石印本。

[10]〔清〕法伟堂:《山左访碑录》,民国十七年金佳石好楼印行。

[11]〔清〕方苞撰,徐天祥、陈蕾点校:《方望溪遗集》,合肥:黄山书社,1990年版。

[12] 国家图书馆藏碑帖菁华：《匡源墓志》，拓片。

[13] 〔清〕郭梦星撰：《宝树堂遗书》，《山东文献集成》影印青岛市图书馆藏清光绪二十一年潍县郭氏刻本。

[14] 〔清〕何家琪撰：《天根文钞》，清光绪三十二年刻本。

[15] 〔清〕何家琪撰：《天根诗录》，清光绪三十二年舒氏雪瓯草堂刻本。

[16] 〔清〕何家琪著：《天根文诗钞》，台北：文海出版社，1972年版。

[17] 〔清〕黄定镛纂：《谷城县志》，同治六年刊本。

[18] 〔清〕鞠濂撰：《悦轩文稿不分卷》，《山东文献集成》影印山东大学图书馆藏清乾隆间海阳鞠氏清稿本。

[19] 〔清〕鞠濂撰：《悦轩文钞》，清宣统二年黄县丁树桢刻本。

[20] 〔清〕刘曾录：《梦园尺牍》，光绪至民国祥符刘氏丛书本。

[21] 〔清〕刘锦藻撰：《清朝续文献通考》，北京：商务印书馆，1955年版。

[22] 〔清〕马其昶著：《抱润轩文集》，清宣统元年刻本。

[23] 〔清〕毛鸿宾撰：《毛尚书奏稿》，《山东文献集成》影印山东省图书馆藏清宣统元年至二年历城毛承霖刻本。

[24] 〔清〕潘守廉修，张嘉谋等纂：《南阳县志》，清光绪三十年刊本。

[25] 〔清〕彭九思：《诚之文集》，新乡图书馆藏本。

[26] 〔清〕单为镆撰：《单征君全集》，《山东文献集成》影印山东省图书馆藏清道光至同治间刻本。

[27] 〔清〕单为镆撰：《奉萱草堂文钞》，《山东文献集成》影印山东省图书馆、青图藏民国十六年高密单氏上海石印本。

[28] 〔清〕沈兆霖、钱泰吉、薛福成、张裕钊等撰：《清名人书札》，国家图书馆藏稿本。

[29] 〔清〕施补华著：《泽雅堂文集》，山东省图书馆藏光绪十九年刻本。

[30]〔清〕施补华著：《泽雅堂文集》，北京：朝华出版社，2018年版。

[31]〔清〕宋书升撰：《初篁书庐文稿》，《山东文献集成》影印山东省博物馆藏稿本。

[32]〔清〕宋书升撰：《旭斋文钞》，《山东文献集成》影印山东省博物馆藏民国潍县和记印刷局排印潍县文献丛刊本。

[33]〔清〕孙葆田著：《校经室文集》，《山东文献集成》影印民国五年吴兴刘承干求恕斋刻十一年增刻本。

[34]〔清〕孙葆田著：《校经室文集》，山东省图书馆藏抄本。

[35]〔清〕孙葆田撰：《孟志编略》，天津图书馆藏清光绪十四年活字本。

[36]〔清〕孙葆田撰：《孟志编略》，《山东文献集成》影印山东省博物馆藏清光绪十六年刻本。

[37]〔清〕孙葆田撰：《孟志编略》，国家图书馆藏抄本。

[38]〔清〕孙葆田编：《明文正气集》，山东省图书馆藏光绪十六年济南尚志堂刻本。

[39]〔清〕孙葆田：《曾南丰年谱》，国家图书馆藏稿本。

[40]〔清〕孙补堂：《孙补堂诗文录》，国家图书馆藏抄本。

[41]〔清〕孙镜寰：《之游唾余录》，《明清法制史料辑刊》（第一编）第27册影印清抄本，北京：国家图书馆出版社，2008年版。

[42]〔清〕孙福海：《古不夜城记》，国家图书馆藏同治刻本。

[43]〔清〕孙叔谦：《杂稿》，国家图书馆藏抄本。

[44]〔清〕谭献著，范旭仑、牟晓朋整理：《复堂日记》，北京：中华书局，2013年版。

[45]〔清〕王夫之等撰：《清诗话》，上海：上海古籍出版社，1978年版。

[46]〔清〕王守训撰：《文学天性斋诗钞》，《山东文献集成》影印山东省博物馆藏稿本。

[47]〔清〕王守训撰：《王守训遗稿七种》，《山东文献集成》影

印山东省博物馆藏稿本。

[48]〔清〕王守训撰:《文学天性斋文钞》,《山东文献集成》影印山东省博物馆藏稿本。

[49]〔清〕王守训撰:《王氏水源录》,《山东文献集成》影印山东省图书馆藏民国四年王常师排印本。

[50]〔清〕翁同龢著,翁万戈编,翁以钧校订:《翁同龢日记》,上海:中西书局,2012年版。

[51]〔清〕吴趼人撰:《我佛山人笔记 四种》,上海:广益书局,1936年版。

[52]〔清〕吴汝纶:《桐城吴先生全书》,清末吴氏家刻本。

[53]〔清〕吴汝纶:《吴汝纶全集》,合肥:黄山书社,2002年版。

[54]〔清〕许光曙、孙福海修,〔清〕武昌张裕钊纂:《钟祥县志》,清同治六年刻本。

[55]〔清〕于沧澜、马家彦修,蒋师辙纂:《鹿邑县志》,光绪二十二年刊本。

[56]〔清〕曾国荃撰,梁小进主编:《曾国荃集》,长沙:岳麓书社,2008年版。

[57]〔清〕张昭潜著:《无为斋文集》,《山东文献集成》影印中共山东省委党校图书馆藏清光绪四年徐继儒、郭恩孚刻本。

[58]〔清〕张昭潜撰:《无为斋续集》,《山东文献集成》影印中共山东省委党校图书馆藏清光绪四年徐继孺、郭恩孚刻本。

[59]〔清〕张昭潜撰:《山东省沿革表》,光绪二十七年潍县郭恩孚果园刻本。

[60]〔清〕张曜、杨士骧修,孙葆田等纂:《山东通志》,《山东文献集成》影印民国四年至七年山东通志刊印局排印本。

[61]〔清〕张曜、杨士骧修,孙葆田等纂:《山东通志》,民国七年铅印本。

[62]〔清〕张曜、杨士骧等修,孙葆田、法伟堂等纂:《山东通志》,上海:上海古籍出版社,1991年版。

[63]〔清〕张廷玉等撰：《明史》，北京：中华书局，1974 年版。

[64]〔清〕张裕钊著：《濂亭文集》，清光绪八年查氏木渐斋刻本。

[65]〔清〕张裕钊著：《濂亭遗文》，清光绪二十一年遵义黎氏刻本。

[66]〔清〕张廉卿著，丁有国注释：《张廉卿诗文注释》，上海：复旦大学出版社，2013 年版。

[67]〔清〕郑杲著：《郑东父遗书》，《山东文献集成》影印山东省图书馆藏清光绪三十年合肥李国松集虚草堂刻本。

[68]〔清〕郑杲著：《东甫遗稿》，山东大学图书馆藏民国二十五年徐世昌刻本。

二、今人著作

[1] 安徽通志馆编纂：《安徽通志稿》，民国二十三年铅印本。

[2] 白启寰编著：《安徽名胜楹联辑注大全》，安庆市楹联协会，无为县楹联协会，1997 年版。

[3] 北京图书馆编：《北京图书馆藏珍本年谱丛刊》，北京：北京图书馆出版社，1999 年版。

[4] 常之英修：《潍县志稿》，民国三十年铅印本。

[5] 陈祖壬编：《桐城马先生年谱》，《晚清名儒年谱》第 16 册，北京：北京图书馆出版社，2006 年版。

[6] 陈文新主编：《中国文学编年史 晚清卷》，长沙：湖南人民出版社，2006 年版。

[7] 董玉书、徐谦芳著：《芜城怀旧录 扬州风土记略》，南京：江苏古籍出版社，2002 年版。

[8] 方树梅著，余嘉华点校：《笔记二种》，昆明：云南人民出版社，2010 年版。

[9] 费行简：《近代名人小传》，《近代中国史料丛刊》，台北：文海出版社，1967 年版。

[10] 郭太松等执笔，中原石刻艺术馆编：《河南碑志叙录》，郑州：

河南美术出版社，1997年版。

[11] 郭立志编撰：《桐城吴先生年谱》，民国三十三年铅印《雍睦堂丛书》本。

[12] 顾廷龙主编：《清代朱卷集成》，顾廷龙主编，台北：成文出版社，1992年版。

[13] 顾廷龙、戴逸主编：《李鸿章全集》，合肥：安徽教育出版社、安徽出版集团，2008年版。

[14] 韩嘉会纂修：《新修阌乡县志》，民国二十一年铅印本。

[15] 何素雯整理：《曾巩年谱辑刊》，南昌：江西高校出版社，2021年版。

[16] 洪丕谟著：《中国古代法律名著提要》，杭州：浙江人民出版社，1999年版。

[17] 湖北省谷城县地方志编纂委员会编纂：《谷城县志》，北京：新华出版社，1991年版。

[18] 黄河防洪志编纂委员会，黄河水利委员会黄河志总编辑室编：《黄河志》，郑州：河南人民出版社，1991年版。

[19] 江庆柏编：《清代人物生卒年表》，北京：人民文学出版社，2005年版。

[20] 江中柱编：《林纾集》，福州：福建人民出版社，2020年版。

[21] 江庸撰：《趋庭随笔》，民国二十三年朝阳学院出版部铅印本。

[22] 蒋元卿著：《皖人书录》，合肥：黄山书社，1989年版。

[23] 金梁：《近世人物志》，台北：文海出版社，1977年版。

[24] 柯劭忞著：《蓼园诗钞》，《山东文献集成》影印中共山东省委党校图书馆藏民国十三年上海中华书局排印本。

[25] 况周颐：《眉庐丛话》，太原：三晋出版社，2022年版。

[26] 雷寅威、雷日铦编选：《中国历代百花诗选》，南宁：广西人民出版社，2008年版。

[27] 李灵年、杨忠主编：《清人别集总目》，合肥：安徽教育出版社，2000年版。

[28] 李起元修，王连儒纂：《长清县志》，民国二十四年铅印本。

[29] 李舜臣、欧阳江琳编著：《中国科举文化通志 历代制举史料汇编》，武汉：武汉大学出版社，2015年版。

[30] 梁秉鲲修，王丕煦纂：《莱阳县志》，民国二十四年铅印本。

[31] 凌甲烺等修，张嘉谋等纂：《西华县续志》，民国二十七年铅印本。

[32] 刘声木撰，徐天祥点校：《桐城文学渊源撰述考》，合肥：黄山书社，1989年版。

[33] 刘国斌：《四续掖县志》，民国二十四年铅印本。

[34] 鲁小俊、江俊伟著：《贡举志五种》，武汉：武汉大学出版社，2009年版。

[35] 栾星主编：《中原文化大典》，郑州：中州古籍出版社，2008年版。

[36] 骆宝善、刘路生主编：《袁世凯全集》，开封：河南大学出版社，2013年版。

[37] 马月玲主编：《洛阳文史资料 第25辑》，政协洛阳市委员会学习文史资料委员会，2004年版。

[38] 毛承霖纂修：《续修历城县志》，民国十五年铅印本。

[39] 缪荃孙著：《艺风老人日记》，北京：北京大学出版社，1986年版。

[40] 南阳市地方史志编纂委员会：《南阳市志》，郑州：河南人民出版社，1989年版。

[41] 蕲春县县志编纂委员会办公室编：《蕲春历代诗萃》，武汉：湖北人民出版社，2019年版。

[42] 杞县地方史志编纂委员会编：《杞县志》，郑州：中州古籍出版社，1998年版。

[43] 钱伯城、郭群一整理，顾廷龙校阅：《艺风堂友朋书札》，上海：上海人民出版社，2018年版。

[44] 钱仪吉、缪荃孙、闵尔昌等编：《清碑传合集》，上海：上

海书店，1988 年版。

[45] 钱基博整理编纂：《复堂师友手札菁华》，北京：人民文学出版社，2015 年版。

[46] 三门峡市水利局史志编纂领导小组编，范天平主编：《三门峡市水利志》，西安：陕西人民出版社，1999 版。

[47] 山东省潍坊市文化局史志办公室编：《潍坊文化志》，济南：齐鲁书社，1997 年版。

[48] 沙嘉孙编：《山东文献书目续编》，济南：齐鲁书社，2017 年版。

[49] 上海国民日日报馆：《国民日日报》，台北：台湾学生书局，1965 年版。

[50] 汪康年著：《汪穰卿笔记》，北京：中华书局，2007 年版。

[51] 王钟翰点校：《清史列传》，北京：中华书局，1987 年版。

[52] 王绍曾、沙嘉孙著：《山东藏书家史略》，济南：山东大学出版社，1992 年版。

[53] 王绍曾主编，张长华等编辑：《山东文献书目》，济南：齐鲁书社，1993 年版。

[54] 吴剑杰编著：《张之洞年谱长编》，上海：上海交通大学出版社，2009 年版。

[55] 吴克俊、许复修，程寿保、舒斯笏纂：《黟县四志》，民国十二年刻本。

[56] 谢锡文：《增修胶志》，民国二十年胶县大同印刷社铅印本。

[57] 谢俊美编：《翁同龢集》，北京：中华书局，2005 年版。

[58] 谢作拳、陈伟欢编注：《瑞安孙家往来信札集》，杭州：浙江大学出版社，2017 年版。

[59] 徐世昌著：《晚晴簃诗汇》，民国十八年退耕堂刻本。

[60] 徐世昌等编，沈芝盈、梁运华点校：《清儒学案》，北京：中华书局，2008 年版。

[61] 徐凌霄、徐一士著：《凌霄一士随笔》，台北：文海出版社，1979 年版。

[62] 徐凌霄、徐一士著：《凌霄一士随笔》，太原：山西古籍出版社，1997 年版。

[63] 徐泳著：《山东通志艺文志订补》，济南：山东人民出版社，2016 年版。

[64] 许鼎臣撰：《龙觜山馆文集》，民国二十四年经川图书馆刻本。

[65] 杨钟羲著：《雪桥诗话》，民国六年《求恕斋丛书》本。

[66] 姚家望纂：《封丘县续志》，民国二十六年铅印本。

[67] 姚永朴著：《姚永朴文史讲义》，南京：凤凰出版社，2008 年版。

[68] 姚永朴：《旧闻随笔》，《安徽古籍丛书》，合肥：黄山书社，2011 年版。

[69] 姚永概著，沈寂等标点：《慎宜轩日记》，合肥：黄山书社，2010 年版。

[70] 叶景葵著，顾廷龙编：《卷盦书跋》，上海：古典文学出版社，1957 年版。

[71] 叶志如等总主编，中国第一历史档案馆编：《光绪朝上谕档》，桂林：广西师范大学出版社，1996 年版。

[72] 黟县地方志编纂委员会编：《黟县志》，北京：光明日报出版社，1989 年版。

[73] 于浩编：《清代名人尺牍选萃》，北京：国家图书馆出版社，2017 年版。

[74] 俞庆澜、刘昂修，张灿奎纂：《宿松县志》，民国十年刊本。

[75] 余友林修，王照青纂：《高密县志》，民国二十四年铅印本。

[76] 翟文选修，王树枏纂：《奉天通志》，民国二十三年铅印本。

[77] 张灿奎等纂：《中国地方志集成·安徽府县志辑·民国宿松县志》，南京：江苏古籍出版社，1998 年版。

[78] 张嘉谋等纂：《西华县续志》，台北：成文出版社，1968 年版。

[79] 张守常辑：《中国近世谣谚》，北京：北京出版社，1998 年版。

[80] 张玉藻、翁有成修，高觐昌等纂：《续丹徒县志》，民国十四年刻本。

[81] 张怀恭、张铭著：《清勤果公张曜年谱》，杭州：浙江古籍出版社，2009 年版。

[82] 赵尔巽：《清史稿》，上海：上海古籍出版社、上海书店，1986 年版。

[83] 政协高密县委员会文史资料组：《高密文史资料选辑 第 5 辑》，济南：山东人民出版社，1985 年版。

[84] 中国社科院近代史所编，虞和平主编，闵杰、段梅副主编：《近代史所藏清代名人稿本抄本》（第一辑），郑州：大象出版社，2011 年版。

[85] 中国社科院近代史所编，虞和平主编：《近代史所藏清代名人稿本抄本》（第三辑），郑州：大象出版社，2017 年版。

[86] 中国人民政治协商会议山东省莱阳市委员会文史委员会编：《莱阳文史资料 第 2 辑 曲士文起义资料专辑》，1989 年版。

[87] 中国人民政治协商会议青岛市委员会文史资料研究委员会编：《青岛文史资料 第 8 辑》，1989 年版。

[88] 中国人民政治协商会议河南省孟津县委员会文史资料委员会编，李本章主编，周樟、朱书宗副主编：《孟津文史资料 第 6 辑》，1993 年版。

[89] 中国第一历史档案馆：《光绪朝朱批奏折》，北京：中华书局，1995 年版。

[90]《中国第一历史档案馆藏 清代官员履历档案全编》，上海：华东师范大学出版社，1997 年版。

[91] 中国科学院图书馆藏：《续修四库全书总目提要》，济南：齐鲁书社，1996 年版。

[92] 中国科学院历史研究所第三所主编：《锡良遗稿 奏稿》，北京：中华书局，1959 年版。

[93] 周自齐等修，李经野纂：《单县志》，民国十八年石印本。

[94] 周竹生修，靳维熙纂：《续修东阿县志》，民国二十三年铅印本。

[95] 祝尚书著：《宋人别集叙录》，北京：中华书局，1999 年版。

[96] 朱保炯、谢沛霖编：《明清进士题名碑录索引》，上海：上海古籍出版社，2006 年版。

三、学术论文

[1]〔清〕孙福海著，邹积军点校：《不夜行人夜草·古不夜城记》，《荣成时讯》2019 年 03 月 28 日。

[2] 江小角：《吴汝纶致方伦叔信函述略》，《文献》2013 年第 1 期。

[3] 李关勇：《文人·官员·社会变革——一个晚清地方官的生命史研究》，山东大学 2011 年博士学位论文。

[4] 李华：《孙葆田年谱新编》，山东大学 2022 年硕士学位论文。

[5] 李梅训、山秀坤：《荣成孙葆田年谱》，《齐鲁文化研究》2012 年总第 12 辑。

[6] 潘焕友：《孙葆田与宣统〈山东通志〉》，山东师范大学 2015 年硕士学位论文。

[7] 苏运蕾：《略论孙葆田的文学思想及创作特色》，《德州学院学报》2014 年第 3 期。

[8] 苏运蕾：《孙葆田研究》，山东理工大学 2015 年硕士学位论文。

[9] 苏运蕾、焦桂美：《孙葆田河南教育活动考论》，《山东理工大学学报（社会科学版）》2015 年第 5 期。

[10] 唐桂艳：《荣成孙葆田刻书考述及其意义探析》，《海岱学刊》2018 年第 1 辑。

[11] 王昌宜：《〈清史稿·循吏传〉人名字号订误》，安徽大学古籍整理研究所、安徽省古籍整理出版办公室、淮北煤炭师范学院古籍整理研究所编著：《古籍研究》2008 卷上（总第 53 期），合肥：安徽大学出版社，2008 年版。

[12] 王风丽：《冯煦年谱长编》，华东师范大学 2014 年博士学位论文。

[13] 翁建红：《胶州柯氏家族著述考》，《文物鉴定与鉴赏》2023

年第 12 期。

　　[14] 殷月华、秦跃宇：《王守训生平著述考》，《鲁东大学学报（哲学社会科学版）》2019 年第 1 期。

　　[15] 张欣：《晚清胶东名儒郑杲生平事迹考》，《中国石油大学学报（社会科学版）》2019 第 4 期。

　　[16] 张剑：《年龄的迷宫——清人年龄研究中的几个问题》，《北方论丛》2021 年第 2 期。

　　[17] 张果侯：《孙佩南先生墨迹》，《河北第一博物院半月刊》1937 年第 137 期。